C000005666

1 MONTH OF
FREE
READING

at

www.ForgottenBooks.com

By purchasing this book you are eligible for one month membership to ForgottenBooks.com, giving you unlimited access to our entire collection of over 1,000,000 titles via our web site and mobile apps.

To claim your free month visit:

www.forgottenbooks.com/free392024

* Offer is valid for 45 days from date of purchase. Terms and conditions apply.

ISBN 978-0-483-23737-7
PIBN 10392024

This book is a reproduction of an important historical work. Forgotten Books uses
state-of-the-art technology to digitally reconstruct the work, preserving the original format
whilst repairing imperfections present in the aged copy. In rare cases, an imperfection in
the original, such as a blemish or missing page, may be replicated in our edition. We do,
however, repair the vast majority of imperfections successfully; any imperfections that
remain are intentionally left to preserve the state of such historical works.

Forgotten Books is a registered trademark of FB &c Ltd.
Copyright © 2018 FB &c Ltd.
FB &c Ltd, Dalton House, 60 Windsor Avenue, London, SW19 2RR.
Company number 08720141. Registered in England and Wales.

For support please visit www.forgottenbooks.com

MÉMOIRES

DU DUC

DE SAINT-SIMON

PUBLIÉS PAR

MM. CHÉRUEL ET Ad. REGNIER FILS

TOME VINGTIÈME

TABLE ANALYTIQUE

RÉDIGÉE PAR L'AUTEUR LUI-MÊME

ET IMPRIMÉE POUR LA PREMIÈRE FOIS

D'APRÈS SON MANUSCRIT AUTOGRAPHE

PARIS

LIBRAIRIE HACHETTE ET Cie

BOULEVARD SAINT-GERMAIN, 79

1877

Tous droits réservés.

PARIS. — IMPRIMERIE ARNOUS DE RIVIÈRE
RUE RACINE, 26.

AVERTISSEMEMT

Quand le roi Louis XVIII a fait rendre au général de Saint-Simon le manuscrit autographe des *Mémoires*, conservé jusque-là dans les archives des Affaires étrangères, la table analytique des matières, composée par l'auteur lui-même, et formant onze cahiers in-folio, également autographes, et semblables à ceux sur lesquels il a écrit tout son ouvrage, n'a pas été rendue en même temps, mais est restée dans lesdites archives. M. le ministre des Affaires étrangères a bien voulu permettre qu'elle nous fût communiquée : il nous a autorisés à en prendre copie et à la faire imprimer pour être jointe à la présente édition.

Nous pensons qu'on saura gré aux éditeurs de terminer par cette table leur exacte et consciencieuse réimpression des *Mémoires*. Il est une raison qui, à elle seule, eût pu suffire pour décider à la faire imprimer : elle est l'œuvre du grand historien, et c'est lui-même qui a voulu qu'ainsi faite, elle fût annexée à son livre.

D'ailleurs, quoique composée, on le voit, avec une grande hâte, elle offre diverses sortes d'intérêt. On y trouve, si nous ne nous trompons, quelques rares

additions au contenu de l'ouvrage, des nuances de jugement, de petits faits, des circonstances que l'auteur a laissés sans chiffre de renvoi et que nous avons cherchés en vain. Puis il y a cà et là des traces de cette hardiesse et de cette vigueur de mots, de traits, d'expressive appréciation qui distinguent Saint-Simon entre tous nos écrivains.

Enfin on rencontre, comme on pouvait s'y attendre, mainte curiosité et singularité de langage. Nous pouvons citer, par exemple, p. 449, l'énergique adjectif « abyssal », au figuré, *profond comme l'abîme ;* p. 436, le hardi dérivé : « sa *soubisesque* infamie », tiré du nom propre *Soubise ;* p. 522, « infamement » ; p. 529, « trébuchement » : deux mots dont M. Littré ne donne que des exemples antérieurs au xvii° siècle ; p. 628, « ingratement », dont il ne donne qu'un exemple de Malherbe. On rencontre la métaphore, que notre auteur affectionne, de « bombarder », plusieurs fois (p. 368, 369, 372, 527) ; celles de « tonneler » (p. 511) ; d' « enfourner » (p. 498, 499) ; celle-ci encore, que M. Littré n'a pas, « en unisson de » (p. 627) ; le pluriel, que Saint-Simon n'a pas ailleurs, « conjouissances » (p. 542) ; ces deux, qu'il a ailleurs, « valetages » (p. 370), « cavillations » (p. 537) ; au lieu du tour « autant que possible », que l'Académie n'admet pas encore dans sa dernière édition (de 1835), cet autre : « autant que le possible » ; etc.

Au point de vue, non plus des mots, mais des phrases, la langue de cet index, il faut en convenir et l'on devait s'y attendre aussi, laisse à désirer. Si la clarté parfaite, si l'aisance, toujours nette et dégagée, du tour sont les qualités nécessaires d'une table, ce sont là des mérites, on le sait, dont Saint-Simon se pique peu. Qui l'a pratiqué ne s'étonnera guère que, dans sa ra-

pide analyse, il n'ait point évité toujours les phrases de longue haleine, l'embarras des constructions, l'incertitude et l'amphibologie des rapports.

Pour passer de la forme au fond, une sorte d'intérêt que nous espérions, c'eût été la mise en relief, bien marquée, des faits, des considérations, des jugements, auxquels l'auteur attachait le plus d'importance. On ne peut pas dire que ce caractère manque absolument à sa table ; mais, dans sa précipitation, il ne le lui a pas donné autant qu'on pouvait, avec vraisemblance, se le promettre. Il s'est contenté, non pas toujours, mais le plus ordinairement, de distribuer et ranger dans l'ordre alphabétique (1) les sommaires qu'il a mis à la marge du manuscrit des *Mémoires ;* et il lui arrive de les placer sous des chefs de fantaisie sous lesquels on n'est guère tenté de les chercher, tels que Affaire, Affaires, Avis, Bataille, Canonnade, Cassette, Chefs, Considérations, Course, Coutume, Menées, Noms, Perte, Réflexions, etc., etc.

Comme le manuscrit des *Mémoires* a une seule pagination suivie pour tout l'ouvrage, un seul chiffre ou nombre suffit à Saint-Simon pour les renvois. On a, cela va sans dire, remplacé ces chiffres, se rapportant au manuscrit, par l'indication des tomes et des pages de cette édition ; et quand, ce qui lui est arrivé assez souvent, il a omis de marquer les renvois, on a, autant qu'il a été possible, comblé ces lacunes. Il n'est point étonnant qu'on ne l'ait pas pu toujours et qu'il soit resté quelques blancs : sans parler des endroits qui ont pu aisément échapper aux recherches, il y a dans la table quelques rares articles in-

---

(1) L'I et le J ne sont pour lui, selon l'ancien usage, qu'une seule lettre ; de même l'U et le V.

trouvables pour cette bonne raison, qu'ils sont des
additions au texte qu'elle résume.

Parmi les écrits de Saint-Simon, non encore publiés,
qui sont aux archives des Affaires étrangères, il en
est, on le sait, de bien autrement importants que sa
table. On nous a promis de les faire paraître prochai-
nement : ai-je besoin de dire que nous hâtons de tous
nos vœux l'accomplissement de cette promesse ?

Mon fils n'a pu achever sa tâche par la publication
de ce vingtième volume. Il terminait la correction du
dix-neuvième, quand Dieu l'a enlevé, par une mort
prématurée, à un père, à une mère, à qui il eût dû sur-
vivre, à sa femme, à ses enfants. Sa veuve, qui l'avait
assisté dans le minutieux travail de révision du texte
des *Mémoires*, a, sous ma direction, et aidée, à l'occasion, par M. Chéruel pour la recherche des réfé-
rences, collationné le manuscrit inédit, corrigé les
épreuves, avec cette attention scrupuleuse dont son
mari lui avait donné l'exemple, et ce qu'il y avait à
dire au sujet de cette table, je me suis fait un triste
et pieux devoir de le dire ici pour lui.

1ᵉʳ juillet 1877.

AD. REGNIER.

TABLE ALPHABÉTIQUE GÉNÉRALE

DES

MÉMOIRES DE SAINT-SIMON

RÉDIGÉE PAR L'AUTEUR LUI-MÊME

ET PUBLIÉE POUR LA PREMIÈRE FOIS D'APRÈS SON MANUSCRIT AUTOGRAPHE

N. B. — Il va sans dire que nous substituons aux renvois que Saint-Simon fait à son manuscrit des renvois aux volumes de notre édition. En maint endroit, il a omis les chiffres ; nous comblerons ces lacunes partout où nous pourrons.

	Tomes.	Pages.
ABRANTÈS (Duc d'). Fait une plaisanterie cruelle à l'ambassadeur de l'Empereur, aussitôt après l'ouverture du testament de Charles II. Caractère de ce duc..............	II	383
ABRANTÈS et LINARÈS, en Espagne, sont cadets d'Aveiro et Alencastro. (*Voir* aux GRANDS D'ESPAGNE, XVIII, 5.)...............	II	458
ACIGNÉ (Comtesse d'). Sa mort.........	XI	123
— Mademoiselle sa fille. Sa mort......	XII	418
Acte d'échange de l'infante d'Espagne et de Mlle de Montpensier : *voir* ROHANS, II, 16. .	XVIII	237
ADON (Saint-), capitaine aux gardes. Sa catastrophe...................	IV	395
ADONCOURT, commandant de Bayonne. ...	XVII	334
— Fort informé................	XVII	338
Affaire de la quête................	IV	42

Affaire   Tomes. Pages.

— du rappel des troupes françoises d'Es-
    pagne; éclat à Marly sur ce rappel. .   VII   3
— de Suisse en deux mots. Renouvellement
    très-mal à propos de l'alliance des seuls
    cantons catholiques avec la France. .   XI   108
— du nommé Pomereu.   XIII   179
— de Courson, conseiller d'État, inten-
    dant de Guyenne.   XIV   87
— du pays de Lalleu.   XIV   199
Affaires ecclésiastiques et feuille des béné-
    fices. XI   255
— du dedans du royaume.   XI   266
— de Suède.   XIII   175
— étrangères.   XIV   407
— du Nord.   XV   27
AGENOIS (Comte d'). Épouse Mlle de Flo-
    rensac.   XIV   401
Agiot. Transféré de la rue Quincampoix en la
    place de Vendôme.   XVII   92
Agiotage. Transféré de la place de Vendôme
    dans le jardin de l'hôtel de Soissons. . . . XVII   126
AGRÉDA (Couvent de Sainte-Marie d'). Dévotion
    des nouveaux mystiques en Espagne. . . XVIII   422
AGUILAR (Comte d'). Vient en France persuader
    le malheureux siége de Barcelone.   IV   326
— Son caractère; sa fortune; ses faits; sa
    disgrâce : voir aux GRANDS D'ESPAGNE. . XVIII   82
AIGNAN (Abbé de Saint-). Le Roi lui donne l'é-
    vêché de Beauvais malgré le duc de Beau-
    villier son frère, qui le trouvoit trop jeune. . X   13
AIGNAN (Duc de Saint-), leur frère. Porte un léger
    présent du Roi à la reine, 2de femme
    de Philippe V, à son passage en France.   X   323
— La joint et l'accompagne à Madrid . . .   X   343
— Y est déclaré ambassadeur de France. .   XI   84
— Se mêle mal à propos de la réforme des
    troupes en Espagne.   XIII   12

Aignan (Duc de Saint-).   Tomes. Pages.

— Sa femme l'y va trouver, et lui porte
     30,000 francs de gratification.   XIII   192
— Forts propos entre Alberoni et lui. . . .   XIV   247
          (*Voir le dernier article du duc de Beauvillier.*)
— Reçoit ordre du Régent de revenir subi-
     tement.   XVI   117
— Se retire habilement d'Espagne, où on
     vouloit le retenir par force.   XVI   159
— Entre au conseil de régence tout en ar-
     rivant d'Espagne.   XVl   190
— Achète du duc de Mortemart le gouver-
     nement du Havre-de-Grâce.   XVI   206
AIGUILLON (Duchesse d'). Son caractère ; sa
     mort.—Marquis de Richelieu ; explication de
     sa prétention à la dignité de duc et pair d'Ai-
     guillon, rejetée par le Roi.   IV   201
Aire. Assiégé par les ennemis ; rendu.   VIII   53
ALARI (Abbé). Quel. Obtient une pension de
     2,000 francs.   XVI   344
ALBANO (Cardinal). Élu pape, prend le nom de
     Clément XI.   II   409
— Annibal et Alexandre, fils du frère de ce
     Pape. Annibal est fait cardinal. Son
     sordide intérêt.   XV   240
— Mesures d'Alexandre et ses conseils à
     Alberoni.   XIII   328
— Les deux frères opposés d'humeur et de
     partis. Alexandre avait 12,000 francs
     de pension du feu Roi.   XV   252
— Alexandre passe pour vendu à l'Espagne.   XIV   281
— Avidité et déréglement des deux frères ;
     tracasserie qui éclate à cette occasion ;
     le cardinal del Giudice s'y barbouille.   XV   5
— Les deux frères vendus à l'Empereur ;
     l'aîné redoute Aldovrandi, nonce en
     Espagne.   XIV   255
— Le cardinal Annibal est fait camerlin-

Albano.

Tomes. Pages.

gue. . . . . XVI 240

— Refuse l'ordre du Saint-Esprit. . . . . XVIII 283

— Alexandre, son frère, est enfin fait cardinal. . . . . XVII 253

ALBANS (Duc de Saint-). Vient en France, fort
peu de temps, de la part du roi d'Angleterre. II 18

ALBE (Duc d'). Ambassadeur d'Espagne en
France. Disgression sur les ducs d'Albe.
Singularité étrange du père de l'ambassadeur. Caractère de l'ambassadeur et de la duchesse sa femme. Leur
première réception particulière. . . . IV 30

— Sont invités à un bal à Marly ; singularités. . . . . IV 244

— Le duc est fait sommelier du corps, à la
mort du comte de Benavente, qui l'é-
toit. VI 248

— Perd son fils unique. . . . . VII 61

— Meurt lui-même à Paris. Son caractère ;
sa descendance ; ses titres ; sa succession. . . . . VIII 442

— Sa veuve retourne en Espagne. . . . . . IX 368

— Y épouse le duc de Solferino. Meurt
sans enfants. . . . . XIII 135

Voir aux GRANDS D'ESPAGNE, Duc d'Albe. XVIII 5

ALBEMARLE (Duc d'), bâtard de Jacques II. Sa
mort. III 361

ALBEMARLE (Comte d'). Sa fortune fatale à celle
du comte de Portland. Sa mort. . . . . . . XIV 396

— Son fils pris à Denain ; renvoyé sur sa
parole. . . . . IX 330

ALBERGOTTI. Son caractère. . . . . IV 251

— A une forte prise avec le duc de la Feuillade, qui le traite mal dans la chambre de M. le duc d'Orléans, blessé. . . V 32

— Assiégé dans Douay, où il commande. . VIII 36

— Le rend. Est nommé chevalier de l'Or-

Albergotti.   Tomes. Pages.

dre. VIII   48

— En reçoit le collier. VIII   168

— Revient d'Italie, où il étoit allé sourdement.   X   357

— Sa mort; son caractère; sa fortune; sa
dépouille.   XIII   293

ALBERONI. Commencements de sa fortune. . .   IV   387

— Obtient 1,000 écus de pension par le duc
de Vendôme, auquel il s'étoit attaché.   V   373

— Écrit une lettre publique sur le combat
d'Audenarde; examen de cette lettre.   VI   67

— Succès de cette lettre.   VI   88

— Vient, caché de l'armée de Flandres,
faire une course à Fontainebleau. . .   VI   122

— Suit le duc de Vendôme en Espagne; y
devient après envoyé de Parme, et
s'attache à la princesse des Ursins.
Va en Italie pour le mariage du roi
d'Espagne avec la princesse de Parme,
et l'accompagne en Espagne.   X   311

— Ses manéges pour gouverner seul. Ses
projets politiques. Est éloigné de la
France, encore plus du Régent. Méprise les bassesses du duc de Noailles.
Entretient commerce avec le marquis d'Effiat. Chasse avec éclat le gouverneur du conseil de Castille.   XII   372

— Il gagne peu à peu la première autorité
en Espagne. Il en veut chasser le cardinal del Giudice. Son adresse pour
parvenir à la pourpre romaine. Veut
faire des réformes et établir une
puissante marine. Ses vanteries. . .   XII   383

— Son plan pour la réforme.   XII   388

— Il a seul la confiance du roi et de la
reine d'Espagne. Il fait la réforme des
troupes.   XIII   3

Alberoni.

Tomes. Pages.

— Tient le roi et la reine d'Espagne sous
    sa clef. Est jaloux du cardinal del
    Giudice, qu'il veut perdre, et du P.
    d'Aubanton, qu'il veut éloigner. Pointe
    au cardinal. Se mêle des différends de
    l'Espagne avec Rome. XIII   5

— Il prend un appartement au palais.
    Bruits fâcheux contre lui et contre la
    reine. Il se fait rendre compte en pre-
    mier ministre. Brocards sur lui. . . . XIII   8

— Sa situation et ses ruses. Plaintes et
    disgrâces causées par la réforme des
    troupes. XIII   11

— Ses ombrages. Il promet un grand se-
    cours au Pape, qui craignoit une inva-
    sion des Turcs en Italie. XIII   16

— But de ce secours. Il confirme le roi et
    la reine d'Espagne dans l'esprit de
    retour au trône de France, le cas ar-
    rivant. Ses ombrages; ses manéges;
    son horrible duplicité. XIII   18

— Soupçons et discours publics contre lui
    et contre la reine d'Espagne. Il a des
    dégoûts sur Hersent. Ses incerti-
    tudes au dehors. Son indiscrète ré-
    ponse aux puissances maritimes. Il
    trompe Aldovrandi, nonce en Espa-
    gne, attrape les décimes et se moque
    de lui. XIII   60

— Sa situation; ses inquiétudes. Il se prête
    un peu à l'Angleterre. Ses vaines four-
    beries; ses adresses; son insolence.
    Il veut savoir à quoi s'en tenir sur
    l'Angleterre; ne tire de Stanhope que
    du vague, duquel il est dupe, même
    de Riperda, ambassadeur d'Hollande.
    Il ne songe qu'au chapeau. XIII   67

Alberoni.   Tomes. Pages.

— Il change subitement d'avis, et ne veut
d'aucun traité; il flatte le Pape, montre et promet beaucoup. Envoie subitement Aldovrandi à Rome pour ajus-
ter les différends entre les deux cours,
en effet pour presser son chapeau. . XIII   72

— Jalousies en Espagne et craintes d'Alberoni. Il rassure la reine; ce qu'il
pense de son caractère. XIII   76

— Son faux et son raffinement de politique
à l'égard des États perdus en Italie
par l'Espagne. XIII   78

— Ses craintes et ses manéges intérieurs
en Espagne. La peur qu'Alberoni et
Aubanton ont l'un de l'autre les unit. XIII   140

— Fourberie d'Alberoni pour profiter du
mécontentement réciproque de l'Es-
pagne et de l'Angleterre. XIII   143

— Gagné par l'adresse de Stanhope, il
passe tout aux Anglois, et leur donne
carte blanche pour signer avec eux
une alliance défensive. Ses empresse-
ments et ses bassesses pour les An-
glois. XIII   144

— Sa crainte des Parmesans, qu'il empêche de venir en Espagne. Ses im-
postures contre Louville. XIII   148

— Il éclate contre le cardinal del Giudice;
ouvre ses lettres de la poste; en irrite
le roi d'Espagne. Fait retomber sur ce
cardinal d'étranges bruits sur lui et
sur la reine. Il invente et publie une
fausse lettre du Régent à lui, flatteuse,
et se pare de ce mensonge. Ses inquiétudes et sa jalousie sur les François qui sont en Espagne. XIII   158

— Amuse son ami Monti; l'empêche de

Alberoni.

Tomes. Pages

quitter Paris pour Madrid. Il veut rétablir la marine d'Espagne. Son extrême dissimulation et ses manéges.
Prescrit à Monti ce qu'il doit lui écrire
sur la reine, pour le lui montrer et
s'en avantager. Son noir manége contre le Régent auprès du roi d'Espa-
gne. XIII 160

— Ses frayeurs; ses mesures contre la venue des Parmesans. Profite des ter-
reurs du Pape sur les Turcs. Redouble
de manéges, de menaces, de promesses pour son chapeau. . . . . . . XIII 163

— Aventure de sbires, qui suspend d'abord,
puis confirme l'engagement pris pour
le chapeau d'Alberoni. . . . . XIII 168

— Raisons de tout ce détail sur Alberoni.
Ses promesses, ses menaces, ses manéges à l'égard d'Aubanton, pour presser sa promotion. Invectives atroces
d'Alberoni et de Giudice l'un contre
l'autre. Fanfaronnades d'Alberoni. Sa
frayeur de l'arrivée à Madrid du mari
de la nourrice de la reine et de leur
fils capucin. . . . . XIII 170

— Craint mortellement la venue d'un autre
Parmesan. Écrit aigrement au duc de
Parme. . . , ... XIII 173

— Compte sur l'appui de l'Angleterre.
Reçoit avis de Stanhope d'envoyer
quelqu'un de confiance à Hanovre
veiller à ce qui s'y traite avec l'abbé
du Bois. Il y envoie. Pernicieuse
haine d'Alberoni pour le Régent. Esprit de retour en France, surtout de
la reine. Sages réflexions d'Alberoni
sur le choix de l'une des deux cou-

Alberoni.   Tomes. Pages.

ronnes, le cas en arrivant . . . . XIII 174

— Continue ses manéges de promesses et
de menaces au Pape pour hâter son
chapeau; lui fait une offre monstrueuse. Sa conduite avec Aubanton;
se le soumet. Fait valoir à Rome [1]
son pouvoir et ses menaces. . . . . . XIII 204

— Se fait sacrifier par Aubanton une lettre
du Régent. Il en fait un audacieux et
pernicieux usage, et une insolence
énorme au Régent . . . . XIII 207

— Consulte Cellamare, ambassadeur d'Espagne à Paris, dans son embarras et
son inquiétude des alliances du Régent, et triomphe par ses mensonges. XIII 209

— Il profite de la peur des Turcs qui a saisi
le Pape, et de son embarras sur la
constitution *Unigenitus*, pour presser
sa promotion par promesses et par
menaces. . . . . XIII 212

— Dupe le cardinal de la Trémoille sur
sa promotion, pour laquelle il fait
écrire la reine de nouveau. Son sentiment sur les alliances traitées par
le Régent. Consulte Cellamare; réponse de cet ambassadeur. . . . . . . XIII 215

— Nouveaux artifices pour presser sa promotion. Défiance réciproque d'Alberoni et du Pape, qui arrête tout pour
un temps. . . . . XIII 229

— Insolentes récriminations d'Alberoni,
qui est abhorré en Espagne, et qui veut
s'y fortifier par des troupes étrangères.
Sa crainte et son nouvel éclat contre

1. Saint-Simon a écrit, par erreur, à *la reine*, pour à *Rome.* Voyez
tome XIII, au sommaire du chapitre X.

Alberoni.

	Tomes.	Pages.

Giudice. Impudents et hypocrites artifices à l'égard du Pape. Ses menaces.   **XIII**   232

— Il veut sacrifier à Stanhope Monteleon,
ambassadeur d'Espagne à Londres, et
laisser dans les ténèbres et l'embarras
Beretti, ambassadeur d'Espagne à la
Haye, et traiter avec les Hollandois à
Madrid. Fait divers projets sur le
commerce et sur les Indes; se met à
travailler à la marine et aux ports de
Cadix et de Ferrol. . . . . **XIII**   236

— Il réforme des abus dans les finances et
en tire avantage à hâter sa promotion;
redouble de promesses, de menaces,
de manéges, d'impostures et de toutes
sortes d'artifices pour y forcer le Pape;
est bien servi par d'Aubanton. Son
adresse. . . . . **XIII**   239

— Ses manéges pour avancer sa promotion. Son pouvoir sans bornes. Dépit
et jalousie des Espagnols. Ses vanteries. Il fait de grands changements
en Espagne. . . . . **XIII**   306

— Politique et mesures entre le duc de
Parme et lui. Ses vives mesures pour
détourner les Hollandois de traiter
avec l'Empereur, et les amener à
traiter à Madrid avec le roi d'Espagne. **XIII**   309

— Ses artificieuses impostures contre la
France. Il se rend maître de toutes les
affaires en Espagne. . . . . **XIII**   311

— Reçoit des propositions de l'Angleterre,
alarmée des bruits d'un traité négocié
par le Pape entre l'Empereur et le roi
d'Espagne. Sa réponse à Stanhope.
Son dessein. Son artifice auprès du
roi d'Espagne pour se rendre maître

Alberoni.   Tomes. Pages.

de toute la négociation. XIII   316
— Craintes d'Alberoni et de la reine. Ses
    artifices infinis pour hâter sa promo-
    tion. XIII   324
— Nouveaux artifices pour hâter sa promo-
    tion, ignorant encore celle de Bor-
    romée. XIII   329
— Fait travailler à Pampelune et à la ma-
    rine ; fait considérer l'Espagne ; se
    vante et se fait louer de tout. Traite
    froidement le roi de Sicile. Veut
    traiter à Madrid avec la Hollande, et
    avoir des troupes étrangères. Il hait
    Monteleon. XIII   331
— Sa conduite à l'égard de la Hollande. . XIII   335
— Son embarras sur une lettre de Beretti ;
    son raisonnement ; ordres qu'il lui
    donne. XIII   337
— Ses vues et ses mesures de commerce
    intérieur, et de politique au dehors. . . XIII   339
— Nouveaux manéges pour sa promotion.
    Effet à Madrid de celle de Borromée.
    Ses vanteries. Il change tout à coup
    de système ; il en embrasse un fort peu
    possible, encore avec d'étranges varia-
    tions ; ses ordres là-dessus à Beretti. XIV   37
— Sa lettre à Beretti, suivant son nouveau
    système, pour être montrée au pension-
    naire d'Hollande. Il parle en même
    sens à Riperda. XIV   44
— Esprit continuel de retour à la succession
    de France. Double friponnerie d'Albe-
    roni et d'Aubanton sur la constitution
    Unigenitus. Artifices du premier sur
    sa promotion. Ses éclats, ses menaces. XIV   46
— Il élude une proposition étrange des
    ministres d'Angleterre, d'Hollande et

Alberoni.

Tomes. Pages.

de Sicile à Madrid, et fait une découverte curieuse et importante. Sous le
nom de la reine, il éclate en menaces
contre Rome, ferme l'Espagne au
nonce Aldovrandi, fait un reproche au
cardinal Acquaviva, chargé des affaires
d'Espagne à Rome, et lui donne une
leçon avec l'air de le ménager. . . . . XIV 48

— Nouveaux efforts pour sa promotion. Il
change de batterie, et veut plaire au
Pape pour en obtenir le chapeau. . . XIV 53

— Changement de plus en plus subit dans
sa conduite sur sa promotion ; ses
raisons. . . . . XIV 56

— Sa conduite et ses ordres à Beretti suivant son système. Raisonnements de
Beretti. . . . . XIV 57

— Manéges d'Alberoni en France pour son
chapeau. Véritables raisons du changement de sa conduite à l'égard du
Pape. . . . . XIV 66

— Sa promotion est l'unique affaire. Il se
moque de Molinez. Il s'assure du
Régent pour sa promotion. Ses vanteries. . . . . XIV 71

— Ses manéges à l'Escurial, où il fait
arriver Aldovrandi. . . . . XIV 73

— Scélératesse d'Alberoni. . . . . XIV 80

— Son mépris de la détention de Molinez.
Ses réflexions sur la situation de l'Europe. Son dégoût de Beretti. . . . . . XIV 125

— Congrégation, consultée à Rome, favorable à Alberoni, qui l'excuse sur la
destination de la flotte espagnole. . . XIV 135

— Il se moque d'Aldovrandi et de Mocenigo,
ambassadeur de Venise. Ses vanteries.
Son impudente fausseté. Son inquié-

Alberoni.   Tomes. Pages.

tude pour la Sicile. Il ne confie son
    secret qu'au seul duc de Parme. Cu-
    rieux conseil de ce duc. . . . . 'XIV   137
— Alberoni fait enfin cardinal, dans le con-
    sistoire du 12 juillet 1717; cris sur sa
    promotion. XIV   139
— Sa double hardiesse, sa hauteur, sa
    sécurité. XIV   144
— Ses efforts pour exciter toutes les puis-
    sances contre l'Empereur. Il veut
    acheter des vaisseaux qui lui man-
    quent; il en est refusé. Ses bassesses
    pour l'Angleterre inutiles. XIV   148
— Ses singulières informations sur Ri-
    perda. Ses artifices sur son manque
    d'alliés. Ses offres à Ragotzi. Ses fu-
    reurs contre Giudice. XIV   149
— Misérables flatteries à Alberoni. XIV   157
— Il fait ordonner à Giudice d'ôter les
    armes d'Espagne de dessus la porte de
    son palais à Rome. XIV   160
— Opiniâtreté d'Alberoni. Leurres sur la
    Hollande. Sa colère. Ses étranges van-
    teries. Ses artifices pour se faire un
    mérite de se borner cette année à la
    Sardaigne, sentant l'impossibilité de
    faire davantage. Son insigne fausseté
    à Rome. Son embarras, sa conduite,
    ses artifices. Sa réponse à l'envoyé
    d'Angleterre. XIV   167
— Il se fait un bouclier de l'équilibre
    de l'Europe; flatte bassement la
    Hollande, n'espère rien de l'Angle-
    terre. Plan qu'il se propose pour
    objet en Italie. Se confie à Beretti, lui
    donne ses ordres en conséquence.
    Ses propos, ses vanteries, ses fourbe-

Alberoni.

	Tomes.	Pages.
ries insignes et contradictoires. . . .	XIV	169
— Ses vastes projets. Il sent en même temps et avoue sa foiblesse. Ses propos trompeurs à del Maro, ambassadeur de Sicile. Ses divers artifices.	XIV	175
— Ses idées et ses précautions. La capacité de del Maro lui est odieuse ; il le décrie partout. Ses exhortations et ses menaces au Pape, en faveur d'Aldovrandi.	XIV	216
— Ses manéges et ses chimères. Ses craintes parmi sa fermeté. Son espérance en la Hollande, fomentée par Beretti.	XIV	221
— Aigri contre Stairs. Contenté par Stanhope, en est amusé sur l'affaire principale.	XIV	233
— Il veut ôter toute entrée au marquis de Villena duc d'Escalona, majordome-major du roi, duquel il reçoit des coups de bâton redoublés dans la chambre et à la vue du roi malade et de la reine. Le marquis est exilé mais fort peu de temps.	XIV	236
— Opiniâtreté d'Alberoni contre la paix. .	XIV	240
— Ses mesures militaires et sur la paix, qu'il ne veut point.	XIV	245
— Sa conduite, ses mesures, ses chimères.	XIV	247
— Dons faits au cardinal Alberoni. Il est nommé à l'évêché de Malaga, puis à l'archevêché de Séville. Il montre son éloignement de la paix à del Maro, qui en avertit le roi de Sicile. Le cardinalat avoit été prédit à Alberoni. . . .	XIV	250
— Ses idées. Il s'emporte contre les demandes que l'Empereur fait au Pape, contre celle surtout qui le regarde personnellement.	XIV	270

Alberoni.   Tomes. Pages.

— Ses propos, ses sentiments, sa conduite,
son profond secret, sa toute-puissance
en Espagne. Son souverain mépris
pour Rome. Sa conduite sur le bref
injurieux au roi d'Espagne.   XIV   271

— Ses sentiments et sa conduite sur le
refus de ses bulles de Séville. Singulière aventure d'argent entre Bubb et
Riperda.   XIV   281

— Ses insolentes vanteries. Ses efforts auprès des Hollandois. Son opinion des
Anglois. Ses bravades. Ses propos sur
l'Angleterre et la Hollande. Ses mesures militaires. Il veut engager une
guerre générale. Les Anglois ne lais-
sent pas de le ménager.   XIV   284

— Ses mesures pour être seul maître de la
personne du roi d'Espagne.   XIV   287

— Est ennemi de la paix. Ses efforts, ses
manéges, sa politique. Il veut gagner
le Régent et le roi de Sicile. Sa forte
conversation avec le ministre d'Angleterre. Ses plaintes et ses chimères.
Il écrit au Régent avec hardiesse. Son
espérance frustrée sur le Régent. . . . XIV   415

— Sa folle conduite. Il fait faire une déclaration menaçante aux Hollandois,
pour acheter des vaisseaux. Ses vi-
sions.   XIV   428

— Son pouvoir sans bornes. XIV   430

— Son audace, son plan. Ses propos sur le
refus de ses bulles de Séville. Il est
uni d'attachement et de sentiment au
duc de Parme.   XIV   441

— Ses efforts en Hollande. Ses sentiments sur le traité d'Utrecht. Ses vanteries. Il cache bien par où il veut

Alberoni.   Tomes. Pages.

    attaquer.   XIV   460

— Ses manéges et ceux du Pape sur les
    bulles de Séville, et sur le neveu d'Al-
    dovrandi.   XV   3

— Ses manéges à Londres et à Paris. Il est
    résolu à la guerre; il s'ouvre à Cella-
    mare.   XV   12

— Il fait des remises et donne des avis au
    duc de Parme; se plaint, par Monte-
    leon, à l'abbé du Bois de l'ignorance
    où on le tient des conditions du traité;
    fait des reproches.   XV   13

— Sa ruse inutile pour opposer la nation
    angloise à son roi. Ses efforts auprès
    du Régent.   XV   24

— Raisonnement d'Alberoni sur le roi de
    Sicile, sur les Impériaux, sur la
    France.   XV   37

— Efforts, plaintes, préparatifs d'Alberoni.
    Il s'imagine de susciter la Suède con-
    tre l'Empereur; veut retenir Nancré à
    Madrid jusqu'à la réponse de Vienne.   XV   38

— Ses menaces sur le refus de ses bulles de
    Séville. Il s'emporte contre le cardi-
    nal Albano.   XV   43

— Son secret et scélérat motif pour la
    guerre.   XV   46

— Menaces, manéges, inquiétudes, fougues
    d'Alberoni. Ses déclamations et son
    emportement contre le traité d'U-
    trecht.   XV   50

— Sa fureur sur les propositions de Nan-
    cré, surtout contre la cession de la
    Sicile à l'Empereur. Proteste que le
    roi d'Espagne n'acceptera jamais le
    traité, quoi qu'il en puisse arriver.
    Ses imprécations. Il ne laisse pas de

Alberoni.   Tomes. Pages.

traiter Nancré avec beaucoup de distinction et d'apparence de confiance.   XV   52
— Son manége, ses menaces, sa fureur sur
le refus des bulles de Séville. Il est
dépité sur l'achat de vaisseaux en
Hollande. Manéges sur l'escadre an-
gloise   XV   78
— Plaintes hypocrites d'Alberoni. Il déclame contre le traité de Londres;
tâche de circonvenir le maréchal
d'Huxelles ; menace ; veut reculer le
traité et gagner les Hollandois.   XV   78
— Il raisonne sainement sur la Sicile et
sur le roi Georges, et très-maligne-
ment sur le Régent; déclame contre
le traité, contre lequel il fait faire
partout les déclarations les plus fortes;
presse ses préparatifs ; secret impénétrable sur la destination de son
entreprise; continue à bien traiter
Nancré et va conférer avec lui et le
colonel Stanhope, cousin du comte
Stanhope, ministre d'État du roi d'Angleterre à Londres.   XV   99
— Il répond à une lettre du colonel Stanhope qui le pressoit d'accepter le
traité. Plaintes et vanteries d'Alberoni.
Forces actuelles de l'Espagne. Crédit
de ce premier ministre sur Leurs
Majestés Catholiques. Il menace Gallas,
ambassadeur de l'Empereur à Rome,
les Allemands, le Pape. Ses vanteries.   XV   102
— Il fait étaler les forces d'Espagne aux
Hollandois.   XV   112
- - Continue ses déclamations contre le
traité et contre le Régent, accuse Monteleon, qu'il hait, de lâcheté et de pa-

SAINT-SIMON XX.   2

Alberoni.   Tomes. Pages.

resse ; lui fait d'autres reproches ; en
fait d'assez justes à l'Angleterre et au
Régent.   XV   113

— Sa fausseté insigne sur la Sardaigne,
ainsi qu'il avoit fait sur les garnisons
des places de Toscane.   XV   120

— Sa fourberie, sa fausseté sur la Sardaigne, puis sur les garnisons. Sa fureur contre Monteleon. Il aime la flatterie, écarte la vérité.   XV   127

— Chimères, discours, étalages d'Alberoni.
Sa friponnerie sur les garnisons. Il
donne au marquis de Lede le commandement de l'armée et se moque
du prince Pio. Il est inquiet sur la
santé du roi d'Espagne.   XV   129

— Sa scélératesse à l'égard du roi de Sicile.   XV   138

— Propos d'Alberoni.   XV   164

— Ses vanteries. Secret du dessein de son
expédition. Il déclame contre le roi
d'Angleterre et contre le Régent. . . .   XV   166

— Il se loue de Nancré, lui impose silence
sur le traité, peint bien l'abbé du Bois.
Il menace. Il donne aux Espagnols des
louanges artificieuses. Il a un fort entretien avec le colonel Stanhope, lequel avertit tous les consuls anglois
de retirer les effets de leurs négociants.   XV   167

— Fourberie insigne d'Alberoni.   XV   171

— Il tente de surprendre le roi de Sicile et
de le tromper cruellement en tâchant
de lui persuader de livrer ses places
de Sicile à l'armée espagnole. Ses artificieuses lettres à ce prince.   XV   192

— Il compte sur ses pratiques du Nord,
encore plus sur celles qu'il employoit

Alberoni.   Tomes. Pages.

en France contre le Régent ; il les
confie en gros au roi de Sicile.   XV   193

— Envoie à Cellamare copie de ses deux
lettres au roi de Sicile. Il propose
frauduleusement au colonel Stanhope
quelques changements dans le traité,
pour y faire entrer le roi et la reine
d'Espagne ; sur le refus éclate en menaces. Lui seul veut la guerre et a
besoin d'adresse pour y entraîner le
roi et la reine d'Espagne. Fort tenté
d'accepter le traité pour la succession
de Parme et de Toscane.   XV   198

— Le cardinal Alberoni s'applaudit au duc
de Parme d'avoir empêché la paix ;
lui confie le projet de l'expédition de
Sicile et sur les troubles intérieurs à
exciter en France et en Angleterre.
Artifices et menaces sur le refus de
ses bulles de Séville.   XV   199

— Devient le plus grand ennemi d'Aldovrandi, quoique ce nonce l'eût toujours
infiniment servi. Étranges artifices
d'Alberoni sur Rome et contre Aldo-
vrandi.   XV   202

— Sa folie et sa présomption.   XV   218

— Il tombe rudement sur Monteleon. . . .   XV   219

— Il confie à Cellamare les folles propositions du roi de Sicile au roi d'Espagne, qui n'en veut plus ouïr parler.
Chimères d'Alberoni. Il renie Cam-
mock au colonel Stanhope.   XV   231

— Il dément le colonel Stanhope sur la
Sardaigne.   XV   235

— Partage de la peau du loup avant qu'il soit
tué. Secret de l'entreprise demeuré
secret jusqu'à la prise de Palerme .   XV   241

Alberoni.

Tomes. Pages.

— Sentiment d'Alberoni à l'égard de Monteleon et de Beretti. Il est dégoûté des
espérances du Nord. S'applique de plus
en plus à troubler l'intérieur de la
France ; ne peut se tenir de témoigner
sa passion d'y faire régner le roi d'Espagne le cas arrivant. Aventuriers
étrangers dont il se défie.   XV   245

— Alberoni de plus en plus irrité contre
Aldovrandi. Est déclaré par le Pape
avoir encouru les censures. Rage,
menaces, réponse d'Alberoni au Pape.   XV   251

— Vanteries et menaces d'Alberoni. Secret
de l'expédition poussé au dernier
point. Vanité folle d'Alberoni. Il espère
et travaille de plus en plus à brouiller
la France.   XV   253

— Il fait secrètement des propositions à
l'Empereur, qui les refuse et les découvre à l'Angleterre. Alberoni et le
roi de Sicile crus de concert et crus de
rien partout. Belle et véritable maxime
et bien propre à Torcy [1]. Étranges et
vains applaudissements d'Alberoni.
Son opiniâtreté. Il menace le Régent.   XV   261

— Son ivresse. Il menace le Pape et les siens.
Son insolence sur les grands d'Espagne.
Son audacieuse déclaration à Nancré.   XV   266

— Son attention à rassurer tous les commerces sur les forces maritimes d'Espagne.   XV   271

— Ses projets. Il se moque des propositions
faites à l'Empereur par le roi de Sicile.
Il pense à entretenir dix mille hommes

1. C'est la maxime qui est aux lignes 27-32 de la page **262**, et qu'
Saint-Simon, non dans son texte, mais dans le sommaire du chapitre XIII
attribue, comme ici, à Torcy.

Alberoni.   Tomes. Pages.

de troupes étrangères en Espagne. Il
fait traiter par Leurs Majestés Catholiques comme leurs ennemis person-
nels tous ceux qui s'opposent à lui.
Inquiet de l'expédition de Sicile, il
introduit à Rome une négociation
d'accommodement; son artifice. . . .   XV   275
— Conduite et propos d'Alberoni. Sa scélérate duplicité sur la guerre aux dépens du roi et de la reine d'Espagne.
Ses artificieux discours au comte
Stanhope, qui n'en est pas un moment
la dupe.   XV   290
— Le cardinal Alberoni et Riperda en dispute sur un présent du roi d'Angle-
terre au cardinal.   XV   292
— Alberoni et du Bois. XV   299
— Fortune et gouvernement d'Alberoni. .   XV   301
— Sa chute enfin. Se retire en Italie. . . . XVI   405
— Arrêté en chemin, en Espagne, emportant
l'original du testament de Charles II
et autres papiers importants, qu'il ne
rendit qu'à force de menaces. Joie
publique de sa chute en Espagne et
dans toute l'Europe.   XVI   409
Est gardé honnêtement à vue par Marcieu
depuis son entrée en France jusqu'à
son embarquement à Marseille; ne
reçoit nulle part en France ni honneurs ni civilités. Sa conduite dans le
voyage. Ses folles lettres au Régent,
qui demeurent sans réponses.   XVI   410
— Reste caché en Italie pendant les
risques de son chapeau, jusqu'à la
mort de Clément XI, qu'il est appelé au
Conclave. Se fixe après à Rome, où il
est rétabli. Causes de sa rage. XVII   222

Alberoni;   Tomes.   Pages.

— Sa fortune, son règne, sa chute. . . . XVIII   196

ALBIN (SAINT-) bâtard, non reconnu, de M. le duc
    d'Orléans. Est fait coadjuteur du
    prieuré de Saint-Martin des Champs à
    Paris. XIV   185

— Puis abbé de Saint-Ouen à Rouen et de
    Saint-Évroul. XII   413

— Fait évêque-duc de Laon, et en sert au
    sacre. XVII   286

— Transféré à Cambray. Pourquoi. . . . XVII   287

— Conserve le rang et les honneurs de
    Laon. XIX   155

ALBERT (Comte d'). Cassé pour un combat. . .   II   342

— Sort de prison. III   354

— S'attache à l'électeur de Bavière, qui
    l'envoie en Espagne. IV   116

— Et l'y renvoie. VIII   445

ALBRET, bâtards expliqués.   X   137

ALBRET (Maréchal d') et sa fortune.   X   140

— Son extraction, famille et fortune. . . . XII   93

ALBRET (Duc d'). Épouse la fille du duc de la
    Trémoille.   I   292

— Se brouille avec éclat avec le duc de
    Bouillon, son père.   II   98

— Trouve le Roi partial pour son père. . .   II   213

— Se raccommode avec son père.   IV   398

— Perd son procès contre lui.   V   163

— Est grand chambellan sur la démission
    de son père. XII   221

— Devient veuf. XIII   275

— Veut épouser Mlle de Barbezieux le
    Tellier; y trouve des obstacles. . . . XIV   10

— Reçoit des grâces et le gouvernement
    d'Auvergne, sur la démission de son
    père. XIV   97 et 326

— Épouse Mlle de Barbezieux. XIV   399

— L'épouse une seconde fois. XVI   240

Alberoni.   Tomes. Pages.

— La perd. XVI   274
— Épouse Mlle de Gordes-Simiane ; lui ob-
    tient une pension du Roi de 10,000 fr.
    Suite de ses mariages. XVII   84
ALBUQUERQUE (Duc d'), vice-roi du Mexique, en-
    voie fort à propos une grande somme
    d'argent à Philippe V.   V   128
— Son extraction et son caractère, etc. :
    voir aux GRANDS D'ESPAGNE. XVIII   6
ALCALA DE HENARÈS, etc. XVIII   422
ALDOBRANDIN. Nonce en Espagne, mort car-
    dinal. XVIII   184
— Pouvoir des nonces en Espagne, en
    particulier à l'Escurial. XVII   431
— Caractère et fortune de ce nonce. . . . XVIII   184
ALDOVRANDI mal reçu à Rome, blâmé, pénétré.
    Avis au Pape sur le chapeau d'Albe-
    roni ; bruits à Madrid fâcheux sur le
    voyage d'Aldovrandi. XIII   75
— D'abord très-mal reçu à Rome, gagne la
    confiance du Pape. Nuage léger entre
    Alberoni et lui. XIII   158
— Avis d'Aldovrandi à Alberoni. XIII   166
— Conférence entre Aldovrandi et le duc
    de Parme. XIII   314
— Aldovrandi arrive à l'Escurial. XIV   73
— Congrégation consultée à Rome lui est
    contraire. XIV   135
— Il veut persuader que l'entreprise se fait
    malgré Alberoni ; mouvements partout
    contre cette entreprise ; opinions di-
    verses. XIV   135
— Encore, à Rome et ailleurs, vendu à Al-
    beroni. XIV   145
— Sa conduite ; est vendu à Alberoni pour
    son intérêt personnel. XIV   172
— Ses manéges. XIV   219

Aldovrandi.   Tomes.   Pages

— Il n'ose présenter au roi d'Espagne un
    bref injurieux. XIV   241
— Fait recevoir la constitution *Unigenitus*
    aux évêques d'Espagne. XIV   241
— Pensant en cela bien faire, en est tancé
    à Rome; en reçoit ordre de détruire
    son ouvrage comme contraire à l'in-
    faillibilité; il est fort mal mené; griefs
    du Pape contre lui. XIV   250
— Il est occupé de rapprocher les deux
    cours, et de se justifier à Rome sur ce
    qu'il a fait en Espagne, à l'égard de
    l'acceptation de la Constitution. . . . XIV   274
— Il excite l'Espagne en faveur de la
    Constitution. XIV   430
— Son adresse à servir Alberoni. XV   9
— Son manége. XV   74
— Avis contradictoire d'Aldovrandi au
    Pape, sur Alberoni. XV   173
— Est mal mené par Alberoni sur le refus
    des bulles de Séville. Il lui écrit; n'en
    reçoit point de réponse. S'adresse, mais
    vaguement, à Aubanton. Sur un cour-
    rier du Pape, ferme la nonciature sans
    en avertir: sur quoi il est gardé à vue.
    Alberoni devient son plus cruel ennemi,
    quoiqu'il en eût été toujours infini-
    ment bien servi. XV   202
— Sagesse et précautions d'Aldovrandi. . . XV   238
— Est désapprouvé du Pape d'avoir fermé
    la nonciature. Sa sagesse. XV   267
ALÈGRE (Marquis d'), mort maréchal de France.
    Rend Bonn. III   423
— Perd son fils unique. IV   253
— Nommé ambassadeur en Angleterre, où
    il n'alla point. X   336
— Sa femme entre avec le duc de Saint-

Alègre (Marquis d').   Tomes. Pages.

Simon en mystérieux commerce, qui
dure plus d'un an. XIV   212
Son sage avis. XVI   88
Sa mort. XIX   106
Son mari obtient le gouvernement des
Trois-Évêchés.   XIX   132
ALENCASTRO. Ducs d'Alveiro. Leur extraction.   II   455
Voir aux GRANDS D'ESPAGNE. XVIII   8
ALENÇON (Duc d'), fils de M. le duc de Berry.
Sa naissance et sa mort.   X   14
ALICANTE et son château rendus à Philippe V. . VI   399
ALINCOURT. 2ᵈ fils du duc de Villeroy, épouse
Mˡˡᵉ de Boufflers. XVII   129
ALLEMANS. Quel. Fait un mémoire sur la
manière de lever la taille, et le lit au
Régent.   XVI   295
Alliances. Signature de la grande contre la
France et l'Espagne.   III   192
— Signature de la triple à la Haye; l'Em-
pereur, à qui elle déplaît, refuse de la
signer . . . . XIII 297 et 323
— De la quadruple à Londres, après à
Vienne, enfin à la Haye; sa cause.
Du Bois.   XV   283
Alliés. Contraste étrange de la fortune des
alliés de Louis XIII et de ceux de
Louis XIV.   V   208
ALLUYE (Marquise d'). Singularités d'elle. Sa
mort. XVII   71
ALMANA (Bataille d').   V   190
ALPHONSE X. Roi de Castille, etc. Sa catastrophe
et des fils de son fils aîné et de leur
postérité. XVIII   24
ALTAMIRE (Comtesse douairière d'), camarera-
major de la reine d'Espagne.   XI   84
— Son caractère. XVIII   157
— Son fils aîné; sa famille; son caractère. XVIII 87

Altamire (Comtesse d').   Tomes. Pages.

    Voir aux Grands d'Espagne. XVIII   87

Altona. Brûlé par Steinbok. victorieux des
    Danois.   IX   406

Altesse simple.   VI   362

— Royale.   VI   363

— Sérénissime.   VI   364

Althan. Cardinal par l'Empereur. XVI   369

Althan (Comte d'), favori et grand écuyer de
    l'Empereur, meurt entre ses bras. . XVIII   442

Ambassadeurs. Changements d'ambassa-
    deurs.   II   250

— Origine de leur conduite à leur première
    audience par ceux des maisons de
    Lorraine, de Savoie et de Longueville,
    et à leur entrée par un maréchal de
    France.   II   275

— Traitement des ambassadeurs de France
    à Turin et de Savoie à Paris, après la
    rupture et l'arrêt des troupes auxi-
    liaires de Savoie dans l'armée de
    France en Italie.   IV   10

— Usage de faire garder par un gentil-
    homme ordinaire du Roi les ambassa-
    deurs dans les cas singuliers.   IV   10

— Franchise des ambassadeurs.   IV   94

— Ambassadeurs d'Hollande saluent le Roi
    après la paix d'Utrecht.   X   130

— Ambassadeur de Perse à Paris plus que
    douteux; son entrée; sa première au-
    dience; magnificence étalée devant
    lui; sa conduite.   XI   88

    Son audience de congé   XI   284

— Ambassadeur de la Porte à Paris; son
    entrée. XVII   215

    Sa première audience XVII   217

    Son caractère; son traitement: son au-
    dience de congé. XVII   248

Ambassadeurs.   Tomes. Pages.

— Ambassadeur d'Hollande en Espagne. XVIII 185
— Ambassadeurs de Malte en Espagne ne
se couvrent point ; sont traités en su-
jets, mais sont sous le droit des gens
comme les autres ambassadeurs. . . XVIII 185
Ambassadrices. Leur première audience. .   II 168
AMBRES (Marquis d'). Son caractère. . . . . . XVII 215
— Marie son fils à une fille du premier pré-
sident Mesmes. . . . . XVII 215
— Sa mort. . . . . XI 150
AMELOT, conseiller d'État ; ambassadeur en
Suisse, puis en Portugal, enfin en
Espagne. Son caractère. . . . . . . IV 246
— Entre dans la junte. . . . . IV 275
— Son 2ᵈ fils est tué à la chasse par le
comte de Tonnerre, avec qui il y étoit
allé. . . . . V 336
— Est relevé en Espagne par Blécourt en-
voyé. VII   ₁
— Son mérite et sa capacite le font craindre
à son retour. VII   44
— Refusé par le Roi d'une grandesse, pour
marier sa fille, que le roi d'Espagne vou-
loit lui donner, arrive perdu à la cour. VII   57
— Redemandé inutilement en Espagne. . VIII 132
— Obtient, pour le fils qui lui reste, une
charge de président à mortier. . . . . VIII 444
— Marie sa fille au comte de Tavannes. . . IX 139
— Est envoyé à Rome pour la tenue d'un
concile national en France. . . . . . X 328
— Obtient 30,000 francs pour son voyage. X 337
— Revient de Rome. Conte au duc de Saint-
Simon un rare entretien entre le Pape
et lui sur la constitution *Unige-
nitus*. . . . . XII 275
— Exclu de tout, et pourquoi. Mis enfin à
la tête du conseil de commerce. . . . XII 276

Tomes.   Pages.

Amirante de Castille, nommé ambassadeur
    en France.   II   481
— Se retire en Portugal.   III   293
— Il tombe dans le mépris, ...   IV   75
— Meurt en Portugal.   IV   275
— Son extraction.   II   483
— Titre d'amirante supprimé par Phi-
    lippe V: *voir* aux GRANDS D'ESPAGNE. .XVIII   16
Amirauté de Bretagne, attachée au gou-
    vernement de la province, y est main-
    tenue par jugement contradictoire du
    Roi dans tous ses droits, et indépen-
    dante, comme elle avait toujours été,
    de l'amirauté de France.   II   358
AMYOT, évêque d'Auxerre, privé par Henri IV
    de sa charge de grand aumônier de
    France.   III   439
ANCENIS, 2ᵈ fils du duc de Charost, épouse
    la fille de George Entragues.   VI   299
ANCEZUNE épouse une fille de Torcy.   XI   86
Anecdote différée sur la Constitution.   XIV   243
ANGENNES. Sa mort.   XIII   132
ANGERVILLIERS, intendant de Dauphiné et de
    l'armée.   IV   253
ANGLETERRE. Projet avorté sur l'Angleterre. Le
    roi Jacques à Calais.   I   302
— Succession à la couronne établie dans la
    ligne protestante.   III   6
— L'Angleterre reconnoît Philippe V roi
    d'Espagne.   III   18
— Elle déclare la guerre à la France. . . .   III   275
— Mort de la reine d'Angleterre, veuve de
    Charles II et sœur du roi de Portugal,
    à Lisbonne, où elle s'étoit retirée.
    Comte de Feversham.   IV   394
— Union de l'Écosse à l'Angleterre.   V   126
— Prise considérable sur les Anglois en

Angleterre. Tomes. Pages.

mer. . . . . V 128

— Projet d'Écosse. . . . . V 402

— Principaux de la suite du roi Jacques III
en Écosse ; leur état, leur caractère.
Middleton et sa femme ; leur fortune,
leur caractère. Gacé désigné maréchal
de France; son caractère. Officiers
françois de l'expédition. . . . . V 409

— Le roi Jacques retenu à Dunkerque par
la rougeole. Il met à la voile. Belle
action du vieux lord Greffin. . . . . . V 412

— Espions à Dunkerque. Jacques battu
d'une grande tempête. Attente et désir
des Écossois. . . . . V 413

— Le roi Jacques chassé en mer et com-
battu par la flotte angloise. Il déclare
Gacé maréchal de France, qui prend le
nom de maréchal de Matignon et revient à Dunkerque. Middleton et
Fourbin causes du retour et très-sus-
pects. Belle action du chevalier de
Tourouvre. Prisonniers sur le Salisbury, bien traités. Marquis de Lévy fait
lieutenant général. Grandeur de courage du vieux lord Greffin. Époque
du nom de chevalier de Saint-Georges
et de celui de Prétendant demeurés
enfin au roi Jacques III. Entrevue du
Roi à Marly et de cette cour débar-
quée et revenue. . . . . V 414

— Sage conduite de la reine Anne d'Angleterre et de ses alliés. . . . . V 418

— Le duc de Marlborough dépouillé veut
sortir d'Angleterre. Le duc d'Ormond
général en sa place. Troupes angloises
rappelées de Catalogne. . . . . IX 172

— Trêve publiée entre la France et l'Angle-

Angleterre.   Tomes. Pages.

terre.   IX   323
— Marlborough retourne en Angleterre, où
   la reine Anne meurt aussitôt après, et
   l'électeur d'Hanovre est proclamé roi
   d'Angleterre sous le nom de Georges Ier.   X   246
— Le nouveau roi donne part au Roi de
   son avénement à la couronne, passe
   en Angleterre et y fait de grands
   changements et entiers.   X   313
ANGLOIS. Bombardent Dieppe et le brûlent. . .   I   189
— Bombardent inutilement les côtes de
   Bretagne et autres.   I   259
— Le roi Guillaume perd sa femme. Mort
   du roi Guillaume.   III   254
— Font inutilement une descente de 10,000
   hommes dans l'île de Léon, près Cadix
   et dans la terre ferme voisine. . . .   III   292
— Brûlent, dans le port de Vigo, les gallions
   arrivant de l'Amérique et 15 vaisseaux
   françois.   III   294
— Sont ravagés par Chavagnac dans les
   îles de l'Amérique.   IV   419
ANGLETERRE et ANGLOIS. Mouvements d'Angleterre. Roi d'Angleterre. Anglois. . . .   XII   371
— Plaintes de l'Angleterre de la conduite
   de la France et de l'Espagne à l'égard
   du Prétendant.   XII   387
— Les Anglois veulent chasser les François
   des Indes. Leur haine contre la France.
   Proposent un renouvellement d'alliance aux Hollandois dangereux à la
   France ; y veulent attirer le roi de Sicile.   XIII   9
— Ses violents offices partout contre tout.
   Secours et retraite à donner au Prétendant. Fausses souplesses qu'elle
   fait à l'Espagne, jusqu'à lui proposer
   des ligues avec elle pour empêcher

Angleterre.   Tomes. Pages.

l'Empereur de s'étendre en Italie et
pour secourir le roi d'Espagne, le cas
arrivant en France d'y exercer ses
droits. XIII   17

— Propositions très-captieuses contre le
repos de l'Europe, faite (*sic*) par l'Angleterre à la Hollande, qui élude sage-
ment. XIII   22

— Préférence du roi d'Angleterre de ses
États d'Allemagne à l'Angleterre,
cause de ses ménagements pour l'Empereur. XIII   24

— Escadres d'Angleterre et d'Hollande vont
presser le siége de Wismar. XIII   25

— Intérêt des ministres anglois de toujours
craindre la France pour tirer des subsides du Parlement. Continuation d'a-
vances infinies de l'Angleterre à l'Espagne. XIII   25

— Craintes domestiques du ministère anglois, qui veut rendre les parlements
septénaires. XIII   26

— Les puissances maritimes offrent des
vaisseaux à l'Espagne ; leur intérêt.
Offres de l'Angleterre à l'Espagne
contre la grandeur de l'Empereur en
Italie. XIII   62

— L'Angleterre se plaint d'Alberoni et le
dupe sur l'Empereur. Le roi d'Angleterre veut aller à Hanovre. Wismar
rendu. XIII   64

— Parlements d'Angleterre rendus septénaires. XIII   67

— Vues et conduite des ministres anglois
et hollandois à l'égard de la France et
de l'Empereur. Souplesse de l'Angleterre pour l'Espagne. Tâchent de dé-

Angleterre.   Tomes. Pags.

tourner la guerre d'Hongrie. Artifices
contre la France. XIII   68
— L'Angleterre signe une ligue défensive
avec l'Empereur et veulent (*sic*) y attirer
la Hollande. Souplesses de l'Angleterre
pour calmer l'Espagne sur cette ligue. XIII   71
— Manéges étranges des ministres anglois
sur le traité à faire avec la France.
Rare omission au projet de ce traité
communiqué par les Anglois. XIII   79
— Fâcheuse situation intérieure de la
Grande-Bretagne et de la cour d'An-
gleterre. XIII   80
— Intrigues de la cour d'Angleterre. XIII   81
— Anglois, en peine du chagrin du roi
d'Espagne de leur traité avec l'Empereur, le lui communiquent, en même
temps les propositions que leur fait la
France, et leur réponse. Malignité des
Anglois pour brouiller le Régent avec
le roi d'Espagne. XIII   143
— Leur prétention insupportable au commerce, qu'Alberoni ne leur conteste
seulement pas. Bassesses et émpres-
sement pour les Anglois. XIII   146
— Traité d'*Assiento* signé avec l'Angleterre,
à Madrid. Le roi d'Angleterre à Ha-
novre. XIII   154
— Précaution du roi d'Angleterre, peu instruit. Il fait travailler à la réforme de
ses troupes et diffère de toucher aux
intérêts des fonds publics. XIII   225
— Artifices des ministres anglois secondés
de ceux de Stairs, ambassadeur d'Angleterre à Paris. Le roi d'Angleterre
refuse sa fille au prince de Piémont,
par ménagement pour l'Empereur. . . XIII   226

ngleterre.

Tomes

— Motifs du traité de l'Angleterre avec la France ; division en Angleterre, et blâme du traité avec la France. . . . XII

— L'Angleterre, alarmée des bruits d'un traité négocié par le Pape entre l'Empereur et le roi d'Espagne, fait là-dessus des propositions à Alberoni ; sa réponse à Stanhope. XII

— Le roi d'Angleterre de retour à Londres ; intérieur de son ministère, ses mesures. XI

— Les Anglois ne veulent point se mêler des affaires de leur roi en Allemagne. XI

— Dettes et embarras de l'Angleterre. Mesures contre la Suède. X

— L'Angleterre entame à Vienne une négociation pour la paix entre l'Empereur et le roi d'Espagne. X

— Propos des ministres d'Angleterre et d'Hollande à celui de Sicile à Madrid, en conformité du nouveau systême d'Alberoni. Del Maro la laisse sans y répondre, et fait une découverte fort importante et curieuse. X

— Agitations intérieures de la cour d'Angleterre. X

— Inquiétude du roi d'Angleterre sur le Czar. Il est forcé à réformer dix mille hommes. X

— . L'Angleterre reprend la négociation entre l'Empereur et l'Espagne. Divisions domestiques en Angleterre. Son inquiétude sur le Czar. X

— Différents sentiments sur l'Empereur en Angleterre ; manége intérieur de cette cour. Même diversité de sentiments sur l'union établie entre le Régent et

Angleterre.   Tomes. Pages.

le roi d'Angleterre; empressement et
offres des ministres anglois au Régent
pour l'unir avec l'Empereur et y faire
entrer l'Espagne. XIV   127
— Ministres hanovriens dévoués à l'Empereur, qui veut tenir le roi d'Angleterre
dans sa dépendance; complaisance de
ce dernier à lui payer un reste de subsides, qui excite du bruit en Angle-
terre et dans le Nord. XIV   131
— Manége des ministres hanovriens pour
engager le Régent à s'unir avec l'Empereur. L'Angleterre desire la paix de
l'Empereur et de l'Espagne; veut envoyer faire des efforts à Madrid; ruses
à Londres avec Monteleon. XIV   151
— Situation personnelle du roi d'Angleterre
avec les Anglois. Il choisit le colonel
Stanhope, cousin du secrétaire d'État,
pour aller en Espagne. Inquiétude de
l'Angleterre. Ses soupçons sur le roi
de Sicile. XIV   154
— Artifices de l'Angleterre et de Saint-Saphorin pour lier le Régent avec l'Empereur et en tirer des subsides contre
l'Espagne et le roi de Sicile. XIV   156
— L'Angleterre, liée avec l'Empereur par
des traités précis, craint pour son commerce de se brouiller avec l'Espagne,
y envoie par Paris le colonel Stanhope; objet de cet envoi, et par Paris.
Artifices de l'Angleterre pour unir le
Régent avec l'Empereur. Georges et ses
ministres en crainte du Czar et de la
Prusse, en soupçon de la France. Leur
haine pour Châteauneuf, ambassadeur
de France à la Haye. XIV   165

Angleterre.   Tomes. Pages.

— Ardeur du roi d'Angleterre et sa cause,
   pour pacifier l'Empereur et l'Espagne,
   qui ne s'en éloigne pas.   XIV   180

— Caractère du roi d'Angleterre et de ses
   ministres. . . . . · . .   XIV   181

— Le roi d'Angleterre et le prince de Galles
   fort brouillés.   XIV   215

— Manéges des ministres du roi d'Angleterre. Ils n'ont point de secret pour
   Penterrieder, ministre de l'Empereur
   à Londres.   XIV   220

— Audacieux avis au Régent sur son gouvernement intérieur, qu'ils voudroient
   changer à leur volonté. Réflexions. . .   XIV   225

— Objet du roi d'Angleterre dans son désir
   de moyenner à Londres la paix entre
   l'Empereur et l'Espagne.   XIV   233

— Cajoleries du roi d'Angleterre à la reine
   d'Espagne et à Alberoni, en cas de
   mort du roi d'Espagne.   XIV   261

— Éclat entre le roi d'Angleterre et le prince
   de Galles. L'Angleterre arme doucement
   une escadre pour la mer Méditerranée. Plainte de Monteleon, réponse
   honnête mais claire des Anglois. . . .   XIV   263

— Proposition en l'air de marier le prince
   des Asturies à une fille du prince
   de Galles.   XIV   288

— État de la négociation à Londres pour
   traiter la paix entre l'Empereur et le
   roi d'Espagne.   XIV   407

— Deux difficultés principales. Toscane. .   XIV   408

— Point de la tranquillité de l'Italie pendant la négociation.   XIV   410

— Partialité ouverte des Anglois pour
   l'Empereur. Leurs hauteurs et leurs
   menaces au Régent.   XIV   412

Angleterre.

— Le roi d'Angleterre, inquiet sur le Nord, s'assure du Czar; méprise le roi de Prusse. . . . . XIV 413

— Propositions des Anglois sur la Toscane. Inquiétude mutuelle. Division dans la famille royale d'Angleterre, qui retranche 40,000 livres sterling au prince de Galles et fait payer 130,000 livres sterling à l'Empereur, qui est fort recherché. XIV 425

— Plaintes amères contre le Régent des agents d'Angleterre entièrement impériaux; leur audace et leurs impostures. XV 11

— Bruit d'une révolution prochaine en Angleterre, où le ministère est changé. . XV 23

— Double manége des Anglois sur la paix de l'Espagne avec l'Empereur. Le roi d'Angleterre s'oppose formellement au desir du roi de Sicile d'obtenir une archiduchesse pour le prince de Piémont. Les Anglois haïssent, se plaignent, demandent le rappel de Châteauneuf de Hollande. Leur impudence à l'égard du Régent. Guidés par du Bois, ils pressent et menacent l'Espagne. . . . . XV 55

— La nation angloise et la hollandoise partagées pour et contre le traité communiqué à cette république par la France et l'Angleterre. Duplicité des ministres d'Angleterre à l'égard du Régent. . . . XV 83

— Artificieuse conduite des ministres anglois à l'égard du Régent. L'Angleterre s'oppose avec hauteur à ce que l'Espagne conserve la Sardaigne. Ministres anglois plus impériaux que les Impériaux mêmes. . . . . XV 85

— La Sardaigne est achoppement à la paix. XV 93

Angleterre.   Tomes. Pages.

— Malignité et insultante partialité la plus
    entière pour l'Empereur des ministres
    anglois, sur la Sicile..   XV   118
— Roideur des Anglois sur la Sardaigne.
    Leur fausseté sur les garnisons. . . .   XV   125
— Fausseté et pis des ministres d'Angle-
    terre à l'égard de l'Espagne.   XV   140
— Partialité des ministres d'Angleterre pour
    l'Empereur; leur insigne duplicité à
    l'égard de l'Espagne.   XV   152
— Ministres anglois pensent juste sur le
    traité d'Utrecht malgré les Impériaux.
    L'Angleterre subjuguée par le roi
    Georges. Ministres d'Angleterre con-
    tents de Châteauneuf.   XV   154
— Départ de l'escadre angloise pour la mer
    Méditerranée.   XV   163
— Ministres d'Angleterre veulent faire rap-
    peler Châteauneuf de Hollande.   XV   185
— Opinions qu'ont les Anglois du Régent,
    ·de ceux qu'il employe et d'Alberoni. .   XV   191
— Manége des Anglois pour brouiller tou-
    jours la France et l'Espagne, et l'une
    et l'autre avec le roi de Sicile.   XV   210
— Le traité s'achemine à conclusion (contre
    l'Espagne)..   XV   214
— Les Anglois veulent la paix avec l'Es-
    pagne, et la faire entre l'Espagne et
    l'Empereur, mais à leur mot et au sien.   XV   225
— Déclaration menaçante de l'amiral Bing
    à Cadix.   XV   243
— Rage des Anglois contre Châteauneuf. .   XV   258
— Les Anglois frémissent des succès des
    Espagnols; veulent détruire leur flotte.   XV   263
— Le traité entre la France, l'Empereur et
    l'Angleterre signé à Londres.   XV   269
— Artifices des Anglois pour alarmer tous

Angleterre.   Tomes.   Pages.

les commerces par la jalousie des
forces maritimes de l'Espagne.   XV   271
— Quadruple alliance signée à Londres,
22 août[1], puis à Vienne, enfin à la Haye ;
ses prétextes ; sa cause. Du Bois. . . .   XV   283
— Considérations sur l'Angleterre ; son intérêt et ses objets à l'égard de la
France et de la France au sien. . . .   XV   307
— L'Angleterre ennemie de la France à
forts titres anciens et nouveaux. Intérêt
de la France à l'égard de l'Angleterre.   XV   328
— Le roi d'Angleterre en division avec le
prince de Galles, son fils ; sa cause ;
leur apparent raccommodement. . . XVII   74
— Sentiment des Anglois sur la naissance
à Rome du prince de Galles, fils du roi
Jacques III. XVII   208
— Leur tyrannie marine. XVI   251
ANGOULÊME (Duchesse d'). Nargonne, veuve
du bâtard de Charles IX. Sa mort. . .   X   69
ANHALT (Prince d'). A la chasse avec le Roi. . . XI   119
ANJOU (Duc d'). Petit-fils du Roi. Appelé à la
couronne d'Espagne par le testament
de Charles II et par les vœux de la
nation, connu depuis sous le nom de
Philippe V.   II   383
ANJOU (Duc d'). Arrière-petit-fils du Roi et son
successeur. Sa naissance. Succède au
titre et au rang de Dauphin, aujour-
d'hui Louis XV.   IX   238
Annoblissements. Leur origine.   X   368
Annonce à haute voix pour qui se fait dans
la chambre funèbre des personnes
royales.   IX   233

---

1. Ainsi dans la *Table*. Il faut lire soit : « 2 août », date française, donnée dans les *Mémoires ;* soit : « 22 juillet », date anglaise, ancien style.

Antin (Marquis, depuis duc d'). Quitte solen-
nellement le jeu, et le reprend dans la
suite. . . . . II 363
— Sa hardiesse. . . . . III 199
— Son avarice. Il supprime le testament
de sa mère Mme de Montespan. . . . . V 275
— Caractère et conduite de d'Antin. . . . V 269
— Prodiges de courtisan où le Roi passe. . V 337
— Obtient le gouvernement d'Orléanois, à
la mort de Sourdis. . . . . V 339
— Et fort singulièrement les bâtiments, à la
mort de Mansart, dont la place est fort
diminuée. . . . . V 465
— Sa situation; ses vues; ses manéges. . . VI 102
— Son embarras entre Mme la duchesse de
Bourgogne et Madame la Duchesse; se
conserve bien enfin avec toutes les deux. VI 111
— Ses vues et ses menées contre Chamil-
lart. . . . . VI 421
— Est chargé par le Roi, à la mort de
Monsieur le Duc, du détail de ses
charges, pendant la première jeunesse
de Monsieur le Duc son fils. . . . . . . VII 286
— Il pousse Livry, premier maître d'hôtel
du Roi, sur les réformations que le
Roi fait. Hauteur avec laquelle le duc
de Beauvillier soutient Livry son
beau-frère. Le sauve. . . . . VII 306
— Souplesse d'Antin. . . . . VII 448
— Prétend la dignité de duc et pair d'Espernon; obtient la permission du Roi
d'en intenter le procès, et l'intente.
Ruse et artifice de son discours au Roi. VIII 176
— Sa souplesse. Le Roi inutilement fort
partial pour lui. . . . . VIII 188
— Reprise de l'affaire d'Espernon. Force
prétentions semblables prêtes à éclore.

Antin (Marquis, depuis Duc d').   Tomes. Pages

Impression qu'elles font sur les parties de l'affaire d'Espernon . . . . VIII 313

— Fait, en parlant de son procès au Roi, le trait hardi et raffiné du plus délié courtisan. . . . . VIII 337

— Devient enfin duc et pair, à l'occasion de son procès, non d'Espernon, mais d'Antin par grâce nouvelle. Est reçu au Parlement. . . . . VIII 393

— Son adresse et son impudence à l'égard du maréchal de Boufflers. . . . . VII 108

— Quel fut d'Antin sur [1] la mort de Monseigneur. . . . . VIII 408

— Et à l'égard de M. le duc d'Orléans. . . . XI 223

— Est fait à la mort du Roi chef du conseil des affaires du dedans du royaume. . . . . XII 238

— Sa capacité singulière. . . . . XIV 204

— Obtient pour son fils aîné [2] la survivance de son gouvernement, et pour le cadet celle de sa lieutenance générale d'Alsace. . . . . XIV 405

— Obtient la permission de M. le duc d'Orléans de n'opiner point au conseil de régence et n'assister point au lit de justice qui le suivit immédiatement aux Tuileries, le 26 août 1718, à cause du duc du Maine. . . . . XVI 3

— Obtient la survivance de sa charge des bâtiments pour son 2ᵈ fils. . . . . . . XVII 225

— Et pour son autre fils l'évêché de Langres. [3]

Apanages. Ce que c'est. . . . . X 385

— Question d'apanages jugée en leur fa-

---

1. Saint-Simon a écrit *sur* au-dessus de *à* non biffé.

2. Il s'agit, non du fils aîné, qui était mort, mais des deux fils qu'a... laissés cet aîné.

3. En 1721, plusieurs mois après l'époque où s'arrêtent les *Mémoires*.

Apanages.   Tomes. Pages.

veur[1] au conseil de régence. Absences
singulières de ce conseil.   XV   343
Appartement. Ce que c'est.   I   21
— Du Roi à Marly.   VIII   179
— De Monseigneur donné, à sa mort, à
Mgr le duc de Bourgogne; à la sienne,
à M. et à Mme la duchesse de Berry. . .   IX   276
Appel de la Sorbonne, et des quatre évêques
avec elle, de la constitution *Unigenitus.*   XIII   343
Apophthegmes du premier maréchal de
Villeroy.   VIII   341
— Du Roi sur M. le duc d'Orléans.   X   341
Aquaviva[2], cardinal chargé des affaires d'Espa-
gne à Rome.   XIII   141
— Sa bassesse et son art.   XIII   169
— Transfuge par ordre d'Espagne à la con-
stitution *Unigenitus.*   XIII   170
— Fait suspendre la promotion de Borro-
mée au moment qu'elle s'alloit faire,
et tire une nouvelle promesse pour
Alberoni, dès qu'il y aura trois cha-
peaux vacants.   XIII   230
— Ses mesures et ses conseils à Alberoni. .   XIII   328
— Veut gagner le cardinal Ottobon.   XIV   53
— Adresse hardie d'Acquaviva.   XIV   134
— Reproches entre lui et le prélat Alamanni,
que le Pape lui envoie. Est bien in-
formé par l'intérieur du palais du
Pape, qui veut se mêler de la paix
entre l'Empereur et l'Espagne.   XIV   253
— Mémoire, propos, protestation forte,
lutte par écrit entre lui et le Pape sur
le refus des bulles de Séville.   XV   5
— Il a une querelle avec le gouverneur

---

1. En faveur de Madame et de M. le duc d'Orléans.
2. D'ordinaire dans les mémoires *Acquarira.*

Aquaviva.   Tomes. Page-

de Rome.   XV   8

— Embarrasse le Pape par une demande
     forte et très-plausible.   XV   44

— Il appuie en Espagne un projet du Pré-
     tendant.   XV   112

— Sa malice contre les Giudice.   XV   177

Aranda (Comte) : *voir* aux Grands d'Espagne. XVIII   88

Aranjuez, maison royale de plaisance en Es-
     pagne. Sa courte description. . . . . ·XVIII   351

— Amusement de sangliers. Haras de
     buffles et de chameaux. Lait de buffle
     exquis.   XVIII   352

Archevêque de Rouen, frère bâtard
     d'Henri IV. Sa distinction unique. . .   III   444

Archiduc déclaré roi d'Espagne sous le nom
     de Charles III, par l'Empereur Léopold,
     son père.   IV   »

— Arrive en Hollande. N'est point reconnu
     par le Pape.   IV   19

— Passe par l'Angleterre, arrive à Lis-
     bonne; est mal secouru.   IV   75

— Va par mer devant Barcelone et l'assiége. IV   303

— La prend, et la garnison prisonnière. . . IV   322

— Son mariage arrêté avec une princesse
     de Wolfenbuttel. Facilité des princes
     protestants à se faire catholiques; sa
     cause.   v   52

— Épouse la princesse de Brunswick-Blan-
     kenbourg-Wolfenbuttel.   VI   42

— Entre dans Madrid; y est tristement
     reçu et proclamé.   VIII   118

— Se retire à Barcelone et quitte son ar-
     mée.   VIII   121

— En part pour l'Italie et l'Allemagne, sur la
     mort de l'Empereur, son frère, sans en-
     fants mâles. Laisse l'archiduchesse et
     Staremberg, son général, à Barcelone.   IX   133

Archiduc.   Tomes. Pages.

— Voit le duc de Savoie dans la Chartreuse
    de Pavie.   IX   136
— Est élu Empereur. Reçoit à Milan les
    ambassadeurs et le légat Imperiali;
    quel était ce cardinal. Étiquette sur
    les attelages, prise d'Espagne. Arrive
    à Inspruck.   IX   136
— Est couronné à Francfort.   IX   172
— Et roi d'Hongrie à Presbourg.   IX   317
ARCO (Comte d'), feld-maréchal de Bavière,
    commande nos lieutenants généraux,
    obéit aux maréchaux de France, en a
    presque tous les honneurs militaires.   IV   110
ARCO (Comtesse d'). Sa belle-sœur, mère du
    comte (sic) de Bavière. Sa mort. Paris
    égout de toutes les voluptés de l'Eu-
    rope.   XIII   252
ARCO (Don Alonzo Manrique, duc del), favori
    et grand écuyer de Philippe V. Son
    caractère et sa fortune : voir aux
    GRANDS D'ESPAGNE.   XVIII   9
ARCOS (Duchesse d'), héritière d'Aveiro. . . .   II   458
ARCOS et de BAÑOS (Ducs d'). Ses deux fils à
    Paris, puis en Flandres; cause singu-
    lière de ce voyage forcé : voir aux
    GRANDS D'ESPAGNE. XVIII   11 et 12
ARCOS (Comtes los): voir aux GRANDS D'ESPAGNE. XVIII   88
ARCY (Marquis d').   I   29
ARELLANO. Grandeur de cette maison.   XVIII   82
ARGENSON. Lieutenant général d'Angoulême,
    puis maître des requêtes et lieutenant
    de police à Paris après la Reynie, et
    conseiller d'État.   I   394
— Son adresse à l'égard de M. le duc d'Or-
    léans sur le cordelier amené d'Es-
    pagne à Paris par Chalais.   IX   309
— Son caractère.   XIV   314

Argenson.

	Tomes.	Pages.
— Il a les finances et les sceaux.	XIV	317
— Désordres de ses heures. Law et lui sont seuls maîtres des finances.	XIV	368
— Obtient le tabouret pour sa femme, à l'instar de celui de la chancelière, dont Chauvelin a su profiter depuis.	XIV	369
— Lecture de ses lettres de garde des sceaux au conseil de Régence qui précède le lit de justice des Tuileries.	XVI	15
— Son discours au même conseil.	XVI	18
— Est bien averti de ce qui se passe alors au Parlement et en informe le Régent.	XVI	30
— Son maintien au lit de justice des Tuileries ; lecture de ses lettres de garde des sceaux s'y fait ; on les y enregistre. Son discours au Parlement sur la conduite et les devoirs de cette compagnie.	XVI	48
— Il obtient l'archevêché de Bordeaux pour son frère.	XVI	246
— Marie son 2ᵈ fils ; perd sa femme ; pousse ses deux fils.	XVI	275
— Quitte les finances. Obtient pour ses enfants des grâces singulières.	XVI	435
— Sa malice sur les finances, surtout depuis les avoir quittées.	XVII	88
— Les sceaux lui sont redemandés et rendus au chancelier Daguesseau. . .	XVII	101
— Sa retraite fort singulière, mais en très-bon ordre.	XVII	102
— Emplois de ses enfants.	XVII	112
— Sa mort. Abrégé de son caractère. . . .	XVII	237
— Son 2ᵈ fils fait lieutenant de police, puis chancelier et surintendant de M. le duc d'Orléans.	XIX	153

Tomes. Pages.

ARGENTON (Mlle de Sery, comtesse d'), fille d'honneur de Madame, parente proche de la duchesse de Ventadour lors sa dame d'honneur, devient maîtresse publique de M. le duc d'Orléans. Fait légitimer le fils qu'elle en a, depuis grand prieur de France. . . . . IV 458

— Obtient de M. le duc d'Orléans la terre d'Argenton, et par son autorité des lettres patentes enregistrées qui lui permettent de s'appeler Madame et comtesse d'Argenton. . . . . IV 459

— Va furtivement, accompagnée de Mme de Nancré, voir à Grenoble M. le duc d'Orléans, blessé à la bataille de Turin. V 40

ARGOUGES, fait lieutenant civil après le Camus. VIII 105

ARIAS (Don Manuel), conseiller d'État. Son caractère. . . . . II 370

— Eut grand part au testament de Charles II. . . . . II 381

— Fut un des principaux de la junte du gouvernement. . . . . II 393

— Expulsé par la princesse des Ursins. Fait archevêque de Séville et nommé au cardinalat. Expectoré cardinal. . . IX 418

— Mort. . . . . XIV 210

ARIZZA (Marquis d'): voir aux GRANDS D'ESPAGNE. . . . . , ... XVIII 61

ARMAGNAC. Mlle d'Armagnac refuse d'épouser le cardinal de Médicis, qui se vouloit marier de la main du Roi et que le Roi lui vouloit donner. . . . . IV 416

— Mort de Mme d'Armagnac Villeroy. Son caractère. . . . . V 365

— Mort de l'abbé d'Armagnac, son fils. . . IX 377

— Le Roi donne à Mlle d'Armagnac dix mille écus de pension. . . . . IX 415

Tomes.   Pages.

ARMAGNAC (Comte d'), grand écuyer de France, appelé Monsieur le Grand tout court; obtient 120,000 francs du Roi.   II   92

— Mot étrangement marqué échappé à Monsieur le Grand à qui Madame la grande-duchesse donna un coupe-gorge au lansquenet à Marly.   V   221

— Son digne et rare procédé.   VI   386

— Prétend toute supériorité sur la petite écurie et sur le premier écuyer du Roi, et la dépouille de la petite écurie. Son caractère, ses raisons.   XII   292

— Perd contradictoirement toutes ses prétentions au conseil de Régence. . . .   XII   301

— Obtient du Régent la permission de protester; en abuse; obtient l'affaire comme non jugée. Continuation des mêmes démêlés, qui, après la mort de Monsieur le Grand, tuent Monsieur le Premier et qui subsistent entre leurs enfants, qui ont leurs charges, jusqu'à ce que le Roi majeur décide enfin, et de la même façon qu'avoit fait le conseil de Régence. . .   XII   310

— Disputes encore entre eux, que le grand écuyer perd.   XIV   186

— Le grand écuyer perd de nouveau toute prétention sur le premier écuyer et la petite écurie.   XIX   213

— Fait d'humeur et de dépit une faute dont le grand maître de France profite pour sa charge.   XIX   214

Armées. Leur distribution. . . .   I   179, 247, 321, 432

— Celles du Danube et de Flandres en quartier d'hiver.   IV   15

ARMENDARIZ. Lieutenant général et lieutenant-colonel du régiment des gardes espagnoles. Son caractère.   XVIII   152

Tomes. Pages.

ARMENONVILLE. Conseiller d'État. Intendant, puis directeur des finances. ... III 52
— Obtient la capitainerie de la Muette et du bois de Boulogne seulement en vendant Rambouillet au comte de Toulouse. ... IV 308
— Sa chute. ... V 394
— Marie sa fille à Gassion. ... V 420
— Obtient une charge de secrétaire d'État supprimée, mais sans en rétablir les fonctions, en payant 400,000 francs au chancelier Voysin de la sienne, qui avoit le département de la guerre, qui demeura supprimée. ... XII 425
— Il perd sa femme. ... XIII 188
— Obtient la survivance de sa charge de secrétaire d'État pour son fils Morville. XVII 264
— Est fait garde des sceaux. ... XVIII 443
— Obtient un râpé de l'ordre. ... XIX 219
ARMENTIÈRES. D'Armentières sort de prison avec Pertuis, contre qui il s'étoit battu. ... III 354
— Épouse une fille de Mme de Jussac. Fortune de lui et de ses frères. ... VI 187
— Mort et caractère de Mlle d'Armentières; sa famille; sa fortune; sa maison. ... IX 292
— Mme d'Armentières succède à Mme de Coettenfao à une place de dame de Mme la duchesse de Berry. ... XI 126
— Perd son mari. ... XIII 365
Armes. Danger de badiner avec des armes. . I 15
ARNAULD, abbé, sa mort. Il étoit frère[1] du célèbre Arnauld et de l'évêque d'Angers. II 145
ARQUIEN (Cardinal d'). Sa mort; sa famille; sa fortune. ... V 287

1. On voit dans les *Mémoires* que ce n'est pas *frère*, mais *neveu* que Saint-Simon aurait dû écrire.

	Tomes.	Pages.

Arouet dit depuis Voltaire, poëte exilé, puis à la Bastille.   XIV   10

Arrouy. Sa mort à la Bastille.   II   257

Aragon. Différence du gouvernement de la Castille de celui de l'Aragon, le premier plus despotique que celui de la France, l'autre plus libre que celui de l'Angleterre ; explication curieuse. . .   V   199

— Perd enfin tous ses priviléges, omis par Philippe V, entièrement comme la Castille.   V   204

Arras bombardé.   IX   285

Arrêt tristement du 22 mai 17[20]. XVII   88

— Qui le révoque sans fruit. XVII   90

— Qui proscrit inutilement les pierreries. XVII   113

Arsenal. Il s'y tient à Paris une chambre ou ·commission extraordinaire contre les faussaires.   V   84

— Puis une autre pour achever de juger les conspirateurs de Bretagne. XVII   62

Artagnan emporte Warneton.   VII   77

— Est fait maréchal de France, le dernier du feu Roi.   VII   109

— Sa famille, sa fortune, son caractère ; il prend le nom de sa maison et s'appelle le maréchal de Montesquiou.   VII   110

— Sa rare aventure de deux lettres contradictoires qui le brouillent avec le maréchal de Villars.   VIII   35

— Avale sans bruit un faux démenti net que lui donne impudemment en public le maréchal de Villars.   IX   109

— Prend Marchiennes et tous les dépôts des ennemis qui y étoient.   IX   327

— Demeure à commander en Flandres. . .   IX   375

Artagnan. Parent éloigné du précédent. Devient par monter capitaine de la pre-

Artagnan.   Tomes. Pages.

    mière compagnie des mousquetaires. . XII 427
— Assiste l'arrêt du maréchal de Villeroy,
    et le garde en chemin et à Villeroy.. XIX 4
Artillerie (Règlement sur l'). . . . . III 438
ARTOIS. Sous contribution. . . . . VI 117
— Désolé et délivré. . . . . VI 192
Assassinats et vols. . . . . : . . XIV 211
ASTURIES (Prince des). Sa naissance. . . . . . . V 321
— Est juré par *las Cortes* ou états généraux. VI 398
— Singularité à l'occasion du collier du
    Saint-Esprit qui lui est envoyé. . . . XIII 243
— Son mariage, etc. *Voir* SAINT-SIMON.
— Cède par tout à l'Infante sa sœur depuis
    la déclaration de son futur mariage
    avec le Roi. . . . . .XVII 376
ASTURIES (Princesse des). Sa conduite étrange
    à l'égard de Leurs Majestés Catholi-
    ques. . . . . XVIII 322
— Son mariage consommé. . . . . XIX 153
ATAREZ (Comte) : *voir* aux GRANDS D'ESPAGNE. XVIII 88
ATOCHA (Notre-Dame d'). Est la grande dévotion
    de Madrid. . . . . .XVII 399
— Pompe de Leurs Majestés Catholiques en
    y allant en cérémonie. . . . . XVIII 221
— Leurs Majestés Catholiques en céré-
    monie à Notre-Dame d'Atocha. . . . XVIII 330
ATRI (duc).   } *voir* l'un et l'autre aux GRANDS
ATRISCO (duc). }   D'ESPAGNE. . . . . XVIII 12
Aventure plaisante d'un Suisse à la mort de
    Monseigneur. . . . . VIII 255
— Deux autres petites risibles à la séance
    des renonciations. . . . . IX 463
AVARAY. Sa fortune. . . . . VI 393
— Ambassadeur en Suisse. . . . . X 335
AVAUX. Conseiller d'État, prévôt et maître des
    cérémonies de l'Ordre, va ambassadeur
    en Hollande en la place de Briord, fort

Avaux.

	Tomes.	Pages.
malade.	II	431
— De retour de Hollande.	III	71
— Sa fâcheuse méprise à l'adresse de deux lettres.	III	361
— Son cordon bleu abuse les Suédois pendant son ambassade à Stockholm; y est reconnu très-nuisiblement aux affaires.	III	455
— Mort, emplois et caractère d'Avaux. . .	VI	261

Aubanton, jésuite. Confesseur, à deux différentes reprises, de Philippe V, et, entre deux, assistant du général des jésuites

	Tomes.	Pages.
à Rome.	II	494
— Lui et le cardinal Fabroni quels. Ils dressent seuls et en secret la constitution *Unigenitus*.	X	25
— Quel ce bon jésuite.	XIII	7
— Sa souplesse. Se soumet à Alberoni. Baise le fouet qui le frappe. Fait valoir à la reine son pouvoir et ses menaces.	XIII	205
— Raffermit le Pape, dont il a la confiance, en faveur de la promotion d'Alberoni.	XIII	212
— Son adresse. Seconde bien Alberoni auprès du Pape.	XIII	240
— Double friponnerie d'Aubanton et d'Alberoni sur la constitution *Unigenitus.*	XIV	46
— Aubanton reçoit un rare bref du Pape.	XIV	51
— Aldovrandi et lui excitent l'Espagne en faveur de la Constitution.	XIV	430
— Son ambition vers la pourpre romaine.	XV	251
— Ses représentations au nonce Aldovrandi pour l'intérêt du Pape.	XV	267
— Ses tentatives inutiles auprès du duc de Saint-Simon pour faire rendre le confessionnal du Roi aux jésuites.	XVII	421
— Sa jalousie du P. d'Aubrusselle. . . .	XVIII	178

Aubanion.   Tomes. Pages.

— Sa rage contre le cardinal du Bois et
    contre la France. Sa mort. . . . . . . XIX 132

AUBERCOURT, jésuite sorti de la compagnie,
    condamné avec les jésuites sur les suc-
    cessions de famille prétendues par
    ceux qui sont renvoyés des jésuites
    après leurs trois vœux. . . . . III 278

AUBETERRE (Chevalier, fils du maréchal d'). Sa
    mort. . . . . V 158

AUBETERRE (Comte d'), son neveu. Sa fortune,
    son caractère. Leur extraction. . . . . V 158

AUBIGNÉ, frère de Mme de Maintenon. Son ca-
    ractère. Sa singulière retraite. . . . . I 478

— Sa fille unique élevée chez Mme de Main-
    tenon, épouse le comte d'Ayen, fils
    aîné du maréchal duc de Noailles. . . II 37

— Mort d'Aubigné. . . . . III 417

AUBIGNY. Sa fortune. Fait évêque de Noyon. II 439

— Transféré à l'archevêché de Rouen avec
    le rang et les honneurs du siége de
    Noyon, qui est l'époque de la conserva-
    tion du rang et des honneurs aux évê-
    ques pairs transférés en autres siéges,
    dont c'est lui le premier exemple, si on
    en excepte le cardinal d'Estrées, qui
    fit passer à son neveu son évêché de
    Laon, étant lors cardinal, et ne passa
    point à un autre siége. . . . . V 363

— Le fils du frère d'Aubigny obtient tout
    jeune le gouvernement de Saumur à
    la mort de Cominges. . . . . IX 315

— Épouse la fille de Villandry. . . . . . . X 17

AUBIGNY, écuyer plus que favori de la princesse
    des Ursins. Son extrême progrès, son ex-
    trême licence. Il règne par sa maîtresse. III 469

— Bien traité à Madrid en l'absence de la
    princesse des Ursins. . . . . IV 149

Aubigny.   Tomes.   Pages.

— Bâtit pour elle une maison superbe près
  d'Amboise, qui lui demeure avec de
  grands biens.   IX   117
AUBRUSSELLE, jésuite françois, précepteur des
  infants. Son caractère.   XVIII   178
AUDENARDE (Combat d').   VI   55
AVEIRO [1] (Ducs d'). Maison.   II   458
— Duchesse. Sa mort.   XI   85
  (*Voir* aux GRANDS D'ESPAGNE.)
AVERSBERG (Comte d'), ambassadeur de l'Em-
  pereur en Espagne après les comtes
  d'Harrach, père et fils. Renvoyé avant
  l'arrivée de Philippe V à Madrid. . . .   II   496
Aveu surprenant du Roi.   VI   237
Aveuglement étrange de souffrir dans le
  gouvernement aucun ecclésiastique,
  pis encore des cardinaux.   XVI   412
AUGICOURT, personnage curieux. Sa mort . . .   IV   113
AUGSBOURG pris par l'électeur de Bavière. . . .   IV   15
Avis de la Grange, intendant de l'armée
  d'Allemagne, préféré par la cour à
  celui de M. le maréchal de Lorges, gé-
  néral de l'armée, dont elle a inconti-
  nent lieu de se bien repentir.   I   190
— Célèbre en Espagne sur les renoncia-
  tions de la Reine, épouse de Louis XIV.   II   374
— Énorme du P. de la Chaise au Roi. . .   VI   238
— Au Dauphin et à la Dauphine sur le
  poison par Boudin et par l'Espagne. .   IX   176
AUMONT (Duchesse douairière, la Mothe d').
  Sa mort; son caractère; sa famille. . .   VIII   229
— Mort de son mari, fils du maréchal d'Au-
  mont.   IV   68
AUMONT (Duc d'), son fils aîné, obtient son gou-
  vernement de Boulogne.   IV   68

---

1. Nous gardons l'ordre du manuscrit, où le v est mêlé à l'u.

Aumont (Duc d').   Tomes. Pages.

— Gagne, devant le Roi, une affaire piquante,
  sur son gouvernement, contre le duc
  d'Elbœuf, gouverneur de Picardie. . .   IV   236

— Marie son fils à la fille de Guiscard. . .   VI   42

— Va ambassadeur en Angleterre. Est
  grandement traité. Est fait seul et hors
  de temps chevalier de l'Ordre avant
  son départ.   IX   367

— Sa maison à Londres est brûlée. Son
  caractère. L'incendie coûte 550,000 fr.
  au Roi.   IX   429

— Son retour.   X   113

— Obtient les survivances de sa charge et
  de son gouvernement pour son fils. .   XII   268

— Son effrontée infamie sur Law et le Parlement.   XV   452

— Fait un étrange personnage entre les
  pairs et le Parlement.   XI   36

-- Sa mort. XIX   106

— Mort de sa belle-fille Guiscard. XIX   131

— Mort de sa femme Brouilly. XIX   158

— Mort du duc d'Aumont leur fils. Sa dépouille.   XIX   159

Avocat (L'), maître des requêtes fort connu.
  Sa mort.   II   293

Avrincourt. Épouse Mlle d'Osmont. IV   238

Autriche. Perspective de l'extinction de cette
  maison, nouveau motif à la France
  de conserver la paix et de se mettre en
  état d'en profiter.   XV   306

Auvergne. Dauphiné d'Auvergne et comté
  d'Auvergne, simples dénominations de
  terres entièrement ordinaires et rien
  moins que la province d'Auvergne.   I   208

— Le fils aîné du comte d'Auvergne se bat
  contre Caylus. Ils (sic) le font chevalier
  de Malte.   I   395

Auvergne.   Tomes.   Pages.

— Comte d'Auvergne et M. de Soubise s'excluent de l'Ordre en la promotion de
   1688.   II   81
— Colère du Roi éludée..   II   82
— Mort de la comtesse d'Auvergne.   II   144
— Comte d'Auvergne épouse Mᵐᵉ de Wasse-
   naer.   II   182
— Mort de son fils aîné, chevalier de Malte,
   en Hollande, où il s'étoit retiré.   III   247
— Prince d'Auvergne déserte[1] en plein camp
   aux ennemis, est pendu en effigie en
   Grève.   III   297
— Artifices inutiles des Bouillons.   III   298
— Il épouse la sœur du duc d'Aremberg.   V   349
— Abbé d'Auvergne gagne son procès pour
   sa coadjutorerie de Cluni.   III   402
— Conversion, puis mort de la comtesse
   d'Auvergne.   IV   164
— Procès jugé devant le Roi, sur l'arrêt du
   grand conseil, sur la coadjutorerie de
   Cluni.   IV   272
— Époque du nom d'Auvergne ajouté à
   celui de la Tour.   V   107
— Cartulaire de Brioude. Histoire de la
   maison d'Auvergne par Baluze. De
   Bar arrêté pour faussetés.   V   109
— Convaincu. S'avoue en plein tribunal fabricateur du cartulaire de Brioude,
   qui est déclaré faux, lui faussaire, etc.   V   112
— Mort du comte d'Auvergne.   V   349
— Baluze publie son histoire généalogique
   de la maison d'Auvergne, toute fondée
   sur le faux cartulaire de Brioude, dont
   le faussaire de Bar se tue à la Bastille.   VI   27
— Baluze chassé et destitué, son livre can-

---

1. Dans le manuscrit : *desire.*

Auvergne.   Tomes. Pages.

cellé. Arrêt de cette condamnation (bon à voir). VIII   79

— Mort du prince d'Auvergne. Le Roi dé-. fend à sa famille d'en prendre le deuil. Oblige le frère de l'abbé d'Auvergne à se défaire d'un canonicat de Liége. . VIII   94

— Desire inutilement de faire tomber la coadjutorerie de Cluni. VIII   95

— Abbé d'Auvergne fait archevêque de Tours, presque aussitôt après transféré à l'archevêché de Vienne. XVI   347

— Sa friponnerie insigne pour escroquer au cardinal de la Trémoille son arche- vêché de Cambray. XVI   445

— Comment enfin arrivé à l'épiscopat. . . XVI   456

AUVERKERKE, général en chef des Hollandois. Sa mort. VI   186

Auxiliis (De). Fameuse congrégation à Rome. VII   133

AYDIE (Mᵐᵉ d'). Obtient la place de dame de Mᵐᵉ la duchesse de Berry, remise par la comtesse douairière de Brancas, et meurt tôt après. XII   439

AYEN (Comte, puis duc d'), enfin duc de Noailles, épouse Mˡˡᵉ d'Aubigné.. . . . II   37

— Passe en Espagne avec Philippe V. . . . II   435

— Tombe dans une maladie singulière et est singulièrement visité. . . . . . . ,. III   418

— Duc et pair par démission de son père. IV   61

AYETONE (Marquis) : *voir* aux GRANDS D'ES- PAGNE. XVIII   61

Azafata. Ce que c'est. II   477

Dans la lettre A { Noms propres . . . 112
{ Autres . . . . 26 [1]
_____
En tout   138

1. On peut voir ici et ailleurs, en refaisant les additions, que Saint-Simon ne se pique pas de grande exactitude dans ces relevés.

	Tomes.	Pages.
BACHELIER. Sa fortune et son mérite.	{ III	401
	{ X	122
BACQUEVILLE. Quel. Épouse une fille du marquis de Châtillon.	X	197
BADAJOZ. Les ennemis en lèvent le siége.	IV	322
BADEN (Prince Louis de), général des armées impériales. Ses mouvements et ses dispositions.	I	360
— Assiége Landau défendu par Mélac et le prend en présence du roi des Romains.	III	300
— Le prend une seconde fois, défendu par Laubanie.	IV	142
— Sa mort.	V	116
BADEN (Congrès de).	X	184
BADIE (La). Rend le Quesnoy; est mis à la Bastille.	IX	324
BART (Jean). Quel. Conduit par mer M. le prince de Conti à Dantzick et l'en ramène.	I	448
— Sa mort.	III	259
Bagatelles qui caractérisent.	III	227
BAGLIONI (Comte). Quel. Sa mort.	III	258
BAILLEUL (Le). Président à mortier. Sa mort.	III	51
— Mort de son fils, à qui il avait cédé sa charge, qui est obtenue par le fils de ce dernier. Leur caractère.	X	165
BALBAZÈ (Marquis de los). Quel. Se fait prêtre; raison de cette dévotion assez ordinaire en Espagne.	IX	287
Voir aux GRANDS D'ESPAGNE.	XVIII	63
Ballet du Roi aux Tuileries, qui l'en dégoûte pour toujours.	XIV	329
— Autre.	XVII	437
Bals. Force bals à la cour. Chez Monsieur le Prince, où un masque à quatre visages naturels fit grand bruit.	II	297
— Fête et bal superbes à la chancellerie à Versailles.	II	301
— A la cour.	III	200

Bals. | Tomes. | Pages.

— A Marly. . . . . IV 244
— Force bals tout l'hiver à Versailles et à
Marly. . . . . IV 351
— A la cour. . . . . V 134
— Force bals à la cour. . . . . V 374
— Force bals à la cour, à Paris, à Sceaux. X 117
— A Lerma, le soir du mariage du prince
des Asturies, où la princesse des Astu-
ries dansa fort mal. . . . . XVIII 263
— Bal superbe chez le roi d'Espagne, à
Madrid. Leurs Majestés Catholiques
dansèrent à l'un et à l'autre et y firent
danser le duc de Saint-Simon. . . . . XVII 388
— Bal à Madrid de l'intérieur du palais. XVIII 329
— Bals de l'Opéra a Paris. . . . . XII 391
BALSAÏM. Reste de maison royale brûlée sous
Charles II, où le roi et la reine d'Espagne alloient quelquefois. Ils y font
un voyage fort court et fort solitaire.
Leur étrange hardiesse dans ces che-
mins de montagnes de la Guada-
rama. . . . . XVIII 381 et 415
BALUZE. Quel. Compose frauduleusement son
histoire de la maison d'Auvergne. . . V 109
— Destitué et chassé. Son histoire généa-
logique de la maison d'Auvergne con-
damnée au pilon par arrêt du conseil
du 1er juillet 1710 (bon à voir ici). . . VIII 77
BAÑOS (Duc de): voir ci-devant Arcos. . . . . III 85
Voir aux GRANDS D'ESPAGNE. . . . . XVIII 12
BAÑOS (Comte): voir aux GRANDS D'ESPAGNE. . XVIII 88
Banqueroute des trésoriers de l'extraor-
dinaire des guerres. . . . . III 20
— De Samuel Bernard. . . . . VI 318
Banquillo du capitaine des gardes en quar-
tier du roi d'Espagne. Ce que c'est. . . III 148
— Affaire du banquillo. . . . . IV 306

Tomes. Pages.

BAR. Duché vérifié. Succession femelle à ce
    duché.   V   225

BAR (De). Arrêté pour faussetés.   V   111
— Convaincu, en plein tribunal, fabricateur
    du cartulaire de Brioude; il l'avoue en
    pleine séance Sa pièce y est déclarée
    fausse, et lui faussaire en la chambre
    de l'Arsenal. Cause et singularité de la
    peine infligée à de Bar, 10 juillet 1704.   V   112
— Ce faussaire des Bouillons se tue à la
    Bastille. VIII   78

BARAIL (Du). Fait colonel du régiment d'infan-
    terie du Roi, par la destitution de Sur-
    ville.   IV   352

BARBANÇON. Quel. Sa mort. , ...   I   245

BARBARIGO. Fait cardinal. Quel. XVII   149

BARBEZIÈRES, lieutenant général à l'armée d'Ita-
    lie. Pris déguisé. Sa ruse heureuse. .   III   400
— Relâché.   IV   5
— Rendu à Casal.   IV   102

BARBEZIEUX, secrétaire d'État de la guerre, veuf
    d'une fille du duc d'Uzès, épouse une
    fille d'Alègre.   I   288
— Éclate contre elle et s'en sépare.   II   150
— Sa mort. Son dangereux caractère. . . .   II   417
— Sa veuve a une querelle qui la jette
    dans un couvent.   IV   396
    Sa mort.   V   47

BARCELONE (Actions devant).   X   246

BARILLON, évêque de Luçon. Sa mort.   II   195

BARIN. Quel. Sa mort.   II   283

Barons (Hauts). Leur origine, leur usage,
    leur état, leur différence essentielle
    des pairs de France.   X   366

Baronnies de Languedoc, réelles, non per-
    sonnelles.   IV   449

BARRE (La), capitaine aux gardes. Son fâcheux

Barre (La).   Tomes. Pages.

démêlé avec Surville. Leur état, leur
    caractère.................   IV   304
— Sont accommodés. Surville demeure
    perdu...............   V   53
— Mort de la Barre................   V   122
BARREAU. Distinction et préférence du barreau
    de la cheminée sur l'autre......   X   432
BARTET. Quel il étoit. Sa mort.........   V   339
BARTILLAT. Quel. Sa mort...........   III   51
BASLEROY. Épouse une sœur de MM. de Mati-
    gnon, malgré eux............   XVII   52
Bassette et pharaon défendus.........   XIII   367
— Teneurs de jeux de hasard en prison. . XIV 211
Bâtarde, non reconnue, de feu Monseigneur,
    mariée. Sa mort sans enfants.....   XIII   98
Bâtards. Prétention de la première ancien-
    neté de Vendôme, désistée aussitôt
    que formée, est l'origine de leur rang
    intermédiaire.................   I   162
— Avantages nouveaux des principaux do-
    mestiques des bâtards sur ceux des
    princes du sang............   I   349
— Le nonce Delphin fait cardinal, s'en va
    sans audience de congé et sans présent
    pour n'avoir pas voulu visiter les bâ-
    tards..................   II   286
— Avantages des bâtards en Espagne et
    leurs différences............   III   110
— Bâtards des rois d'Espagne........   III   154
— Bâtards obtiennent d'être visités, sur la
    mort de Monseigneur, comme les fils
    de France.................   VIII 304
— Bâtards et leur postérite, princes du
    sang en plein, et rendus capables de
    succéder à la couronne.........   X   213
— La nouvelle s'en publie à Marly; effet
    qu'elle y produit............   X   215

Bâtards.   Tomes.   Pages

— Enregistrement de l'édit. Ils sont traités
    précisément comme les princes du
    sang au Parlement.   X   243

— Leur contenance aux deux séances pour
    la régence, au Parlement, aussitôt
    après la mort du Roi.   XII   200

— Attaqués sur leurs usurpations, particu-
    lièrement sur leur prétendue qualité
    de princes du sang et de capacité de
    succéder à la couronne, osent préten-
    dre de ne reconnoître d'autres juges
    que le Roi majeur ou les états géné-
    raux du Royaume, et par là s'attirent un
    jugement péremptoire contre leur
    qualité de princes du sang et contre leur
    prétendue habilité à la couronne. . .   XVI   5

— Venus en manteau aux Tuileries, ils se
    retirent du cabinet du conseil de ré-
    gence avant qu'il commence, et ne pa-
    roissent point au lit de justice tenu
    aux Tuileries immédiatement après,
    où ils furent réduits au rang de leurs
    pairies et destitués de l'éducation du
    Roi.   XVI   51

— Leur conduite.   XVI   78

— Sont rétablis dans les rangs et honneurs
    qu'ils avoient obtenus du feu Roi, avec
    des exceptions perceptibles, non[1] dans
    la qualité de princes du sang ni à
    l'habilité de succéder à la couronne,
    dont ils osent n'être pas contents. . . XIX   102

BASVILLE, conseiller d'État, intendant de Lan-
    guedoc. Son caractère, sa puissance
    dans cette province.   III   404

1. Saint-Simon avait d'abord écrit : non à l; il a changé l en d et a
laissé a.

Basville.   Tomes. Pages.

— Devenu vieux et fort sourd, il quitte son
    intendance et se retire à Paris, avec
    une pension du Roi de 12,000 livres.   XIV   299
Bataille gagnée par les Espagnols sur les Por-
    tugais, qui sont entièrement défaits. .   VI   399
Battants. Les deux battants des portes, chez
    les fils et filles de France, ne s'ouvrent
    que pour les fils et filles de France. . .   VIII   292
BAUDRY est fait lieutenant de police. XVII   112
BAVIÈRE (Prince électoral de). Déclaré héritier
    de la monarchie d'Espagne et meurt
    presqu'aussitôt après.   II   173
— L'électeur, son père, passe des Pays-
    Bas, dont il est gouverneur, à Munich.   III   4
— Se déclare pour la France et l'Espagne.   III   499
— Mort et deuil d'un de ses fils.   IV   70
— Bon et sage avis de l'électeur après la
    bataille d'Hochstedt méprisé. Il passe
    par Strasbourg et par Metz à Bruxelles.   IV   128
— Y arrive.   IV   168
— La Bavière en proie à l'Empereur. . . .   IV   190
— Mort et deuil du duc Maximilien de Ba-
    vière.   IV   252
— Duretés et cruautés en Bavière. L'élec-
    trice à Venise.   IV   270
— Les électeurs de Bavière et de Cologne,
    frères, mis sans formes au ban de
    l'Empire.   IV   420
— Mort de la sœur du duc de Bouillon,
    veuve sans enfants du duc Maximilien
    de Bavière.   IV   446
— Usurpations de rang de l'électeur de
    Bavière.   V   10
— Va sur le Rhin, avec le maréchal de Ber-
    wick sous lui.   V   437
— Retourne sur le Rhin.   VI   51
— Se retire à Compiègne. Manque triste-

Bavière (Prince électoral de).   Tomes.   Pages.

    ment Bruxelles. . . . .   **VI**   **155**

— Perd un enfant ; deuil qu'on en porte. .   **VI**   **298**

— Électeur à Compiègne. . . . .   **VII**   **86**

— Vient incognito à Paris, voit le Roi et
    Monseigneur ; ses prétentions de rang
    surprenantes. . . . .   **VII**   **118**

— Dire l'électeur au lieu de Monsieur l'élec-
    teur ; courte réflexion. . . . .   **VII**   **121**

— Il fait une course à Marly. . . . .   **VIII**   **441**

— Et une autre à Fontainebleau. . . . . .   **IX**   **368**

— S'établit à Suresne. Voit le Roi. . . . . .   **IX**   **433**

— Le voit plusieurs fois. . . . .   **X**   **15**

— Le voit à Marly. . . . .   **X**   **74**

— Le voit en particulier. . . . .   **X**   **143**

— Et à la chasse à Marly. . . . .   **X**   **170**

— Va deux fois à Marly. . . . .   **X**   **204**

— Et encore à Marly. . . . .   **X**   **244**

— Va à Fontainebleau. . . . .   **X**   **312**

— Voit le Roi en particulier et retourne à
    Compiègne. . . . .   **X**   **319**

— Voit le Roi à Marly. . . . .   **X**   **335**

— Voit le Roi en particulier. . . . .   **X**   **357**

— Va à Versailles et à Blois voir la reine
    douairière de Pologne, sa belle-mère.
    Fait à Compiègne la noce de Mlle de
    Montigny, sa maîtresse déclarée depuis
    longtemps, avec le comte d'Albert.
    Prend congé du Roi à Versailles et s'en
    retourne dans ses États. . . . .   **XI**   **93**

— Est rétabli. . . . .   **XIII**   **4**

— Perd un de ses fils, élu évêque de Munster.   **XVI**   **206**

— Le prince Clément, son autre fils, est élu
    évêque de Munster et de Paderborn. .   **XVI**   **240**

— Il marie le prince électoral à une archi-
    duchesse Joséphine. . . . .   **XIX**   **58**

— Le comte de Bavière, bâtard de l'électeur,
    est fait grand d'Espagne. . . . .   **XIX**   **97**

BAY. Son extraction, sa fortune. Est fait chevalier de la Toison d'or . . . . V　348

BEAUFFREMONT (Mlle de). Son caractère. Sa mort . . . . IV　181 et 252

BEAUFFREMONT (Marquis de). Fait chevalier de la Toison d'or . . . . VIII　200

— De concert avec ceux qui prenoient d'eux-mêmes le nom collectif de la noblesse, il insulte les maréchaux de France impunément, qui en essuient la mortification entière et publique. Son caractère . . . . XIV　374

— Il se moque après, aussi publiquement et aussi impunément, de Monsieur le Duc . . . . XIV　376

BEAUJOLOIS (Mlle de). Déclaration de son futur mariage avec l'infant don Carlos . . . XIX　57

— Signature de ce contrat de mariage . . . XIX　80

— Son départ pour Madrid et son accompagnement . . . . XIX　81

— Conduite par la duchesse de Duras et remise à la frontière par le duc de Duras au duc d'Ossone. Reçue par Leurs Majestés Catholiques à une journée de Madrid, où il se fait de belles fêtes . . . XIX　96

BEAUMANOIR (M. de). Épouse une fille du maréchal de Noailles . . . . III　396

— Est tué, sans enfants, le dernier de sa maison, à la bataille de Spire, la campagne suivante . . . . IV　21

BEAUNE. Obtient une pension du Roi, de 10,000 livres . . . . XVI　206

BEAUVAIS (dit le baron de). Quel. Sa mort . . . . I　468

BEAUVAU, évêque de Bayonne, puis de Tournay. Sa digne conduite en ce siége . . VII　81

— Transféré à l'archevêché de Toulouse . . X　71

— Puis à Narbonne . . . . XVI　271

	Tomes.	Pages

BEAUVAU (MM. de). Obtiennent de draper à la mort de Monseigneur. . . . . VIII 303

BEAUVAU (Comte de). Marie ses deux filles aux marquis de Beauvau et de Choiseul. . VIII 313

BEAUVAU (Marquise de). Obtient une place de dame de Mme la duchesse de Berry qu'avoit Mme de Pons. . . . . XII 221

— Elle la remet. . . . . XIV 121

— Fortune prodigieuse de M. et de Mme de Beauvau-Craon, par le duc Léopold de Lorraine. . . . . XVII 85

BEAUVILLIER (Duc de). Perdu auprès de Mme de Maintenon et comment. . . . . I 409

— Orage contre lui et contre tout ce qui étoit attaché à Fénelon, son plus intime ami, archevêque de Cambray. . II 45

— Sainte magnanimité du duc. . . . . . . II 47

— Sa belle réponse au Roi. . . . . II 186

— Il prend, à la grande direction, la place du chancelier absent, comme chef du conseil des finances. . . . . II 207

- Seul en chef et en commandement accompagne les trois princes, fils de Monseigneur, en leur voyage. . . . . II 399

— Revient fort malade de la frontière d'Espagne à Saint-Aignan. . . . . II 436

— Arrive à Versailles. . . . . II 446

— Est fait grand d'Espagne. . . . . III 19

— Marie sa sœur, du second lit, à Marillac. III 369

— Et sa fille au duc de Mortemart. . . . . . IV 33

— Obtient un brevet de retenue, de 500,000 livres, sur sa charge de premier gentilhomme de la chambre du Roi. . . . . IV 97

Perd ses deux fils en moins de huit jours. Piété du duc et de la duchesse de Beauvillier. . . . . IV 328

- Se démet de son duché, en faveur de son

Beauvillier.   Tomes. Pages.

frère. Le marie à la fille unique de Besmaux. Conduite admirable de la duchesse de Beauvillier.......... V 55

— Péril secret et imminent du duc de Beau-villier. Comment il en sort....... VI 292

— Il donne au duc de Mortemart sa charge de premier gentilhomme de la chambre du Roi............... VII 278

— Union la plus intime et la plus entière des ducs et duchesses de Chevreuse et de Beauvillier............ VII 390

— Nœud intime de leur liaison avec le P. Tellier, confesseur du Roi....... VII 393

— Duc de Beauvillier, comme gouverneur des princes fils de Monseigneur, pré-féré par le Roi, pour lui présenter la chemise de ces deux princes, le soir de leurs noces, au duc de Bouillon présent, qui le lui disputoit comme grand chambellan............ I 487 et VIII 27

— Inquiétude qu'il eut à la réception du duc de Saint-Aignan, son frère, au Parlement................. VIII 196

— Il emporte l'autorité et le soin de la garde-robe du nouveau Dauphin, comme il l'avoit auparavant, comme ayant été son gouverneur, sur le duc de la Rochefoucauld, qui le lui dispu-toit, comme grand maître de la garde-robe du Roi.............. VIII 300

— Quel à la mort de Monseigneur...... VIII 418

— Sa conduite................. VIII 428

— Sa splendeur pendant la vie du nouveau Dauphin.................. IX 1

— Son état à la mort de ce prince..... IX 242

— Obtient la survivance de ses gouverne-ments du gros pour son gendre, du

Beauvillier.   Tomes.   Pages

petit pour son frère, à qui il avoit donné sa charge de premier gentilhomme de la Chambre de M. le duc de Berry, au mariage de ce prince. . . .   X   185

— Dernière marque de la confiance du Roi au duc de Bauvillier.   X   271

— Sa mort.   X   275

— Quel il étoit sur le cardinal de Noailles, et sur Rome, Saint-Sulpice, les jésuites.   X   282

— Sa grandeur d'âme et sa vertu.   X   288

— Comparaison des ducs de Chevreuse et de Beauvillier; mot là-dessus plaisant et vrai du chancelier de Pontchartrain. Caractère de la duchesse de Beauvillier.   X   291

— Épreuve et action héroïque de la duchesse de Beauvillier.   X   298

Sa mort.   X   300

— Le Roi donne l'évêché de Beauvais au frère du duc de Beauvillier, malgré toutes les représentations et même les supplications du duc, qui le croyoit trop jeune. Triste éclat de cet évêque après la mort du duc de Beauvillier, qui le fit enfin se démettre et être renfermé dans un monastère pour le reste de ses jours.   XIV   402

(Cet article doit être mis à la suite de Saint-Aignan. *Note de Saint-Simon.*)

BECHAMEIL. Sa fortune; son caractère; sa mort.   III   409

BEDMAR (Marquis de). A Marly.   II   403

— Capitaine général des Pays-Bas espagnols par intérim.   III   5

— Conseiller d'État en Espagne.   III   424

— Grand d'Espagne. XVIII   64

— Sa femme à Versailles.   IV   65

— Vice-roi de Sicile.   IV   216

— Chevalier du Saint-Esprit.   IV   217

Bedmar.   Tomes. Pages.

— Retourne en Espagne. Président du conseil de guerre et de celui des ordres.
Sa mort. XIX   130

— *Voir* aux GRANDS D'ESPAGNE. XVIII   64

BEJAR (Duc): *voir* aux GRANDS D'ESPAGNE. . . . XVIII   12

BELESBAT. Quel. Sa mort. IV   395

BELLEFONDS. Mort de la jeune marquise de
Bellefonds. V   472

— De son mari gouverneur de Vincennes. VIII   106

— De la maréchale. XIII   57

Belle inconnue et très-connue (Mme de
Soubise). . . . . . : XII   89

BELLEGARDE, lieutenant général. Sa mort. Histoire singulière. IV   354

BELLEGARDE, 2^d fils du duc d'Antin et son survivancier des bâtiments, épouse la fille
unique de Vertamont, premier prési-
dent du grand conseil. XII   420

— Sa mort, sans enfants, presque aussitôt
après celle de sa femme. XVI   336

BELLE-ISLE, fils du 2^d fils du surintendant Foucquet, achète d'Hautefeuille la charge de
mestre de camp général des dragons. VI   393

— Son premier mariage avec une Durfort. VIII   441

— Obtient 400,000 livres sur les états de Bretagne. Quel il fut et sa famille. XII   278

— Caractère des deux frères. XII   282

— Sa famille. Son île. XVI   162

— Son caractère. XVI   166

— Caractère du chevalier de Belle-Isle, son
frère. XVI   167

— Union intime et entière des deux frères;
leur conduite domestique. Ils font avec
le Roi l'échange de Belle-Isle. XVI   168

— L'aîné commence à pointer. XVI   170

— Raison de s'être étendu sur les deux frères. XVI   172

— Belle-Isle s'accommode lestement, a . . .

Belle-Isle, Tomes. Pages.

Puysieux mourant, de son gouverne-
ment d'Huningue. . . . . XVI 210

— Son adroit manége dans l'affaire du duc
du Maine. . . . . XVI 231

— Sa liaison plus qu'intime avec le Blanc et
Law; et se dévoue au cardinal du Bois,
qui s'en sert. . . . . XVII 256

— Toujours mal voulu de M. le duc d'Orléans. . . . . XIX 56

— Devient intime des Rohans et des maréchaux de Berwick et de Besons; et
fort mal voulu des maréchaux de
Villeroy, de Villars et d'Huxelles. . . . . XVI 170

— Sa liaison intime avec Mme de Plénœuf,
comme avec le Blanc, leur attire la
haine, puis la persécution de Mme de
Prie et de Monsieur le Duc, à qui le
cardinal du Bois l'abandonne. . . . . XIX 78

— Il est interrogé sur l'affaire de le Blanc
et de la Jonchère. . . . . XIX 120

BELLUGA, fait cardinal, après l'avoir refusé. Sa
sainte et double magnanimité. . . . . XVI 374

BELSUNCE, évêque de Marseille. Sa conduite
plus qu'épiscopale pendant la peste. . VI 325

— Bon mot là-dessus du duc de Lauzun,
son oncle, à M. le duc d'Orléans. . . . XIX 190

— Il refuse saintement l'évêché de Laon. . XIX 157

BENAVENTE (Comte de), sommelier du corps du
roi d'Espagne, chevalier du Saint-Esprit. Sa mort. . . . . VI 248

Voir aux GRANDS D'ESPAGNE. . . . . . XVIII 89

BENOIST, contrôleur de la bouche du Roi,
homme dangereux. . . . . VIII 161

BENTIVOGLIO, nonce en France. Son caractère,
ses mœurs. . . . . XI 145

— Sa scélératesse temporelle et ecclésiastique. . . . . XIII 67

Bentivoglio.   Tomes. Pages.

— Il avertit sa cour du détail de la ligue
  traitée entre la France et l'Angleterre,
  en y ajoutant les couleurs les plus noires. XIII   73
— Sa scélératesse contre la France. XIII   227
— Ses manéges avec les Impériaux pour
  empêcher le traité entre la France et
  l'Angleterre. XIII   242
— Sa méchanceté à l'égard de la France et
  du Régent. XIII   304
— Étranges impressions prises à Rome sur
  la triple alliance. XIII   313
— Bentivoglio veut faire signer aux évê-
  ques de France que la constitution
  Unigenitus est règle de foi. XIII   343
— Sa scélératesse. XIV   77
— Il donne au Pape des conseils enragés. . XIV   184
— Redouble au Pape ses conseils furieux
  et fous contre la France. XIV   242
— Ses fureurs dégoûtent les siens mêmes ;
  il donne au Pape, sur les affaires
  temporelles, des conseils extrava-
  gants. XIV   281
— Ses nouvelles scélératesses. XIV   440
— Autres nouvelles scélératesses de Benti-
  voglio. XV   67
— Son caractère exécrable. XV   267
— Près d'être cardinal, prend congé et part ;
  ses horreurs. XVI   338
— Est fait cardinal. XVI   372
BÉRANGER, tué dans Aire. VIII   53
BERCHÈRE (La), archevêque de Narbonne. Sa
  fortune ; son caractère ; sa mort. . . . XVI   270
BERCY. Épouse une fille de Desmarets. . . . IV   307
— Devenu intendant des finances, est chassé,
  à la mort du Roi, avec son beau-père. XII   253
BERETTI LANDI, ambassadeur d'Espagne à la

Beretti Landi.

                                             Tomes. Pages.

Haye, a une conférence importante.
Son caractère; ses peines. . . . . . . XIII 210

— Ses mesures contre l'union de la Hollande avec l'Empereur, et pour celle de l'Espagne avec cette république. . XIII 297

— Lettre de Beretti à Alberoni. Embarras de Beretti; ordres qu'il reçoit; raisonnement d'Alberoni. . . . . XIII 337

— Beretti propose à l'Espagne de lui attacher plusieurs membres principaux des états généraux, qu'il nomme, moyennant des pensions. . . . . XIV 44

— Applaudissements et avis de Beretti. Son intérêt personnel. . . . . XIV 141

— Il fomente l'espérance d'Alberoni en la Hollande. Fait une découverte sur le roi de Sicile. Raisonne faux sur les Hollandois. . . . . XIV 223

— Trompé par de faux avis, il compte avec grande complaisance sur les Hollandois, dont il écrit merveilles en Espagne et de la partialité des Anglois pour l'Empereur. . . . . XIV 265

— Ses vanteries et ses bévues. . . . . XV 32

— Il se trompe de plus en plus. . . . . . . XV 53

— Son caractère. Embarras des ministres d'Espagne au dehors. Sa conduite. Son avis à Alberoni. Sa jalousie de Monteléon ambassadeur d'Espagne en Angleterre. . . . . XV 81

  . Erreur de Beretti; Cadogan le détrompe intérêt personnel de l'abbé du Bois. Ils vont, l'un après l'autre, travailler à Amsterdam, pour mettre cette ville dans leurs intérêts. . . . . XV 96

— Efforts de Beretti pour détourner les Hollandois de souscrire au traité. Ses avis

Beretti Landi. | | Tomes. | Pages.

contre la France et ses plaintes. . . . . XV 122

— Il est appliqué à décrier Monteleon en Espagne. . . . . XV 129

— Fait une forte déclaration en Hollande. . XV 138

— Ses vanteries ; ses conseils ; son orgueil. XV 142

— Mesures, fanfaronnades, avis, embarras de Beretti, qui tombe sur Cellamare. . . . . XV 144

— Ses manéges, son bas intérêt; il veut perdre Monteleon. . . . . XV 147

— Sa conduite et ses manéges. . . . . . . XV 155

— Ses forfanteries. . . . . XV 183

— Ses efforts à la Haye. . . . . XV 230

— Sa conduite. . . . . XV 285

BERGHES (Prince de). Son extraction, sa fortune, il épouse une fille du duc de Rohan. . . . . VIII 95

— Sa mort, sa famille [1]. . . . . XVII 50

BERGHEYCK, à Versailles. Son emploi; son caractère; sa fortune. . . . . V 57

— Projette de faire révolter les Pays-Bas espagnols contre l'Empereur. . . . . . V 407

— Derechef à Paris. Passe en Espagne, d'où il est bientôt renvoyé par la princesse des Ursins. . . . . VIII 202

— Revient à Paris ; se retire tout à fait des affaires. Son éloge. . . . . X 169

— Sa retraite. Vient à Marly. . . . . X 198

— Prend congé pour sa retraite. . . . . . X 357

BERINGHEN, père, premier écuyer. Sa fortune. I 67

BERINGHEN, fils, obtient 400,000 livres de brevet de retenue sur sa charge de premier écuyer du Roi. . . . . IV 372

— Enlevé entre Paris et Versailles par un parti ennemi, et recous. . . . . V 159

1. Saint-Simon renvoie aux GRANDS D'ESPAGNE, mais nous ne voyons pas que le prince de Berghes y soit mentionné.

Beringhen.   Tomes.   Pages.

— Quel sur la mort de Monseigneur. . . . VIII   409
— Son caractère.   IX   21
— Quel à l'égard de M. le duc d'Orléans. . . XII   240
— Ses raisons contre le grand écuyer. . .   XII   293
    (*Voir* à ARMAGNAC.)
— Est mis dans le conseil des affaires du
    dedans du royaume, avec le départe-
    ment des ponts, chaussées, grands
    chemins, pavé de Paris.   XII   240
— Conserve ce département à la cassation
    des conseils.   XVI   104
— Obtient, pour son fils aîné, la survivance
    de sa charge de premier écuyer, et de
    son gouvernement des tours de Mar-
    seille. XVII   228
— Sa mort.   XIX   106
— Mort de son fils aîné. Fortune du cadet,
    qui obtient très-singulièrement toute
    la dépouille de son frère.   XIX   215
BERMUDEZ, jésuite, prédicateur du roi d'Espa-
    gne, à qui le P. d'Aubanton mourant,
    outré contre le cardinal du Bois, le
    donne pour confesseur. Ses liaisons;
    son caractère.   XIX   133
BERNAVILLE, gouverneur de la Bastille. Quel. . VI   169
BERRY (M. le duc de). Reçoit le collier de l'ordre
    du Saint-Esprit.   II   152
— Accompagne le roi d'Espagne jusqu'à la
    frontière, avec M⁸ʳ le duc de Bourgo-
    gne, puis font un grand tour par le
    royaume et reviennent à Versailles. .   III   11
— Reçoit le collier de l'ordre de la Toison
    d'or.   III   54
— Est délivré de ses gouverneurs.   IV   331
— Part avec M⁸ʳ le duc de Bourgogne pour
    l'armée de Flandres, sans y avoir de
    commandement.   VI   29

Berry (Duc de).　　　　　　　　　　　　　　　　Tomes.　Pages.

— Ils reçoivent ordre d'en revenir. . . . .　　VI　200

— Leur retour à la cour. . . . .　　VI　201

— Réception de M. le duc de Berry par le
　　Roi et Monseigneur. . . . .　　VI　206

— Il ne sort plus de la cour. . . . .　　VI　300

— Premiers pas directs pour son mariage.　VII　302

— Intrigue de son mariage avec la fille
　　aînée de M. le duc d'Orléans. Obsta-
　　cles contre elle. . . . .　　VII　378

— Raisons et mesures pour presser son ma-
　　riage. . . . .　　VII　401

— Il épouse Mlle d'Orléans. . . . .　VIII　23

— Apanage et maison. Rare méprise. . .　VIII　158

— Est extrêmement bien avec Monseigneur.　VIII　277

— Sa situation à l'égard de la mort de ce
　　prince. . . . .　VIII　290

— Sa douleur de la mort du Dauphin, son
　　frère. . . . .　　IX　239

— Son intérêt sur la solidité des renoncia-
　　tions et de leurs formes. Ses senti-
　　ments à l'égard du duc de Beauvil-
　　lier. . . . .　　IX　342

— Il entre au conseil des dépêches et ob-
　　tient 400,000 livres d'augmentation
　　de pension. . . . .　　IX　376

— Son embarras pour répondre au compli-
　　ment du premier président, le jour
　　de la séance de l'enregistrement des
　　renonciations; comment levé. Il va,
　　avec M. le duc d'Orléans, de Versailles
　　au Parlement. . . . .　　IX　454

— Entend la messe à la Sainte-Chapelle;
　　marche de la Sainte-Chapelle à la
　　grand'chambre. . . . .　　IX　455

— Demeure court à répondre au premier
　　président. . . . .　　IX　459

— Dîner au Palais-Royal; retour à Versail-

Berry (Duc de).   Tomes. Pages.

les.   IX   466

— Y reçoit, en arrivant, un indiscret compliment de Mme de Montauban ; son
   désespoir et ses réflexions.   IX   467

— Il entre au conseil des finances.   X   131

— Tombe malade empoisonné.   X   170

— Sa mort ; son caractère. Quel avec sa famille.   X   172

— Lui et Mme la duchesse de Berry comment ensemble. Ordres du Roi. Le
   corps très-promptement porté à Paris
   aux Tuileries. Eau bénite.   X   174

— Deuil drapé six mois.   X   177

— Ses obsèques à Saint-Denis.   X   207

Berry (Mme la duchesse de). Est bien avec Monseigneur.   X   174

— Souper de Saint-Cloud, et ses commencements.   VIII   107

— Sa situation à l'égard de la mort de Monseigneur.   VIII   290

— Orage tombé sur elle. Elle avoue à la duchesse de Saint-Simon ses étranges
   projets, avortés par la mort de Monseigneur. Exhortée par elle à ne rien
   oublier pour se raccommoder avec la
   nouvelle Dauphine.   VIII   293

— S'y raccommode. Service à M. et à Mme la
   Dauphine par M. le duc de Berry et
   par elle.   VIII   296

— Son étrange procédé sur la charge de
   premier écuyer de M. le duc de Berry
   par la mort de Razilly.   IX   187

— A la musique du Roi à sa messe.   IX   376

— Joue cruellement le maréchal de Besons
   sur la place de gouvernante de ses enfants pour sa femme.   IX   396

— Mange en robe de chambre, au grand

Berry (Duchesse de).   Tomes. Pages.

    couvert, pendant sa grossesse.   X   117
— Visitée plusieurs fois par le Roi à la
    mort de M. le duc de Berry.   X   177
— Se blesse d'une fille.   X   189
— Reçoit un grand présent du Roi.   X   244
— Obtient quatre dames pour la suivre, qui
    sont Mᵐᵉ de Coettenfao, femme de son
    chevalier d'honneur, les marquises de
    Brancas et de Clermont Gallerande et
    Mᵐᵉ de Pons. Bout de l'an de M. le duc
    de Berry.   XI   125
— Fait, à la mort du Roi, Mᵐᵉ de Pons sa
    dame d'atour, par la mort de Mᵐᵉ de
    la Vieuville. . . . .   XII 221
— Est logée à Luxembourg avec sa cour,
    après avoir passé quelque peu de
    temps à Saint-Cloud. . . . .   XII 268
— Obtient une compagnie de gardes, en
    fait capitaine le chevalier de Roye, et
    Rion lieutenant. . . . .   XII 340
— Usurpe des honneurs, qu'elle ne conserve
    pas. Elle a un démêlé avec M. le prince
    de Conti. . . . .   XII 435
— S'abandonne à Rion. Quel est Rion, qui
    la maîtrise fort durement. . . . . . .   XII 436
— Contraste d'elle avec elle-même, et dans
    le monde et aux Carmélites du fau-
    bourg Saint-Germain. . . . .   XII 438
— Elle fait murer les portes du Jardin de
    Luxembourg. Fait abréger les deuils.
    Est la première fille de France qui ait
    souffert dans sa loge aux spectacles les
    dames d'honneur des princesses du
    sang. Fait la Haye gentilhomme de la
    manche du Roi. . . . .   XIII 42
— Achète la Muette d'Armenonville, qui est
    bien récompensé. . . . .   XIII 43

Berry (Duchesse de).   Tomes.   Pages.

— Fait Mme de Mouchy sa seconde dame
d'atour, et Rion son premier écuyer en
second, avec le chevalier d'Hautefort,
qui l'étoit. Changement parmi ses dames, dont Mmes de Beauvau et de Cler-
mont se retirent.   XIV   121

— Donne, à Luxembourg, une fête à M. et à
Mme la duchesse de Lorraine.   XIV   331

— Parle fort mal à propos au maréchal de
Villars.   XIV   386

— Se hasarde à faire sortir Mme de Clermont
de l'opéra.   XIV   387

— Se raccommode, quelque temps après,
avec elle et avec Mme de Beauvau. . .   XIV   388

— Elle est en reine à l'Opéra, une seule fois.
Donne audience à l'ambassadeur de
Venise sur une estrade de trois marches; force plaintes; cela ne se réitère
pas.   XVI   119

— Son étrange conduite. Sa scandaleuse
maladie à Luxembourg.   XVI   233

— Épouse secrètement Rion, conduit par le
duc de Lauzun, son grand-oncle. . . .   XVI   239

— Va demeurer à Meudon, qu'elle s'étoit
fait donner. Sa maladie y empire et
sa volonté augmente de déclarer son
mariage. Rion reçoit ordre de partir
sur-le-champ pour l'armée du maré-
chal de Berwick en Navarre.   XVI   260

— Déjà considérablement mal, se fait por-
ter à la Muette.   XVI   277

— Raccourci de Mme la duchesse de Berry.   XVI   279

— Reçoit superbement les sacrements; fait
après à Mme de Mouchy présent d'un
baguier de deux cent mille écus; M. le
duc d'Orléans le prend à la Mouchy,
qui demeure perdue.   XVI   281

Berry (Duchesse de). Tomes. Pages.

— Reçoit, une seconde fois, les sacrements,
mais pieusement. . . . . XVI 283

— Sa mort regrettée de personne que de
M. le duc d'Orléans, et encore peu de
jours. . . . . XVI 287

— Ses courtes obsèques. . . . . XVI 288

BERWICK (Duc de), bâtard du roi Jacques II et
de la sœur du fameux duc de Marlborough, passé en France avec le roi Jacques, tout jeune, après avoir fait ses
premières armes en Hongrie. Fait
quelques campagnes en Flandres volontaire, puis fait lieutenant général
tout d'un coup. Avoit eu la Jarretière
peu de jours avant la révolution. . . I 302

— Se marie, à Saint-Germain, à une belle
Angloise, dont il a un fils ; la perd. . . II 118

— Épouse Mlle Bulkley, que l'usage fait pro-
noncer Bockley, fille de la dame d'a-
tour de la reine d'Angleterre. . . . . . II 319

— Passe en Espagne, avec Puységur ; motifs
de ce voyage. . . . . IV 78

— Succès de ce voyage. . . . . IV 107

— Rappelé, aux instances de la reine d'Espagne. . . . . IV 149

— De retour. . . . . IV 198

— Va commander en Languedoc, au lieu du
maréchal de Villars. . . . . IV 205

— Prend Nice et retourne à Montpellier. . IV 353

— Est fait maréchal de France, à 35 ans.
Retourne en Espagne. . . . . IV 393

— Est foible contre les Portugais. . . . . . IV 419

— Est joint par le roi d'Espagne, de sa personne seulement. . . . . IV 440

— Reste en Espagne sous M. le duc d'Orléans. . . . . V 135

— Gagne la bataille d'Almanza, la veille

Berwick (Duc de).   Tomes. Pages.

que M. le duc d'Orléans arrivât à l'armée.   V   190

— Prend Lerida d'assaut (punit la ville par le pillage).   V   195

— Et le château par capitulation.   V   196

— Est fait chevalier de la Toison d'or et grand d'Espagne, avec les duchés de Liria et de Xerica en don, et des grâces sans exemple en grandesse.   V   197

— Obtient le gouvernement de Limousin, vacant par la mort du comte d'Auvergne.   V   349

— Son éloge, grand, rare et vrai par M. le duc d'Orléans.   V   193

— Commande l'armée du Rhin sous l'électeur de Bavière.   V   438

— Mène en Flandres une partie de l'armée de l'électeur.   V   451

— Lequel retourne sur le Rhin.   VI   121

— Prend par force, une seule fois, l'ordre du duc de Vendôme, et dépose tout commandement.   VI   124

— Est replâtré avec le duc de Vendôme, par Chamillart venu à l'armée, mais sans reprendre de commandement.   VI   139

— Retourne de sa personne sur le Rhin, où l'armée se sépare, et revient à la cour.   VI   215

— Va en Dauphiné.   VI   300

— Est envoyé examiner ce qui se passe à l'armée de Flandres. Fortune rapide de Berwick, qui, à son retour de Flandres, est fait duc et pair ; clause étrange mise en ses lettres, et sa cause ; nom étrange imposé à son duché-pairie et pourquoi ; usage d'Angleterre.   VIII   38

— Reçu duc et pair ; étrange absence d'esprit de Caumartin, au festin de cette

Berwick (Duc de).   Tomes. Pages.

      réception. VIII   40
— Berwick va commander aux Alpes. . . .   IX   312
— Puis en Roussillon.   IX   394
— Délivre et ravitaille Girone, et revient à
      la cour.   IX   416
— Est choisi pour faire le siége de Barce-
      lone.   X   416
— Y mène 28 bataillons françois.   X   188
— Part pour s'y rendre.   X   197
— Y ouvre la tranchée, le 12 juillet.   X   208
— La prend à discrétion, etc., et soumet
      toute la Catalogne.   X   314
— Arrive à la cour, avec une épée de dia-
      mants, que le roi d'Espagne lui avoit
      envoyée.   X   336
— Il établit son fils du premier lit en Espa-
      gne, qui y épouse la sœur du duc de
      Veragua, et prend le nom de duc de
      Liria. XIII   120
      Voir aux GRANDS D'ESPAGNE. XVIII   22
— Berwick va commander en Guyenne, au
      lieu du maréchal de Montrevel ; fait
      réformer sa patente et n'est aux ordres
      de personne, malgré les tentatives du
      duc du Maine. XIII   45
— Obtient la survivance de son gouverne-
      ment de Limousin, pour le fils aîné de
      son second lit.   XVI   95
— Accepte le commandement de l'armée
      contre le roi d'Espagne.   XVI   117
— Officiers généraux et particuliers nom-
      més pour cette armée.   XVI   184
— Après avoir pris des places, etc., il va finir
      la campagne en Roussillon, où il prend
      la Sceu d'Urgel.   XVI   340
— Revient à Paris.   XVI   357
BESONS. Origine de l'amitié de M. le duc d'Or-

léans pour lui. Ce prince le demande,
au sortir de la bataille de Turin; Besons, employé lors sur les côtes de Nor-
mandie, va le trouver en Dauphiné. .   V   34
— Est fait maréchal de France.   VI   410
— Commande l'armée en Espagne. Faute
qu'il commet. Le Roi ne lui permet pas
d'accepter la Toison d'or.   VII   75
— Mesures pour faire Besons gouverneur
de M. le duc de Chartres avortées. . .   VII   244
— Sert sur le Rhin.   IX   312
— Sur la Moselle.   X   17
— Son caractère.   XII   243
— Entre adroitement dans le conseil de ré-
gence, où il n'étoit pas destiné.   XII   243
— Échoue dans sa tentative de se faire un
département des placets.   XII   274
— Son frère archevêque de Bordeaux;
son caractère. Est chargé des économats et mis dans le conseil de conscience.   XII   230
Passe à l'archevêché de Rouen.   XVI   246
A la chute des conseils, entre dans celui de régence, lors tout à fait tombé.   XVI   340
Sa mort et son caractère.   XVII   287
BÉTHUNE. Duchesse de Béthune, amie principale de Mᵐᵉ Guyon.   II   56
— Marquise de Béthune, entreprend vainement de baiser la princesse, future
duchesse de Bourgogne, comme ayant
été dame d'atour de la Reine en
survivance, honneur qui n'a jamais
appartenu à cette charge ni à pas
une autre non-office de la couronne..   I   384
— Son fils épouse une sœur du duc d'Harcourt.   V   419
La perd.   X   245

Béthune.   Tomes. Pages.

Se remarie à une fille du duc de
  Tresmes. . . . . XII 267
Obtient 4,000 livres de pension. . . . . XVI 118
— Béthune Orval épouse une fille de Des-
  marets. . . . . VI 187
Achète du duc de Beauvillier une des
  deux charges de premier gentilhomme
  de la chambre de M. le duc de Berry. VIII 160
Se trouve en année à sa mort. Reporte
  en Espagne le collier de la Toison d'or
  de ce prince; l'obtient pour soi. . . . X 323
— Mort de la duchesse de Béthune Fouc-
  quet; son état. . . . . XIII 39
— Mort du duc de Béthune. . . . . XIII 365
— Béthune, chef d'escadre, obtient 6,000 li-
  vres de pension. . . . . XVI 368
BEUVRON (M. de). Refuse le *Monseigneur*, écri-
  vant au maréchal de Choiseul, et le lui
  donne par ordre du Roi. . . . . I 180
— Sa mort. . . . . IV 252
BEUVRON (Comtesse de), sa belle-sœur. Quelle.
  Son intime liaison avec Madame. . . III 245
— Sa mort; son caractère. . . . . VI 172
BEUVRON (Comte de). Le duc d'Harcourt perd le
  comte de Beuvron, son fils. . . . . . XIII 131
— Et Mlle de Beuvron, sa sœur. . . . . . XIII 246
Bibliothèque de feu M. Colbert achetée par
  le Roi. . . . . XVI 202
BIGNON. Deux frères. L'aîné conseiller d'État
  beau-frère du chancelier de Pontchar-
  train, l'autre premier président du
  grand conseil. . . . . I 392
— Abbé, fils de l'aîné, comment fait conseiller d'État d'Église. . . . . II 438
Est à la tête de toutes les académies,
  et bibliothécaire du Roi à la mort de
  l'abbé de Louvois. . . . . XVI 116

Tomes. Pages.

BILLARDERIE (La). Lieutenant des gardes du
     corps, officier général et conducteur
     de la duchesse du Maine à Dijon, et
     au retour obtient une pension. . . . XVI   267
BING, amiral de la flotte d'Angleterre, fait à
     Cadix une déclaration menaçante. . . XV   243
BIRKENFELD (Prince palatin de), père. Sa mort
     chez lui, en Alsace. XIV   10
BIRON (Marquis de). Perd son père.   II   294
  — Vient à Fontainebleau, après le combat
     d'Audenarde, par congé des ennemis,
     dont il étoit prisonnier. VI   63
  — Quel à l'égard de la mort de Monseigneur. VIII 410
  — Perd un bras devant Landau, dont il
     obtient le gouvernement.   X   73
  — Marie son fils aîné à la fille aînée du duc
     de Guiche, et une de ses filles au second
     fils du même. XII   392
  — Obtient pour un de ses fils l'abbaye de
     Moissac. XII   413
  — Et l'abolition de Bonneval en épousant
     sa fille. . . . . XIII 198
  — Les Birons, la Raquette et du Noyer. . XIV   298
  — Biron est mis dans le conseil de guerre. XII   235
  — Conserve ses appointements à la chute
     de ce conseil, et pendant quelque
     temps le département du détail de
     l'infanterie qu'il y avoit [1]. XVI   105
  — Est premier écuyer de M. le duc d'Orléans
     à la mort d'Effiat. XVI   266
  — Est fait duc et pair, et cède sa place de
     premier écuyer de M. le duc d'Orléans
     au chevalier de Biron, son fils. XIX   93
  — Monstrueuse ingratitude de sa femme à

1. Voyez le sommaire du chapitre V. C'est là seulement, et non dans les
Mémoires mêmes, que Biron est nommé à l'occasion de la chute des conseils.

Biron (Marquis de).

Tomes. Pages.

l'égard de M. le duc d'Orléans dès qu'il
fut mort, et à l'égard de la duchesse
de Lauzun. . . . .

BISACCIA (Duc de). Sa mort. . . . . XVI 336

BISIGNANO (Prince de). . . . . XVIII 50

>Voir l'un et l'autre (Bisaccia et Bisi-
gnano) aux GRANDS D'ESPAGNE[1].

BISSY. Evêque de Toul, fort brouillé avec le duc
de Lorraine, refuse l'archevêché de
Bordeaux. . . . . II 12

— Accepte après l'évêché de Meaux. . . . . IV 74

— Mort de son père. Sa prophétie très-singulière sur ce fils. . . . . III 198

— Lui et la Chétardie, curé de Saint-Sul-
pice, succèdent à Godet, évêque de
Chartres, dans toute la confiance de
Mᵐᵉ de Maintenon. . . . . VII 127

— Ses sourdes et profondes menées. . . . . X 19

— Est nommé au cardinalat. . . . . X 21

— Obtient l'abbaye de Saint-Germain des
Prés. . . . . X 357

— Fait cardinal. Son extraction. . . . . . . XI 144

— Trois autres cardinaux italiens. . . . . . XI 144

— Veut dominer par la Constitution ; son
insigne duplicité; sa violence. . . . . XI 444

— Est employé par le cardinal du Bois pour
le raccommoder avec le maréchal de
Villeroy, duquel ils reçoivent ensemble
un affront. . . . . XVIII 459

BLAINVILLE. Défend Keiserswerth. Le rend. . . III 275

— Est fait lieutenant général pour sa belle
défense. . . . . III 277

— Est tué à la bataille d'Hochstedt. . . . . IV 129

BLAMONT, président d'une chambre des enquêtes, enlevé avec deux conseillers du

---

1. Nous n'y trouvons que Bisignano.

Blamont.   Tomes. Pages.

Parlement, et conduits (*sic*) en diverses
  îles du royaume.   XVI   84
— N'est point rappelé lorsque les deux con-
  seillers le sont.   XVI   114
— Obtient après permission de se retirer
  dans une de ses terres.   XVI   191
.— Enfin rappelé. Devient l'espion du Régent
  et le mépris et l'horreur du Parlement.   XVI   255
BLANC (Le), maître des requêtes, neveu des
  Besons, intendant d'Auvergne et de
  basse Flandres.   IV   116
— Est mis dans le conseil de guerre. . . .   XII   237
— A sa suppression, est fait secrétaire d'État
  avec le département de la guerre. . .   XVI   104
  (*Voir* sur lui l'article de BELLE-ISLE.)
— Sa charge de secrétaire d'État lui est
  ôtée ; il est exilé. Son caractère. . . .   XIX   106
BLANCHEFORT. Sa mort.   I   305
BLANCMESNIL, avocat général. Obtient une pen-
  sion de 6,000 livres.   XIV   11
— Sa capacité et sa présence d'esprit au lit
  de justice des Tuileries.   XVI   50
— Fait misérablement sa cour au maréchal
  de Villeroy, par une iniquité publi-
  que, mais inutile. . . . .
BLANSAC (Comtesse de). Chassée.   I   340
  – Rappelée.   II   150
— Retirée à Saint-Maur.   VII   452
BLÉCOURT. Laissé en Espagne par Harcourt. . .   II   323
— Y est relevé par Bonac.   VIII   440
Blés. Cruel manége sur les blés. Grande mor-
  tification donnée, à cette occasion, aux
  parlements de Paris et de Dijon. . . .   VI   311
— Étranges inventions perpétuées. Ma-
  néges de blés imités plus d'une fois. .   VI   316
BLOIN, premier valet de chambre du Roi, dont
  le vrai nom est Blouin. Obtient le

Bloin.   Tomes. Pages.

gouvernement et capitainerie de Ver-
sailles et de Marly.   II   430
— Et 12,000 livres d'appointements sur la
Normandie pour son gouvernement
de Coutances. . . . . ·. . . .   X   87
BOCHARD DE SARON, évêque de Clermont, et son
neveu le trésorier de la Sainte-Chapelle [de] Vincennes. Aveuglement de
l'oncle. Scélératesse du neveu et du
P. Tellier mise à découvert.   IX   162
BOCKLEY, dont le vrai nom est Bulkeley, frère
de la maréchale de Berwick, apporte le
détail de la bataille d'Almanza, et est
fait brigadier.   V   192
BOILEAU, prédicateur. Sa mort.   IV   98
BOILEAU DESPRÉAUX. Sa mort.   VIII   213
BOIS (Du). Son origine. Ses premiers commencements.   I   18
— Fait consentir M. le duc de Chartres, depuis régent, à son mariage.   I   19
— En est récompensé en bénéfices. Se perd
avec le Roi, à qui il ose demander le
cardinalat. . . . .
— Ministre des plaisirs de son maître, va
de sa part en Espagne, lors de son rétablissement dans l'ordre de la succession à cette couronne.   III   370
— Exclu de la place de secrétaire des commandements de M. le duc d'Orléans à
la mort de Thésut, qui est donnée à
l'abbé de Thésut, frère du mort. . . .   V   399
— Folie qui le perd auprès du Roi pour
toujours.   XI   172
— Son caractère.   XI   175
— Anciennement lié avec Effiat et avec le
duc de Noailles.   XI   237
— Et de débauche à Paris avec Stanhope,

Bois (Du).   Tomes. Pages.

    depuis secrétaire d'État d'Angleterre.   XII   455
— N'est de rien au commencement de la
    régence. Se lie de nouveau avec le duc
    de Noailles, et Canillac par lui, et avec
    Stairs par Rémond. Conçoit de percer
    par l'Angleterre, et tous trois en affo-
    lent M. le duc d'Orléans, comme de la
    seule ancre solide personnellement
    pour lui, et reprend par là auprès de
    son maître.   XII   369
— Obtient une place de conseiller d'État
    d'Église.   XII   410
— Arrache de son maître d'aller chercher à
    la Haye le colonel Stanhope, secrétaire
    d'État d'Angleterre; allant à Hanovre.
    Revient sans avoir rien fait, repart
    aussitôt pour Hanovre, où il fait un
    traité et ne s'oublie pas pour soi. . . . XIII 155
— Obtient une charge de secrétaire du ca-
    binet du Roi, avec la plume. Procure
    une visite de M. le duc d'Orléans au
    maréchal d'Huxelles, et entre dans le
    conseil des affaires étrangères par un
    rare *mezzo-termine* qui finit sa liaison
    avec Canillac. . . . . XIII 277
— Repasse en Angleterre, s'y rend pour le
    cardinalat par le crédit de Londres sur
    Vienne, et l'autorité de l'Empereur
    sur le Pape, qu'il faisoit trembler. . . XIV   123
— Revient pour peu de jours, ôte sa cor-
    respondance à Nocé, qui l'avoit eue
    jusqu'alors, la donne à Nancré, c'est-
    à-dire qu'il lui adressoit ses lettres
    pour le Régent et reçoit par lui ses
    réponses secrètes. Il repasse en Angle-
    gleterre, y trouve le roi et le prince de
    Galles fort brouillés. XIV   215

Bois (Du).   Tomes. Pages.

— S'établit à Londres. . . . . XIV 224

— Sa friponnerie. Avoit amené Chavigny
avec lui. . . . . XIV 258

— Fait une course à Paris ; mande en Angleterre la résolution du Régent sur le
traité. . . . . XIV 260

— Liaison de l'abbé du Bois avec Law ; sa
cause. . . . . XIV 294

— Ils se lient de plus en plus contre le duc
de Noailles ; double intérêt de du Bois. XIV 312

— Du Bois retourné à Londres. Ses langa-
ges à Monteleon ; il lui envoie avec
précaution le modèle d'un billet à
écrire par lui à Alberoni, en faveur de
Nancré et de sa négociation, qu'Alberoni méprise, averti par Monteleon. . XIV 450

— Singulières ouvertures de du Bois à Monteleon. . . . . XV 17

— Ses propos à Monteleon. . . . . XV 55

— Sa friponnerie angloise sur les garnisons
à mettre dans les places de Toscane. . XV 119

— Du Bois bien connu par Penterrieder,
ministre de l'Empereur à Londres. . . XV 148

— Et bien peint par Alberoni. . . . . . . XV 168

— Ses vues, ses artifices, son peu de ménagement pour M. le duc d'Orléans. . XV 290

— Court pinceau de l'abbé du Bois, et des
degrés de sa fortune. . . . . XV 305

— Sa folle ambition, ses premiers pas pour
se faire cardinal. . . . . XV 309

— Ses artifices pour se rendre seul maître
du secret et de la négociation d'Angleterre ; son perfide manége à ne la
traiter que pour son intérêt personnel ;
aux dépens de tout autre. . . . . XV 310

— Du Bois vendu à l'Angleterre et à l'Empereur pour une pension secrète de

Bois (Du).   Tomes.   Pages.

40,000 livres sterling, somme monstrueuse, et pour un chapeau, aux dépens comme éternels de la France
et de l'Espagne. Avantages que l'Angleterre en tire pour sa marine et son
commerce, et le roi d'Angleterre pour
s'assurer de son parlement. XV   312

— Du Bois, Argenson, Law et Monsieur le
Duc de concert, chacun pour son intérêt personnel, d'ouvrir les yeux au Régent. Ils le tirent de sa léthargie sur
le Parlement. XV   351

— Du Bois tout changé là-dessus et vacil-
lant. XV   357

— Ruine le conseil des affaires étrangères
et est fait secrétaire d'État des affaires
étrangères. Fait venir son frère, médecin en son pays, et lui donne sa charge
de secrétaire du cabinet du Roi, avec
la plume et les ponts et chaussées, à
la mort de Beringhen. XVI   104

— Sa perfidie extrême envers M. le duc
d'Orléans, sur la conspiration du duc
et de la duchesse du Maine. XVI   153

— Son adresse et sa toute-puissance sur
M. le duc d'Orléans à lui faire déclarer
la guerre à l'Espagne; en fait composer
le manifeste par Fontenelle. Le manifeste est examiné dans un conseil secret au Palais-Royal, passé après au
conseil de régence, suivi aussitôt de
la publication de la quadruple alliance
et de la déclaration de guerre à l'Espagne, le tout fort mal reçu du public. XVI   177

— Obtient l'abbaye de Bourgueil. XVI   206

— Son secret et son manége sur les prisonniers d'État; sa scélérate et person-

Bois (Du).   Tomes. Pages.

nelle politique sur le duc et la du-
    chesse du Maine et les leurs. XVI   214
— Empêche l'établissement d'un conseil
    secret. XVI   343
— Entre au conseil de régence. XVI   340
— Rare et insigne friponnerie de lui et de
    l'abbé de la Fare Lopis à l'égard l'un
    de l'autre. XVI   395
— Son manége sur le cardinalat de Mailly,
    archevêque de Reims. XVI   397
— Obtient impudemment l'archevêché de
    Cambray. XVII   20
— Refusé par le cardinal de Noailles du
    territoire pour les ordres, l'obtient de
    Besons, archevêque de Rouen. Les
    reçoit tous à la fois de Tressan, évê-
    que de Nantes, dans une église de vil-
    lage près de Pontoise. Assiste le même
    jour, à Paris, au conseil de régence;
    s'y compare à saint Ambroise. XVII   22
— Singulière anecdote de son pouvoir sur
    M. le duc d'Orléans, à l'occasion de
    son sacre. XVII   25
— Est sacré pompeusement par le cardinal
    de Rohan. XVII   30
— Sa conduite à l'égard de Law. XVII   89
— Étrange trait sur le chapeau de du Bois
    entre M. le duc d'Orléans et Torcy. . . XVII   296
— Conclut la paix avec l'Espagne au mot de
    l'Angleterre. XVII   241
— Puis le double mariage du Roi et du
    prince des Asturies avec un secret
    surprenant et de durée. XVII   241
— Raisons de la facilité du traité de ces
    mariages. XVII   242
— Dupe étrangement le cardinal de Rohan. XVII   221
— Est fait cardinal; sa conduite en cette

Bois (Du).   Tomes.   Pages.

occasion. Sort à merveilles de ses audiences, et en recevant des mains du
Roi la calotte rouge, ôte sa croix pec-
torale, et embarrasse au dernier point
l'évêque de Fréjus, en le priant de la
recevoir et de la porter, parce qu'elle
lui porteroit bonheur. XVII   252
— Ravit à Torcy la surintendance des postes avec hauteur et la dernière impudence. XVII   327
— Fait entrer et précéder le cardinal de
Rohan au conseil de régence ; s'en fait
un pont pour soi ; ducs et officiers de
la couronne en sortent. Du Bois présente à M. le duc d'Orléans un péril-
leux fantôme de cabale sur cette retraite. XVIII   382
— Nullité évidente de la prétendue cabale. XVIII   384
— Second usage de ce fantôme de cabale
pour isoler totalement M. le duc d'Orléans. XVIII   386
— Sa friponnerie sur la restitution du confessionnal du Roi aux jésuites. . . . XVIII   433
— Façon plus que singulière dont l'officier
dépêché d'Espagne avec le contrat de
mariage du Roi fut enfin expédié de
tout ce que le duc de Saint-Simon .
avoit demandé pour lui. XVIII   437
— Ses bassesses inutiles pour gagner le
maréchal de Villeroy, dans la vue de
ranger cet obstacle à se faire premier
ministre. . . , ... XVIII   454
— Son extrême embarras. Ne pouvant perdre le maréchal, il tente de se le ramener par le cardinal de Bissy. . . XVIII   458
— Comptant y avoir réussi, il reçoit chez
lui l'affront le plus signalé du maré-

Bois (Du).   Tomes. Pages.

chal de Villeroy, en présence du cardinal de Bissy, qui l'y avoit mené. . XVIII 460
— Accourt hors de soi chez M. le duc d'Orléans, où la perte du maréchal est résolue. . . . . , . XVIII 462
— La mécanique s'en résoud chez le cardinal du Bois. . . . . XVIII 472
— Du Bois n'est plus occupé que de ranger
ce qui peut rester d'obstacles, et de se
faire brusquement premier ministre. XIX   14
— Est enfin déclaré premier ministre. . . XIX   47
— Fort avancé par divers exils dans son
projet d'élaguer entièrement M. le
duc d'Orléans, se propose de perdre le
Blanc et Belle-Isle. Conduite qu'il y
tient. XIX   54
— Fait chez le Roi une nouveauté importante sur les entrées, pour s'en avantager. XIX   97
— Éclate sans mesure contre le P. d'Au-
banton. Cause singulière de cet éclat
sans retour. XIX   103
— Préside à l'assemblée du clergé. XIX   106
— Fait la fortune de Breteuil par une
étrange cause. XIX   107
— Mène la cour demeurer à Meudon pour
sa convenance d'être plus près de
Paris pour les secours de sa santé pé-
rissante. XIX   119
— Sa mort. XIX   133
— Ses richesses; ses obsèques; son esquisse. XIX   136
— Sa conduite à s'emparer de M. le duc
d'Orléans, ses négociations à Hanovre
et en Angleterre. Son énorme grandeur. XIX 139
— Sa négociation en Espagne; causes de
sa facilité. Son gouvernement. Ses
folles incartades. XIX   142

Bols (Du).   Tomes. Pages.

— N'étoit point du tout aimé du Roi, et sa
    mort fut d'un grand soulagement à
    M. le duc d'Orléans. . . . . XIX 149

BOISDAUPHIN (Marquise de). Sa mort. . . . . . . IV 62

BOLINGBROCKE à Paris. Sa catastrophe. . . . . . XI 119

— Secrètement rentré en grâce auprès du
    roi Georges. . . . . XIV 166

BOISGUILBERT. Exilé pour ses livres sur la
    dîme royale. . . . . V 150

BOYSSEUIL. Sa mort. Son caractère. . . . . . . VI 269

Bombardement de nos côtes. . . . . I 259

BONAC. Relève Blécourt à la cour d'Espagne. . VIII 440

— Ambassadeur à Constantinople. . . . . X 18

BONAMOUR, gentilhomme breton et sept mem-
    bres du parlement de Bretagne exilés,
    puis quatre encore. . . . . XVI 108

BONIVET. Son extraction. Se fait maître de la
    garde-robe de Mme la duchesse de Berry. XIV 209

Bonnet. Origine du bonnet que MM. de
    Brissac et depuis MM. de la Tré-
    moille et de Luxembourg ont mis à
    leurs armes. . . . . I 73

— Affaire du bonnet au Parlement. . . . . X · 423

BONNEVAL, brigadier, déserte de l'armée d'Italie
    aux ennemis, où il prend le service de
    l'Empereur. Est pendu en grève en
    effigie. . . . . IV 408

BONREPAUS. Sa fortune. . . . . I 474

— Obtient 100,000 francs du Roi. . . . . . XI 92

— Sa mort; son caractère. . . . . XVI 276

BONTEMPS, premier valet de chambre du
    Roi, etc. Sa fortune, son caractère, sa
    mort. . . . . II 428

— Ingratitude et indignité de son fils[1]

BONZI, cardinal. Son extraction; son caractère;

---

1. Ceci est en contradiction avec les *Mémoires* (tome I, p. 58).

Benzi.   Tomes. Pages.

        sa fortune ; sa mort. . . . . III 425

BORDAGE. Trait étrange de lui. . . . . IV 448

BORGIA, cardinal, et sa bulle d'Alexandre VI. . III 261

BORGIA, neveu du précédent, fait cardinal. Quel. XVII 149

— Son caractère. . . . . `. . . . XVIII 151

— Sa rare et plaisante ignorance en célé-
      brant le mariage du prince des Asturies. XVIII 252

— Idem en baptisant l'infant don Philippe. XVIII 377

BOSSU, archevêque de Malines, frère du prince
      de Chimay, fait cardinal, *motu proprio*.
      Est mal mené par l'Empereur. Il prend
      effrontément le nom de cardinal d'Al-
      sace. . . . . XVI 372

BOSSUET, célèbre évêque de Meaux, etc.
— Son instruction sur les états d'orai-
      son, etc. . . . . I 407

— Fait conseiller d'État d'Église. . . . . . . I 420

— Il consulte le célèbre abbé de la Trappe,
      sur sa dispute de doctrine avec Féne-
      lon, archevêque de Cambray. La ré-
      ponse est publiée à leur insu et les
      brouille pour toujours avec cet arche-
      vêque et avec ses amis. . . . . II 54

— Mort de Bossuet, évêque de Meaux. . . . IV 74

BOSSUET, neveu du précédent, évêque de
      Troyes. . . . . XII 412

BOUCHAIN, rendu aux ennemis par Varennes, la
      garnison prisonnière. . . . . IX 375

BOUCHERAT, chancelier. Ferme sa porte à tous
      les carrosses qui n'ont pas les honneurs
      du Louvre [1]. Cris des évêques. . . . . I 276

— Sa fortune et sa mort. . . . . II 217

BOUCHU, conseiller d'État. Son caractère. Sin-
      gularité de ses dernières années. . . . IV 253

BOUDIN, premier médecin de Monseigneur, puis

---

1. Voyez tome III, p. 117 et note 1.

Boudin.   Tomes.   Pages

     de Madame la Dauphine, sa belle-fille.

— Son état; son caractère; ses recherches
     de la pierre philosophale. . :   VIII   165

BOUFFLERS, gouverneur de Luxembourg, puis
     de Lorraine, est fait maréchal de France.   I   37

— Mène, sous Monseigneur, une partie de
     l'armée que le Roi commandoit en
     Flandres, joindre l'armée de M. le
     maréchal de Lorges sur le Rhin. . . .   I   82

— Épouse la fille du duc de Gramont. . .   I   112

— Obtient le gouvernement de Flandres et
     de Lille, à la mort du maréchal d'Hu-
     mières.   I   197

. — Se jette dans Namur, qu'il défend admi-
     rablement contre le prince d'Orange.   I   260

— Le rend enfin. Arrêté contre la capitu-
     lation et pourquoi. Bien traité, relâché.
     Est fait duc vérifié.   I   267

— Confère plusieurs fois avec le comte de
     Portland, favori du prince d'Orange,
     entre les deux armées.   I   461

— Commande le fameux camp de Com-
     piègne avec une magnificence inouïe.   II   105

— Obtient 150,000 fr. [1] de gratification. . .   II   117

— Commande l'armée de Flandres.   III   8

— La commande sous M[sr] le duc de Bour-
     gogne.   III   250

— Obtient encore 150,000 fr. de gratifica-
     tion, et pourquoi.   III   273

— Gagne le combat d'Eckeren et est fait
     chevalier de la Toison d'or.   III   423

— Obtient 200,000 livres d'augmentation de
     brevet de retenue sur sa charge de
     colonel du régiment des gardes. Ne
     sert point.   IV   67

1. Les *Mémoires* portent 100,000 fr.

Boufflers.   Tomes. Pages.

— Le régiment des gardes lui est arraché
par ruse, et il est fait en même temps
capitaine des gardes du corps, par la
mort du maréchal de Duras.   IV   184

— Il éclaircit et lève tout à fait les soupçons
que Chamillart avoit mal à propos
conçus contre Bergheyck.   V   406

— Se jette presque malgré le Roi dans Lille,
qu'il défend merveilleusement contre
le prince Eugène de Savoie et contre
le duc de Marlborough. Remet à flot
Surville et la Freselière, disgraciés. .   VI   119

— Ses dispositions dans Lille.   VI   121

— Son éloge. Ses soins à Lille. Sa grande
défense.   VI   151

— Il capitule. N'est en rien subordonné au
duc de Vendôme. Il entre dans la citadelle de Lille.   VI   160

— Reçoit un ordre de la main du Roi de
capituler.   VI   199

— Rend la citadelle de Lille, reçoit des
honneurs infinis des ennemis.   VI   208

— Son retour à la cour, sa réception
triomphante. Son extrême modestie.
Il est fait pair de France, son fils
enfant survivancier de son gouvernement de Flandres, etc.; le Roi lui
donne toutes les entrées des premiers
gentilshommes de sa chambre. . . .   VI   211

— Est renvoyé en Flandres.   VI   217

— Perd les deux fils de son frère aîné. . . .   VI   221

— Revient à la cour, hors d'état de servir.   VI   299

— Est reçu pair de France au Parlement. .   VI   319

— Est fait évangéliste de Voysin.   VI   452

— S'aigrit contre le duc de Chevreuse. . .   VII   8

— Apaise deux tumultes dans Paris; y devient le dépositaire de l'autorité royale.

Boufflers.   Tomes. Pages.

Sa modestie.   VII   72
— S'offre d'aller en Flandres seconder
  Villars sans commandement. Est re-
  mercié, puis accepté.   VII   82
— Leur conduite ensemble.   VII   85
— Belle retraite de Boufflers, quoique fort
  inférieure à celle de M. le maréchal de
  Lorges à Altenheim. Ses lettres pi-
  toyables.   VII   106
— Ses dégoûts. Sa chute. VII   112
— Spectacle de Boufflers, d'Harcourt et de
  Villars. VII   261
— Éclat de Boufflers sur les lettres de
  pairie de Villars. VII   263
— Quel sur le mariage de M. le duc de
  Berry. VII   395
— Perd son fils aîné, dont les survivances
  passent au cadet. . . . . VIII 213
— Sagesse et dignité de Boufflers à l'égard
  de l'adresse et de l'impudence de
  d'Antin. . . . . VIII 393
— Quel à l'égard de la mort de Monseigneur. VIII 409
— Sa mort et son caractère. IX   92
— Triste fin de sa vie. Horreurs des méde-
  cins. Générosité de la maréchale de
  Boufflers, qui accepte à peine 12,000 li-
  vres de pension du Roi.   IX   93
  Elle marie une de ses filles au fils
  unique du duc de Popoli. . . . . . .   XIII 370
  Son fils à une fille du duc de Villeroy. XVII 252
  Et sa dernière fille au second fils du
  duc de Villeroy. . . . .   XVII 129
Bougeoir. Ce que c'est.   III   227
Bouillon. Acquis par MM. de la Marck. Rang
  personnel du duc obtenu par le maréchal de Floranges, seigneur de Sedan
  et de Bouillon.   V   88

Bouillon.   Tomes. Pages.

— Bouillon, son état. Point duché. Mouvant
de Liége, auparavant de Reims. MM. de
Bouillon seigneurs de Bouillon plus
que très-précaires.   V   92

— Comte de Maulevrier, oncle paternel de
l'héritier de Sedan, de droit son héritier et qui l'a toujours prétendu, précède partout, sa vie durant, le maréchal
de Bouillon la Tour, veuf sans enfants
de sa nièce, mais possesseur, par violence, de tous ses biens, passés à sa
postérité d'une autre femme.   V   93

— Comtes de Braine, marquis de Mauny,
seigneurs de Lumain, comtes de la
Marck : sommaire jusqu'à Messieurs de
la Tour.   V   94
(Voir ci-après FLORANGES et LA MARCK.)

— La Tour, maison qui se dit présentement
communément de Bouillon, et se vou-
droit dire Auvergne.   V   85

— Mlle de Limeuil.   V   85

— Maréchal de Bouillon la Tour. Titres
qu'il prend. Ses deux prétentions in-
fructueuses. Duc de Bouillon son fils.
Son échange.   V   103

— Qualité de prince absolument refusée
aux Bouillons dans le contrat de mariage du duc d'Elbœuf avec Mlle de
Bouillon.   V   106

— Duc de Bouillon la Tour, frère du cardinal et du comte d'Auvergne. Sa prétention de la première ancienneté
d'Albret et de Château-Thierry l'empêche de se joindre aux ducs oppo-
sants à M. de Luxembourg.   I   139

— Est moqué là-dessus par Harlay, premier
président ; son repentir. Chimère de

Bouillon.   Tomes.   Pages.

    cette ancienneté.   I   158

— Bouillons sollicitent tous et publique-
    ment pour leur faussaire de Bar, par
    qui ils avoient fait fabriquer leur car-
    tulaire de Brioude. Le duc de Bouillon
    en fait l'aveu au Roi, et l'abbé d'Auver-
    gne aux juges, pour tâcher d'arrêter
    l'affaire.   V   112

— Duc de Bouillon reçoit un grand dégoût.   VI   343

— Est bien avec le Roi; sa femme, ses fils,
    ses neveux mal. Il parle au Roi, voit le
    chancelier de Pontchartrain. Écrivant
    au Roi, n'avoit jamais signé sujet; ne
    peut encore être induit à s'avouer
    l'être.   VIII   82

— Articles proposés au Roi à faire porter
    de sa part au Parlement, sur la maison
    de la Tour Bouillon. . . . . '.   VIII   86

— Justice et usage de ces articles.   VIII   88
    (Voir les pièces[1].)

— Finesses continuelles. Rature énorme
    dans les registres du Parlement. Da-
    guesseau, procureur général, reçoit
    ordre du Roi de porter ces articles au
    Parlement et d'y procéder. Il élude, et
    sauve la maison de la Tour Bouillon.   VIII   90

— Duchesse de Bouillon Mazarini Mancini.
    Son grand sens, son adresse.   VI   90

— Adresse des Bouillons.   VI   94

— Mort, extraction, famille et caractère de
    la duchesse de Bouillon.   X   191

— Chevalier d   30,000 li-
    vres de g   XVI   274

— Épouse un   et
    prend le   e. .   XVI   358

1. Voyez tome

Bouillon.

Tomes. Pages.

— Mort du duc de Bouillon. Son caractère. XVII 302

— Mort de la duchesse de Bouillon Simiane. . . . . XVIII 457

— Cardinal de Bouillon fait faire le cartulaire de Brioude par le faussaire de
Bar, et composer dessus, puis publier
l'histoire de la maison d'Auvergne par
Baluze. . . . . V 109

— Sa folie à l'égard du dauphiné d'Auvergne, et son insolence à l'égard de
Monsieur, à qui le Roi avoit défendu
de le lui vendre. . . . . I 208

— Il va relever le cardinal de Janson, à
Rome, chargé des affaires du Roi. Il
obtient, en partant, la coadjutorerie
de son abbaye de Cluni pour l'abbé
d'Auvergne, son neveu. . . . . I 410

— Découverte de son étrange et hardie
tentative de faire ce neveu cardinal, en
trompant le Pape et le Roi. . . . . . . II 33

— Est le premier qui, étudiant en Sorbonne, ait eu en licence les distinctions de prince étranger. Il eut le chapeau par le hasard des coadjutoreries
de Langres, puis de Reims, tombées
sur l'abbé le Tellier. . . . . II 85

— Sa conduite à Rome ; il y ouvre la porte
sainte pour le grand jubilé. . . II 186 et 447

— Sa conduite et sa disgrâce. . . . . . . II 314

— Ses ruses ; son opiniâtre désobéissance.
Il devient doyen du sacré collége. Il
est dépouillé par le Roi. . . . . II 332

— Dépouillé aussi par arrêt du conseil, à
faute de mieux. Sa conduite. . . . . . II 346

— Vient à Cluni exilé ; il est restitué en
ses revenus. . . . . II 447

— Perd un grand procès devant le Roi.

Bouillon.   Tomes.   Pages.

contre les religieux réformés de
Cluni.   V   424
— Va à Rouen et deux fois à la Ferté. Sa
vanité; ses misères.   VI   20
— Rapproché à trente lieues de Paris, et
des lieux où se trouve la cour.   VI   415
— Sa situation.   VIII   55
— État de sa famille; idées bâties dessus.
Furieux de la perte d'un procès contre
les moines de Cluni, passe à Mont-
rouge et à Ormesson.   VIII   56
— Son évasion; il est conduit par le prince
d'Auvergne, son neveu, à l'armée
des ennemis, où il reçoit toutes sortes
d'honneurs. Sa lettre folle au Roi. . .   VIII   59
— Analyse de cette lettre.   VIII   62
— Son temporel est saisi. Ordre au Parle-
ment de lui faire son procès. Conduite
de sa maison. Lettre du Roi au car-
dinal de la Trémoille.   VIII   74
— Est décrété de prise de corps par le Parlement, qui après s'arrête tout court,
et les procédures tombent.   VIII   77
— Collations de ses bénéfices commises
• aux ordinaires des lieux. Le Roi fait
ôter tout monument de principauté
des registres des curés, de la cour, des
abbayes de Saint-Denis, de Cluni, etc.   VIII   80
— Le cardinal de Bouillon commet de nouvelles félonies à Tournay.   VIII   82
— Se fait élire abbé de Saint-Amand contre
les bulles obtenues par le cardinal de
la Trémoille sur la nomination du Roi.   VIII   95
— Il a l'infamie, par un sordide intérêt,
de faire le mariage de la veuve du
prince d'Auvergne, son neveu, avec
Mésy, son écuyer.   IX   178

Bouillon.   Tomes. Pages.

— Essuie publiquement un plaisant tour de
  Wartigny sur une branche effective de
  la maison de la Tour, que celle de Bouillon ne vouloit pas reconnoître.   X   43
— S'achemine des Pays-Bas à Rome. . . .   X   74
— Y arrive; sa conduite à Rome; y est méprisé.   X   182
— Sa mort à Rome. Précis de sa vie. Cause
  et genre de sa mort. Son caractère. XI 94 et 99
— Méprisé et délaissé à Rome. Il imagine
  la distinction pour les cardinaux de
  conserver leur calotte sur leur tête, en
  parlant au Pape, lesquels lui en donnent le démenti, en plein consistoire.
  La rage le saisit; il en crève.   XI   98
— Disgression sur les alliances étrangères
  du maréchal de Bouillon la Tour et de
  sa postérité.   XVI   450
— Personnel du cardinal de Bouillon. . . .   XI   100
BOULAINVILLIERS. Quel il étoit. Son caractère; ses
  prédictions vraies et fausses.   XI   153
BOULAYE (La), gouverneur d'Exilles, mis à la
  Bastille pour l'avoir rendu.   VI   221
BOULDUC. Quel. Juge Boudin trop bien averti.
  Persuadé de même sur M. le duc de
  Berry.   IX   207
BOULIGNEUX et WARTIGNY tués devant Verue.
  Singularité arrivée à des masques de
  cire.   IV   200
BOURBON. Monsieur le Duc, Madame la Du-
  chesse, Monsieur le Duc fils.
— Monsieur le Duc, gendre du Roi et de
  M^de de Montespan, obtient pour son
  fils aîné, enfant, une pension de cent
  mille francs.   II   241
— Et l'ordre pour le même à seize ans. . .   VI   165
— Son étrange emportement contre son

Bourbon.   Tomes. Pages.

    ami le comte de Fiesque.   III   194

— Aigreur hardie de Monsieur le Duc. . .   VI   138

— Sa trop orgueilleuse adresse découverte
    et vaine, et ses entreprises inutiles. Il
    est forcé de donner des fauteuils aux
    ducs, au service solennel de M. le
    prince de Conti.   VI   283

— Ne change point de nom à la mort de
    Monsieur le Prince son père.   VI   348

— Monsieur le Duc. Nom singulier tout
    court.   VI   350

— Extinction de ce nom tout court.   VI   353

— Féroce éclat de Monsieur le Duc sur le
    nom de Montesquiou pris par Artagnan
    dès qu'il fut maréchal de France, qui
    ne s'en émut pas le moins du monde..   VII   110

— . Fait des enrôlements forcés de tout ce
    qu'il peut, pour solliciter pour lui con-
    tre Mesdames ses sœurs. Le Roi défend
    aux enfants de Monsieur le Prince de se
    faire accompagner au Palais par qui
    que ce soit..   VII   250

— Se brouille avec l'Académie françoise
    pour une élection, laquelle l'accable de
    chansons et de brocards. . . . .

— Sa mort regrettée de personne.   VII   283

— Son nom singulier. Sa charge de grand
    maréchal de France. Son gouverne-
    ment de Bourgogne donné à Monsieur
    son fils aîné.   VII   286

— Son caractère.   VII   287

— Ses obsèques.   VII   305

— Madame la Duchesse. Le Roi paye ses
    dettes.   II   197

— Et encore une fois celles du jeu.   II   304

— Sa haine et celle de Monsieur le Duc
    pour M. le duc d'Orléans. Sa cause. .   VI   44

Bourbon.   Tomes. Pages.

— Caractère, vues, manéges de Madame la
    Duchesse. Son éloignement de Mme la
    duchesse d'Orléans et de Mme la du-
    chesse de Bourgogne.   VI   109

— Sa conduite à l'égard de Mme la duchesse
    de Bourgogne.   VI   105

— Sa conduite à la mort de Monsieur le Duc.   VII   285

— Son manége. Obtient du Roi une pen-
    sion de 90,000 livres.   VII   306

— Suit la cour, dès le premier temps de son
    veuvage, à Marly. Obtient d'y avoir
    Mesdemoiselles ses filles.   VII   400

— Quelle à l'égard de Monseigneur.   VIII   406

— Donne aux ducs de la Rochefoucauld, de
    Villeroy et d'Antin sa parole positive
    d'être en tout favorable aux ducs sur
    le bonnet au Parlement, et la tient
    exactement.   XI   8

— S'enrichit monstrueusement par Law,
    elle et les siens.   XVII   174

— Entre en récente et secrète mesure avec
    M. le duc d'Orléans, régent, en haine
    des bâtards, ses frères et neveux. . .   XII   208

— Enlève étrangement une loge à l'Opéra
    à la maréchale d'Estrées.   XIV   299

— Sa disposition sur ses frères, toute dif-
    férente de celle de Mme la duchesse
    d'Orléans.   XV   421

— Monsieur le Duc fils perd en plein son
    procès contre Mesdames ses tantes,
    avec des queues fâcheuses.   VIII   210

— Est malheureusement éborgné à la chasse
    par M. le duc de Berry.   IX   190

— Épouse Mlle de Conti.   X   61

— Conduit, avec le duc de la Trémoille, le
    corps de M. le duc de Berry à Saint-
    Denis.   X   179

Bourbon.   Tomes. Pages.

— Est déclaré chef du conseil de régence
   en la première séance au Parlement
   pour la régence.   XII   208
— Entreprend de faire monter le chevalier
   de Dampierre, son écuyer, dans le carrosse du Roi, avec lui, au convoi du feu
   Roi, de Versailles à Saint-Denis, chose
   sans exemple.   XII   219
— Dispute au duc du Maine et au comte
   de Toulouse le traversement du parquet.   XII   399
— Il a la petite vérole. XIII   58
— Prétend que, lorsque le conseil de guerre
   ne se tient pas au Louvre, il doit se
   tenir chez lui, à l'hôtel de Condé ; est
   condamné par le Régent.   XIII   293
— Il donne une fête à M. et à Mme la duchesse de Lorraine, à l'hôtel de Condé. XIV   331
— Son marché à l'occasion du lit de justice
   à tenir aux Tuileries, moyennant une
   nouvelle pension de cinquante mille
   écus..   XV   360
— Il propose la réduction des bâtards au
   rang de leurs pairies parmi les autres
   pairs.   XV   377
— Veut avoir l'éducation du Roi, sans faire
   semblant de s'en soucier.   XV   378
— Il demande l'éducation du Roi au con-
   seil de régence qui précède immédiatement le lit de justice des Tuileries, et
   l'obtient.   XVI   27
— Son maintien au lit de justice. XVI   47
— Son discours au lit de justice, pour demander l'éducation du Roi ; sa lourde
   faute d'attention en parlant ; il obtient
   sa demande.   XVI   55
— Il est mis en possession de l'éducation

Bourbon.   Tomes.   Pages.

     du Roi. XVI   88

— Il donne, à Chantilly, une fête de plusieurs
     jours à Mme la duchesse de Berry. . . XVI   105

— Est visité en manteaux sur la mort de
     Madame sa femme. XVII   42

— Il donne au Roi, revenant de son sacre,
     des fêtes à Chantilly XIX   78

— Madame la Duchesse Conti. Change-
     ment de dame d'honneur chez elle,
     pourquoi raconté. XVI   429
     Sa mort. Brusquement enterrée. Son
     testament. XVII   41

— Mme de Bourbon religieuse de Fonte-
     vrault. Quelle. Est faite abbesse de
     Saint-Antoine à Paris. XVI   368

BOURCK (Chevalier). Son caractère; son état;
     ses aventures; sa chétive fortune. . XVIII   180

BOURG (Comte du). Est attaqué à Versailles. . .   IV   399

— Sa bassesse.   V   115

— Défait Mercy. Est fait chevalier de l'Ordre. VII   89

— Obtient le commandement en chef d'Al-
     sace.   VII   266

— Reçoit le collier du Saint-Esprit. VIII   168

— Perd son fils unique. Son caractère. . .   IX   330

BOURGOGNE (Mgr le duc de). Préparatifs de son
     mariage.   I   483

— Son mariage.   I   486

— Les mariés mis ensemble.   II   251

— Ce prince entre au conseil des dépêches.   II   256

— Argent de ce prince.   II   334

— Son départ avec le roi d'Espagne et
     M. le duc de Berry.   II   405

— Continuation de son voyage avec M. le
     duc de Berry.   II   496

— Son retour avec M. le duc de Berry. . .   III   11

— Va commander l'armée de Flandres avec
     le maréchal de Boufflers et le marquis

Bourgogne (Duc de).

	Tomes.	Pages.
de Bedmar sous lui.	III	250
— Son accompagnement honteux. Son passage par Cambray.	III	271
— Son retour.	III	276
— Il entre dans tous les conseils.	III	354
— Déclaré général sur le Rhin, avec le maréchal de Tallart sous lui et Marsin près de lui.	III	411
— Arrive sur le Rhin.	III	456
— Prend Brissac. Revient à la cour.	III	431
— Sa piété.	V	49
— Singulier et transcendant éloge de sa piété.	V	363
— Secrètement destiné à commander l'armée de Flandres, avec le duc de Vendôme sous lui.	V	436 et 439
— Déclaré général de l'armée de Flandres.	V	451
— Il part avec M. le duc de Berry; passe à Cambray.	VI	28
— Son armée.	VI	31
— Il essuie une insolence du duc de Vendôme.	VI	57
— Et du même une parole énorme.	VI	58
— Mesures pour Msr le duc de Bourgogne. .	VI	91
— Faute de ce prince.	VI	118
— Dévotions mal interprétées.	VI	126
— Inquiétude de la cour. Flatteries misérables.	VI	127
— Position des deux armées.	VI	132
— Audacieux et calomnieux fracas contre Msr le duc de Bourgogne.	VI	143
— Déchaînement contre lui incroyable. . .	VI	147
— Fautes personnelles de ce prince, dont avantages pris contre lui avec éclat. .	VI	195
— Position des armées. Ordres aux princes de revenir à la cour. L'armée est séparée.	VI	199

Bourgogne (Duc de).   Tomes.   Pages.

— Leur retour à la cour.   VI   201

— Réception du Roi et de Monseigneur, à
Mgr le duc de Bourgogne et à M. le duc
de Berry. Mgr le duc de Bourgogne
parle longtemps au Roi et bien. . . .   VI   204

— Est destiné à commander l'armée du
Rhin, avec le maréchal d'Harcourt
sous lui.   VI   300

— Cela se change; il ne sort plus de la
cour.   VI   410

— Crayon de ce prince pour lors.   VII   370

— Quel Mgr et Mme la duchesse de Bourgogne sur le mariage de M. le duc de
Berry avec la fille de M. le duc d'Or-
léans.   VII   385

— Mgr le duc de Bourgogne, fâché de l'imposition du dixième, fait une sortie
sur les financiers.   VIII   144

— *Devenu Dauphin.* — Fait à M. et à Mme la
duchesse de Berry, qu'il va voir le pre-
mier, les plus grandes avances d'ami-
tié, et les plus soutenues.   VIII   297

— Sa soumission au Roi et sa modération.
Veut être appelé *Monsieur* en lui par-
lant, non *Monseigneur.*   VIII   301

— Il visite, en manteau long, la reine
d'Angleterre, à Saint-Germain.   VIII   308

— Est traité de *Monseigneur* par le Parlement, qui le harangue par ordre du
Roi.   VIII   309

— Quel à l'égard de la mort de Monsei-
gneur.   VIII   431

— Ministres vont travailler chez lui. . . .   VIII   435

— Il est montré par le Roi au clergé. . . .   VIII   447

— Va au service de Monseigneur à Notre-
Dame, et fait merveilles à Paris. . . .   VIII   448

— Belles et justes espérances.   IX   35

Bourgogne (Duc de).   Tomes. Pages.

— Ses admirables sentiments sur les bâ-
   tards.   IX   44
— Occupe à Versailles l'appartement qu'a-
   voit Monseigneur.   IX   122
— N'approuve pas la nouvelle érection de
   Chaulnes, quoiqu'il aimât fort le duc
   de Chevreuse et assez son fils.   IX   126
— Ne se cache pas d'être d'avis que le
   P. Tellier, confesseur du Roi, fût chassé
   sur l'aventure du paquet de l'abbé de
   Saron.   IX   163
— Ses judicieux présents à ce qui appro-
   choit le plus de Monseigneur.   IX   175
— Il reçoit, et Madame la Dauphine aussi,
   des avis de poison par Boudin et par
   le roi d'Espagne..   IX   176 .
— Demeure à Versailles la nuit d'après la
   perte de Madame la Dauphine; va le
   matin à Marly; son état; tombe malade.   IX   201
— Il croit Boudin bien averti. Sa mort admirable. Éloge, traits, caractère de ce
   prince.   IX   206
— Le Pape lui fait des obsèques pontifica-
   les. Époque de leur cessation à Rome
   et à Paris pour nos rois et pour les
   papes, qui dure encore.   IX   228
— Son corps porté sans cérémonie à Ver-
   sailles auprès de celui de Madame la
   Dauphine, et les deux cœurs sans cé-
   rémonie au Val-de-Grâce. Les deux
   corps portés en cérémonie ensemble à
   Saint-Denis.   IX   235
— Singularité des obsèques jusqu'à Saint-
   Denis.   IX   239
— Deuil aussi singulier que ces obsèques.   IX   242
— Le prince est mort empoisonné.   IX   251
Bourgogne (Mᵐᵉ la duchesse de). Arrive au pont

Bourgogne (Duchesse de).   Tomes. Pages.

    Beauvoisin.   I   372

— Ses grâces charment le Roi et Mme de
    Maintenon.   I   374

— Présentations.   I   374

— Tombe dangereusement malade. Spec-
    tacle singulier chez elle, au commence-
    ment de sa convalescence.   III   66

— Comment elle étoit sur le maréchal de
    Tessé.   III   389

— Anecdote curieuse. Son état brillant. . .   IV   169

— Elle fait une étrange découverte sur la
    princesse d'Espinoy.   V   213

— Se blesse.   V   431

— Quelle sur la campagne de Lille.   VI   92

— Époque de sa haine pour Chamillart. .   VI   98

— Fait, à Meudon, un affront au duc de Ven-
    dôme, dont il ne se relève pas..   VI   371

— Son adresse en faveur du mariage de
    M. le duc de Berry avec la fille de
    M. le duc d'Orléans.   VII   396

— Le Roi la fait seule maîtresse indépen-
    dante de sa maison.   VIII   163

— *Devenue Dauphine.* — Fait, à la mort de
    Monseigneur, les plus grandes avances
    d'amitié et les plus soutenues à M. et
    à Mme la duchesse de Berry, qu'elle va
    voir la première.   VIII   296

— Avis singulier qu'elle reçoit de Mme de
    Maintenon.   VIII   299

— Visite, en mante, la reine d'Angleterre, à
    Saint-Germain, qui la reçoit elle et sa
    cour sans mantes ni manteaux.   VIII   308

— A la musique du Roi à sa messe.   IX   79

— Reçoit par Boudin, en son dernier voyage
    de Marly, et par la reine d'Espagne,
    avis qu'on la veut empoisonner. . . .   IX   176

— Retourne à Versailles. Tabatière très-sin-

Bourgogne (Duchesse de).   Tomes.   Pages.

gulièrement perdue. Madame la Dauphine tombe malade; change de con-
fesseur; reçoit les sacrements.   IX   191

— Sa mort; son éloge; traits d'elle; son
caractère..   IX   194

— Appareil funèbre dans son appartement;
garde par les dames, et quelles.. . . .   IX   232

— Est morte empoisonnée.   IX   246

— Mort du petit Dauphin, empoisonné
aussi; son cœur et son corps portés,
sans cérémonie, près de ceux de Monsieur et Madame la Dauphine.   IX   239

— 230,000 livres de pensions et 20,000 livres
de gratifications distribuées dans la
maison de Monsieur et de Madame la
Dauphine.   IX   274

Bourlemont (C. de). Sa mort.   IV   443

Bourlie (La). Sort du royaume pour de vilaines
et criminelles actions.   II   303

— Lui et l'abbé son frère; leur extraction
et leur fin misérable.   IV   112

— Fortune de l'abbé de la Bourlie en Angleterre.   IV   451

— Son étrange fin à Londres. VIII   227

Bournonville Luynes (Mme de). Sa mort.. . . .   III   17

— Mort, caractère, famille de son mari. . .   IV   307

— Son fils épouse la 2e fille du duc de Gramont. XVI   207

— Fortune, caractère, bassesse du duc de
Bournonville..   X   2

— Nommé en Espagne à l'ambassade de
France.. XVIII   311

      Voir aux Grands d'Espagne. XVIII   13

— En est exclu par la France. XVIII   311

Bout de l'an de Monseigneur à Saint-Denis.   IX   302

— De Monsieur et Madame la Dauphine à
Saint-Denis.   IX   430

Tomes. Pages

BOUTHILLIER CHAVIGNY, ministre et secrétaire
d'État. Ses trahisons; sa perfidie; sa
sélératesse; son étrange mort. . . . .   ı   60
— Son fils évêque de Troyes. Sa famille;
sa vie mondaine; sa retraite. . . . . .   I 423
Entre au conseil de régence. . . . . . . .XII 246
S'enfuit à Troyes pour n'être point juge
de Monsieur le Grand et de Monsieur le
Premier.. . . . . XII 298
Obtient l'archevêché de Sens pour le fils
de son frère. . . . . XII 412
BOUTEVILLE (Mme de), mère du maréchal, duc de
Luxembourg. Sa mort. . . . .   ı 332
BOUZOLS. Quel. Épouse une sœur de Torcy. . .   I 293
BRACCIANO (Duchesse de), si connue depuis son
veuvage sous le nom de princesse des
Ursins, sous lequel se trouvera ce qui
la regarde. . . . .   I 236
— Son mari, grand d'Espagne et prince de
Soglio à Rome, renvoie au Roi l'ordre
du Saint-Esprit en 1688, qu'il avoit
reçu à Rome en 1675 par les mains du
duc de Nevers, avec le duc de Sforze,
gendre de Mme de Thianges, et le prince
de Sonnino Colonne, et prend l'ordre
de la Toison pour s'attacher à la maison d'Autriche. . . . .   II 14
BRAGELOGNE, major du régiment des gardes. Sa
mort. . . . .   X 130
BRAGADINO, ambassadeur de Venise à Madrid. XVIII 185
BRANCAS (Marquis de), brigadier, assiégé dans
Keiserswerth sous Blainville, en sort
avec lui. . . . . III 277
— Le même et Bay servant en Espagne. .   V 127
— Fait gouverneur de Girone. . . . . . . VIII 200
— Chevalier de la Toison d'or. Ambassa-
deur en Espagne. . . . . IX 416

Brancas (Marquis de).   Tomes. Pages.

— Sa situation en Espagne. Raisons qui le
déterminent à demander d'aller passer
quinze jours à Versailles ; il l'obtient.
Court après le cardinal del Giudice et
le devance.   X   155

— Arrive à Marly devant lui. Ne retourne
pas en Espagne.   X   156 .

— Son caractère.   XII   240

— Obtient, à la mort de Simiane, la lieutenance générale de Provence.   XIV   328

— Entre au conseil des affaires du dedans
du royaume.   XII   240

— Conserve, à la chute de ce conseil, son
département des haras, avec 20,000 li-
vres d'appointements.   XVI   104

— Conseiller d'État d'épée, entre au conseil
des parties.   XVI   240

— Obtient la survivance de sa lieutenance
générale de Provence, pour son fils
aîné, âgé de neuf ans, et 4,000 livres
de pension pour Céreste, son jeune
frère..   XVI   344

BRANCAS BRANCAS (Duchesse de). Son caractère ;
ses malheurs. Se fait, pour son pain,
dame d'honneur de Madame.   III   412

BRANCAS (Duc de), père, marie son fils aîné
à la fille de Moras ; quel étoit Moras
et quelle sa fille. . . . .   VII · 260

— Obtient des grâces pécuniaires.   XVI   368

— Duchesse de Brancas, sa belle-fille, nommée pour accompagner la princesse
de Modène jusqu'à Antibes ; remarques
sur le cérémonial, le voyage, l'accompagnement.   XVII   8

— Duc de Brancas père obtient 20,000 li-
vres de rente sur les Juifs de Metz. . .   XII   344

— Son caractère ; sa vie.   XIII   121

Brancas (Duc de).   Tomes. Pages.

— Caractère de son fils et de sa belle-fille. XIII 123

— Desirent de nouvelles lettres de duc et
pair à faire enregistrer au parlement
de Paris. État de leur dignité. . . . . XIII 124

— Le père trompé par Canillac, à qui il s'é-
toit adressé, s'en venge par de bons
mots. XIII 126
(*Voir* le reste à SAINT-SIMON, sur ces
lettres nouvelles.)

— Sa retraite à l'abbaye du Bec. Son caractère. . . . . XVII 284

— Mort de l'abbé de Brancas, son frère. . . XIII 130

BRANDEBOURG (Électeur de). Se déclare roi de
Prusse. Prusse comment entrée dans
sa maison. . . . . IX 433

— Sa mort. . . . . IX 432

— Mort de l'électrice. . . . . IV 237

BRASSAC. Épouse la fille du maréchal de Tourville, qui devient dame de M⁰ᵉ la duchesse de Berry. . . . . X 205

BRÉAUTÉ. Sa naissance; son caractère; son
état; sa mort. . . . . VI 182

— Mort de son neveu dernier de son nom. XIII 89

Brefs des papes à l'Empereur et aux rois de
France et d'Espagne ne sont point
reçus sans que leurs copies aient été
vues par leurs ministres, qui les admettent ou les rejettent. . . . . XIV 433

BRÉGY (Mᵐᵉ de). . . . . IV 395

BRESSÉ (Baron de). Sa mort. . . . . IV 61

BREST. IV 95 et 329

BRETAGNE (Mˢʳ le duc de). Sa naissance. . . . . IV 119

— Contraste des fêtes continuées pour cette
naissance avec la douleur et l'abattement de la perte de la bataille d'Hochstedt. . . . . IV 140

— Mort de ce prince. Son deuil. . . . . . . IV 252

Bretagne (Le duc de).   Tomes. Pages.
— Naissance du 2ᵈ duc de Bretagne.. . . .   V   118
BRETAGNE et BRETONS. États de Bretagne ora-
    geux et rompus.   XIV   211
— Mouvements en Bretagne.   XIV   270
— Mouvements, lettres, députations du
    parlement de Bretagne.   XIV   301
— Incidents sur le maréchal de Montes-
    quiou, commandant en Bretagne et
    tenant les États.   XIV   301
— Gentilshommes bretons mandés, puis
    exilés.   XIV   302
— Lettres de cachet à des Bretons.   XIV   355
— Députation et conduite du parlement de
    Bretagne.   XIV   355
    Il écrit au Régent en faveur des membres
    du parlement de Paris arrêtés, et fort
    séditieusement au parlement de Paris.   XVI   98
— Menées en Bretagne. Ses États veulent
    faire compter Montaran, leur trésorier,
    et lui ôter cet emploi.   XVI   100
— Nouveaux exilés bretons.   XVI   108
— Commission de juges envoyée à Nantes.
    Bretons arrêtés, d'autres en fuite. . .   XVI   339
— Vaisseaux espagnols aux côtes de Bre-
    tagne. Autres Bretons arrêtés, autres
    en fuite.   XVI   357
— Nouveaux prisonniers d'État à Nantes,
    26 présidents ou conseillers choisis
    dans le parlement de Bretagne suppri-
    més ou remboursés.   XVII   19
— Jugements et exécutions à Nantes. . . .   XVII   48
— La commission revenue de Nantes s'as-
    semble à Paris, à l'Arsenal.   XVII   62
BRETEUIL, introducteur des ambassadeurs après
    Bonneuil. Sa fatuité et sa rare igno-
    rance. . . . .·.   II   145
— Mort de son frère, conseiller d'État, inten-

Breteuil.   Tomes. Pages.

    dant des finances, père du secrétaire
    d'État.   IV   153
— L'introducteur vend sa charge à Ma-
    gny.   XII   269
— L'abbé, son neveu, achète du cardinal de
    Polignac sa charge de maître de la cha-
    pelle de musique du Roi.   XII   269
    Paroît comme tel en tabouret, rochet
    et camail près du prie-Dieu du Roi. Le
    camail et le tabouret lui sont ôtés
    comme n'étant pas évêque. . . . . . .   XIII 186
    Son frère, maître des requêtes, obtient
    l'intendance de Limoges.   XIV   357
    Achète de le Camus, premier président
    de la cour des aides, la charge de pré-
    vôt et maître des cérémonies de l'or-
    dre du Saint-Esprit. . . . .   XVII 240
    Est fait secrétaire d'État de la guerre à
    la place de le Blanc. Cause singulière
    et curieuse de sa fortune. Son carac-
    tère.   XIX   107
    Son frère, dans le régiment des gardes,
    est tué en duel dans la rue Saint-Ho-
    noré par Gravelle[1], aussi du régiment
    des gardes. . . . .   XVII 240
BRIAS, archevêque de Cambray. Sa mort. . . .   I   271
BRIENNE LOMÉNIE, autrefois secrétaire d'État. •
    Sa mort.   II   29
BRIFFE (La), maître des requêtes, fait procu-
    reur général.   I   139
— Sa mort.   II   345
BRIGAULT, abbé. Quel. Mis à la Bastille. XVI   144
BRIHUEGA. Prise et combat gagné par les trou-
    pes d'Espagne. . . . .   VIII 125
BRILLAC, premier président du parlement de

---

1. Les *Mémoires* portent rue de Richelieu.

Brillas.   Tomes. Pages.

  Bretagne. . . . . III 364

BRIONNE (Comte de). Chargé par le Roi de recevoir la future duchesse de Bourgogne au pont Beauvoisin. Son étrange
  prétention dans l'acte avec le duc de
  Savoye. . . . . I 373
— Son caractère ; sa dépouille ; sa mort. . IX 286
— Mort de sa femme. . . . . X 344

BRIORD, ambassadeur à Turin quoique premier
  écuyer de Monsieur le Prince. . . . . . I 400
— Puis en Hollande. . . . . II 250
— Y tombe fort malade et revient. . . . . . II 431
— Fait conseiller d'État d'épée. . . . . . . III 50
— Sa mort. . . . . IV 36

BRISSAC (Duc de). Mort sans enfants. Difficultés
  de succéder à sa dignité. . . . . II 152
— Deux sortes de difficultés d'y succéder. . IV 333
  (*Voir* le reste à SAINT-SIMON.)
— Sa mort. . . . . VI 398
— Duc de Brissac obtient une pension de
  40,000 livres. . . . . XIV 11

BRISSAC, abbé. Son infortune, sa mort, son mérite. . . . .

BRISSAC, major des gardes du corps. Traits de
  lui. Sa retraite. . . . . V 422
— Sa fortune ; son caractère ; sa mort. . . IX 423
— Plaisant tour qu'il fit aux dames dévotes
  de la cour. . . . . IX 423

BROGLIO. Maréchaux. . . . . V 344

BROGLIO (Marquis). Épouse une fille du chan-
  celier Voysin. . . . . VII 278
— La perd. . . . . XVIII 438
— Obtient le gouvernement de Graveline. IX 376
— Apporte le détail de la prise de Barce-
  lone. . . . . X 316
— Est exilé. . . . . XVIII 444

BROGLIO (Comte), emporte l'Écluse. . . . . . IX 285

Broglio (Comte). | Tomes. | Pages.

— Défait dix-huit cents chevaux. . . . . . IX 324
— Obtient le gouvernement du Mont-Dauphin et fait dans la suite la plus haute
  fortune. . . . . IX 376
BROGLIO (Chevalier). Sa fortune. Sa mort. . . . XVII 129
BRUE (La), évêque de Mirepoix. Sa mort; son
  caractère. . . . . XVII 132
BRUGES. Bombardé. . . . . IV 111
— Surpris par les troupes du Roi. . . . . . VI 50
BRUN (Le), empirique provençal, mandé pour
  le Roi dans l'extrémité de sa vie, malmène fort Fagon, premier médecin. . XI 450
BRÛLART SILLERY, évêque de Soissons. Sa famille ; sa mort singulière ; son caractère. . . . . X 331
BRUXELLES, fort bombardé. . . . . I 266
— Projet sur Bruxelles rejeté. . . . . . . VI 49
BRUYÈRE (La). Quel. Sa mort. . . . . I 309
BUBB, secrétaire et alors seul ministre d'Angleterre à Madrid. Son embarras et ses
  craintes. . . . . XIII 144
BUEN-RETIRO. . . . . XVIII 336
Bulles. Opiniâtrément refusées par rapport à
  la Constitution. Cinq commissaires sont
  nommés du conseil de régence pour
  examiner les moyens de s'en passer.
  La peur en prend à Rome, qui les accorde tout aussitôt, et sans condition. XIV 393
— Bulle trop fameuse : *Vineam Domini Sabaoth*. . . . . VII 139
— Bulle qui condamne de nouveau trèsfortement les jésuites sur les usages
  de la Chine. . . . . VIII 157
BULLION. Obtient 200,000 livres de brevet de
  retenue sur son gouvernement du
  Perche, Maine et Laval. . . . . IV 450
— Perd sa femme. Sa famille (d'elle) et son

Bullion.   Tomes. Pages.

    caractère. Carrosse de Madame. . . .   X   320
— Mort de Bullion. XVII   239
Buono (Prince de Santo-), ambassadeur d'Es-
        pagne à Venise, vice-roi du Pérou. . .   IX   119
        Voir aux Grands d'Espagne. XVIII   50
Burlet, premier médecin du roi d'Espagne,
        chassé pour ses scandaleux propos
        sur les enfants de la feue Reine. Depuis
        médecin de Mᵐᵉ la princesse de Conti,
        fille du Roi, et de Mᵐᵉ de la Vallière. . XIII 325
Burnet, célèbre évêque de Salisbury. Sa mort. XI   124
Bussy, évêque de Luçon. XIX   158
But de tout ecclésiastique, ministre d'État,
        même seulement employé dans les
        affaires. . . . . XVI 413
Butera (Prince) : voir aux Grands d'Espagne. XVIII   52
Busanval. Quel. Sa mort. XIV   84

        Dans la lettre B ⎰ Noms propres.   169
                         ⎱ Autres.   19
                                           ————
                              En tout.   188

Cabales. Trois espèces de cabales à la cour.
        Des seigneurs; des ministres.   VI   458
— De Meudon. VI   461
— Cabale. VIII   402
— Cabales dévotes. XII   140
— Cabale opposée au Régent. Son projet,
        ses discours, sa rage, son abattement. XVII 304
— Cabales nationales à la cour d'Espagne. XVIII 194
Cadaval. Branche de la maison de Portugal qui
        y est demeurée. D'où sortie.   II   455
Cadenas à table.   X   351
Caderousse. Naissance; caractère du mari et
        de la femme. Mort de celle-ci. . . . . VIII 104
— Les Caderousses.   XI   86
Cadix. Les ennemis y manquent leur entreprise. IV   145

Tomes. Pages.

CADOGAN, créature du duc de Marlbourough, et sous lui l'âme et le plus principal officier général de son armée. Ambassadeur d'Angleterre à la Haye. . . . . XIII 211

— Son sentiment sur l'Empereur. Sa conduite à la Haye. . . . . XIV 176

— Il détrompe Beretti. Intérêt de l'abbé du Bois. . . . . XV 98

— Efforts de Cadogan et de Beretti, l'un pour entraîner, l'autre pour détourner les Hollandois d'entrer dans le traité. Tous deux avouent que le Régent seul peut emporter la balance. . . . . XV 122

-- Succès et menées de Cadogan en Hollande. . . . . XV 144

Chaos étrange de noms et d'armes en Espagne, et sa cause. . . . . III 108

CALCINATO (Combat de). . . . . IV 414

CAILLIÈRES, troisième ambassadeur plénipotentiaire à Ryswick. . . . . I 380

— Quel. A la plume. Sa mort. . . . . II 423

Camarera Mayor et camaristes de la reine d'Espagne. . . . . II 474

CAMBRAY (Évêque de). Fait duc par l'Empereur. X 80

CAMILLE de LORRAINE, fils de Monsieur le Grand, se fixe en Lorraine. Son caractère. . . III 246

— Se trouve mal à son aise en Lorraine. . V 243

— Sa mort. . . . . XII 396

CAMPISTRON, secrétaire du duc de Vendôme. Quel. Sa lettre. . . . . VI 87

CAMPOFLORIDO, vice-roi de Valence. . . . . . . XVIII 162
(Voir aux GRANDS D'ESPAGNE.)

CAMPOFLORIDO, introducteur des ambassadeurs à Madrid, fort différent du précédent.

CAMPOFLORIDO. Un troisième, surintendant des finances, mort à Madrid en 1723, tout différent des deux autres. . . . . . . XVIII 162

	Tomes.	Pages.

CAMPS (Abbé de). Sa fortune ; son caractère ; sa
mort. XVII   284

CAMUS (Cardinal le), évêque de Grenoble. Sa
folie sur sa dignité. II   496

— Ses démêlés avec le duc de la Feuillade..   V   44

— Sa conduite ; sa fortune ; son caractère ;
sa mort. V   340

— Mort et caractère de son frère lieutenant
civil à Paris. VIII   105

— Leur neveu, premier président de la cour
des aides, achète de Pontchartrain la
charge de prévôt et maître des cérémonies de l'Ordre. XI   123

Canal de Mardick.. . . . . {   X   184
{   XIII   66

CANAPLES. Quel. Épouse Mlle de Vivonne. III   303

— Devient duc de Lesdiguières. IV   4

— Sa mort, qui éteint ce duché-pairie. . . IX   88

Candidats pour la couronne de Pologne. . . I   383

— Pour la charge de chancelier de France.   II   219

— Pour la place de premier président. . . V   172

CANILLAC. Son caractère. XI   233

— Étroitement lié avec l'abbé du Bois, puis
brouillé avec lui sans retour. XIII   278

— Est d'abord du conseil des affaires étrangères. XII   234

— A la chute de ce conseil, entre en celui de
régence.. XVI   105

— Conseiller d'État d'épée, entre au conseil
des parties. XVI   240

— Obtient pour rien une des lieutenances
générales de Languedoc, à la mort de
Peyre.. XVII   70

— Est exilé. XVIII   388

— Rappelé.. XIX   155

Canonnade de Nimègue. III   276

CANTELMI, cardinal-archevêque de Naples, frère

Cantelmi.   Tomes. Pages.

du duc de Pépoli. Sa mort. ~   III   361

CANTIN (Mme). Femme de mérite. Première
femme de chambre de Mme la duchesse
de Bourgogne. Sa famille.   I   499

Cantons suisses catholiques, battus par les
cantons suisses protestants, font la
paix.   IX   329

Capitaine des hallebardiers de la garde
du roi d'Espagne.   II   473

Capitaines généraux des armées d'Espa-
pagne. Six nouveaux.   VIII   120

— Existants en avril 1722. Leur état en Espagne.   XVIII   134

Capitaines des gardes du corps et les
deux colonels des deux régiments des
gardes, prêtent seuls serment entre les
mains du roi d'Espagne.   XVIII   139

Capitation. A qui due. Son établissement. .   I   218

Capitation.   III   4

Capitulaires de nos Rois.   X   368

Caractère de quelques-unes des *señoras* de
honor de la reine d'Espagne.   XVIII   158

CARAMAN. Son extraction. Sa belle action et sa
récompense.   IV   288

— Assiégé dans Menin, le rend.   V   13

CARAVAS. Quel. Sa mort. VIII   313

Cardinaux, commandeurs de l'Ordre, avoient
usurpé un ployant aux cérémonies de
l'Ordre. Le Roi le leur ôta, à la réception dans l'Ordre de l'évêque comte de
Noyon Tonnerre et de Guiscard, 1er janvier 1696, et les réduisit au banc des
évêques commandeurs de l'Ordre, ce
qui a subsisté jusqu'à ce que le cardinal Fleury, premier ministre de son
successeur, leur ait fait reprendre le
tabouret.   I   287

Cardinaux. .   Tomes.   Pages.

— Origine de leur fauteuil et où seulement
   ils l'ont devant le roi d'Espagne. . . .   V   181
— Leur état en Espagne.   XVIII   338
— Cardinaux chanoines de Tolède sont mê-
   lés avec les autres chanoines de Tolède
   suivant leur rang d'ancienneté de chanoines, tant au chœur qu'aux processions, sans queue portée ni accompagnement, et s'y trouvent sans
   difficulté.   XVIII   417
— Raison pour laquelle les cardinaux ne
   drapent plus en France.   IV   281
— Cardinal de Noailles, officiant à Notre-
   Dame, au service de Monsieur le Prince,
   se retire à la sacristie après l'Évangile,
   pendant l'oraison funèbre, parce qu'il
   fut décidé que la parole seroit adres-
   sée à Monsieur le Duc, non à lui. . .   VI   345
— Cardinaux officient en violet en toutes
   obsèques. Après celles de Monseigneur
   à Notre-Dame, le cardinal de Noailles
   donna un grand repas à l'Archevêché
   au nouveau Dauphin et à la Dauphine
   qui le firent mettre à table avec eux.
   M. et Mᵐᵉ la duchesse de Berry en usè-
   rent de même aux obsèques de Monsieur et Madame la Dauphine.   IX   303
— . Foiblesse du Roi pour les cardinaux. Il
   leur marque lui-même, de concert avec
   eux, une place fort distinguée dans sa
   chapelle, pour les sermons où il assiste.   IX   420
— Cardinaux présentent à la messe l'Évangile à baiser au Roi, en absence du
   grand et du premier aumônier, mais
   de préférence à tous autres.   X   115
— Disputent aux évêques d'avoir des car-

Cardinaux.   Tomes. Pages.

reaux au sacre de Massillon, évêque
de Clermont, dans la chapelle des Tuileries, où le Roi, par curiosité, étoit, inconnu derrière des vitres en haut dans
la tribune. Les cardinaux cèdent. Raison de leur prétendue complaisance.   XVI   146

— Privilége de la vie des cardinaux.....   X   31

— Poison très-dangereux du cardinalat. .   XV   292

CARDONE, manqué par nos troupes.   IX   172

— Soumis enfin.   X   317

Carreaux. A qui donnés aux obsèques royales.   X   179

— Les évêques en prétendent inutilement
à l'anniversaire du feu Roi.......   XIV   116

— Ils n'en peuvent même obtenir au service de M. le prince de Conti; y demeurèrent sans en avoir.   VI   285

Carême, fort fâcheux dans les Castilles. . .   XVIII   344

CARETTI, empirique, devient grand seigneur.   II   59

CARIATI (Prince) : *voir* aux GRANDS D'ESPAGNE.   XVIII   52

CARIGNAN (Prince de). Sa famille. Son étonnante singularité ; sa mort; son deuil.   VI   394

— Prince et princesse de Carignan bâtarde
du duc de Savoie et de la comtesse de
Verüe Luynes, se fixent incognito à
Paris.   XIV   401

— Leur avidité sans pareille.   XVII   126

CARLOS (Don), fils de Philippe II. Genre de sa
mort.   XVII   434

CARLOS (Don), fils de Philippe V. Sa naissance.   XII   452

— Danger et absurdité de son passage ac-
tuel, en 1722, en Italie, sans aucun
fruit à en pouvoir espérer........   XVIII   300

— Son futur mariage déclaré avec Mlle de
Beaujolois.   XIX   57

CARLOWITZ (Paix de), entre l'Empereur, la Pologne, Venise et les Turcs.   II   173

	Tomes.	Pages.
CARPI (Combat de)................	III	64
CARTE (La). Quel. Épouse une fille de la duchesse de la Ferté............	II	91
CARTERET (Lord). Est fait secrétaire d'État en Angleterre. Son caractère.......	XVII	209
Cas de conscience. Ce que ce fut. Brûlé par arrêt du Parlement...........	II	170
CASAL (Traité de)................	I	259
CASANATA, cardinal. Sa mort..........	II	296
CASSAN (Combat de)................	IV	294
CASSART. Prend, pille, brûle, rase Santiago au cap Vert..................	IX	329
CASSE (Du). Sa fortune; son caractère. Marie sa fille unique au marquis de Roye. .	IV	34
— Est fait lieutenant général des armées navales.................	V	369
— Ramène les galions...........	VI	150
— Son extraction; sa fortune; son mérite; est fait chevalier de la Toison d'or. .	IX	285
— Est chargé de mener une escadre à Barcelone pour le siége...........	X	149
— Revient malade; est remplacé par Bellefontaine.................	X	189
— Sa mort.	XI	138
Cassette du général Mercy, battu en haute Alsace par du Bourg. Pièce importante de cette cassette........	VII	90, 91 et 93
CASSINI, astronome célèbre. Sa mort......	IX	334
CASTEL BLANCO.	XIII	320
CASTELLAR, secrétaire d'État de la guerre en Espagne. Sa fortune. Son caractère et celui de sa femme...........	XVIII	175
CASTEL DOS RIOS. Sa fortune. Ambassadeur d'Espagne en France lors de la mort de Charles II.............	II	256
— Est fait grand d'Espagne de la première classe par Philippe V, encore à Ver-		

Castel dos Rios.   Tomes. Pages.

sailles.   II   404

— Castel dos Rios.   II   414

— Fait vice-roi du Pérou; part de Paris
pour s'y rendre.   IV   116

— Y meurt.   IX   119

      Voir aux GRANDS D'ESPAGNE. XVIII   66

CASTELMORON. Épouse la fille de Fontanieu. .   XI   125

CASTEL RODRIGO (Marquis), ambassadeur d'Espagne à Turin pour le premier mariage de Philippe V. Est fait grand
écuyer de la reine.   III   78

      Voir aux GRANDS D'ESPAGNE. XVIII   67

CASTILLE, dit Jeannin de Castille. Quel. . . .   XII   280

CASTILLON[1] (Abbé). Quel. Épouse la duchesse
d'Albe. Sa fortune.   IX   368

      Voir aux GRANDS D'ESPAGNE. XVIII   54

CASTRIES. Se prononce Castre. Sa femme
Vivonne est mise dame d'atour de
Mme la duchesse d'Orléans.   I   388

— Lui après chevalier d'honneur de la
même.   II   28

— L'abbé, son frère, premier aumônier de
Mme la duchesse de Berry. Leur carac-
tère et leur fortune.   IX   432

— Il marie son fils unique.   XII   418

— Perd sa belle-fille sans enfants, et son
fils incontinent après.   XIII   98

— Perd sa femme; son caractère.   XIV   391

— Caractère de l'abbé. Il est mis dans le
conseil de conscience, sacré archevêque de Tours, par le cardinal de Noail-
les, incontinent transféré à Alby. . .   XIII   250

— Son frère obtient 12,000 livres d'augmentation d'appointements à son gouvernement de Montpellier, avec celui

---

1. Au tome IX Saint-Simon écrit *Castillon;* au tome XVIII, *Castiglione.*

Castries.   Tomes. Pages.

du port de Cette. XVI   259
— Se remarie à la fille du duc de Lévy. XVIII   442
Castrillo (Pr.) : *voir* aux Grands d'Espagne.. XVIII 90
Castromonte (Marquis) : *voir* aux Grands d'Es-
        pagne. XVIII   69
Casuistes. VII   136
Catalans révoltés se saisissent de Lerida et
        de Tortose. IV   322
Catinat (Maréchal). Général en Italie, y ga-)   I   433
gne deux batailles, prend Ath. . . .)   III   7
— Revient.   III   219
— Son sage et curieux éclaircissement
        avec le Roi et Chamillart. Va sur le
        Rhin.   III   250
— Sa situation.   III   316
— Son retour et sa retraite.   III   321
— Retiré. Ne sert plus.   III   354
— Refuse l'ordre du Saint-Esprit, faute de
        preuves.   IV   209
— Cause de sa brouillerie avec Chamillart.
        Le Roi les réconcilie et admire la modé-
        ration et la sagesse de Catinat. V   346
— Sa mort et son éloge.   IX   188
Cavalier. Un des principaux chefs des fana-
        tiques des Cévennes. Ses demandes.
        Voit le maréchal de Villars en précau-
        tions égales. Ce que devient cet aven-
        turier.   IV   101
Caudelet (Abbé), fait et défait évêque de Poi-
        tiers. II   25
Caumartin, intendant des finances, fait con-
        seiller d'État, gagne sa prétention
        contre les conseillers d'État de passer
        parmi eux de l'ancienneté de sa date
        d'intendant des finances.   I   393
— Est sur les rangs pour la charge de chan-
        celier de France. II   219

Caumartin.   Tomes. Pages.

— Son étrange absence d'esprit, au repas
    de la réception au Parlement du duc
    de Berwick, chez le duc de Tresmes. . VIII   41
— Sa mort et son caractère. XVII   154
— Son frère fait évêque de Blois. XIV   122
CAVOYE. Sa fortune.   I   299
— Bon mot de lui sur Chamillart.   VI   426
— Veuvage de sa femme respectable et pro-
    digieux. XII   417
Causes majeures.   X   401
CAUVISSON fait lieutenant général de Languedoc
    par la protection du duc du Maine. .   II   330
— Sa mort et sa dépouille.   V   115
CAYEUX épouse la fille de Pompone. XI   125
Célébration du mariage du prince et de la
    princesse des Asturies au château de
    Lerma l'après-dînée du 10 jan-
    vier 1722. XVIII   252
CÉLI (Harlay de), intendant de Pau puis con-
    seiller d'État, obtient 6,000 livres de
    pension. Son caractère.   XI   55
CELLAMARE, neveu du cardinal del Giudice, frère
    du duc de Giovenazzo, son père, et
    grand écuyer de la reine d'Espagne,
    accompagne en France le cardinal son
    oncle, et s'en retourne avec lui. . . .   XI   109
— Revient avec le caractère d'ambassadeur
    d'Espagne, arrive à Paris, trouve le
    Roi pour la dernière fois, et pour long-
    temps, vient incontinent s'y établir. .   XI   150
— Perd sa femme, qui étoit en Italie, mère,
    en premières noces, du duc de la Mi-
    randole. XII   344
— Sagesse de Cellamare. XIII   67
— Avertit sa cour, en ministre sage, du dé-
    tail de la ligue traitée entre la France
    et l'Angleterre. XIII   73

Cellamare.   Tomes. Pages.

— La peur lui prend des noirceurs qu'Albe-
     roni fait au cardinal, son oncle. Il l'a-
     bandonne. XIII   159
— Est consulté par Alberoni sur les alliances
     du Régent. XIII   211
— Sa basse politique, et de ses frères, à
     Rome. XIII   214
— Est de nouveau consulté par Alberoni
     sur les alliances et les traités du
     Régent. Sa réponse à Alberoni. XIII   215
— Vague déclaration de Cellamare au
     Régent. XIV   149
— Ses sages pensées sur l'Italie. Ses tenta-
     tives pleines d'illusion. Il découvre
     avec art les dispositions du Régent
     sur les affaires présentes. XIV   269
— Il presse inutilement le Régent d'aug-
     menter son infanterie et d'envoyer
     un ministre à Vienne. XIV   419
— Fait des reproches à la France, et sort
     peu content de l'audience du Régent. XIV   420
— Se trompe grossièrement pour vouloir
     trop penser et approfondir les causes
     de la conduite du Régent. XIV   421
— Son sage avis au roi d'Espagne. Il est
     inquiet du prétendu mariage du prince
     de Piémont avec une fille du Régent,
     dont les deux pères sont aussi éloignés
     l'un que l'autre. XIV   423
— Concert entre lui et Provane, ministre
     du roi de Sicile à Paris. Ils découvrent
     le mariage proposé de M. le duc de
     Chartres avec une fille du roi de Por-
     tugal, sans succès par les difficultés
     de rang. XIV   445
— Sentiment de Cellamare sur l'état de la
     négociation de Londres, dont le Régent

Cellamare.   Tomes. Pages.

s'étoit ouvert à Provane. . . . . XIV 447

— Plaintes et mouvements de Cellamare. . XIV 457

— Ses propos publics. Il retient sagement
Provane ; dit à Nancré qu'il ne réussira
pas en Espagne. . . . . XIV 462

— Plus au fait que Stairs, ambassadeur
d'Angleterre à Paris. Il s'explique nettement sur l'escadre angloise. . . . . XV 24

— Sa conduite publique et ses sourdes cabales. Il cherche d'ailleurs à remuer
le Nord contre l'Empereur. . . . . . . XV 26

— Sa conduite en conséquence du secret
et scélérat motif d'Alberoni pour la
guerre. . . . . XV 48

— Il déclare que l'Espagne n'acceptera
point le traité de Londres. . . . . . . XV 49

— Ses sages réflexions; son adresse à
donner de bons et de pacifiques avis
en Espagne. . . . . XV 64

— Sa conduite; son avis; son attention
aux affaires de Bretagne. . . . . . . XV 93

— Déclare, tant qu'il peut, que l'Espagne
n'acceptera point le projet du traité. XV 97

— Se fait bassement, gratuitement et mal
à propos l'apologiste d'Alberoni à
Rome sur l'accusation de l'Empereur ;
il en reçoit de justes reproches du
cardinal son oncle. . . . . XV 106

— Fait des pratiques secrètes pour soulever
la France contre le Régent. . . . . . XV 130

— Son sentiment sur le roi de Sicile. Il
confie à son ministre l'ordre qu'il a de
faire une étrange déclaration au
Régent. . . . . XV 137

— Son manége et sa forte déclaration. Il se
sert de la Russie. Il s'applique tout
entier à troubler intérieurement la

Cellamare. ·

	Tomes.	Pages.

France. . . . . XV 209

— Il présente, et répand un peu, un excellent mémoire contre le traité, et se
flatte vainement. . . . . XV 216

— Embarras de Cellamare et de Provane.
Bruits; raisonnements vagues; instances et menées inutiles. . . . . . . XV 227

— Cellamare travaille à unir le Czar et le
roi de Suède pour rétablir le roi
Jacques. . . . . XV 270

— Négociation secrète entre Cellamare et
le duc d'Ormond caché dans Paris.
Cellamare continue soigneusement ses
criminelles pratiques contre le Régent,
que ce prince n'ignore pas. Avis, vues,
conduite de Cellamare. . . . . XV 280

— Il est de plus en plus appliqué à plaire
en Espagne par ses criminelles me-
nées à Paris. . . . . XV 294

— Son travail contre le Régent. Ses précautions pour pouvoir parler claire-
ment à Madrid et prendre les dernières
mesures. . . . . XVI 130

— Ses dépêches, envoyées avec tant de précautions, arrêtées à Poitiers, et envoyées à l'abbé du Bois. . . . . XVI 131

— Cellamare arrêté. Sa conduite. . . . . . XVI 139

— Il écrit inutilement aux ministres étrangers résidents à Paris. . . . . XVI 148

— Il est conduit à la frontière d'Espagne;
arrive en Espagne; est fait aussitôt
vice-roi de Navarre. Perd son père,
prend le nom de duc de Giovenazzo.. XVI 249

— Disgracié aussitôt après, puis rappelé à
la cour d'Espagne, rétabli dans ses
charges et bien traité. . . . . XVII 129

Cendres. Cérémonie du mercredi des cendres,

Cendres.	Tomes.	Pages.
à la cour d'Espagne.	III	146
Cercles.	IV	198
CERDA (Maison de la). D'où sortie, où fondue. La Cerda seigneur de Medina Celi : *voir* aux GRANDS D'ESPAGNE	XVIII	24
Cérémonies extérieures du mariage, différentes en Espagne.	XVIII	252
CÉRESTE, frère du marquis de Brancas, obtient une audience du roi d'Espagne. . . .	XVII	397
CETTE. Tentative de la flotte ennemie sur ce port de mer et sur Agde, sans succès.	VIII	107
CHAISE (La), capitaine des gardes de la porte du Roi. Sa fortune ; sa mort ; sa charge donnée à son fils.	I	468
— La femme de ce dernier menée enfin à Marly, un voyage que Madame étoit à Saint-Cloud, et que Mme la duchesse de Bourgogne étoit restée incommodée à Versailles, parce que Mme de la Chaise ne pouvoit manger avec elle.	V	48
CHAISE (La), jésuite confesseur du Roi, frère et oncle des précédents. Sa mort ; son caractère.	VI	234
— Donne, très-peu avant sa mort, un énorme avis au Roi, mais d'un honnête homme.	VI	238
— Mort de son neveu.	XIX	164
CHALAIS. Quel. Va trouver la princesse des Ursins en Espagne, veuve en premières noces, sans enfants, du frère aîné de son père.	IX	116
— Vient d'Espagne arrêter un cordelier en Poitou ; ce qu'ils deviennent.	IX	306
— Va trouver la princesse des Ursins à Bagnères.	IX	375
— Reconduit son cordelier prisonnier en Espagne.	IX	427

·halais.   Tomes. Pages.

— Est mandé de l'armée à Madrid.   X   169
— Vient à Paris.   X   187
— Voit le Roi en particulier.   X   189
— Donne part au Roi, en particulier, du
    mariage du roi d'Espagne avec la
    princesse de Parme.   X   198
— Est fait grand d'Espagne, mais avec
    exclusion du Roi de jouir en France
    du rang et des honneurs.   X   323
— Lui et Lanti se trouvent en France ; ont
    défense de retourner en Espagne. . .   XI   109
— Fortune de Chalais. Obtient de M. le duc
    d'Orléans de jouir en France du rang
    et des honneurs de grand d'Espagne.XVIII   52
— S'y fixe; épouse la sœur du duc de Mor-
    temart, veuve, avec plusieurs enfants,
    de Cani, fils de Chamillart.   XIX   86
CHALMAZEL. Perd Chalmazel, son oncle. XIII   89
— Épouse une sœur du maréchal d'Har-
    court.   XIV   117
— La perd.   XIV   399
— Se remarie à Mlle de Bonneval. XVII   51
CHAMANT (Saint-). Sa mort.   X   149
CHAMARANDE. Père. Son état. Sa mort.   II   170
— Fils, lieutenant général. Demandé et ac-
    cordé à Toulon pour y commander. .   VI   400
    Perd son fils unique devant Turin. . . XIII   131
    Perd sa femme. Éclaircissement sur
    sa naissance à elle.   XIII   368
Chambellan de France (Grand). Origine de
    sa séance au lit de justice, couché sur
    les marches du trône du Roi.   X   442
CHAMBONAS, capitaine des gardes du duc du
    Maine, comme gouverneur de Lan-
    guedoc; et sa femme dame d'honneur
    de Mme la duchesse du Maine.   III   242
CHAMBONAS, son frère, évêque de Viviers. Sa

Chambonas.   Tomes. Pages.

mort. Sa singularité.   IX   426
Chambre de justice contre les financiers. . XII 432
— Sa fin et ses effets. . . . . XIII 295
— Autre établie à l'Arsenal. (*Voir* Arsenal). XVII 62
— Autre etablie aux Grands-Augustins, pour
      vider force procès demeurés en arrière. XVII 156
CHAMILLART. Origine et suite de sa fortune. Est
      fait contrôleur général des finances. . II   230
— Belle action de Chamillart. Il marie sa
      fille aînée à Dreux. . . . . II 234
— Est fait ministre d'État.. . . . . II 410
— Puis secrétaire d'État avec le départe-
      ment de la guerre. II   420
— Sa situation. . . . .   III 57
— Marie singulièrement sa 2ᵈᵉ fille au duc
      de la Feuillade. . . . . III 196
      (*Voir* CATINAT[1].)
— Marie sa 3ᵐᵉ fille au duc de Lorges. . . .   III 361
— Obtient de doubler jusqu'à 600,000 livres
      le brevet de retenue qu'il avoit sur sa
      charge. . . . .   III 424
— Origine de son intimité avec les Mati-
      gnons. IV   12
— Le Roi lui propose le duc de la Feuillade
      pour faire en chef le siége de Turin. .   IV   320
— Il fait une course en Flandres, après la
      bataille de Ramillies. IV   427
— Demeure brouillé pour toujours avec le
      maréchal de Villeroy.   V   o
— Est grand trésorier de l'Ordre à la mort
      de Saint-Pouange.   V   47
— Obtient la survivance de sa charge de se-
      crétaire d'État pour Cani son fils unique. V   115
— Visites de compliment chez lui, fort

1. Nous reproduisons ce renvoi. sans en voir le motif, non plus que celui de la page suivante.

Chamillart.   Tomes. Pages.

inusitées. . . . .   **V 115**

— Est accablé de vapeurs et de travail. Ses
     instances pour être soulagé et dé-
     chargé. Sa manière d'écrire au Roi et
     du Roi à lui. Réponse du Roi éton-
     nante. . . . .   **V 144**
     (*Voir* encore CATINAT.)

— Obtient 150,000 livres de retenue sur sa
     charge de l'Ordre. . . . .   **V 373**

— Est fort languissant. Songe à être sou-
     lagé et à marier son fils. . . . .   **V 379**

— Le marie à la sœur du duc de Morte-
     mart. . . . .   **V 383**

— Remet à Desmarets sa place de con-
     trôleur général. . . . .   **V 386**

— Va trouver l'électeur de Bavière en
     Flandres. . . . .   **V 437**

— Éclat entre lui et Bagnols, qui en quitte
     l'intendance de Flandres, et met Cha-
     millart en danger. . . . .   **VI   1**

— Va faire un tour en Flandres, après le
     combat d'Audenarde, et conseille mal
     Mgr le duc de Bourgogne pour tous
     deux. . . . .   **VI 96**

— S'attire la haine de Mme la duchesse de
     Bourgogne. . . . .   **VI 98**

— Retourne à l'armée de Flandres, pendant
     le siége de Lille; s'y mécompte fort; se
     trouve brouillé avec Monsieur le Duc.   **VI 137**
     (*Voir* BERWICK.)

— Revient à Versailles. . . . .   **VI 141**

— Va trouver l'électeur de Bavière à Com-
     piègne. . . . .   **VI 155**

— Retourne encore à l'armée de Flandres.   **VI 191**

— Se perd héroïquement avec Mme de Main-
     tenon. . . . .   **VI 216**

— Sa conduite à l'égard des autres mi-

Chamillart.   Tomes.   Pages.

nistres, dont il emble le ministère. Il
s'en désiste enfin à l'égard de Torcy et
en signe un écrit.   VI   302
— Affaire fort poussée entre lui et Desma-
rets, dont ce dernier a tout l'avantage.   VI   306
— Chamillart fort ébranlé, apparemment
raffermi.   VI   403
— Rudement attaqué.   VI   403
— Dangereuses audiences.   VI   409
— Ses fautes à l'égard de Monseigneur. . .   VI   417
— Grandes réunions contre lui.   VI   420
— Bruits fâcheux. Grands sentiments et
réponse admirable de Chamillart. . .   VI   425
— Il essuie de durs propos de Monseigneur.
Ce prince achève de le perdre. Le
nonce Cusani en comble la mesure. .   VI   428
— Sa disgrâce.   VI   433
— Sa magnanimité.   VI   434
— Son caractère. Celui de sa famille. . . .   VI   439
— Le Roi l'aime toujours, lui donne une
pension de 60,000 livres; fait lui-
même avec Cavoye le marché de la
survivance de sa charge de grand ma-
réchal des logis pour Cani, et s'atten-
drit en lui parlant.   VI   448
— Spectacle de l'Estang.   VI   447
— Poursuivi par Boufflers.   VI   453
— Louable, mais grande faute de Chamil-
lart.   VI   454
— Chassé de Paris par Mⁿᵉ de Maintenon.   VI   455
— Calomnie sur lui.   VII   81
— Il achète Courcelles.   VII   145
— Essuie une aventure fortuite à la Flèche,
et un étrange sermon de la Toussaint
à la Fontaine-Saint-Martin, abbaye de
filles près de Courcelles.   VII   146
— Revoit le Roi par les derrières.   IX   395

Chamillart.   Tomes.   Pages.

— Après publiquement, qui lui donne en-
     suite un appartement à Versailles. . .   X   163

— Perd son frère, évêque de Senlis ; son
     caractère.   X   162

— Son autre frère épouse une fille de
     Guyet. Époque d'un usage ridicule.. .   III   257

— Perd son fils, en 1716, à 27 ans ; en ob-
     tient la charge pour son petit-fils. . .   XIII   97

— Sa mort. Raccourci de sa fortune et de
     son caractère. Il mourut à Paris en
     avril 1721 à 70 ans.   XVII   235

— Sa veuve, quelque temps après, se retira
     à Courcelles, y mena une vie fort ho-
     norable et fort chrétienne, et y mourut,
     en juillet 1731, à 73 ans. Elle fut la pre-
     mière femme de contrôleur général
     qui ait été admise à entrer dans les
     carrosses et à manger avec Mme la du-
     chesse de Bourgogne, qui est comme
     avec la Reine avant que son mari fût
     secrétaire d'État, comme Mme Colbert a
     été la première femme de secrétaire
     d'État qui ait eu cet honneur.   II   338

CHAMILLY. Va commander en chef à la Rochelle,
     Poitou, etc. . . . .   III 50   et 250

— Est fait maréchal de France.   III   371

— Sa mort ; son caractère ; sa dépouille. .   XI   56

— Mort et caractère de la maréchale de
     Chamilly.   XIX   166

CHAMILLY, neveu du maréchal, va ambassadeur
     en Danemark.   I   474

— En revient. Sa fâcheuse méprise en l'a-
     dresse de deux lettres.   III   360

— Obtient le commandement de la Ro-
     chelle, etc., sur la démission de son
     oncle.   XVIII   438

CHAMLAY. Quel. Son état ; son caractère. Fait

Chamlay.   Tomes. Pages.

une grande action.   XII   36
— Tombe à Marly en apoplexie, va aux eaux
      de Bourbon. Sa mort ; son caractère. XVI   273
CHAMPFLOUR. Fait évêque de la Rochelle. . . . III   361
Champs *de mars* puis *de mai*.   X   363
Chancelier de France.
— Tabouret de sa femme ; son époque et ses
      étroites bornes.   II   238
      Cours de sa maison.   II   241
— Est le seul officier de la Couronne qui
      soit aux bas siéges aux lits de justice,
      le seul qui parle au Roi découvert et à
      genoux, le seul qui ne soit point traité
      de cousin ; il est aussi le seul homme
      de robe qui parle au lit de justice assis
      et couvert. Raisons de toutes ces cho-
      ses.   X   399 et 414
— Siége unique et comment fait, aux *Te
      Deum* et aux lits de justice, pour le
      chancelier et, en son absence, pour le
      garde des sceaux quand il y en a un ;
      en ce dernier lieu, ce siége singulier
      est aux bas siéges, et comment cou-
      vert.   X   441
— Inhérence de la partie de légiste jusque
      dans le chancelier.   X   471
— Comparaison du chancelier, qui se dé-
      couvre au conseil pour prendre l'avis
      des ducs avec le premier président. .   XI   52
CHANDELEUR (Cérémonies de la). Comment se
      font à la cour d'Espagne. III   145
CHANDENIER (Marquis de). Sa disgrâce.   I   333
Chanoines de l'église de Tolède, mêlés au
      chœur et en procession avec les évê-
      ques qui sont chanoines, suivant leur
      ancienneté entr'eux de chanoines,
      sans préférence ni distinction quel-

Chanoines.   Tomes. Pages.

conque. . . . . XVIII 348

Chapeau. Origine du chapeau aux audiences
de cérémonie des ambassadeurs, qui
ne s'étend nulle part ailleurs, non pas
même à ces mêmes audiences des ambassadeurs de la Porte, ou autres, dont
l'habillement ou l'usage est de ne paroître jamais que la tête couverte. . . II 278

Chapelle. Dispute du grand aumônier avec
l'archevêque de Paris sur sa croix à la
chapelle du Roi ; le cardinal de Noailles l'y a eue quand il y reçut l'ordre
du Saint-Esprit. . . . . II 286

— Même dispute avec le cardinal de Janson, grand aumônier, et lui, à qui des
deux feroit la bénédiction de la chapelle neuve de Versailles ; le cardinal
de Noailles l'emporta et la bénit en
présence de Mᵍʳ le duc de Bourgogne. VIII 42

— Cérémonie fréquente à la cour d'Espagne de tenir chapelle ; ce que c'est ;
séance et plan d'icelle. . . . . III 139

Chapitre de STRASBOURG.
— Adoucissement sur les preuves pour y
entrer ; sa triste cause ; bévue à l'égard
des ducs. . . . . IX 421

Charge. Charges qu'on appelle en Espagne les
trois charges tout court, et pourquoi. II 467

— Époque et nature de la charge de chef
du conseil royal des finances que le
duc de Beauvillier accepte difficilement. . . . . X 280

CHARLES XI, roi de Suède. Sa tyrannie. Sa mort
étrange. Son palais brûlé pendant que
son corps y étoit exposé. Charles XII
lui succède enfant. . . . . I 428

CHARLES II, roi d'Espagne. Sa mort ; son testa-

Charles II. Tomes. Pages.

ment. . . . . II 382

CHARLUS (Comtesse de). Son aventure. Sa mort. XVI 190

— Mort de son mari. . . . . XVI 191

CHARMEL. Sa fortune; sa retraite; sa piété. . . II 120

— Son exil, ressorts d'icelui. . . . . IV 379

— Sa mort. Dureté du Roi. . . . . X 141

CHARMOIS, envoyé du Roi, chassé de Ratisbonne. . . . . III 354

CHARMONT. Quel. Ambassadeur de France à Venise, y abuse des franchises des ambassadeurs. Est protégé contre les
plaintes de la République. . . . . . . IV 94

CHARNACÉ. Accusé pour fausse monnoie, etc.
Quel. Déplace plaisamment une maison de paysan qui l'offusquoit. . . . . II 92

CHAROLOIS (Mˡˡᵉ de). Obtient un brevet pour être
appelée tout court *Mademoiselle*. . . . VI 358

CHAROLOIS (M. le comte de). Conduit, avec le duc
de la Trémoille, le corps de M. le duc
de Berry à Saint-Denis [1]. . . . . X 179

— Obtient une pension de 60,000 livres. . XVI 338

— Part furtivement pour la guerre d'Hongrie, passe par Munich; ne voit point
l'Empereur ni l'Impératrice, quoique
le prince de Dombes les eût vus; Monsieur le Duc en est fort piqué. Personne
ne tâte de la comédie de ce départ. . XIII 372

— M. le comte de Charolois est comblé d'argent et de grâces pécuniaires. Le Roi
achète pour lui, de Dangeau, le gouvernement de Touraine et le met sur
le grand pied. . . . . XVI 338

— Il revient de ses voyages. . . . . XVII 62

1. Dans les *Mémoires* le duc de Charolois porta le cœur au Val-de-
Grâce; c'est Monsieur le Duc et le duc de la Trémoille qui vont à Saint-
Denis.

Charolois (Comte de).   Tomes. Pages.

— Entre au conseil de régence et n'y vient
     presque point. XVII   86

CHAROST. Abbé de Charost. Sa mort.   II   241

— Marquis de Charost, son neveu. Épouse
     Mlle Brûlart, depuis duchesse de Luynes
     et dame d'honneur de la Reine. . . . IV   199

— Est tué, sans enfants, à la bataille de
     Malplaquet. . . . . . . '. VII   105

— Duc de Charost et sa mère. VIII   425

— Est par le Dauphin capitaine des gardes
     du corps, à la mort du maréchal de
     Boufflers, de la compagnie qu'avoient
     eu (sic) son grand père et son père. . . IX   96

— Fortune des Charost. Cause curieuse de
     leur charge, de leurs mariages, du pont
     d'or qùi leur est fait pour leur ôter la
     charge où celui-ci rentre. IX   97

— Importante habileté du vieux Charost.
     Cause qui fait son fils duc et pair, qui
     prend le nom de duc de Béthune. . . IX   100

— Il démontre les ruses de Harlay, arche-
     vêque de Paris, fait en même temps
     duc et pair, et le précède. IX   103

— Fortune du tout complète. IX   105

— Duc de Charost perd sa femme. IX   393

— Il fait réparȩr la négligence de la ces-
     sation de dire la messe dans la cham-
     bre du Roi mourant. XI   452

— Obtient pour son fils la survivance de sa
     charge de capitaine des gardes du
     corps, puis celle de la lieutenance gé-
     nérale de Picardie et de son gouver-
     nement de Calais. . . . .{ XII   390
                                           { XVI   95

— Mis en mue pour être gouverneur du
     Roi. XVIII   475

— Déclaré gouverneur du Roi. XIX   9

	Tomes.	Pages.

CHARTRES (M. le duc de). Son mariage. . . . . . I 17
— Ne sert plus. . . . . I 432
— Refusé sur le service. . . . . III 9
— Reçoit des mains du Roi, avec M. le duc
de Berry, le collier de l'ordre de la Toi-
son d'or, envoyé par le roi d'Espagne.
Raison de le desirer. . . . . III 54
— Reçoit du Roi, à la mort de Monsieur, des
traitements prodigieux et prend le
nom de duc d'Orléans. . . . . III 40
— Naissance de M. le duc de Chartres, son
fils unique. . . . . III 437
Ce fils a la petite vérole. . . . . XIII 134
Entre sans voix au conseil de régence
et en celui de guerre. . . . . XIV 327
Son mariage traité avec une sœur du
roi de Portugal. Rompu sur les dif-
ficultés du rang. . . . . XIV 446
A voix aux conseils. . . . . XVI 182
Est fait grand maître de l'ordre de
Saint-Lazare et de Notre-Dame du
Mont-Carmel. . . . . XVII 145
Gouverneur de Dauphiné. . . . .
Colonel général de l'infanterie fran-
çoise. . . . . XVII 226
Ses lourdises à la mort de Monsieur
son père. . . . . XIX 202
CHARTREUSE superbe près de Saint-Ildephonse,
extrêmement riche. . . . . XVIII 412
CHASEAUX, premier président du parlement de
Metz par la mort de la Porte. . . . . . XIII 90
— Obtient des abbayes. . . . . XIII 90
CHASTELLIERS (Abbé des). Qui et quel il étoit . . IV 84
CHASTELUX. Épouse la fille du chancelier Da-
guesseau, sur le point de son exil. Son
caractère. Cruel bon mot de M. le duc
d'Orléans. . . . . XVIII 444

Tomes. Pages.

CHATEAUNEUF Pnéⁱypeaux, secrétaire d'État.
Sa mort.   II   328
— Mort de sa femme. Sa famille.   VIII   230
CHATEAUNEUF CASTAIGNÈRES, savoyard, abbé.
Quel. Va en Pologne redresser les fau-
tes de l'abbé de Polignac, ambassa-
deur de France.   IV   148
— Mort de l'abbé de Châteauneuf.   VI   184
CHATEAUNEUF, son frère, ambassadeur en
Portugal, s'arrête en Espagne en re-
venant. Arrive à Paris. Fortune et ca-
ractère des deux frères.   IV   148
— Ambassadeur à la Haye. Sa visite et
son singulier conseil à Beretti.   XIV   154
— Sa conduite en Hollande.   XV   83
— Est très-suspect aux Anglois, qui gar-
dent là-dessus peu de mesures.   XV   221
— Est en tout subordonné aux Anglois en
Hollande.   XV   230
— Rage des Anglois contre lui.   XV   258
— Fait prévôt des marchands.   XVII   106
CHATEAURENAUD, vice-amiral.   III   18
— Échoue malheureusement à Vigo. . . .   III   294
— Est fait maréchal de France.   III   377
— Lieutenant général de Bretagne.   IV   71
— Marie son fils à une sœur du duc de
Noailles, avec la survivance de sa lieu-
tenance générale.   IX   417
— Sa mort. Son caractère.   XIII   188
— Mort de sa belle-fille.   XIX   106
CHATEAUTHIERS, fille. Dame d'atour favorite de
Madame. Refuse Monsieur le Grand qui
la veut épouser. Son caractère et sa fin.   V   368
— Obtient 800,000 livres.   XVI   344
CHATELET (Marquise du), dame du palais de
Mᵐᵉ la duchesse de Bourgogne, fille du
maréchal de Bellefonds.   I   351

Châtelet (Marquise du).   Tomes.   Pages.

— Obtient à son mari le gouvernement et
      capitainerie de Vincennes. VIII   106
— Marie son fils à la fille du duc de Riche-
      lieu, avec la survivance de Vincennes.   X   166

CHATILLON (Marquis de), premier gentilhomme
      de la chambre de Monsieur. III   34
— Puis de M. le duc d'Orléans. XIII   380
— Est mis quelques jours à la Bastille, et
      pourquoi. XIII   422
— Quitte M. le duc d'Orléans, bientôt après
      Paris, et se retire pour toujours chez
      lui en Poitou. XIII   425
— Marie une de ses filles à Bacqueville et
      l'autre à Goesbriant. . . . . X 197 et 357
— Famille, conduite et caractère de sa
      femme, première dame d'atour de Ma-
      dame; la quitte, et toutefois y demeure.   V   54
— Le comte de Châtillon, fils de son frère
      aîné, qui a, longtemps depuis, fait une
      si grande fortune, épouse une fille de
      Voysin. VIII   170
      Obtient de draper au deuil de Monsei-
      gneur. VIII   302
      Est fait brigadier. IX   375
      Obtient le bailliage d'Haguenau. . . . X   4
      Est mestre de camp général de cava-
      lerie. XII   424
      Perd sa femme. XIX   132

CHATRE (La). Épouse la fille aînée du marquis de
      Lavardin. I   179
— Ses accidents et son caractère. VI   229
— Mort et caractère de l'abbé, son frère. . II   201

CHAVAGNAC. Ravage les îles angloises de l'Amé-
      rique. IV   419

CHAVIGNY ou les deux frères CHAVIGNARD. Leur
      extraction; leur imposture reconnue,
      châtiée. Ce qu'ils devinrent depuis. . . VII 274

Chavigny.   Tomes.   Pages.

(*Voir* le voyage de Chavigny en Espa-
   pagne, à l'article de Saint-Simon.)
Chaulieu (Abbé de). Quel. Sa conduite ; sa
   mort ; son caractère.   XVII   87
Chaulnes (Duc de). Sa capacité, ses grandes
   ambassades. Négocie sans succès
   l'assemblée de toutes les chambres du
   Parlement, avec le premier président
   Harlay, dans le procès de préséance de
   M. de Luxembourg.   I   170
— Est forcé par le Roi d'échanger avec le
   comte de·Toulouse son gouvernement
   de Bretagne pour celui de Guyenne. .   I   232
— Courtin et Harlay, conseillers d'État,
   [ce dernier] gendre du chancelier Bou-
   cherat, et le duc de Chaulnes ; histoires
   singulières.   I   377
— Il meurt de douleur de l'échange de son
   gouvernement.   II   103
— Et sa femme tôt après sans enfants. . .   II   169
   Sa famille, son premier mari.   I   72
Chausseraye (Mᴵᴵᵉ de). Son extraction ; sa for-
   tune ; son caractère.   VII   222
— Obtient mille écus de pension. . . : . .   IX   416
— Curieuse anecdote sur elle. XVII   4
Chauvelin, avocat général et grand trésorier
   de l'Ordre. Sa mort ; son caractère ; sa
   dépouille.   XI   157
— Riche mariage de son frère, longtemps
   depuis si haut et si bas. XIV   30₀
— Mort de leur père, conseiller d'État. . . . XVI   275
Chefs des conseils entrent dans celui de ré-
   gence en conservant leurs places dans
   les leurs.   XIV   366
Cherbert à la Bastille.   V   162
Chesne (Du), premier médecin des enfants de
   France. Sa mort.   V   147

Tomes. Pages.

CHÉTARDIE (La), curé de Saint-Sulpice, succède
en tout à Godet, évêque de Chartres
en la direction et la confiance de
Mme de Maintenon; son caractère. . . VII 127

CHEVERNY, menin de Mgr le duc de Bourgogne.
Ses emplois; sa singulière aventure à
Vienne . . . . II 251 et 254

— Sa femme exclue d'être dame d'atour de
Mme la duchesse de Berry; pourquoi. . VIII 9

— Est du conseil des affaires étrangères. XII 234

— Gouverneur de M. le duc de Chartres
ad honorès. . . . . XII 434

— Sa femme gouvernante des filles de M. le
duc d'Orléans. . . . . XIII 181

— Fait conseiller d'État d'épée. . . . . . . XVI 210

— Sa mort. . . . . XVIII 439

CHEVIGNY (P. de), de l'Oratoire. Sa mort. . . . II 7

CHEVREUSE (Duc de). S'entête de la prétention
de la première ancienneté de Chevreuse, en prend prétexte de se mettre à part des ducs opposants à celle
du maréchal duc de Luxembourg de
la première ancienneté de Piney. . . I 137

— Chimère de cette prétention de Chevreuse. . . . . I 159

— Marie le duc de Montfort, son fils aîné,
à la fille de Dangeau. . . . . I 178

— Est survivancier du gouvernement de
Guyenne, en même temps de l'échange
du comte de Toulouse avec le duc de
Chaulnes de ce gouvernement pour
celui de Bretagne. . . . . I 233

— Perdu auprès de Mme de Maintenon. . . I 409
(Voir à l'article de BEAUVILLIER plusieurs choses qui ne se répéteront
point ici.)

— Orage contre lui et contre tout ce qui

Chevreuse (Duc de). Tomes. Pages.

étoit attaché à Fénelon, archevêque
de Cambray. . . . . II 45

— Mène Helvétius à Saint-Aignan, qui tire
le duc de Beauvillier de la mort. . . . II 445

— Donne à son fils aîné sa charge de capitaine des chevau-légers de la garde. . III 199

— Le perd d'un coup de mousquet près de
Landau. . . . . IV 143

— Fait passer sa charge des chevau-légers au vidame d'Amiens, son 2ᵈ fils,
et le marie à la 2ᵈᵉ fille du marquis de
Lavardin. . . . . IV 56

— Est incognito, mais pleinement, ministre
d'État, sans entrer publiquement dans
le conseil. . . . . V 403

— Ducs et duchesses de Chevreuse et de
Beauvillier sur le mariage de M. le duc
de Berry avec la fille de M. le duc
d'Orléans. . . . . VII 390

— Duc de Chevreuse, de concert secret avec
d'Antin, gagne le chancelier de Pontchartrain pour un règlement à faire
sur un ancien projet de règlement sur
les duchés-pairies de 1694. . . . . . . VIII 316

— Chimères de Chevreuse et de Chaulnes. VIII 331

— Duc de Chevreuse. . . . . VIII 430

— Ses chimères et sa conduite mettent en
péril l'érection nouvelle de Chaulnes
pour son 2ᵈ fils. . . . . IX 122

— Ce 2ᵈ fils est fait duc et pair de Chaulnes par une nouvelle érection. . . . . IX 126

— Sa rare réception au Parlement. . . . . IX 127

— Mort et caractère du duc de Chevreuse,
anecdotes sur lui, sur sa famille, sur
la duchesse sa femme. . . . . IX 378

— Aventure de cette duchesse dans le carrosse du Roi. . . . . XII 430

Chevreuse (Duc de).   Tomes. Pages.

— Sa vertu; sa piété; sa conduite; son
digne veuvage. Devient le patriarche
de sa famille.   IX   388

— Son fils, le duc de Chaulnes, obtient pour
son fils la survivance de sa charge de
capitaine des chevau-légers de la garde,
avec jusqu'à 400,000 livres de brevet
de retenue dessus.   XIII   275

— Mort de la duchesse de Montfort, mère
du duc de Luynes.   XIV   399

CHEVRY (Mᵐᵉ de) Épouse la Noue. Quelles gens
c'étoient.   XVII   65

Chiaous à Marseille.   XIV   82

CHIARI (Combat de).   III   75

CHIMAY (Prince de). Perd sa femme, fille du duc
de Nevers, sans enfants: *voir* aux
GRANDS D'ESPAGNE.   XVIII   53
Et à SAINT-SIMON.

Chimère d'arrière-petit-fils de France avortée.   VI   353

CHIRAC, premier médecin de M. le duc d'Orléans, à la mort d'Humbert.   XII   343

— Son caractère et son infamie.   XIV   379

— Son insigne scélératesse impunie. . . .   XVI   284

CHIVAS. Assiégé par nos troupes.   IV   293

— Le siége achevé par la Feuillade.. . . .   IV   303

CHOIN (Mˡˡᵉ), fille d'honneur de Mᵐᵉ la princesse
de Conti, fille du Roi, et de Mᵐᵉ de la
Vallière, chez qui Monseigneur passoit
sa vie. Des lettres interceptées de l'armée de Flandres outrent Mᵐᵉ la princesse de Conti, qui la chasse avec éclat,
et l'intrigue et la cabale en désarroi.   I   200

— Elle devient la Maintenon de Monsei-
gneur.   VIII   263

— Se réunit avec Mᵐᵉ de Maintenon contre Chamillart, et Monseigneur par

Choin (Mlle).

Tomes.   Pages.

elle. Refuse une pension considérable et des logements à Versailles et
à Marly qui lui sont offerts.   VI   418

— Refuse tout commerce avec M. et Mᵐᵉ la
duchesse d'Orléans.   VII   438

— Est fort vraie et fort désintéressée. . . .   VIII   269

— Gêne de sa vie. Bien traitée à la mort de
Monseigneur. Accepte 12,000 livres de
pension et n'en veut pas davantage.
Sagesse de sa conduite après cette
perte; n'est point abandonnée.   VIII   286

Choiseul (Duc de). Raison étrange qui l'exclut
d'être maréchal de France. . . . . . .   ɪ   39

— Otage à Turin pour le mariage de Mˢʳ le
duc de Bourgogne.   I   335

— Perd sa femme, sœur de la Vallière. . .   II   104

— Épouse la veuve de Brûlart, premier
président du parlement de Dijon. . .   II   196

— Sa mort, qui éteint son duché-pairie.   IV   251

Choiseul (Comte de). Fait maréchal de France.   I   37

— Commande en Normandie. Le marquis de
Beuvron et le comte de Matignon, tous
deux chevaliers de l'Ordre et lieutenants généraux de Normandie, refusent de lui écrire *Monseigneur;* il les y
oblige par un ordre du Roi.   I   179

— Commande l'armée du Rhin. Projets des
Impériaux. Il se met sur le Spirebach.
Raisons de ce camp.   I   354

— Ses dispositions. Mouvements et dispositions du prince Louis de Baden. . .   I   360

— Retraite des Impériaux; fin de la campagne.   I   361

— Le maréchal commande encore l'armée
du Rhin; le passe.   I   435

— Sa belle retraite.   I   438

— Inondations générales. Beau projet du

Choiseul (Comte de).   Tomes. Pages.

maréchal avorté sur le point de l'exé-
cution par un ordre du Roi de repasser
le Rhin.   I   442
— Situation des deux armées; le prince
Louis de Baden prend Éberbourg.
Suspension d'armes qui finit la cam-
pagne, prélude de la paix de Ryswick.   I   456
— Perd sa femme, sœur du marquis de
Renti.   VIII   46
Caractère de cette dame. . . . .
— Mort du maréchal. Son éloge.   VIII   212
CHOISY, maison de plaisance léguée à Monsei-
·gneur par Mademoiselle, fille de Gaston.   I   41
— Échangé pour Meudon avec Mme de
Louvois à qui le Roi donne un grand
retour.   I   246
CIENFUEGOS, jésuite. Confesseur de l'amirante ·
de Castille et son conseil, qui passa
avec lui en Portugal au lieu de venir
en France ambassadeur.   III   293
— Fait cardinal à la nomination de l'Empe-
reur, et chargé de ses affaires à Rome.
Quel.   XVII   149
CIFUENTÈS.   IV   418
CILLY apporte au Roi la nouvelle de la bataille
d'Almanza.   V   191
— Est fait lieutenant général.   V   197
— Prend le port du Passage, brûle toute la
marine d'Espagne renaissante.   XVI   252
CÎTEAUX (Abbé général de). Maintient son fau-
teuil aux états de Bourgogne, par juge-
ment contradictoire du Roi, contre l'é-
vêque d'Autun, qui le lui disputoit. .   II   181
CLARAFUENTE, marquis: voir aux GRANDS D'ES-
PAGNE.   XVIII   69
Classes des GRANDS D'ESPAGNE : voir aux
GRANDS D'ESPAGNE.

Classes des Grands d'Espagne.   Tomes. Pages.

CLÉMENT XI, Albano. Sa mort. XVII   222

Clergé. Obtient le premier salut, au bout de
l'an de Monseigneur, à Notre-Dame. .   IX   303

— Son commerce à Rome et avec le Nonce
à Paris.   XI   262

— Donne au Roi 12 millions. XII   344

CLÉREMBAULT. Sa fortune; son caractère; sa
mort à près[1] de cent ans.   X   7

CLÉREMBAULT (Maréchale de). Perd l'abbé son fils. X   246

— Et son fils aîné noyé dans le Danube à
la bataille d'Hochstedt.   IV   125

— Famille, caractère, mort de la maréchale. XIX   82

CLERMONT CHATTES, cassé, exilé, perdu sans ressource. Son caractère.   I   200
(Voir CHOIN et CONTI).

— Fait capitaine des Suisses de M. le duc
d'Orléans.   XVI   300

— Mort de son frère, évêque, duc de Laon;
ses deux premiers successeurs.   XVII   286

CLERMONT TONNERRE, évêque comte de Noyon,
étrangement moqué par l'abbé de Caumartin, en le recevant à l'Académie
françoise.   I   203

— Grande action de ce prélat sur cet abbe
qui néanmoins en demeure perdu. . .   I   208

— Mort de ce prélat.   II   437

— Trait de lui chez le cardinal d'Estrées au
festin qu'il donna à la réception au
Parlement de son neveu, évêque duc
de Laon, et autres traits du même
prélat. Son caractère.   X   351

— Modestie de l'abbé de Tonnerre, son neveu,
nommé à l'évêché duché de Langres.   I   283

— Mort et caractère du comte de Tonnerre,
frère du dernier.   IV   320

1. Dans les *Mémoires* il y a *plus*.

Clermont Tonnerre.   Tomes. Pages.

Son fils tue à la chasse le fils aîné
d'Amelot, lors ambassadeur en Es-
pagne; ce qui en arrive.   IV   336
Le même épouse une fille de Blansac.   VI   190
— Marquis de Clermont, fait commissaire
général de la cavalerie (longtemps de-
puis maréchal de France).   XII   424
CLOCHE (Le père), général des Dominicains.
Sa mort; son caractère. XVII   40
COËHORN, le Vauban des Hollandois. Sa mort.   IV   72
COETTENFAO. Fait chevalier d'honneur de Mme la
duchesse de Berry.   XI   126
— Obtient une pension.   XVI   267
— Mort de son frère, évêque d'Avranches. XVI   336
— Sa mort. XVII   214
— Sa femme est dame de Mme la duchesse
de Berry. Sa mort.   XI   126
COETLOGON, vice-amiral, depuis maréchal de
France. Belle anecdote de lui.   XIII   189
COETQUEN LA MARSELIÈRE. Sa mort singulière;
son caractère.   I   15
COETQUEN obtient le gouvernement de Saint-
Malo.. XIII   402
— Mort de sa mère. Curiosités sur elle. . . XVII   86
— Mort de sa femme, sœur du duc de
Noailles..   XIX   106
COIGNY, qui longtemps depuis fit une si grande
fortune, épouse Mlle du Bordage. . . .   II   281
— Son père et sa mère; leur nom, extrac-
tion; leur fortune.   IV   12
— Le père refuse de passer en Bavière, et
par là, sans le savoir, le bâton de ma-
réchal de France qu'eut Marsin. . . .   IV   13
— Sa mort.   IV   179
— Son fils est fait colonel général des dragons.   IV   191
— Mort de sa mère, sœur des Matignons.
Extraction de son mari.   XVI   337

·Coigny.   Tomes. Pages. .

— Son fils se bat avec le duc de Mortemart.
   Est mal avec M. le duc d'Orléans; est
   refusé d'entrer au conseil de guerre;
   veut tout quitter et se retirer chez
   lui. Le duc de Saint-Simon le raccommode avec le Régent; il entre au conseil de guerre, et ne l'oublie jamais. . XIII   113

COISLIN (Duc de). Son caractère; sa mort; ses
   singularités.   III   305

— Traite fort mal le premier président de
   Novion, à la thèse du 2ᵈ fils du duc de
   Bouillon, et en a tout l'avantage. . .   III   309

— Mort de la duchesse, sa femme.   IV   274

— Mort du chevalier de Coislin, son frère.
   Son caractère.   II   176

— Mort du duc de Coislin, son fils, sans enfants. Son caractère.   III   305

COISLIN, évêque d'Orléans, premier aumônier
   du Roi, frère et oncle des deux ducs,
   nommé au cardinalat sans y avoir
   songé.   I   278

— Éclate contre le duc de la Rochefoucauld,
   sur sa place accoutumée au sermon,
   que le Roi lui donne comme grand
   maître de la garde-robe.   I   309

— Est de nouveau durement condamné. .   I   424

— Obtient pour sa charge une autre place
   au sermon derrière le Roi, qui le ré-
   concilie avec le duc de la Rochefoucauld.   I   426

— Est cardinal.   I   467

— Est grand aumônier.   II   346

— Sa mort et son éloge. . . ., ...   IV   366

COISLIN (Abbé), fils et frère des deux ducs et
   premier aumônier du Roi en survi-
   vance de son oncle.   I   426

— Sa fortune. Est fait évêque de Metz. . .   I   426

— Commandeur de l'Ordre.   III   16

Coislin (Abbé).   Tomes. Pages.

— Premier aumônier du Roi en titre. . . . II 347

— Son étrange aventure. . . . . IV 331

— A la mort de son frère, sans enfants, le
  Roi lui fait un hocquet sur sa succession à la dignité de duc et pair qu'il
  savoit bien être inepte ; occasion,
  cause et fin de ce hocquet. . . . . . . VII 330

— Son habit au Parlement. Sa manière de
  signer. . . . . VII 334

— Il a le choix des deux côtés, au lit de justice, et préfère le droit. . . . . X 446

— Lui et quelques autres pairs mécontents
  du rétablissement du comte de Toulouse au lit de justice des Tuileries. . XVI 54

COLANDRE. Fait colonel, mais avec choix. : . . III 242

COLBERT, archevêque de Rouen. Son caractère ;
  sa mort. . . . . V 363

COLBERT MAULEVRIER perd sa mère. . . . . . . II 293

— Épouse la fille du maréchal de Tessé. . II 208

— Sa femme et lui. Son caractère ; sa conduite ; son énorme audace. . . . . . . IV 172

— Va singulièrement en Espagne avec son
  beau-père ; passent par Toulouse, y
  voient la princesse des Ursins exilée.
  Ce qu'il s'y brasse. . . . . IV 175

— Conduite et faveur de Maulevrier à Madrid. . . . . IV 219

— Sa conduite ; son audace. Succès avortés ;
  rage. Est rappelé en France. . . . . . IV 264

— Sa curieuse catastrophe. . . . . IV 402

— Mort du chevalier son frère. Leur famille. IX 90

Colloques artificieux des ennemis sur le
  point de la bataille de Malplaquet. . . VII 96

— Curieux dans le cabinet du conseil de
  régence avant qu'on y fût en place,
  qui précéda immédiatement le lit de
  justice des Tuileries, entre le duc du

Colloques.   Tomes. Pages.

    Maine et le comte de Toulouse, puis
    du comte de Toulouse avec le Régent,
    après du comte de Toulouse avec le
    duc du Maine.   XVI   9
Colmenero. Quel. A Versailles.   II   413
— Sa trahison.   V   229
Cologne (Électeur [de]), réfugié à Lille.   IV   168
— Mis au ban de l'Empire.   IV   420
— Incognito à Paris et à Versailles.   V   45
— Est sacré.   V   118
— A Paris et à la cour sans prétentions,
    comme l'électeur son frère. Dit la
    messe à Mme la duchesse de Bour-
    gogne. Son étrange poisson d'avril. . VIII   170
— Est à Paris; voit le Roi.   IX   433
— Le voit plusieurs fois après souper, avec
    les princesses.   X   15
— Le voit à Marly.   X   335
— Mange à Meudon avec Monseigneur et le
    suit par tout le château, qu'il lui fait
    voir sans la plus légère prétention. . . VIII   170
— Est rétabli, prend congé du Roi, et re-
    tourne dans ses États.   XI   55
— Sa mort.   XIX   166
Colonne (La connétable) Mancini arrive en
    France et près de Paris, où elle reçoit
    défense du Roi d'entrer. S'y arrête fort
    peu et s'en retourne.   IV   297
    Voir Colonne aux Grands d'Espagne. XVIII   54
Combat naval, fête donnée dans la place
    Major à Madrid. XVIII   333
Combe (La), barnabite. Mis à la Bastille. Pour-
    quoi.   II   44
Comédies chez Mme de Maintenon et chez
    Mme la princesse de Conti douairière. III   200
— Comédies.   IV   183
— Autres chez Mme la duchesse du Maine à

Comédies.   Tomes. Pages.

    Sceaux, à Clagny, etc.   V   134

— Comédiens italiens chassés. Pourquoi. . I   427

COMINGES. Son extraction; sa famille; son ca-
    ractère; sa mort.   IX   313

Comité de finances.   XIV   3

COMMERCY (Prince de), tué au combat de Luz-
    zara.   III   290

— État de la seigneurie de Commercy. . .   V   232

Commotion de la découverte de la conspira-
    tion du duc et de la duchesse du Maine
    et de Cellamare.   XVI   175

Compagnies (Quatre) et quatre capitaines
    des gardes du corps établies (sic) en
    Espagne.   IV   30

Compagnie d'occident. Quelle. Édit en sa
    faveur.   XIV   297

Compagnie d'Ostende.   XIX   152

Comparaison du gouvernement des premiers
    ministres de France et d'Espagne et de
    leurs conseils, avec le gouvernement
    des conseils de Vienne, de Londres et
    de Turin.   XIII   75

Comptabilité enfin trouvée par un rare
    expédient, entre les ordres lucratifs
    d'Espagne et les trois grands Ordres
    de l'Europe. . . . .   XVIII 371

Compétence en Espagne entre les deux ma-
    jordomes-majors, uniquement aux au-
    diences publiques de la reine, qui en
    exclut celui du roi; et entre les mêmes
    et les deux grands écuyers, unique-
    ment dans les carrosses du roi et de
    la reine, qui en exclut les deux major-
    domes-majors.   II   469

COMPIÈGNE. Camp de paix résolu à Compiègne.   II   43

— Superbe et ruineux.   II   105

— La cour au camp.   II   109

Compiègne.   Tomes.   Pages.

— Spectacle singulier.   II   113

— Retour et fin du camp.   II   117

Comte (Le), jésuite, confesseur de Mme la du-
      chesse de Bourgogne. Renvoyé; pour-
      quoi.   II   336

Conches. Quel.   XIX   47

— Est interrogé.   XIX   120

Condé. Monsieur le Prince. Déclaré premier
      prince du sang à la mort de Monsieur;
      pourquoi.   III   41

— Donne à Mme la duchesse de Bourgogne
      un bal et une fête dans son apparte-
      ment de Versailles; un masque à
      quatre visages connus de cire y fait
      beaucoup de fracas, demeure inconnu.
      Monsieur le Prince fait une cruelle
      malice au duc de Luxembourg à un
      bal en masque à Marly.   II   297

— Obtint un ordre du Roi au parlement
      de Bourgogne, de baisser ses baguettes
      chez lui à Dijon, allant le complimenter
      en corps.   IV   449

— Sa misère sur le deuil d'un des enfants
      du duc du Maine.   VI   150

— Son caractère et sa mort.   VI   326

— Son corps, conduit à Valery par l'évêque
      de Fréjus, depuis cardinal Fleury, y
      est [reçu par] la Hoguette, archevêque
      de Sens, diocésain, en présence de
      Monsieur le Duc et des seuls domes-
      tiques de la maison.   VI   344

— Son testament est porté en justice par
      sa famille, dans laquelle il cause de
      grands procès et une division écla-
      tante.   VII   250

— Mouvements des procès de sa succession.   XII   264

— Supériorité de Monsieur son père sur

Condé.

Tomes. Pages.

don Juan d'Autriche par tout dans les
Pays-Bas. Il lui apprend à vivre avec
Charles II, roi fugitif d'Angleterre, qui
y étoit retiré, par le grand respect qu'il
lui rend.   III   154
— Malheur et mort de Madame la Princesse,
sa femme, Maillé Brezé, héritière. . . .   IV   268
— Progression des biens de la maison de
Condé.   VI   346
— Mort de Mlle de Condé.   II   359
— Madame la Princesse douairière obtient
quelques adoucissements à Mme la du-
chesse du Maine, sa fille, et permission
à son médecin et à Mme de Chambonas,
sa dame d'honneur, de l'aller trouver.   XVI   175
— Elle-même la va voir à Chamlay. . . .   XVI   314
— Mort, famille, caractère, obsèques de
Madame la Princesse.   XIX   92
Conférence très-singulière.   III   213
— Sur la paix refusée par les alliés.   V   53
— A Rastadt, entre le prince Eugène de Sa-
voie et le maréchal de Villars, qui y
traitent et y concluent la paix entre
l'Empereur, l'Empire et la France. .   X   108
(Voir les pièces [1].)
— Barbouillée, puis recommencée et heu-
reusement terminée.   X   133
— A Saint-Cloud.   VII   440
— A Sceaux, entre la duchesse du Maine et
les ducs de la Force et d'Aumont. . .   XI   36
— Au Palais-Royal, singulière sur les finan-
ces.   XVII   103
Confession (La), étrangement gênée dans la
famille royale. . . . :   IV   257
CONFLANS. Sa mort.   XVI   356

1. Voyez tome I, p. 420 et note 1.

Tomes. Pages.

CONFLANS (Chevalier de). Mène Law sonder et
    persuader le chancelier; réussissent,
    le ramènent de Fresnes à Paris par
    cette condition. XVII   100

Confusion à Marly, à la mort de Monsei-
    gneur. VIII   260

CONGIS. Quel. Sa mort. IV   446

Congrès de Cambray inutile. XVII   162

CONNELAYE (La). Quel. Sa mort. XIII   89

Connétable de Castille, ambassadeur d'Es-
    pagne en France. II   434
— Sa folle prétention. IV   93
— Est fait majordome-major du roi d'Es-
    pagne. IV   306
— Sa mort. IX   427
— Titre de connétable héréditaire de Cas-
    tille est supprimé par Philippe V. . XVIII   16
    (*Voir* aux GRANDS D'ESPAGNE.)

Conseillers. Conseillers d'État en Espagne.
    Ce que c'est. II   466
— Conseillers d'État en France. Époque de
    leur première prétention de ne céder
    qu'aux gens titrés. X   143
— Conseillers. Origine de ce nom. X   369
— Conseillers. X   395
— Adresse des conseillers d'État dans leur
    prétention de ne céder qu'aux ducs et
    aux officiers de la couronne. XII   255
— Et l'obtiennent pour ceux qui entreront
    extraordinairement au conseil de ré-
    gence pour quelque affaire particulière. XII   260
— Prétendent, contre Armenonville, que les
    charges de secrétaire d'État ne sont
    pas compatibles avec leurs places, et
    perdent contradictoirement leur pro-
    cès. XII   425
— Sont pointilleux et moqués. XVI   110

Conseillers.   Tomes. Pages.

— Grâces accordées aux conseillers du
    grand conseil.   XIV   97

Conseils. Conseils d'État. En Espagne et quel-
    ques autres.   II   367

— Deux conseils d'État tenus en deux jours,
    chez Mme de Maintenon, à Fontaine-
    bleau.   II   385

— Conseil de guerre à Vienne. Sa grande
    sévérité.   IV   65

— Conseil et justice d'Aragon. Conseil de
    Castille, son président ou son gouver-
    neur.   II   460

— Conseil de guerre tenu devant Turin, dé-
    plorable.   V   19

— Conseils devant le Roi. Personnes qui
    y assistent assises ou debout.   V   146

— Conseil de guerre devant le Roi fort ora-
    geux, l'unique qu'il ait jamais tenu
    dans sa cour.   VI   405

— Conseil de finances, explication d'icelui. VIII   139

— Conseil des parties. Court parallèle de ce
    conseil avec le Parlement.   X   473

— Conseils à l'ordinaire.   XII   215

— Conseils, d'où pris, comment pervertis. .   XII   224

— De conscience.   XII   230

— De finances.   XII   232

— Des affaires étrangères, de guerre. . . .   XII   234

— De marine, des affaires du dedans du
    royaume.   XII   338

— De régence.   XII   243

— Personnages des conseils.   XII   250

— Lieux, appointements, règlements par-
    ticuliers des divers conseils.   XII   253

— Forme des conseils du feu Roi adoptée
    au conseil de régence.   XII   258

— Premier conseil de régence. Conseils
    prennent forme.   XII   272

Conseils.   Tomes. Pages.

— Foiblesse du conseil de régence.   XII   294

— Conseil de régence où les prétentions des
    grand et premier écuyers sont jugées
    toutes en faveur du dernier.   XII   301

— Conseils de Vienne et de Constantinople
    divisés chacun entre eux sur la guerre. XIII   24

— Conseil de commerce. XII   413

— Conseil de régence où la triple alliance
    et la proscription des jacobites en
    France sont approuvées. XIII   271

— Conseil de régence extraordinairement
    composé et assemblé pour l'affaire en-
    tre les princes du sang et les bâtards;
    son jugement est enregistré au Parle-
    ment; aussitôt après, deux adoucisse-
    ments accordés aux bâtards, contre
    la teneur de l'arrêt, par M. le duc d'Or-
    léans, au scandale de tout le monde. XIII   423

— Misère du conseil de régence sur les
    avantages, tant utiles qu'honorifiques,
    accordés au duc de Lorraine par
    M. le duc d'Orléans. XIV   341

— Conseil de régence par rapport à la mon-
    noie. XV   340

— Conseil de régence qui précède immé-
    diatement le lit de justice tenu aux
    Tuileries le même matin du vendredi
    26 août 1718, avec la pièce et la séance
    dessinée pour mieux entendre ce
    qui s'y passa. XVI   13

— Remarques sur la séance. Tableau du
    conseil. XVI   14

— Conseil de régence sur l'arrêt de Cella-
    mare, ambassadeur d'Espagne, où
    deux de ses lettres à Alberoni sont
    lues. XVI   140

— Conseils sur leur fin par l'intérêt de

Conseils.   Tomes. Pages.

l'abbé du Bois et de Law. Tous sont
[cassés] hors celui de régence et celui
de marine. XVI   102
— Conseil de régence entièrement tombé. XVI   340
— Petit conseil tenu au Palais-Royal. . . . XVII   119
— Le grand conseil enregistre la constitution *Unigenitus,* le Régent, pairs et
maréchaux de France y séants. Nullité
de cet enregistrement. XVII   128
— Conseil de régence curieux sur les
finances et la sortie de Law du
royaume. XVII   166
— Conseil de régence où le mariage futur
du Roi est déclaré avec l'Infante d'Es-
pagne. XVII   297
— Conseils d'Espagne. XVIII   161
— Conseil d'État et conseillers d'État nuls
en Espagne. XVIII   165
Considérations diverses. XIII   75
Constitution *Unigenitus.* Le détail de cette
immense affaire, qui pourroit seul
former une bibliothèque avec les ouvrages qu'elle a produits, ne peut entrer dans ces mémoires. Source de cette
affaire et commencement de celle qui
l'a produite. VIII   214
— Remise par le Roi au Dauphin ; causes
de ce renvoi. IX   73
— Éclat du paquet de l'abbé de Saron. . . IX   162
— Le Dauphin ne se cache pas d'être d'avis
de chasser le P. Tellier. Faute énorme
du cardinal de Noailles; son affaire
renvoyée en total au Dauphin pour la
finir. IX   163
— Est portée à Rome. X   24
— Le Pape engagé de parole positive au
cardinal de la Trémoille de ne donner

Constitution.   Tomes. Pages.

sa Constitution qu'après qu'il l'auroit
examinée et qu'il en seroit content,
comme étant chargé des affaires de
France, et au sacré collége qu'après
qu'il l'auroit examinée par pelotons de
quatre, de cinq, de six ensemble et
que tous lui en auroient dit leur avis
en particulier.   X   26

— Subtilement fabriquée à Rome par le jésuite Aubanton, assistant françois
alors du général de la Compagnie et
par le cardinal Fabroni, affichée tout
de suite à l'insu du Pape et sans la
lui avoir montrée. Colère du Pape, du
sacré collége, du cardinal de la Trémoille. Soulèvement général difficile-
ment arrêté.   X   89

— Soulèvement général contre la Constitu-
tion à son arrivée en France.   X   92

— Commencement de la persécution en fa-
veur de la Constitution.   X   129

— Scélératesse de ses chefs.   XI   444

— Époque singulière de l'entier silence
gardé au conseil de régence sur tout
ce qui a trait à la Constitution.   XVI   110

(Cette matière se retrouve encore par-ci par-là
sous d'autres lettres.)

— Constitution. . . . .   XVIII 163

Contades. Son extraction ; sa fortune ; son caractère. Est fait major du régiment
des gardes.   IV   442

— Fait une course de l'armée à la cour. . .   IX   111

— Le maréchal de Villars le dépêche à la
cour sur les difficultés qui l'avoient fait
quitter Rastadt et le prince Eugène et
revenir à Fribourg.   X   107

— Revient de Rastadt à la cour, y retourne,

Contades.   Tomes.   Pages.

en apporte enfin la signature de la
·paix. . . . .   X·   134

CONTEST (Saint-), maître des requêtes, intendant
de Metz. Va, troisième ambassadeur
plénipotentiaire, signer à Baden la
paix de l'Empire avec la France, au
refus de la Houssaye, conseiller d'État,
intendant de Strasbourg.   X   144

— Est mis dans le conseil de guerre. . . .   XII   237

— Est fait conseiller d'État, quitte le conseil de guerre.   XIII   191

— Nommé rapporteur de l'affaire des
princes du sang et des bâtards devant
un bureau de six commissaires, puis
devant le conseil de régence extraordinairement composé pour la juger;
temps court fixé aux deux parties
pour lui remettre leurs papiers. . . .   XIII   414

— Il travaille chez le Régent avec les six
commissaires, où fut arrêté le juge-
ment qui suivit.   XIII   422

— Caractère de Saint-Contest. Il est chargé
de faire le traité proposé par le duc de
Lorraine, venu exprès à Paris, et de le
passer à son mot, ainsi qu'il fit. . . .   XIV   340

— Il va, ambassadeur plénipotentiaire, au
congrès de Cambray.   XVII   162

CONTI (Mᵐᵉ la princesse de), douairière, fille
du Roi et de Mᵐᵉ de la Vallière. Sa
triste aventure. Chasse de chez elle
Mˡˡᵉ Choin. Clermont demeure entièrement perdu; cabale en désarroi. La
Choin et Monseigneur.   I   199

— Ses filles d'honneur mangent à table
à Marly.   I   330

— Elle conserve sa signature, que Mᵐᵉ la duchesse d'Orléans et Mᵐᵉ la duchesse

Conti (Princesse de).   Tomes.   Pages.

filles du Roi et de Mme de Montespan
changent.   I   331

— Elle drape de sa mère, quoique carmé-
lite.   VIII   44

— Elle achète Choisy de la succession de
Mme de Louvois.   XIII   43

— Obtient pour la Vallière, son cousin germain, la maison et terre de Champ,
confisqués sur le financier Bourvalais,
à sa déroute, par la chambre de justice.   XIV   118

Conti (Prince de) père, gendre de Monsieur le
Prince et beau-frère de la précédente.
Son procès pour les biens de Longue-
ville contre la duchesse de Nemours.   I   219

— Le gagne.   I   288

— Candidat pour la couronne de Pologne.   I   383

— Sa froideur et pis encore pour cette couronne; les causes.   I   431

— Son élection est déclarée par le Roi à
Versailles. Il refuse modestement le
rang de roi de Pologne que le Roi lui
offre. Il part par mer. Mouvements divers sur ce départ.   I   446

— Arrive à la rade de Dantzick; trouve peu
d'accueil, et la ville contre lui; n'ose
mettre pied à terre.   I   451

— Revient. Voit incognito le roi de Danemark à Copenhague.   I   454

— Perd un enfant, dont le Roi prend le
deuil. Pourquoi.   II   40

— A une querelle avec le grand prieur
qui est châtié.   II   95

— Gagne définitivement son procès contre
la duchesse de Nemours.   II   150

— Va à Neuchâtel, et les autres prétendants
aussi.   II   172

— Le Roi les fait tous revenir.   II   201

Conti (Prince de).   Tomes. Pages.

— Étrange embarras de M. le prince de
    Conti avec le duc de Luxembourg à
    Meudon.   II   342

— Reçoit du Roi un don pécuniaire et une
    pension de 40,000 livres pour Monsieur
    son fils, enfant. . . . . :   IV   187

— Retourne à Neuchâtel ; y trouve un mi-
  • nistre du roi de Prusse qui a l'audace
    de prétendre le précéder. Revient. . .   V   282

— Est desiré pour commander l'armée de
    Flandres, demandé pour celle d'Italie.   VI   114

— Sa mort. Son caractère.   VI   271

— Deuil du Roi et ses visites.   VI   280

— Pensions à la princesse, sa veuve, et au
    prince, son fils.   VI   280

— Elle n'est visitée par le Roi qu'à Ver-
    sailles.   VI   346

CONTI (Princesse de), fille du Roi. Veut inutile-
    ment se raccommoder avec Mᴵˡᵉ Choin.   VIII   288

— Quelle, et sa conduite à la mort de Mon-
    seigneur.   VIII   401

— Achète l'hôtel de Lorges à Paris.   X   16

CONTI (Prince de) fils. Reçu chevalier de
    l'Ordre. Singularités à son égard. . .   VIII   168

— Épouse Mᴵˡᵉ de Bourbon, sœur de Mon-
    sieur le Duc.   X   61

— Scènes étranges entre eux.   XIII   41

— Il a la petite vérole.   XIII   58

— Se fait acheter par le Roi le gouverne-
    ment de Poitou de la Vieuville, et le
    fait mettre sur le grand pied. Entre au
    conseil de régence et en celui de guerre.   XIII   292

— Mort et deuil d'un de ses fils.   XIV   87

— Naissance de M. le prince de Conti, son
    fils.   XIV   98

— Reçoit d'immenses grâces pécuniaires.   XIV   405

— Compté pour rien en affaires, et sur le

Conti (Prince de).   Tomes. Pages.

lit de justice des Tuileries.   XV   421
— Ne laisse pas d'obtenir de monstrueuses
   gratifications. Va servir de lieutenant
   général à l'armée du duc de Berwick
   en Navarre ; y commande la cavalerie.   XVI   184
— Y reçoit une folle lettre anonyme. . . .   XVI   269
— Retire Mercœur sur Lassay.   XVI   345
— Va malicieusement, avec force gens, au
   Parlement ouïr plaider un procès
   contre l'abbé Tencin, en confidence ;
   y est témoin de sa conviction et des
   affronts que cet abbé y reçoit en public. XVI   354
— Son extrême avidité. Fortement tancé
   par M. le duc d'Orléans pour avoir fort
   mal traité Law.   XVI   436
— Il le débanque.   XVI   175
— Madame sa mère obtient une nouvelle
   pension de 20,000 livres.   XVI   299
— Mlle de Conti sa sœur conduit des propositions de mariage entre Monsieur
   son frère et une fille de M. le duc d'Orléans. . . . . :   X   54
   Accusée d'avoir fait manquer le ma-
   riage pour son intérêt, demeure irré-
   conciliablement brouillée avec Mme la
   duchesse de Berry.   X   58
   Épouse Monsieur le Duc à la même
   messe du Roi que Monsieur son frère
   épouse la sœur de Monsieur le Duc, qui
   tous quatre s'en repentent bien après.   X   61
Cordelier de Chalais, enfermé pour toujours
   au château de Ségovie.   XVIII   406
Cordeliers de Tolède. Leurs contes. Leur
   sorte de forfait.   XVIII   342
Cornuel (Mme). Quelle. Son bon mot en mourant à M. de Soubise, sur le mariage
   qu'il faisoit de son fils.   I   178

Tomes. Pages.

Corrégidors en Espagne. Leur état ; leurs
    fonctions.   II   463
Corruption des premiers présidents du par-
    lement de Paris, successeurs de Bel-
    lièvre.   IV   310
CORSINI, neveu du cardinal Corsini, pape Clé-
    ment XII en 1730, qui le fit cardinal,
    mais laïc alors et envoyé du grand-duc
    en France. Quel. Il passe à Londres
    pour y faire des représentations inu-
    tiles.   XIV   446
— Ouvertures, plaintes, avis, réflexions du
    grand-duc confiées à Londres par Cor-
    sini à Monteleon, pour le roi d'Es-
    pagne. Foible supériorité impériale
    sur les états de Toscane.   XV   123
CORTÈS (Las). États généraux en Espagne ; leur
    forme ; leur être.   III   150
COSNAC, archevêque d'Aix, nommé à l'ordre du
    Saint-Esprit ; traits curieux de lui. . .   III   12
— Sa mort.   V   364
COSSÉ. Sa fortune ; est reçu duc et pair de
    Brissac.   II   295
— Son ingratitude ; son embarras.   IV   333
— Son repentir. Sa mort.   VI   398
— Sa maison.   VII   335
COULANGES. Quel. Sa mort. Son caractère et
    celui de sa femme.   XII   416
Cour de Saint-Germain à Fontainebleau. . .   IV   4
— Ses ondes.   XI   355
— Démêlé des cours de Rome et de Turin
    sur le tribunal de Sicile dit *la monar-*
    chie.   XII   447
— Cour d'Espagne déplorable. . . . .   XIII 75
— Politique odieuse de la cour de Vienne.   XIV   432
    Sa conduite.   XV   85
    Son esprit.   XV   108

Cour.

Tomes. Pages.

Son génie et de ses ministres. . . . . XV 180

— Garnisons. . . . . XV 181

— Situation de la cour d'Espagne. . . . XVIII 192

— Politique terrible 'de la cour de Rome
sur le cardinalat. . . . . XVII 38

— La Cour retourne se fixer pour toujours
à Versailles. . . . . XVIII 449

Cour des monnoies obtient la noblesse. . XVI 274

COURCELLES (Chevalier de). Son état ; sa mort ;
sa parenté. . . . . IV 443

COURCILLON. Épouse la fille unique du marquis
de Pompadour. Leur caractère ; leur
situation. . . . . VI 5

— On lui recoupe la cuisse, qu'il avoit dejà
perdue à la bataille de Malplaquet. Ses
bouffonneries. Déplorable politique de
courtisan. . . . . VII 279

— Sa mort. . . . . XVI 335

COURLANDE. . . . . II 414

Couronnes. Les trois grandes ont le choix
des nonces que Rome leur envoie, sur
cinq ou six qu'elle leur propose. . . . II 288

— Couronnes aux armes des particuliers ;
leurs abus. . . . . III 454

Couronnement. Il n'y en a point en Espagne. . . . . III 157

Course d'un gros parti en Champagne. . . . IX 323

COURSON, conseiller d'État, intendant de Bordeaux. Son étrange affaire avec la
ville de Périgueux. . . . . XIV 87

COURTAUMER (M⁰⁰ de), sœur du duc de la Force.
Sa mort. . . . . XIII 56

COURTEBONNE. Quel. Sa mort. . . . . IV 237

COURTENAY. Princesse de Courtenay. Sa mort. Le
Roi montre plus d'une fois être persuadé
que les princes de Courtenay sont une
branche de la maison royale, comme il

Courtenay (Princesse de).   Tomes.   Pages.

est certain.   X   110
— Font, selon leur coutume à toutes muta-
tions de rois, leur protestation pour
la conservation de leurs état et droits
et la présentent au Régent. Malheur et
extinction de cette branche de la
maison royale.   XII   265
— Grâces pécuniaires considérables au
prince de Courtenay. Sa mort.   XIX   104
COURTENVAUX: Marie son fils à la dernière sœur
du duc de Noailles en obtenant pour
lui sa charge de capitaine des Cent-
Suisses de la garde du Roi.   XII   422
— Mort de ce fils laissant un fils tout petit
enfant; la charge lui est donnée, et
l'exercice au frère cadet de son père,
jusqu'à ce qu'il ait un certain âge. .   XVIII 449
COURTIN, conseiller d'État, distingué par ses
emplois et ses ambassades, refuse
d'aller premier ambassadeur plénipotentiaire à Ryswick.   I   376
— Refuse une des deux places de conseiller
au conseil royal des finances. Raison
de ces refus. Devient doyen du conseil.   I   395
— Candidat de la charge de chancelier. . .   II   220
— Sa mort; ses emplois; son caractère. .   IV   36
Coutume étrange d'Espagne et de Portugal
en faveur des Juifs et des Maures qu'on
tient sur les fonts de baptême.   III   115
Couvertures des grands d'Espagne. Heures
où elles se font. . . . .   XVIII 202
CRAGGS. Fait secrétaire d'État en Angleterre. Sa
hauteur à l'égard du ministre de Sicile.   XV   84
— Sa mort.   XVII   209
Crayon de la cour.   VI   462
— De Mᵍʳ le duc de Bourgogne pour lors.   VII   370
— De Mᵐᵉ la duchesse de Berry et projets.   VIII 277

Crayon.   Tomes. Pages.

— De M. le duc d'Orléans. Son intérêt. . .   IX   257
— D'Effiat.   IX   267
Création de rentes à 2 ¹/₂ p. cent enregistrée. XVII   104
Crécy Verjus. Sa fortune; ses emplois; son ca-
      ractère; sa mort.   VII   128
Crémone (Journée de).   III   230
Crenant. Tué en cette journée.   III   233
Crequy (Marquis de). Chassé du royaume;
      pourquoi.   I   181
— Revient à grand'peine, et sert. Tué, lieu-
      tenant général, à la bataille de Luzzara.
      Son caractère.   III   290
— Caractère de la maréchale de Crequy, sa
      mère.   V   293
Crequy (Duchesse de). Obtient la charge de
      premier gentilhomme de la chambre
      pour le duc de la Trémoille, son petit-
      fils, à la mort du duc de la Trémoille,
      son gendre.   VI   397
— Mort de la duchesse de Crequy.   VII   59
— Admirable conversion de la marquise de
      Crequy.   XIV   360
Creuilly. Épouse une Spinola.   X   197
Croissy, ministre et secrétaire d'État. Sa mort.   I   331
Croissy (Chevalier de). Son cadet, pris pour la
      seconde fois devant Leffinghen. . . .   VI   160
— Se marie et prend le nom de comte de
      Croissy.   IX   139
— Va ambassadeur auprès du roi de Suède.   X   342
— Mort de sa mère. Son caractère.   XVI   334
Crosat. Quel. Achète, à la mort de l'avocat gé-
      néral Chauvelin, sa charge de grand
      trésorier de l'Ordre, en considération
      d'avances faites au Roi.   XII   223
— Vend. à grand regret, cette charge à Do-
      dun, contrôleur général des finances.
      Obtient, à toute peine, de conserver les

· Crosat.   Tomes. Pages.

.marques de l'Ordre. XIX   219
CROY. Origine de cette maison.   X   77
— Comte de Croy, fils aîné du cómte de
   Solre, épouse en Flandres Mlle de Mil-
   landon et s'y retire. Hardie et nou-
   velle prétention de sa veuve et de son
   fils. XIII   98
— Absurdité de cette nouvelle chimère de
   princerie. XIX   158
CRUSSOL (Marquis de). Sa mort. XVI   336
CRUZ (Marquis de SANTA-), majordome-major
   de la reine d'Espagne. Chargé par le
   roi d'Espagne de l'échange des princesses. . . . .'. .— XVII   409
— Sa fortune. XVIII   69
— Se moque du prince de Rohan à l'é-
   change, et le force, dans l'acte de l'é-
   change, à céder toutes ses chiméri-
   ques prétentions. XVIII   238
       Voir aux GRANDS D'ESPAGNE. XVIII   69
CUCURANI, un des quatre majordomes du roi
   d'Espagne, gendre de la nourrice de
   la reine. Son caractère. . ; XVIII   144
Curé de Seurre, ami de Mme Guyon, brûlé à
   Dijon.   II   99
Curiosités sur le vêtement des gens de robe
   et de plume.   IV   38
CUSANI, nonce en France, depuis cardinal.
   Comble la mesure pour la disgrâce de
   Chamillart.   VI   428
CYR (Filles et maison de Saint-).   IV   238
CZAR (Le) PIERRE I. Ses voyages.   II   15
— Il défait le comte de Lewenhaupt. . . .   VI   175
— Défait le roi de Suède sans ressource
   à Pultawa.   VII   117
— Il l'est lui-même entièrement entièrement
   et sa (sic) sans ressource sur le Pruth. Ne

Czar (Le) Pierre I.   Tomes.   Pages.

s'en sauve que par le conseil de la Czarine, avec ce qui lui reste, en corrom-
pant l'avâre grand-vizir, qui se laisse
aller à faire avec lui un traité qui coûte
après la tête à cet infidèle ministre   IX   111

— Le Czar vient en France. Ce voyage im-
portune.   XIV   15

— Origine de la haine personnelle de ce
prince pour le roi Georges d'Angle-
terre   XIV   16

— Ses mesures et ses motifs. Il veut, puis
ne veut plus, être catholique.   XIV   17

— Il est reçu à Dunkerque, qu'il fût (*sic*)
comme incognito, par les équipages du
Roi, à Calais par le marquis de Nesle
et défrayé lui et sa suite de tout. On
lui rend partout les mêmes honneurs
qu'au Roi. On lui prépare des logements au Louvre, et l'hôtel de Lesdiguières, près l'Arsenal, qu'il choisit.
Le maréchal de Tessé est nommé pour
être auprès de lui et va l'attendre à
Beaumont.   XIV   20

— *Journal du séjour du Czar à Paris.*
Verton, maître d'hôtel du Roi, chargé
de ses tables et de sa suite, gagne ses
bonnes grâces.   XIV   22

— Grandes qualités de ce monarque. Sa
conduite à Paris. Sa figure; son vêtement; sa nourriture. Il est toujours
traité de *Sire* et de *Majesté*. A des
gardes du corps avec leurs officiers,   ·
des pages, des valets de chambre et de
garde-robe du Roi, etc.   XIV   21

— Le Régent le visite. . . . .   XIV°   24

— Le Roi le visite le premier et en cérémonie.   XIV   24

Czar (Le) Pierre I.   Tomes. Pages.

— Et en est visité après en toute égale, pareille et même cérémonie.   XIV   25

— Le Czar voit les places du Roi en relief. XIV   25

— Visite Madame qui l'avoit envoyé complimenter, puis va à l'Opéra avec le
Régent dans sa grande loge, qui là lui
sert à boire.   XIV   26

— Va voir les Invalides.   XIV   26

— Mme la duchesse de Berry et Mme la duchesse d'Orléans perdant enfin l'espérance d'ouïr parler du Czar, envoient
enfin le complimenter. Le Czar ne distingue en rien les princes du sang et
trouve fort mauvais que les princesses
du sang prétendissent qu'il les visitât.
Il visite Mme la duchesse de Berry. . .   XIV   27

— Dîne avec le Régent à Saint-Cloud. Visite
après Mme la duchesse d'Orléans, au
Palais-Royal.   XIV   28

— Voit le Roi, comme par hasard, aux Tuileries, où il étoit allé voir les pierreries
de la couronne chez le maréchal de
Villeroy.   XIV   28

— Va à Versailles.   XIV   28

— Dépenses pour le Czar.   XIV   29

— Il va à Petit-Bourg et à Fontainebleau.   XIV   29

— Voit, en revenant, Choisy, et par hasard
Mme la princesse de Conti, qui y étoit
demeurante.   XIV   30

— Il va passer plusieurs jours à Versailles,
à Trianon, à Marly; voit Saint-Cyr et
fait à Mme de Maintenon une visite insultante.   XIV   30

— Il va de fort bonne heure souper chez
d'Antin et voir sa maison à Paris. . .   XIV   30

— Madame la Duchesse l'y va voir par curiosité; il en est averti; il passe devant

Czar (Le) Pierre I.   Tomes. Pages.

elle, la regarde, ne fait semblant de
rien, ni la moindre civilité, en fait en
même temps à d'autres dames XIV   31

— Présents. XIV   32

— Le Régent va dire adieu au Czar XIV   33

— Ce monarque va dire adieu au Roi sans
cérémonie, et reçoit de même chez lui,
sans cérémonie, la visite du Roi XIV   33

— Il visita le Régent. Personnes présentées
au Czar. Le maréchal de Tessé commande à tous les officiers et livrée du
Roi servant le Czar. XIV   33

— Départ du Czar. Il ne veut être accompagné de personne. Il va trouver la
Czarine à Spa. XIV   33

— Il s'attendrit, en partant, sur la France
et sur son luxe. XIV   33

— Refuse tacitement le Régent qui, à la
prière du roi d'Angleterre, desiroit
qu'il retirât ses troupes de Meckelbourg. XIV   34

— Il desire ardemment de s'unir sincère-
ment et étroitement avec la France,
sans y pouvoir réussir, à notre grand
dommage, par l'intérêt personnel de
l'abbé du Bois et par l'infatuation pour
l'Angleterre, funestement transmise à
ses successeurs. XIV   34

— Attention générale sur le voyage du
Czar à Paris. XIV   59

— Liaison entre lui et le roi de Prusse.
Union et traité ensemble. XIV   60

— Mesures du Czar avec la France et avec
le roi de Pologne, sur le séjour de ses
troupes dans le Meckelbourg. XIV   63

— Elles en sortent. XIV   74

— Le Czar veut traiter avec la France. Ob-

Czar (Le) Pierre I.   Tomes.   Pages.

stacles au traité. XIV   75

— Il est en mesure avec l'Empereur, à cause
du Czaréwitz. XIV   76

— Le Czar plus que froid aux propositions
de l'Angleterre, laquelle rappelle ses
vaisseaux de la mer Baltique. XIV   153

— Sèche réponse des ministres russiens
aux propositions de l'Angleterre. . . . XIV   158

— Il part de Berlin sans y avoir rien fait
ni voulu écouter sur la paix du Nord. XIV   178

— Son projet à l'égard de la Suède. Ceux
du roi de Prusse. Offres à la Suède. . XIV   228

— Le Czar prend la protection du duc de
Meckelbourg. Il rassure le roi de
Prusse sur un traité particulier avec
la Suède. XIV   290

— La Czarine veut s'assurer de la Suède,
pour la transmission de la succession
de la Russie à son fils. Agitation
et reproches du Czar sur cette affaire. XIV   413

— Il s'offre à l'Espagne. XV   142

— Projet du Czar. Son ministre parle au
Régent et lui fait inutilement des représentations sur la quadruple alliance. XV   211

— Conspiration contre le Czar découverte. XVI   180

Czaréwitz. Épouse la sœur de l'impératrice
régnante Brunsweigg-Wolfenbuttel. . IX   133

— La perd sans enfants. XII   395

Dans la lettre C { Noms propres. . 209
{ Autres. 48

En tout . . 257

Dacier. Quel. Sa mort. Érudition profonde et
modestie de sa femme. XIX   59

Daguesseau, avocat général. Conclut pour les
ducs opposants au maréchal duc de

Daguesseau.   Tomes. Pages.

     Luxembourg.   I   316

— Procureur général.   II   345

— Candidat pour la place de premier pré-
    sident.   V   172

— Sauve étrangement la maison de la
    Tour Bouillon. VIII   91

— Perd son père conseiller d'État et au
    conseil royal des finances. Son éloge. XIII 190

— Le procureur général Daguesseau lit au
    cardinal de Noailles et au duc de
    Saint-Simon un mémoire qu'il venoit
    de faire transcendant contre la Consti-
    tution par rapport à l'État et aux
    règles. . . . . XIII 248

— Est bombardé chancelier et garde des
    sceaux à la mort de Voysin. . . . . . XIII 254

— Singularité de son frère. . . . . XIII 255

— Famille et caractère de ce chancelier. . XIII 258

— Son étrange réponse à une très-sage
    question du duc de Gramont aîné. . . XIII 264

— Anecdote singulière de l'étrange indé-
    cision de Daguesseau. . . . . XIV 203

— Manéges du chancelier Daguesseau avec
    le duc de Noailles contre Law. . . . . XIV 312

— Les sceaux lui sont ôtés; il est exilé en
    sa maison de Fresnes. . . . . XIV 319

— Courte disgression sur ce chancelier. . XIV 321

Dais. Nulle autre marque de dignité aux mai-
    sons en Espagne. Nulle aussi aux
    armes ni aux carrosses. . . . . III 116

DALMONT (Comtesse), favorite de la reine d'An-
    gleterre. Sa mort à Saint-Germain. . III 408

DALON. Quel. Chassé de sa place de premier
    président du parlement de Bordeaux. X 106

Dames s'entassent pour Compiègne. . . . . . II 107

— Dames d'atour. Époque d'appeler *Ma-*
    dame les dames d'atour filles. 55

Dames. Tomes. Pages.

— Dames du palais en Espagne. . . . . . . II 476
— Dames données à Madame. . . . . III 42
— Puis à Mme la duchesse de Berry : ce sont
   les premières filles de France qui en
   aient eu. . . . . XI 126
— Mme la duchesse d'Orléans en prend aussi
   après; enfin les princesses du sang
   s'en donnent. . . . . XII 341
— Celles de Mme la duchesse de Berry conservent, après sa mort, leurs logements
   et leurs appointements. . . . . XVI 289

DANEMARK. Le Roi refuse de prendre le deuil
   d'un fils de ce monarque; sa raison. . II 145
— Le Roi en est traité de *Majesté*, ne lui
   donne que de la *Sérénité*. . . . . . . II 217
— Voyage oublié du prince royal de Dane-
   mark en France, qui pensa perdre
   Broglio qui commandoit en Languedoc. VI 225
— Mort, à Londres, du prince George de
   Danemark. . . . . VI 225
— Mort de la reine mère de Danemark. . X 162
— Danemark inquiet sur le Nord, éprouve
   le mécontentement de la Russie. . . . XIV 75
— Mort de la reine de Danemark Meckel-
   bourg. Dix-huit jours après, le roi de
   Danemark épouse publiquement la
   Rewenclaw, sa maîtresse. . . . . . . XVII 221

DANGEAU. Fait grand maître de l'ordre de Notre-
   Dame du Mont-Carmel et de Saint-
   Lazare. . . . . I 112
— Chevalier d'honneur de Mme la duchesse
   de Bourgogne, et sa femme dame du
   palais. . . . . I 343
— Cède à son fils son gouvernement de
   Touraine. . . . . IX 376
— Disgression sur la fausseté d'un endroit,
   entre autres, de ses mémoires. . . . . XIII 417

Dangeau.   Tomes. Pages.

— Sa mort; sa fortune; son extraction; sa
   famille; son caractère; ses mémoires;
   raison de s'y étendre. XVII   135
— Mort de l'abbé, son frère. XIX   90
DANIEL, jésuite. Son histoire de France. Son
   objet; son succès; sa prompte chute;
   sa récompense.   X   38
DAQUIN[1], premier médecin du Roi. Chassé. . . I   104
— Sa mort.   I   310
DARMSTADT (Prince de HESSE). Fait grand d'Es-
   pagne, et pourquoi.   I   476
— Tué devant le mont Jouy à Barcelone. .   IV   322
— Autre à la chasse du Roi.   XI   119
Dates des grandesses d'Espagne. Leur mystère, difficultés, comment la plupart
   reconnues. XVIII   110
DAVISARD. Quel. Est mis à la Bastille avec d'autres gens attachés au duc et à la duchesse du Maine. XVI   157
— Est mis en liberté. XVI   344
Débourage et surbourage des places près
   du coin du Roi à la grand'chambre,
   usurpation aussi singulière que plus
   qu'indécente.   X   434
Déclaration du Roi pour le rang intermédiaire des bâtards.   I   164
— Pour le rang, l'état et habilité de succéder à la couronne de princes du
   sang.   X   231
— Déclaration du Régent pour le leur
   ôter. XVI   22
— De guerre à la France par la Hollande
   et l'Angleterre. III   275
— De la France contre l'Espagne. XVI   178
— Pour recevoir la constitution *Unige-*

1. Saint-Simon, dans ses Mémoires, écrit ordinairement d'*Aquin.*

Déclaration.   Tomes. Pages.

nitus, lue au conseil de régence sans
    y prendre l'avis de personne. XVII   128
— Du mariage du Roi avec l'infante d'Es-
    pagne. XVII   293
— Du prince des Asturies avec une fille de
    M. le duc d'Orléans. XVII   302
DEINSE et DIXMUDE pris. I   266
Délibération à Fontainebleau sur l'accepta-
    tion ou non du testament du roi
    Charles II d'Espagne. II   385
— Sur le voyage de Philippe V en Italie. . III   206
DELPHINI, nonce en France. Son bon mot sur
    l'Opéra. Est fait cardinal. II   280
— S'en va, sans audience de congé et sans
    présent, pour n'avoir pas voulu visiter
    les bâtards du Roi. II   286
Démêlé de Feriol, ambassadeur de France à
    Constantinople. VI   180
DENAIN (Combat de). IX   326
DÉNONVILLE. Obtient permission de venir se
    justifier sur son étrange reddition du
    village de Pleintheim à la bataille
    d'Hochstedt.. IV   205
Dépôt violé et emblé, par le premier président
    d'Harlay, d'argent, à lui fait par Ru-
    vigny. I   397
— De papiers d'État aux Invalides et aux
    Petits-Pères. VIII   30
DES ALLEURS. Quel. I   475
— Envoyé du Roi auprès du prince
    Ragotzi. IV   189
— Ambassadeur de France à Constanti-
    nople. VIII   173
DES MARAIS, grand fauconnier. Obtient, pour son
    fils enfant, la survivance de sa charge. XIII   274
— Mort du père. XIV   328
DESMARETS après sa triste aventure et un très-

Desmarets.   Tomes. Pages.

       dur et long exil.   II   324

ı — Est enfin présenté au Roi.   IV   2

— Est fait l'un des deux directeurs des fi-
       nances. . ı . . . . ı   IV   3

— Marie une de ses filles à Bercy, maître
       des requêtes.   IV   307

— Devient contrôleur général des finances.   V   379

— Ministre d'État.   V   389

— Quel à l'égard de la mort de Monsei-
       gneur.   VIII   415

— Obtient le râpé de grand trésorier de
       l'Ordre.   X   105

— Sa conduite étrange.   X   302

— Singularité étrange de son frère, arche-
       vêque d'Auch.   IX   426

— Caractère de sa femme.   X   164

— Desmarets congédié, avec une gratifi-
       cation de 350,000 francs. Catastrophe
       de sa femme.   XII   250

— On lui suscite une cruelle affaire, dont il
       se tire bien.   XII   400

— Il reçoit une mortification, puis un don,
       aussi peu à propos l'un que l'autre. .   XII   433

— Sa mort. Abrégé de son caractère. . . .   XVII   236

Désordre des carrosses aux obsèques de
       Monsieur.   III   43

— Dans Paris. Billets fous ; placards inso-
       lents.   VI   407

— Par la chèreté du pain.   VII   71

— Désordres de la Loire.   IX   316

— Des loups dans l'Orléanois.   IX   336

— Désordre et gens étouffés à la banque en
       conséquence de l'arrêt du 22 mai 17[20].
       Le Palais-Royal menacé.   XVII   114

Despacho. Tombé entièrement en Espagne.   III   470

Deuil (Voir DANEMARK). Le Roi ne prend
       point le deuil du roi Guillaume d'An-

Deuil. Tomes. Pages.

gleterre et défend aux parents de ce
prince de le porter. Même chose s'étoit
faite à la mort de l'épouse de ce même
prince. . . . . III 256

— Deuil d'enfants et leur cause. . . . . . . IV 59

— Tardif et abrégé de l'empereur Léopold. IV 269

— Du duc de Mantoue. . . . . VI 43

— De M. le prince de Conti. . . . . VI 281

— De Monsieur le Prince. . . . . VI 342

— Du prince de Carignan, le célèbre muet. VI 394

— De Monseigneur, drapé pour la cour. . VIII 289

— De la reine d'Espagne Savoie. . . . . . X 133

— De M. le duc de Berry, drapé six mois
pour la cour. . . . . X 177

— De M^e la duchesse de Berry, prolongé
de six semaines au delà de celui du
Roi. . . . . XVI 288

— Douleur du feu Roi d'un enfant du duc
du Maine, qui cause un dégoût aux
princesses. . . . . II 135

Dezzeddes. Quel. Tué. . . . . IV 291

Directeurs et inspecteurs des troupes en
titre. . . . . I 212

Directeurs des finances abolis. . . . . . . V 393

Discrédit du cardinal d'Estrées et Portocarrero en Espagne. . . . . III 464

Disgression sur l'Espagne. . . . . II 451

— Sur les officiers de l'Ordre. . . . . . . III 439

— Sur les ducs d'Albe. . . . . IV 30

— Sur les noms de distinction singuliers.
Leur origine. . . . . VI 348

— Curieuse sur un prélat devenu cardinal
et maître du Royaume. . . . . V 306

— Sur la chimère de Naples des la Tre-
moille. . . . . V 350

— En raccourci et nécessaire sur la dignité
de pair de France, sur le parlement

Digression.   Tomes. Pages.

de Paris et autres Parlements.   X   360
— Conclusion de toute la longue digression.   X   473
— Digression courte sur le grand capi-
taine. . . . .   XVIII 365
Dîner chez d'Antin engagé à Paris pour l'affaire du bonnet; convives; le Roi y
envoie les ducs de son service et s'en
passe pour la première fois de sa vie;
est servi par Souvré maître de la
garde-robe; répète cela, deux autres
fois, pour deux conférences à Paris,
sans succès.   XI   19
Dispute. Disputes sur la grâce. VII   131
— Dispute sur la place dans le carrosse du
Roi entre le précepteur et le sous-gouverneur, qui le perd, et dans lequel aucun des deux ne devoit entrer. XIV   9
— Entre les grands officiers de la maison
du Roi et le maréchal de Villeroy qui,
comme gouverneur du Roi, prétend
faire leur service, et le perd. . . . . . XIII 199
— Entre le maréchal de Villeroy et le duc
de Mortemart, premier gentilhomme
de la chambre en année, qui le perd.
Autres disputes de premiers gentils-
hommes de la chambre.   XIV   190
Distinction du *pour;* ce que c'est.   II   108
— Des traits d'attelage en Espagne. . . .   III   136
(Voir Barreau.)
Dixième. Étrange impôt établi, inventé par
Basville, intendant de Languedoc. . . VIII   135
Dodart, premier médecin du Roi par la mort
de Poirier.   XIV   379
— Son caractère et celui de son père. . . . XIV   379
Dodun. Quel. Fait contrôleur général des fi-
nances à la place de la Houssaye. . . XVIII   444
— Achète de Crozat la charge de grand

Dodun.   Tomes. Pages.

     trésorier de l'ordre du Saint-Esprit. XIX   219

DOGE de Gênes. Le roi d'Espagne Philippe V,
     passant à Gênes, lui donne de l'*Altesse*
     et fait couvrir quelques-uns des prin-
     cipaux sénateurs à l'exemple de
     Charles V. III   293

DOMBES (Prince de), fils aîné du duc du Maine.
     Visité comme les princes du sang par
     les ambassadeurs. XI   136

— Va voir la guerre d'Hongrie. Plusieurs
     jeunes gens y vont séparément. . . . XIII 292

— Son retour et le leur les uns après les
     autres. XIV   122

— Est exilé, avec son frère le comte d'Eu à
     Eu, et leur sœur conduite en l'abbaye
     de Montbuisson, lorsque le duc et la
     duchesse du Maine furent arrêtés. . . XVI   158

Domestiques principaux des enfants de
     France attachés à l'archevêque de
     Cambray leur précepteur, et son frère,
     exempt des gardes du corps, chassés,
     et ce dernier cassé. II   50

DOMINGUE. Quel. Son propos à la Dauphine sur
     le duc de Charost. IX   96

Don pécuniaire du Roi au maréchal de Duras
     et de Monseigneur à Sainte-Maur. . . II   343

DONAWERTH (Combat de). IV   110

DONGOIS, greffier en chef du Parlement, fort
     connu et fort distingué. Sa mort. . . . XIV   87

DONZI. Épouse Mlle Spinola, héritière sûre d'une
     grandesse d'Espagne. VI   387

DORSANNE. Quel. Son caractère; sa fin. XII   232

DORIA (Prince) : *voir* aux GRANDS D'ESPAGNE. . XVIII 55

DOUCIN, jésuite. Chassé de Paris. XII   392

DOUGLAS, obscur misérable fugitif. XIV   385
     (*Voir* JACQUES III.)

Drapeau blanc attaché au plus haut en dehors

Drapeau.   Tomes. Pages.

du clocher de l'église métropolitaine
de Tolède pour chaque archevêque ou
chanoine de cette église qui devient
cardinal, qui n'en est ôté qu'à sa mort. XVIII 348

Draper les carrosses. Nouveauté pour la magistrature de draper pour les plus
grands deuils de famille, et de porter
des pleureuses. . . . . XII 219

Dreuillet, évêque de Bayonne. Quel. . . . . .XVII 335

Dreux, conseiller de la grand'chambre, y lit, à
haute voix, le testament du Roi, en la
première séance pour la régence. . . XII 202

— Caractère de son fils, gendre de Chamillart, qui lui fait acheter de Blainville
la charge de grand maître des cérémonies. . . . . :. . XII 318
Ce dernier obtient la survivance de sa
charge pour son fils et le marie malheureusement. . . . . .XVII 68

Dromesnil. Quel. Évêque d'Autun, puis de
Verdun. . . . . VIII 102

Ducs. Louis XIII réprimande publiquement
M. de Saint-Simon, lors premier gentilhomme de sa chambre et son premier
écuyer, chevalier de l'Ordre, de n'avoir
pas écrit *Monseigneur* au duc de Bellegarde, lors exilé et pleinement disgracié. M. de Saint-Simon étoit son favori
alors et fut peu de temps après fait
duc et pair. . . . . ı 54

— Ducs non vérifiés improprement appelés
ducs à brevet. . . . . I 124

— Misère des ducs opposants à la prétention du maréchal duc de Luxembourg
de la première ancienneté de Piney. . I 314

— Époque des ducs maréchaux de France
de porter le nom de maréchal. . . . . I 470

Ducs.　　　　　　　　　　　　　　　　　　　　　　**Tomes. Pages.**

— Ducs couplés à Compiègne lors du camp.　II　107

— Ducs à l'eau bénite de Monsieur, non les
　　duchesses ni les princesses et princes
　　étrangers. . . . . 　III　42

— L'adoration de la croix ôtée aux ducs. . 　IV　68

— Leur traitement dans les pays étrangers.　V　10

— Service de la communion du Roi ôté
　　aux ducs avec les princes du sang. . . 　V　323

— Ducs et duchesses, princes et princesses
　　étrangères font, pour la première fois,
　　leurs visites sur la mort de Monsieur le
　　Prince en manteaux et en mantes, par
　　ordre exprès du Roi, et l'exécutent
　　d'une manière ridicule. . . . . 　VI　340

— Parents de Monsieur le Prince, ducs et
　　autres, invités à son service à Notre-
　　Dame auquel les cours supérieures
　　assistèrent. . . . . 　VI　343

— Ducs discoles à l'égard de la prétention
　　de d'Antin à la dignité de duc et pair
　　d'Espernon. . . . . 　VIII　335

— Aversion du Roi pour les ducs. Sa cause.　VIII　346

— Nul duc ne se trouve au service de Mon-
　　seigneur à Saint-Denis ni à Notre-
　　Dame, quoique le Roi l'eût desiré. . . 　VIII　448
　　　　(Voir des pièces[1].)

— Raison qui fit renouveler les ducs vé-
　　rifiés sans pairie. . . . . 　IX　101

— Règlement du Roi en forme et contradic-
　　toire sur plusieurs chefs, entre le gou-
　　verneur ou commandant en chef de
　　Guyenne et le gouverneur de Blaye, qui
　　étoient lors le comte d'Eu, tout nouvel-
　　lement gouverneur, le duc du Maine,
　　présent au règlement dans le cabinet

1. Voyez tome I, p. 420 et note 1.

Ducs.   Tomes. Pages.

du feu Roi, le maréchal de Montrevel,
commandant en chef, lors dans Versailles par congé, et le duc de Saint-Simon, dont un chef porte [que] les con-
tendants étant tous deux officiers de la
couronne, celui des deux de la plus
grande dignité précédera l'autre par
tout dans la province de Guyenne,
comme il le précède par tout ailleurs.   IX   433

— Querelle du duc d'Estrées et du comte
d'Harcourt, mort depuis sous le nom
de prince de Guise. Prétentions des
maréchaux de France. Tentatives de
jurisdiction sur les ducs avortées. . .   X   46

— Court abrégé de l'absurdité, de la nouveauté, du peu de succès des prétentions d'autorité des maréchaux de
France sur les ducs, et de la manière
d'accommoder et de terminer leurs
querelles.   X   47

— Le premier maréchal d'Estrées commissaire du Roi sur l'insulte faite à Madame, veuve de Gaston, par Mademoiselle, fille de Gaston et de la princesse de Montpensier, sa première
femme.   X   52

— Ducs vérifiés. Bar.   X   389

— Ducs non vérifiés.   X   390

— Ducs non vérifiés en compétence continuelle avec les officiers de la couronne.   X   392

— Ducs d'Avignon ou du Pape sans rang
ni aucun honneur. Ce que c'est. . . .   VIII   104

— Misère des ducs.   XI   404

— Leur conduite et leur parfaite tranquillité
sur les mouvements de la prétendue
noblesse.   XIII   399

— Ducs s'absentent tous du sacre de

Du es.   Tomes. Pages.

Louis XV. . . . . XIX 62

Duchesses ôtoient le service de la chemise
et de la sale à la dame d'honneur de
la Reine et la préférence dans son
carrosse. . . . . IV 16

— Première garde du corps de Madame la
Dauphine comment réglée par le Roi
entre les duchesses et la maison de
Lorraine. . . . . IX 234

Duel entre deux capitaines aux gardes; Saint-
Paul tué, Seraucourt cassé et en fuite. V 336

Duels réveillés. . . . . XII 389

Duras (Duc de), fils aîné du maréchal. Sa
mort; ne laisse que des filles. . . . . . I 469

— Bon et cruel mot au maréchal de Villeroy du maréchal de Duras derrière
le Roi. . . . . III 65

Il perd, contre le maréchal de Noailles,
une prétention de service de leurs
charges de capitaines des gardes du
corps. . . . . III 280

Sa mort; sa fortune; son caractère. . IV 179

— Son fils épouse Mlle de Bournonville. . . IV 330

— Mort de la maréchale de Duras Ventadour. . . . . XIV 290

— Et de la duchesse de Duras veuve de son
fils aîné. Sa famille. . . . . XIII 367

Dans la lettre D { Noms propres. . . 41
                   { Autres. 20
                                 ————
                       En tout 61

Eau bénite de M. le prince de Conti. . . . . VI 281

— De Monsieur le Prince. . . . . VI 342

— De Madame la Dauphine; de peu du sang
royal, du comte de Toulouse, et point
d'autres. . . . . IX 232

— De Monseigneur le Dauphin, son mari;

Eau bénite.   Tomes. Pages.

    de M. le duc d'Orléans unique en cé-
    rémonie..   IX   235

  — De M. le duc de Berry.   X   179

Échange des princesses, 9 janvier 1722, dans
    l'île des Faisans. . . . .   XVIII 245

ECKEREN (Combat d').   III   423

ÉCOSSE. Mouvements en Écosse.   V   400

  — Efforts peu heureux en Écosse.   XVI   251

Écuyer. Grand et premier du roi et de la
    reine d'Espagne; ces charges bien
    différentes de celles de France.   II   467

  — Indépendance du grand écuyer de
    France jugée, puis confirmée, en fa-
    veur du premier écuyer.   XIX   213

  — Le grand écuyer de France fait une
    faute, par humeur et par dépit, dont le
    grand maître de France profite. . . .   XIX   214

  — Oubli réparé d'une des fonctions des
    grand et premier écuyers du roi d'Es-
    pagne.. . . . . : . .   XVIII 219

Éclipse du soleil.   XI   125

Édit de 1711 sur les duchés pairies, etc.. . . .   VIII   386

  — Qui fait les bâtards du Roi et leur posté-
    rité princes du sang et habiles à suc-
    céder à la couronne.   X   213

  — La nouvelle s'en publie à Marly; effet
    qu'elle y produit.   X   215

  — Enregistré solennellement au Parlement,
    où les princes du sang et les bâtards
    sont traités également.   X   243

  — Remarquable sur le testament du Roi. .   X   265

  — De Nantes; sa révocation.   XII   106

  — Arrêt, en forme d'édit, rendu au conseil
    extraordinaire de régence, enregistré
    tout de suite au Parlement, qui pro-
    nonce sur l'affaire des princes du
    sang et des bâtards, adouci par le

Édit.   Tomes. Pages.

Régent, et aussitôt après adouci encore de sa seule autorité contre la teneur de l'arrêt. XIII   423
— Édit en faveur de la compagnie d'Occident. Quelle cette compagnie. XIV   297
— Édit de réduction des intérêts des rentes. XVII   59
— Édit pour rendre la compagnie des Indes, connue sous le nom de Mississipi, compagnie de commerce exclusif. Effets funestes de cet édit. XVII   114

EFFIAT (Abbé d'). Quel. Sa mort. II   144
EFFIAT (Marquis d'), son neveu. Avertit M. le duc d'Orléans, etc. et lui donne un pernicieux conseil que ce prince se hâte de suivre. IX   266
— Crayon d'Effiat. IX   267
— Vient à Marly. Crayon de ce personnage. XI   130
— Sa liaison avec le duc de Noailles; ses autres liaisons. Son extraction; son caractère. Est bien traité du Roi, fort considéré de M. le duc d'Orléans. . . XI   237
— Fait vice-président du conseil des finances. XII   258
— Quitte le conseil des finances et entre en celui de régence. XIII   181
— Ses manéges. XIII   305
— Sa mort. Singularité étrange de sa dernière maladie. XVI   265
Égalité de rang et d'honneurs réglee en France et en Espagne réciproquement entre les ducs de France et les grands d'Espagne. III   19
— Égalité des rois du cardinal Mazarin (sic). X   194
Église métropolitaine de Tolède. Beauté admirable des stalles du chœur. . . . XVIII   345
EGMONT (Comte d'). Épouse Mlle de Cosnac à qui le Roi donne un tabouret de grâce. I   405

Egmont.   Tomes. Pages.

— Sa mort; son caractère; sa succession.
Il étoit le dernier mâle de la maison
d'Egmont éteinte en lui.   V   342

    Voir aux GRANDS D'ESPAGNE.   XVIII   90

EGMONT (Comtesse d'), en Flandres. Sa famille.
Sa mort.   XIII   56

EGMONT COSNAC (Comtesse d'). Sa mort. . . . .   XIIH   368

ELBŒUF (Duc d').   I   228

— Va à l'adoration de la croix après le duc
de Vendôme et le grand prieur, son
frère. . . . . ; . . .   I   235

— Revient de Lorraine mal avec le duc de
Lorraine.   II   43

— Il obtient du Roi 80,000 livres.   II   296

— Perd son fils unique, tué en Italie. . . .   IV   293

— Son seul frère passe aux Impériaux. Est
pendu en Grève en effigie.   IV   408

— Leur père épousant leur mère, nièce de
M. de Turenne vivant, et sœur des duc
et cardinal de Bouillon, ne passe point
aux Bouillons la qualité de prince
dans le contrat de mariage ni dans
aucun acte. Mort de leur frère aîné du
premier lit dit le Trembleur, et pour-
quoi.   VI   247

ELBŒUF NAVAILLES (Duchesse douairière d').
Sa mort.   XIV   11

ELBŒUF (Prince d'). Quel. Obtient son abolition
et revient en France.   XVI   346

Électeur. Dire l'*électeur* au lieu de dire *Monsieur l'électeur;* courte réflexion. . . .   VII   121

Électorat IXᵉ, reconnu.   II   175

EMO. Ne peut raccommoder la république de
Venise avec le Roi..   IX   324

Emplois au dehors.   I   474

Empereur LÉOPOLD. Sa mort. Son caractère.   IV   269

— JOSEPH. Sa mort. Son caractère.   VIII   311

Empereur.   Tomes.   Pages.

— Traité de la Barrière signé à Anvers
  entre l'Empereur et les États généraux ;
  soupçons qu'il cause ; favorable au
  Prétendant.   XII   385
— CHARLES VI. Il lui naît un fils.   XIII   66
— Signe une ligue défensive avec l'Angle-
  terre, en laquelle ils veulent attirer la
  Hollande.   XIII   71
— Sa dure hauteur sur les Pays-Bas à l'é-
  gard de l'Espagne et de l'électeur de
  Bavière.   XIII   75
— Prend Temeswar. Perd son fils.   XIII   192
— Refuse d'entrer dans la triple alliance. .   XIII   297
— Ses motifs de desirer la paix du Nord. .   XIII   301
— Fait au Pape des demandes énormes ; le
  fait trembler par son incroyable hau-
  teur.   XIV   251
— Son étrange hauteur sur le comte de
  Peterborough.   XIV   132
— Fait une vaine tentative pour obtenir
  en France de nouveaux honneurs à
  son ambassadeur.   XIV   156
— Sa hauteur et ses menaces sur la paix,
  qui déplaisent à la Hollande.   XIV   257
— Il chasse la nonciature de Naples. . . .   XIV   279
— Sa roideur. Soutenu des Anglois contre
  l'Espagne.   XIV   288
— Ses fortes démarches, et ses menaces
  terribles au Pape.   XIV   431
— Répond, appuyé par l'Angleterre, par de
  fortes demandes, aux demandes préliminaires de l'Espagne.   XIV   448
— Veut les successions de Toscane et de
  Parme pour le duc de Lorraine ; en
  leurre le duc de Modène.   XV   18
— S'oppose aux bulles de Séville pour le
  cardinal Alberoni ; l'accuse à Rome

Emperor.   Tomes. Pages.

de traiter avec les Turcs. Prétendues
preuves de cette accusation.   XV   44

— Consent à tous les points du traité de
Londres.   XV   46

— Accepte le projet de paix et ménage
enfin la Hollande.   XV   58

— Superbe de ce prince.   XV   152

— Il conclut trêve ou paix avec la Porte. . XV   270

— Il fait une nombreuse promotion de chevaliers de l'ordre de la Toison d'or. . . XVII   423

Enlèvements faits pour peupler le pays dit
Mississipi; leurs tristes effets. XVII   61

ENTRAGUES, abbé. Son extraction; son singulier caractère; ses aventures.   XVI   431

Entrées.   IX   103

— Explication des diverses sortes d'entrées
chez le Roi, des changements et des
nouveautés qui s'y firent, leur impor-
tance.   XIX   97

Entrevues étranges.   V   118

Envois.   IV   60

Épisode nécessaire.   XIX   50

Époque de l'obéissance des maréchaux de
France par ancienneté les uns aux
autres.   I   44

— Des dames d'atour filles appelées Ma-
dame.   I   55

— Des ducs maréchaux de France de porter
le nom de maréchal.   I   470

— De la cessation successive des visites
du Roi, de la Reine, des filles de
France.   IV   56

— Du changement de style des secrétaires
d'État et avec les secrétaires d'État. .   V   104

— De l'admission de leurs femmes dans les
carrosses et à table.   II   338

— Du nom d'Auvergne ajouté à celui de la

Epoque.   Tomes. Pages.

Tour.   V   108

— De la conservation du rang et des
    honneurs aux évêques pairs transférés
    en d'autres siéges.   V   364

— De ce que les princesses du sang ont
    quitté la housse.   V   187

— De ce qu'elles vont à deux carrosses. .

— De ce qu'elles vont à six chevaux sans
    sortir de Paris. . . . .

— De ce que les princes du sang ont quitté
    le manteau à leurs armes. . . . .

— De visiter les princes et les princesses
    du sang, en manteau long et en mante,
    pour les deuils respectifs de famille. .   V   366

— Du nom de chevalier de Saint-Georges
    et de Prétendant demeurés enfin au
    roi Jacques III d'Angleterre.   V   416

— De l'implacable haine de la princesse
    des Ursins et de M⁰ de Maintenon
    pour M. le duc d'Orléans.   VI   45

— De la haine de M⁰ la duchesse de Bour-
    gogne pour Chamillart.   VI   98

— De la charge de surintendant de la
    maison de la Reine, et ses suites. IV 17 et VI 184

— De l'entrée des principaux domestiques
    des princes du sang dans les carrosses
    du Roi.   VI   342

— De l'admission d'évêques non pairs à
    manger avec le Roi.   XIX   72

— De l'entrée du précepteur du Roi dans
    son carrosse, et de celle de son sous-
    gouverneur sans nécessité de son
    service, c'est-à-dire le gouverneur y
    étant.   XIV   8

— Du rang de prince étranger.   VIII   73

— De la cessation des obsèques de nos rois
    à Rome, et de celles des papes à Paris.   IX   228

Époque.   Tomes. Pages.

— De la prétention des conseillers d'État
   de ne céder qu'aux ducs et aux officiers de la couronne.   X   143
— Des magistrats de s'habiller de velours
   en habit court. XVII   155
— Du traversement du parquet des princes
   du sang au Parlement, et son origine.   V   187
— De la conduite des ambassadeurs, à leur
   entrée, par un maréchal de France; et
   à leurs audiences de cérémonies, par
   un prince des maisons de Lorraine,
   Savoie ou Longueville.   II   275
— De la charge de chef du conseil royal
   des finances, et de sa nature. X   280
— De la prétention du Parlement de se
   mêler du gouvernement et d'affaires
   d'État. X   403
   D'y faire les régences. X   404
— Du tiers état. X   467
Érections. Pour quelles personnes ont été
   faites celles des duchés de Pastrane,
   de Lerma et de l'Infantade, et comment
   tombés au duc de l'Infantade de la
   maison de Silva. XVII   426
   (Voir aux GRANDS D'ESPAGNE.)
Erskin, anglois de qualité, premier médecin du
   Czar. Écrit au duc de Marr une lettre
   importante sur un projet conçu par
   lui, mais inconnu au Czar, pour
   opérer une révolution en Angleterre
   en faveur du roi Jacques III. XIII   221
Escadre angloise dans la Méditerranée contre
   l'Espagne; manéges sur cette escadre.   XV   54
— Son départ pour la Méditerranée. . . .   XV   163
— Elle bat et détruit entièrement celle
   d'Espagne. XV   293
Escurial. Appartement où Philippe II est mort. XVII 431

	Tomes.	Pages.
ESPAGNE. Mort de la reine mère.	I	310
— Mesures sur l'Espagne.	II	353
— Traité de partage de la monarchie d'Espagne.	II	320
— Conseil d'Espagne et quelques autres seigneurs.	II	367
— Seigneurs espagnols principaux. Leurs réflexions sur la mort prochaine de leur roi.	II	371
— Reine d'Espagne. Sa chute.	II	376
— Charles II, roi d'Espagne, consulte secrètement sur son héritier le pape Innocent XII Pignatelli, suit son avis, fait son testament en faveur de M. le duc d'Anjou.	II	378
— Mort de Charles II. Ouverture de son testament, et M. le duc d'Anjou demandé par l'Espagne.	II	382
— Deux grandes délibérations là-dessus à Fontainebleau, où on ne s'attendoit à rien moins.	II	385
— M. le duc d'Anjou déclaré à Versailles roi d'Espagne, sous le nom de Philippe V. Son traitement. Surprise et embarras du comte de Zinzendorf, envoyé de l'Empereur.	II	396
— Le nouveau roi est harangué par le Parlement et par tous les corps; le nonce et l'ambassadeur de Venise félicitent les deux rois.	II	403
— Philippe V proclamé en Espagne, à Milan, en Sicile, en Sardaigne. Prend l'ordre de la Toison d'or; manière de le porter. Part avec les deux princes, ses frères, et un nombreux accompagnement. Mange toujours seul pendant le voyage. Salué, dès Versailles et sur la route, par		

Espagne.   Tomes.   Pages.

plusieurs seigneurs partis exprès d'Es-
   pagne.   II   404

— Arrive à Bayonne, dit adieu aux princes
   ses frères au bord de la Bidassoa et
   passe en Espagne.   II   435

— Obtient des lettres patentes enregistrées
   pour la réservation de son droit de
   succession à la couronne de France. .   II   436

— Il est reconnu par toute l'Europe, excepté
   l'Empereur.   II   437

— Il arrive à Madrid. Disgression sur l'Es-
   pagne.   II   448

— Changements en la cour d'Espagne à son
   arrivée. Autres conseillers d'État en
   Espagne.   II   480

— Il reçoit, en cérémonie, l'ordre de la Toison d'or; en envoye le collier à M. le
   duc de Berry et à M. le duc d'Orléans.   III   54

— Est proclamé aux Indes. Va en Aragon et
   à Barcelone.   III   82

— Envoye le marquis de Castel Rodrigo à
   Turin demander et conclure son mariage avec la sœur cadette de Mme la
   duchesse de Bourgogne.   III   77

— Castel Rodrigo et la princesse des Ursins,
   grand écuyer et camarera mayor de
   la nouvelle reine, la lui amènent. Il l'é-
   pouse près de Barcelone.   III   83

— Son voyage en Italie fort délibéré à Versailles et consenti.   III   206

— Il part de Barcelone pour Naples, et la
   reine pour Madrid, régente avec un
   conseil. Il fait plusieurs grâces.   III   260

— Arrive à Naples, où il reçoit un légat. . .   III   262

— Conspiration découverte contre sa personne. Il part pour la Lombardie. Son
   entrevue avec la cour de Toscane dans

Espagne.   Tomes. Pages.

le port de Livourne, et avec le duc de
Savoie à Alexandrie. Fauteuil prétendu et manqué par le duc de Sa-
voie, que le roi d'Espagne ne voit que
debout et sans fauteuil.   III   265
— Arrive à Milan.   III   269
— Puis à Crémone. Échappe en chemin à
une conspiration contre sa personne,
dont le prince Eugène se tire fort mal.   III   288
— Philippe V se trouve au combat de Laz-
zara.   III   289
— Revient à Milan, va à Gênes, repasse en
Espagne.   III   292
— Changement entier en Espagne.   III   458
— Caractère de Philippe V.   III   462
— Se met à la tête de son armée en Por-
tugal.   IV   85
— Conspiration en Espagne.   IV   276
— Va faire le siége de Barcelone.   IV   417
— Forcé d'en lever le siége. Gagne Pampe-
lune par le pays de Foix, puis Madrid.
Obligé d'en sortir, joint de sa personne
le duc de Bervick, qui avoit une petite
armée. Dispersion de sa cour.   IV   436
— Rentre dans Madrid revenu à son obéissance.   IV   441
— Succès et réparation des armées en Espagne. Secours d'argent arrivé à l'Archiduc.   V   52
— Manquement de toutes choses à Phi-
lippe V.   V   194
— Se relève. Abolit les lois et les priviléges
de l'Aragon et de ses dépendances, et
les soumet aux lois et au gouverne-
ment de Castille.   V   203
— Indigence et négligence de l'Espagne. .   VI   44
— Petits succès en Espagne.   VI   46

Espagne.   Tomes. Pages.

— Succès qui terminent la campagne en
    Espagne.   VI   175
— Changements en Espagne. Campagne
    d'Espagne.   VII   56
— Philippe V va en Aragon se mettre à la
    tête de son armée, ayant Villadarias
    sous lui à la commander. Situation de
    l'Espagne.   VIII   109
— Petits exploits de cette armée. Le roi se
    retire à Saragosse, d'où il voit défaire
    son armée.   VIII   114
— Il se retire, avec sa cour, à Villadolid. . VIII   117
— Éloge des Espagnols. Ils dressent une
    nouvelle armée, le roi la va joindre. .   VIII   119
— Repousse ses ennemis, va passer trois
    jours à Madrid, remis avec grande joie
    sous son obéissance.   VIII   121
— La cour d'Espagne passe presque tout
    l'hiver à Saragosse.   VIII   131
— Philippe V donne à l'électeur de Bavière
    tout ce qui lui reste aux Pays-Bas. . . VIII   445
— Douleur de la cour d'Espagne de la mort
    de Mgr et de Madame la Dauphine. . . .   IX   239
— Le roi d'Espagne renonce, en plein Cor-
    tès, à la couronne de France; écrit là-
    dessus à M. le duc de Berry une lettre
    fort nette et fort tendre.   IX   377
— Perd la reine sa femme, et se retire dans
    l'hôtel du duc de Medina Celi dans Ma-
    drid.   X   132
— Fait enfin signer la paix d'Espagne, sans
    plus y mettre d'obstacle, pour ob-
    tenir une souveraineté à la princesse
    des Ursins.   X   189
— Conclut son mariage, à l'insu du Roi,
    son grand-père, avec la princesse de
    Parme.   X   198

Espagne. Tomes. Pages.

— La reine d'Espagne, princesse accomplie et charmante. Va par terre en Catalogne, y épouse le roi, de nouveau, à Figuères. Scène fâcheuse de ses dames. III 83

— Part pour l'Aragon. . . . . III 260

— Arrive à Madrid. . . . . III 270

— S'y fait garder, ce qui étoit sans exemple. III 295

— Son caractère. . . . . III 459

— Son admirable adresse. . . . . IV 221

— Va à Burgos sur la levée du siége de Barcelone. Envoie au Roi, à Versailles, les pierreries de la couronne d'Espagne, celles du roi d'Espagne et les siennes, pour les garder ou les mettre en gage, par Vaset, valet de chambre françois du roi d'Espagne, de toute confiance; puis retourne à Madrid. . . . . IV 440

— Se retire à Valladolid, après la perte de la bataille de Saragosse. Merveilles de cette princesse et des peuples. . . . . VIII 116

— Vient jusqu'à Victoria. . . . . VIII 120

— Va trouver le roi à Saragosse. . . . . . VIII 131

— Est attaquée des écrouelles. . . . . . . VIII 440

— Retourne avec le roi à Madrid. Y accouche d'un prince qui n'a pas vécu. . . IX 317

— Prend des dames du palais. . . . . IX 321

— Naissance de don Ferdinand qui a succédé au roi son père. . . . . X 88

— Malade à l'extrémité; congédie son confesseur jésuite, en prend un dominicain et meurt, au désespoir de toute l'Espagne, où sa mémoire est encore présente et adorée. . . . . X 132

— La princesse de Parme. Épouse, à Parme, le roi d'Espagne par procureur; part; sa suite. . . . . X 311

— Débarque à Monaco. Va par terre, inco-

Espagne.   Tomes.   Pages.

gnito, en Espagne. Sa dot. Sa récep-
  tion par la France.   X   322
— La reine Douairière, reçoit ordre
  du roi d'Espagne de se retirer à Tolède.
  Il va l'y visiter.   II   437
  Elle est conduite de Tolède à Bayonne.
  Son entrevue avec la nouvelle reine,
  sa nièce, passant à Bayonne allant en
  Espagne.   X   342
  (*Voir* des URSINS.)

   NOTA.— Que ces trois reines, qui devoient être
   entièrement ici, sont transportées, pour la plus
   grande partie, et fort mal à propos, ci-après
   sous le mot *reine*. (Note de SAINT-SIMON.)

— Succès de la reine auprès du roi. Elle
  donne toute préférence aux Italiens et
  s'aliène les Espagnols pour toujours.   XI   84
— Changements en Espagne.   XI   109
— Conduite de l'Espagne.   XII   372
— Pensées de l'Espagne.   XII   386
— Elle se désiste, par un traité fort avanta-
  geux aux Anglois, des articles ajoutés
  au traité d'Utrecht..   XII   387
— Naufrage de la flottille, revenant riche-
  ment chargée.   XII   388
— Mesures de l'Espagne avec la Hollande
  pour le commerce.   XII   388
— Triste opinion générale de l'Espagne. .   XIII   16
— But du secours de l'Espagne au Pape. .   XIII   19
— Le roi et la reine ne perdent point l'es-
  prit de retour, si malheur arrivoit en
  France.   XIII   19
— Soupçons et discours publics contre la
  reine et Alberoni.   XIII   60
— Demandes du roi au Pape.   XIII   77
— Vues et mesure de l'Espagne sur ses an-
  ciens États en Italie.   XIII   78

Espagne. Tomes. Pages.

— Son attention pour l'Angleterre, sur le départ de la flotte pour les Indes. . XIII 162

— Esprit de retour en France, surtout de la reine. . . . . XIII. 176

— Triste situation de l'Espagne. . . . . . . XIII 207

— Étrange réponse du roi d'Espagne au Régent, dictée par Alberoni, qui triomphe de ses mensonges. . . . . XIII 211

— La reine altière le fait sentir au duc et à la duchesse de Parme. . . . . XIII 241

— Fort propos du roi d'Espagne à l'ambassadeur d'Hollande, sur les traités avec lui et avec l'Empereur. . . . . XIII 317

— L'Espagne, à tout hasard, conserve des ménagements pour le Prétendant. . . XIII 320

— Mauvaise santé du roi d'Espagne; crainte de la reine et d'Alberoni. . . . . XIII 324

— Journées uniformes et clôture du roi et de la reine. . . . . XIII 332

— Esprit continuel de retour à la succession de France. . . . . XIV 46

— Mauvais état des finances d'Espagne. . XIV 48

— Le roi parle trois fois à Riperda, suivant le système d'Alberoni. . . . . XIV 51

— La cour à l'Escurial, malgré la reine. . . XIV 73

— Secret profond de l'entreprise sur la Sardaigne. . . . . XIV 133

— L'entreprise de l'Espagne, au-dessus de ses forces, et sans alliés, est généralement blâmée et donne lieu à beaucoup de raisonnements divers, colorée de l'enlèvement de Molinez. . . . . XIV 136

— L'Espagne publie un manifeste contre l'Empereur. Le roi d'Espagne défend à ses sujets de voir, à Rome, le cardinal del Giudice et tout commerce, avec lui. XIV 148

— Mouvements partout contre l'entreprise

Espagne.   Tomes. Pages.

de l'Espagne. Opinions diverses. . . . XIV   150
— La flotte d'Espagne en Sardaigne. . . . XIV   158
— Grande maladie du roi d'Espagne. Soli-
     tude de sa vie. XIV   233
— Il fait son testament. XIV   239
— Avis à l'Espagne; raisonnement sur
     Naples. XIV   244
— Foiblesse d'esprit du roi, quoique guéri. XIV   246
— Sa déclaration sur la paix. Il est inac-
     cessible. XIV   271
          (Voir ALBERONI sur tout cet article.)
— Son triste état personnel, quoique rétabli. XIV   287
— L'Espagne ne pense qu'à se préparer à
     la guerre. Déclare au roi d'Angleterre
     qu'elle regardera comme une infrac-
     tion tout envoi d'une escadre an-
     gloise dans la Méditerranée. XIV   415
— Mauvais état de la personne du roi
     d'Espagne. XIV   430
— Objet des ministres d'Espagne. XIV   446
— État personnel du roi d'Espagne. XV   3
— Sa hauteur et sa foiblesse à l'égard de
     Rome. XV   9
— Menaces de l'Espagne méprisées en An-
     gleterre. Protestations et déclarations
     fortes de l'Espagne à Paris et à
     Londres. XV   39
— Grands préparatifs hâtés en Espagne.
     Marquis de Lede et don Joseph Pa-
     tiño mandés à Madrid. XV   42
— Menaces de l'Espagne au Pape. XV   70
— Fortes démarches de l'Espagne sur les
     bulles de Séville. XV   73
— L'Espagne voudroit au moins conserver
     la Sardaigne. Mal servie par la France. XV   87
— Ministres espagnols protestent, dans
     toutes les cours, que l'Espagne ne

Espagne.   Tomes. Pages.

consent point au traité.   XV   89
— Le roi d'Espagne rejette avec hauteur le
    projet du traité, communiqué enfin
    par Nancré, et se plaint amèrement. .   XV   91
— La Sardaigne est achoppement à la paix.   XV   93
— Forces actuelles de l'Espagne. XV   103
— Forces de l'Espagne en Sardaigne; dis-
    positions de la Sicile. XV   109
— Le roi d'Espagne veut demander compte
    aux états généraux du royaume de
    France de la conduite du Régent. Ne
    se fie point aux protestations du roi
    de Sicile. XV   116
— Divers faux raisonnements.   XV   117
— Riche prise des contrebandiers de Saint-
    Malo par les Espagnols, dans la mer du
    Sud. XV   133
— Foiblesse singulière du roi d'Espagne,
    abus qui s'en fait. XV   134
— Maladie et guérison du roi d'Espagne.
    Ministres d'Espagne au dehors décla-
    rent que le roi d'Espagne n'acceptera
    point le traité. Détail des forces d'Es-
    pagne fait en Angleterre avec menaces.   XV   164
— Forte et menaçante déclaration de l'Es-
    pagne aux Hollandois.   XV   172
— La flotte espagnole arrivée en Sardaigne,
    crue aller à Naples. Triste état du
    royaume de Naples pour l'Empereur.   XV   207
— Efforts de l'Espagne à détourner les
    Hollandois de la quadruple alliance. .   XV   218
— Éclat entre Rome et Madrid. Raisons
    contradictoires. Vigueur du conseil
    d'Espagne. XV   236
— Partage de la peau du lion avant qu'il
    soit tué; secret de l'entreprise de-
    meuré entier jusqu'à la prise de Pa-

Espagne.   Tomes.   Pages.

lerme.   XV   241

— Rupture éclatante entre le Pape et le roi
    d'Espagne. Raisonnements.   XV   247

— Soupçons mal fondés d'intelligence
    entre le roi d'Espagne et le roi de
    Sicile.   XV   248

— Les Espagnols dans Messine. Court
    exposé depuis 1716.   XV   278

— Projets de l'Espagne avec la Suède contre
    l'Angleterre.   XV   288

— Les Espagnols défaits ; leur flotte dé-
    truite par Bing.   XV   293

— Sages et raisonnables desirs. Galions arri-
    vés à Cadix (t. XIII, p. 131). Demande du
    roi d'Espagne à l'Empereur impossible.   XV   294

— Riche flotte d'Amérique arrivée à Cadix.   XVI   101

— Politesse et dignité des Espagnols. . .   XVIII   229

Espèces. Leur valeur augmentée.   XII   403

— Leur diminution.   XVI   251

— Refonte et diminution.   XVI   345

— Autre diminution.   XVII   104

Épée aux prisons.   XII   429

Espernon. Tentative de la chimère de la dignité
    d'Espernon échouée.   I   159

Espernon (Duchesse d'), carmélite. Sa mort. . .   III   70

Espernon (Duc d'), fils du duc d'Antin. Épouse
    la 2ᵈᵉ fille du duc de Luxembourg. .   XVIII   443

Espinay. Épouse une fille d'O.   IV   240

— Sa femme devient dame d'atour de
    Mᵐᵉ la duchesse d'Orléans par la mort
    de la première femme de Castries. . .   XIV   391

Espinoy. Princesse d'Espinoy, douairière, Cha-
    bot R[ohan]. Sa mort.   II   99

— Sa belle-fille Lorraine et Mˡˡᵉ de Lisle-
    bonne sa sœur ; leur éclat solide. (Voir
    t. V, p. 212.)   III   58

— Mort et caractère du prince d'Espinoy.   IV   165

Espinoy.   Tomes. Pages.

— Son père, chevalier de l'ordre en 1661,
reçu sans nulle difficulté parmi les
gentilshommes. Cause du tabouret de
grâce qu'il obtint.   IX   99
— Le dernier avoit obtenu une pension de
12,000 livres sur les biens confisqués,
en France, au prince de Carignan. . .   IX   122
— Sa sœur aînée, demeurée fille, obtient
6,000 livres de pension du Roi.   XVI   118
ESPRIT (Ordre du Saint-). Fausseté insigne sur
les registres de l'ordre, à l'égard du
prince de Soubise et du comte d'Au-
vergne, sur la promotion de 1688. . .   II   81
— Disgression sur les charges de l'ordre;
grand aumônier pourquoi sans preuves, et attaché à la charge de grand
. aumônier de France.   III   439
— Grands officiers de l'ordre sont les seuls
des grands ordres qui en portent les
marques ordinaires sur eux comme les
chevaliers.   III   440
— Différences des grands officiers d'avec
les chevaliers, et des grands officiers
entre eux. . . . . :   III   440
— Abus du titre de commandeur, d'où venu.   III   441
— Origine de l'espèce d'honneurs du Louvre
et de la singulière distinction du chancelier de l'ordre.   III   444
— Vétérans grands officiers. Abus comment
introduit. Rapés de l'ordre, étrange
abus.   III   447
— Abus du collier de l'ordre aux armes des
grands officiers.   III   453
— Abus des grands officiers représentés en
peinture, et sur leurs tombeaux en
statues avec le collier de l'ordre qu'ils
n'ont point et le grand manteau de

. Esprit (Ordre du Saint-).   Tomes. Pages.

l'ordre pareil à celui des chevaliers.
Plaisante question d'une bonne femme.   III   455
— Abus et suites de la promotion de l'ordre
que le Roi fit, en 1705, des seuls et de
tous les maréchaux de France, et sa
cause.   IV   206
— Remarques sur les cérémonies de leur
réception.   IV   214
Estaing (Comte d'). Défait les miquelets en
. Catalogne.   VI   175
— Vend sa charge de la gendarmerie.
Chimère de ce corps sur l'ordre du
Saint-Esprit.   IX   276
— Marie sa fille au marquis de Saint-Sul-
pice Crussol.   XI   125
— Obtient le gouvernement de Douay, par
la mort de Pomereu.   XVI   96
— En obtient la survivance pour son fils,
en le mariant à la fille unique de
Mme de Fontaine Martel.   XIII   198
Estaires (Comte d'). Obtient l'ordre de la
Toison, d'or.   VIII   200
Estampes. Promu par Monsieur à l'ordre du
Saint-Esprit. Plaisante anecdote. . . .   IX   283
— Sa mort; son caractère; sa famille. . . .   XIII   192
Estampille. Ce que c'est en Espagne.. . . . .{ II   479
                                            { XVII   318
États en Catalogne.   III   260
— d'Aragon.   III   270
Tiers état en France. Son époque.   X   465
États divers des Grands d'Espagne :
Voir aux Grands d'Espagne depuis. . .   XVIII   112
jusqu'à.   XVIII   128
Este. Disgression sur la maison d'Este.   XVI   320
— Bâtards d'Este, ducs de Modène et de
Reggio jusqu'à aujourd'hui.   XVI   323
Estevan de Gormaz (San). Belle action de lui. VIII   127

Estevan de Gormaz (San).   Tomes. Pages.

  Voir aux GRANDS D'ESPAGNE.. . . . . . XVIII 92

ESTEVAN DEL PUERTO (San), majordome-major
  de la reine d'Espagne Savoie. . . . . III 78

  Voir aux GRANDS D'ESPAGNE. . . . . . XVIII 92

ESTOUBLON.

ESTRADES. Abbé d'Estrades, fils du maréchal.
  Ses emplois; son malheur; son mérite; sa mort. . . . . XI 124

— Chevalier, son frère. Sa mort. . . . . VIII 175

— Leur frère aîné, sa mort; sa naissance;
  son caractère. . . . . VIII 175
  Son fils lieutenant général se laisse
  engage par le duc du Maine d'accompagner le prince de Dombes, son fils,
  en Hongrie. . . . . XIII 365
  Il y est tué. Sa mairie perpétuelle de
  Bordeaux donnée à son fils. . . XIV 120 et 121

ESTRÉES (Duc d'). Sa mort. . . . . II 103

— Son fils unique obtient son gouver-
  nement de l'Île-de-France. . . . . . . II 103
  Épouse une fille du duc de Nevers. . . V 175
  Vend son gouvernement au comte
  d'Évreux. . . . . XVI 338
  (*Voir* aux ducs, t. XIX, p. 132, ce qui le
  regarde.)
  Sa mort sans enfants. . . . . XIX 132
  Sa sœur aînée déclare son mariage avec
  d'Ampus. . . . . XVIII 443
  L'autre sœur épouse après du Laurent
  frère d'Ampus et n'ont point d'enfants.

ESTRÉES (Cardinal d'). Sa distraction sur un
  festin. . . . . II 24

— Va de Rome à Venise, de la part du Roi.
  Suit le roi d'Espagne à Milan, à Gênes,
  en Espagne. . . . . III 292

— S'y retire des affaires avec le cardinal
  Portocarrero, brouillés tous deux à

Estrées (Cardinal d').   Tomes. Pages.

l'excès avec la princesse des Ursins. .   III   470
— Revient en France.   IV   26
— Est pourvu de l'abbaye de Saint-Ger-
  main des Prés, à Paris.   IV   85
— Sa mort; son extraction; sa famille; son
  mérite; son caractère.   X   344
— Il avoit le premier obtenu, quoique alors
  cardinal depuis dix ans, un brevet de
  continuation du rang et honneurs de
  duc et pair, en se démettant de son
  évêché de Laon en faveur du fils de
  son frère aîné, sans avoir eu depuis
  d'autre évêché en France; on dit en
  France parce qu'il passa dans l'ordre
  des cardinaux évêques en optant l'évêché d'Albano par son ancienneté dans
  le sacré collège. Ses rares distractions.   X   350
— Plaisant trait pour se délivrer de ses
  gens d'affaires.   X   352
— Quelques-uns de ses bons mots.   X   354
ESTRÉES, second maréchal. Obtient le gouvernement de Nantes etc., la lieutenance générale et le commandement en chef de
  Bretagne.   III   50
— Y va.   III   250
— Sa fortune; son mérite; sa mort.   V   256
— Mort de sa veuve; sa naissance; son caractère.   X   182
ESTRÉES (Comte d'), troisième maréchal. Épouse
  une fille du maréchal de Noailles qui est
  en même temps faite dame du palais
  de Mme la duchesse de Bourgogne
  (t. II, p. 10), après sa tentative échouée
  de la chimère de la dignité d'Espernon
  en épousant Mlle de Rouillac, morte fille.   I   161
— Il passe le roi d'Espagne, de Barcelone à
  Naples, qui le fait grand d'Espagne.   III   260

Estrées (Comte d').   Tomes. Pages.

— Essuie à son retour, près de Paris, une
     fâcheuse opération. . . . . III 353

— Est fait maréchal de France et prend le
     nom de maréchal de Cœuvres. . . . . III 374

— Va aux ports et à la mer sous le comte de
     Toulouse. . . . . , . . . IV 95, 308 et 393

— Prend le nom de maréchal d'Estrées à la
     mort de son père, et en obtient les
     emplois, etc., en Bretagne. . . . . . VI 258

— Est président du conseil de marine. . . XII 238

— Devient duc et pair par la mort du duc
     d'Estrées, fils de son cousin germain. XIX 132

— Singularité de son grand-père, son père
     et lui, tous trois maréchaux de France,
     et tous trois morts doyens des maré-
     chaux de France. . . . . V 256

— Quels, lui et l'abbé d'Estrées son frère,
     à l'égard de M. le duc d'Orléans. . . . XI 224

Estrées (Abbé d'). Ses emplois, va trouver le
     cardinal, son oncle, en Espagne. . . . III 292

— Y est déclaré ambassadeur de France au
     départ de son oncle. . . . . III 470

— Son caractère. . . . . IV 29

— Obtient son rappel, brouillé à l'excès
     avec la princesse des Ursins. . . . . . IV 81

— Est fait commandeur de l'ordre du Saint-
     Esprit sur le prétendu exemple de
     l'abbé des Chastelliers. . . . . IV 84

- Est mis dans le conseil des affaires
     étrangères. . . . . XII 234

— Nommé à l'archevêché de Cambray, à la
     mort du cardinal du Bois. . . . . . . XII 412

— Mort comme il alloit recevoir ses bulles.
     Ses dispositions. . . . . XIV 359

Étrennes. Le Roi n'en reçoit point du trésor
     royal en 1710, et n'en donne point non
     plus à la famille royale comme il lui en

Étrennes.   Tomes. Pages.

    donne tous les ans.   VII   260

Étiquette sur les attelages, prise d'Espagne
    au passage de l'archiduc à Milan, re-
    tournant de Barcelone, élu empereur,
    en Allemagne.   IX   137

Évêchés donnés et autres grâces et force
    abbaye. . . . . XII 412 et XIII   54

Évêques présents au service de M. le prince
    de Conti prétendent vainement des
    fauteuils, y demeurent et s'en passent.   VI   285

— Évêques d'Espagne, devenant, par suc-
    cession de famille, grands d'Espagne,
    en portent le titre et quittent celui de
    leur évêché ou archevêché.   VII   335

— Prétentions des évêques refusées aux
    obsèques de Mgr et de Madame la
    Dauphine. Règle de ces choses.   IX   232

— Ils obtiennent pourtant, à leur enterre-
    ment à Saint-Denis[1], le premier salut
    pour la première fois séparément, de
    celui de l'autel.   IX   303

— Usurpent, pour la première fois, des fau-
    teuils et des carreaux en gardant le corps
    de M. le duc de Berry aux Tuileries. .   X   179

— Leurs assemblées. . . . .   { XI   264
                           { XIV   116

— Évêques polonois. Leur sagesse et leur
    dignité à l'égard des cardinaux et du
    cardinalat.   XVI   371

— Commerce avec Rome, totalement, étroite-
    ment et très-sagement défendu aux évê-
    ques et aux ecclésiastiques de France,
    excepté par banquiers pour bulles, etc.,
    comment devenu fatalement permis. .   XVI   381

— Abus adroitement et nouvellement intro-

---

1. Saint-Simon dit à Notre-Dame dans les *Mémoires.*

Évêques.   duit de faire par les évêques nomm
avant d'avoir leurs bulles, leur pro
fession de foi entre les mains du n
à Paris, au lieu de continuer à la f
devant le métropolitain ou devant
chevêque de Paris. . . . .

— Évêques, archevêques et le nonce m
n'ont en Espagne que la *Seigneur*
lustrissime. Ce n'a été qu'en 1722
le seul archevêque de Tolède ob
pour soi et ses successeurs arch
ques de Tolède l'*Excellence*. . . .

EUGÈNE (Prince) de Savoie. Sa fortune. 1
président du conseil de guerre de l'
pereur Léopold. . . . .

— Commande en Italie. . . . .
— En Flandres. . . . .
— Dit à Biron, prisonnier au combat d'
denarde, un audacieux mot sur
charge de colonel général des Suiss
que le comte de Soissons, son pè
avoit en France et que le duc
Maine eut à sa mort. . . . .

— Est mal avec l'empereur Charles VI. .
— Sa témérité et du duc de Marlboroug
— Est froidement reçu de l'Empereur
Inspruck. Cause de sa disgrâce et
ses suites jusqu'à sa triste mort. .

— Il assiège Landrecies. . . . .
— En lève le siége. . . . .
— Confère, traite et signe à Rastadt, a
le maréchal de Villars, la paix ave
France. . . . .

— Puis à Baden. . . . .
— Gagne sur les Turcs la bataille de S
kemen. . . . .

— En gagne une autre sur eux devan

Eugène (Prince).   Tomes. Pages.

  grade et prend cette place. . . . . . . XIV 160

ÉVREMONT (Saint-). Quel. Cause de sa disgrâce
  et de sa retraite en Angleterre. Sa
  mort. . . . . IV 4

ÉVREUX (Comte d'). Quel. Obtient permission
  d'acheter la charge de colonel général
  de la cavalerie, du comte d'Auvergne,
  son oncle. . . . . III 395

— Et 400,000 livres de brevet de retenue
  dessus. . . . . IV 234

— Une pension du Roi de 20,000 livres pendant la guerre. . . . . IV 398

— Épouse la fille de Crosat. . . . . V 163

— Son dépit de n'avoir obtenu, ni le gouvernement de Limousin, qu'avoit le
  comte d'Auvergne, ni son logement à
  Versailles à sa mort. . . . . V 349

— Ses lettres étranges à Crosat sur la campagne de Flandres de 1708. Son caractère. . . . . VI 89

— Est exclu de servir. Mᵐᵉ la duchesse de
  Bourgogne empêche Mᵍʳ le duc de
  Bourgogne de s'en laisser rapprocher. VI 300

— Il entre singulièrement au conseil de
  guerre et fait les fonctions de sa
  charge. . . . . XIII 112

— Bruit des mestres de camp de cavalerie
  sur le style des lettres qu'il leur écrit,
  fini par un *mezzo termine*. . . . . XIV 403

— Cesse de faire aucune fonction de sa
  charge qui retournent (*sic*) au secrétaire d'État de la guerre. . . . .

— Achète du duc d'Estrées le gouvernement de l'Ile-de-France. . . . . XVI 338

Excellence. À qui donnée en Espagne, fort
  prostituée... sans usage en France. XVIII 154

EXILLES. Pris par le duc de Savoie. . . . . . . VI 151

Exilles.

<table>
<tr><td></td><td>Tomes.</td><td>Pages.</td></tr>
</table>

Expéditions heureuses à la mer. . . . . V 304

— Du duc de Savoie en Provence et à Toulon. V 305

Dans la lettre E { Noms propres. . . 33 / Autres. 26

En tout 59

FABRONI (Cardinal). Quel. Dresse en secret, seul avec le jésuite Aubanton, la constitution *Unigenitus*. . . . . X 25

— La publie malgré le Pape. . . . . X 89

FAGON, premier médecin du Roi. . . . . I. 105

— Est taillé de la pierre. . . . . III 197

— Son mot pronostic sur le P. Tellier. . . VI 243

— Fait son fils intendant des finances. . . X 205

— Sa retraite et sa mort. . . . . XIV 359

— Son fils fait conseiller d'État. . . . . . . XV 354

Est admis au secret et en quelques conférences sur le lit de justice des Tuileries. XV 417

S'avise sagement de remettre au samedi à arrêter quelques membres du Parlement qui le devoient être le vendredi. XV 453

Refuse, par deux différentes fois, la place de contrôleur général des finances. . . . .

Fanatiques. . . . . III 398

— Raison de ce nom. . . . . III 403

— Soutenus par la Hollande et Genève. . IV 53

— Secourus par les autres alliés. Éteints. IV 112

FARE (La), capitaine des gardes de Monsieur, puis de M. le duc d'Orléans. Sa mort. Son caractère. . . . . IX 315

FARE (La), son fils, capitaine des gardes de M. le duc d'Orléans, achète une lieutenance générale de Languedoc du comte du

Fare (La).　　　　　　　　　　　　　　　　　　　Tomes.　Pages.

Roure, lequel obtient en même temps
la survivance de son gouvernement du
Pont-Saint-Esprit pour son fils. . . . XVI　　95

— Il va en Espagne de la part de M. le duc
d'Orléans, à l'occasion du double mariage. . . . . XVII　326
(Le *voir* en Espagne sous l'article de
Saint-Simon.)

— Y obtient la Toison d'or. . . . . . . XVIII　267

— Il arrête le maréchal de Villeroy dans
l'appartement du Régent à Versailles. XIX　　4

— Son frère, évêque de Viviers, passe à
l'évêché de Laon, au pieux refus de
Belsunce, évêque de Marseille. Quel
fut cet évêque de Laon. . . . . XIX　156

Fare Lopis (La), abbé. (*Voir* du Bois). . . . . . XVI　395

Fargues. Son inique catastrophe. . . . . IV　311

Farnèse. Disgression sur la maison Farnèse. . XVI　320

— Bâtards de Farnèse, ducs de Parme et
de Plaisance, jusques au père et à
l'oncle paternel de la reine d'Espagne,
morts sans postérité masculine. . . . XVI　323

Faux-saunages à force ouverte. . . . . . . V　344

Faux-sauniers. Excités, soutenus. . . . . . IV　451

Fayette (Mme de la). Quelle. Sa mort. . . . . . IX　334

Félix, premier chirurgien du Roi. Sa mort. . III　413

Fénelon (Abbé de). Sa fortune. . . . . I　271

— Est fait précepteur des enfants de
France. . . . . I　273

— Archevêque de Cambray. . . . . I　274

— Lutte sourdement contre Godet, évêque
de Chartres. . . . . I　298

— Son affaire éclate sur le quiétisme et
continue. Mandements théologiques de
Noailles, archevêque de Paris, et de
Bossuet, évêque de Meaux, qui s'unis-
sent dans cette affaire à l'évêque de

Fénelon (Abbé de).   Tomes. Pages.

Chartres.   I   406 et 413

— Fénelon compose à la hâte, et fait im-
    primer de même, son livre des *Maxi-*
    mes des saints. Ce livre est soumis à
    douze examinateurs convenus. L'au-
    teur porte cette affaire à Rome. Lettres
    au Pape de part et d'autre. Réponses du
    Pape. Fénelon est exilé dans son dio-
    cèse pour toujours. Terrible orage sur
    tous les siens et sur ses principaux
    amis.   I   408 et 416

— Liaison intime de Fénelon avec les jé-
    suites et le cardinal de Bouillon ; leurs
    intérêts communs.   I   410

— Il fait et publie une réponse à Bossuet.   II   99

— *Maximes des saints* de Fénelon con-
    damné à Rome.   II   185

— Soumission de Fénelon, prompte, pleine
    illustre. Pensées et desseins de ses
    amis.   II   187

— Acceptation, par voie de jugement, de
    celui du Pape par tous les évêques as-
    semblés par métropoles en jugeant ;
    enregistrement au Parlement en con-
    séquence. Procédé admirable de Féne-
    lon, infâme de Valbelle, évêque de
    Saint-Omer, dans l'assemblée provin-
    ciale de la métropole de Cambray. . .   II   188

— Fénelon, passionnément aimé de M^r le
    duc de Bourgogne et attaché de même
    à lui, ne peut le voir que deux fois en
    sa vie, et un instant public chacune,
    à la portière de sa chaise, à la poste à
    Cambray.   III   272

— Quel Fénelon à l'égard de la mort de
    Monseigneur.   VIII   419

— Lueur trompeuse pour lui.   X   5

Fénelon (Abbé de).

Tomes. Pages.

— Son intime union avec son petit trou-
peau, l'ardeur incroyable duquel pour
lui ne se put jamais ralentir pour lui
dans pas un. . . . . VIII 423

— Son ambition; ses amis; mesures pour
lui pour après la mort du Roi, qui le
survécut. . . . . X 286

— Sa vie; sa conduite; sa mort. . . . . . XI 56

— Lui et Bossuet, évêque de Meaux, consultés et contraires à la déclaration
du mariage du Roi et de Mme de Maintenon; le premier achève d'en être
perdu; raisons qui sauvent l'autre. . XII 113

Feriol, ambassadeur à Constantinople. . . . . II 205

— Son démêlé. . . . . VI 180

Ferté (Duc de la). Quel. Sa mort. Son duché
pairie éteint. Son frère jésuite. . . . . III 429

— Mort et caractère de la maréchale, leur
mère. . . . . X 142

— Quel fut ce P. de la Ferté jésuite. . . . XIII 185

Ferté (Duchesse de la). Sa pestilentielle audace. . . . . XVII 259

Fervaques. Quel. Sa mort; son testament; sa
dépouille. . . . . II 40

— Fervaques, son neveu, épouse Mlle de
Bellefonds. . . . . V 420
Quitte le service. . . . . VIII 164

Festin des rois et force bals à la cour. . . . . V 374

Feversham (Comte de), frère des maréchaux
ducs de Duras et de Lorges. Sa fortune en Angleterre; son caractère; sa
mort. . . . . IV 394

Feuillade (Duc de la). Vole l'évêque de Metz,
son oncle paternel, en passant à Metz. I 321
Mort, fortune, emplois de ce prélat. . I 418

— Mort de la duchesse de la Feuillade,
sœur de la Vrillière. . . . . I 469

Feuillade (Duc de la).   Tomes. Pages.

— Duc de la Feuillade. Son caractère. Il
    épouse une fille de Chamillart.   III   195
— Est fait, de colonel, maréchal de camp
    tout d'un coup.   III   242
— Va commander en son gouvernement de
    Dauphiné.   IV   25
— Est fait lieutenant général seul.   IV   64
— Demeure, en chef, en Dauphiné et en
    Savoie. Devient général d'armée. Prend
    Suse et les vallées.   IV   104
— Fait de petits exploits.   IV   169
— Et de nouveaux petits exploits.   IV   236
— Achève le siége de Chivas, qu'il n'avoit
    pas commencé.   IV   303
— Est proposé à Chamillart par le Roi pour
    faire, en chef, le siége de Turin, qui se
    diffère.   IV   320
— Ce siege enfin résolu. La Feuillade, sin-
    gulièrement confirmé à le faire en
    chef, arrive devant la place.   IV   421
— Court follement après le duc de Savoie
    sorti de Turin. Sa mauvaise conduite;
    est fort haï dans son armée.   V   2
— Sa pernicieuse conduite. Mauvais état
    de ses lignes et du siége.   V   19
— Sa triple et formelle désobéissonce à
    M. le duc d'Orléans, général sur le
    tout, et présent.   V   24
— De dessein ou de négligence, prive M. le
    duc d'Orléans de la communication
    avec l'Italie par Ivrée, après la perte de
    la bataille de Turin.   V   31
— Sa prise avec Albergotti. Son désespoir
    feint ou véritable.   V   32
— Ses prises avec le cardinal le Camus à
    Grenoble. Il est rappelé et perdu. Salue
    le Roi, en est très-mal reçu.   V   43

Feuillade (Duc de la).   Tomes. Pages.

— Est refusé de suivre volontaire Monseigneur qui devoit aller commander
   l'armée en Flandres, qui n'y alla pas.   VI   300

— Son procédé infâme à la chute de Chamillart, toujours entêté de lui......   VI   447

— Son misérable procédé dans l'affaire de
   la prétention de d'Antin à la dignité
   d'Espernon...................   VIII   190

—. Quel à l'égard de la mort de Monseigneur. VIII   411

— Se déchaîne outrageusement, sans nulle
   sorte de mesure, contre M. le duc d'Orléans, à la mort de Mgr et de Madame la
   Dauphine.   IX   273

— Profite, par Canillac, de la foiblesse de
   M. le duc d'Orléans, lors régent, qui lui
   pardonne, le nomme à l'ambassade de
   Rome, où il ne fut point, et le combla
   de grâces et de biens.   XII   397

   Il achète, pour M. le duc de Chartres,
   son gouvernement de Dauphiné, le
   comble d'argent et de grâce.   XVI   299

   Enfin le fait pair de France le premier
   de tous ceux qu'il a faits ....

— Mort de sa femme.   XIII   98

Feuillée (La). Ancien lieutenant général, fort
   vieux et fort estimé, est donné par le
   Roi pour mentor à Monseigneur allant
   commander l'armée de Flandres.   1   181

— Sa mort......................   II   178

Feuquières, cadet. Épouse la fille du peintre
   Mignard.   1   293

Feuquières, aîné, lieutenant général, qui a laissé
   d'excellents mémoires sur la guerre.
   Est refusé de servir; son pernicieux
   caractère...................   III   241

— Sa mort. Sa famille, etc.   VIII   173

Feux d'artifice, admirables à Madrid. ...   XVIII   330

	Tomes.	Pages.
FIEFMARCON, lieutenant général de Roussillon. .	X	5
FIENNES. Commande en chef en Catalogne. . .	IX	312
— Sa mort.	XIII	40
FIESQUE (Comtesse de). Sa naissance. Sa mort. Son rare caractère.	II	242
— Naissance, caractère, mort du comte de Fiesque, son fils.	VI	180
Fiançailles. Origine des fiançailles dans le cabinet du Roi, de ceux qui ont le rang de prince étranger.	XIV	400
FIEUBET, conseiller d'Etat distingué, procure un vol étrange et plaisant à Courtin, son ami et son confrère. Retraite de Fieubet; sa mort; son caractère.	IV	40
FIGUERROA. Ducs de Médina Celi : *voir* aux GRANDS D'ESPAGNE.	XVIII	24
Fils de France. Leur cérémonial du premier jour de l'an.	VII	171
— Extrémité des deux fils de France à la mort de Monsieur et de Madame la Dauphine. Ils sont tous deux nommés sans cérémonie au baptême. Tous deux empoisonnés. L'aîné meurt, le cadet échappe et règne sous le nom de Louis XV.	IX	238
— Disgression sur le prétendu droit des fils et filles de France etc., de présenter au Roi des sujets pour être faits chevaliers de l'Ordre.	IX	278
— Fils et filles de France ont un dais et un balustre dans leur appartement dans la maison du Roi, et le tendent aux grands deuils, privativement aux princes et princesses du sang.	X	179
— Magistrats de la plus haute robe, non pas même le chancelier ni leurs femmes, ne mangent point, les magistrats avec		

Fils de France.   Tomes. Pages.

les fils de France, leurs femmes avec
les filles de France, mais les servent. .   **V**   334
— Filles de France de tout temps, dites et
appelées *Madame* tout court et pour-
quoi. . . . .   **VI**   355
Fils de France (Petits-). Époque et origine
de ce rang à peu près aussi inférieur à
celui de fils de France, qu'il est supé- .
rieur à celui des princes et princesses
du sang. . . . .
— Leur cérémonial du premier jour de l'an.   **VII**   171
— Ont, dans les appartements qu'ils oc-
cupent dans la maison du Roi, les
mêmes distinctions intérieures des
fils et filles de France dans les leurs.
Pareillement les petites-filles de France.   **X**   179
— Celles-ci ont, comme la Reine et comme
les filles de France, leur housse clouée
et leurs carrosses de deuil en clous redoublés couleur d'eau, privativement
l'un et l'autre aux princesses du sang.
Filles d'honneur et dames d'honneur
des bâtardes du Roi et des femmes de
ses bâtards mangent, dansent à l'égard
des filles, et entrent dans les carrosses,
quant aux dames d'honneur, privativement à celles des princesses du sang
qui n'y sont point admises, par une
grâce que le Roi a voulu leur faire. . .   **I**   350
Filles de Saint-Cyr. . . . .   **IV**   238
Fitz-James (Duc de). Épouse la fille du duc de
Duras. . . . .   **XVII**   51
— Meurt sans postérité. . . . .   **XVII**   287
Finances: Leur état forcé à la mort du Roi.
Banqueroute alors préférable à tout
autre parti, et pourquoi. . . . .   **XI**   269
— Origine de leur débordement aux princes

Finances.   Tomes. Pages.

et princesses du sang.   XIV   405
— Foule d'opérations de finance. XVII   125
— Leur chaos. XVII   165
Financiers. Quels à l'égard de la mort de
    Monseigneur. . . . . VIII 411
FLAMARENS. Épouse Mlle de Beauvau. XIV   10
Flatteries déplorables pendant le siége de
    Lille.   VI   122
— Autres aussi misérables.   VI   128
FLÉCHIER, évêque de Nîmes. Quel. Sa mort. . VII   281
FLEURY (Abbé). Quel. Confesse le Roi. XIII   187
— S'en retire bientôt après. Sa mort. . . . XIX   131
FLEURY, évêque de Fréjus, depuis cardinal et
    plus que premier ministre. Son extrac-
    tion. Ses commencements; ses progrès;
    sa conduite; comment fait évêque. . .   II   147
— Sa surprenante conduite à l'égard du
    duc de Savoie passant à Fréjus pour
    son entreprise sur Toulon.   V   306
— Disgression sur ce prélat.   V   307
— Il conduit, prié par Monsieur le Duc, le
    corps de Monsieur le Prince à Valery.   VI   344
— Ses sourdes et profondes menées pour
    être précepteur de Louis XV.   XI   67
— Origine de sa haine implacable et de sa
    persécution constante, sans bornes
    ni mesure, contre le P. Quesnel, et, à
    cause de lui, contre les jansénistes, de-
    puis le premier moment de son crédit
    jusqu'à sa mort.   XI   69
— Voir les pièces et l'extrait du P. Ques-
    nel sur ce prélat.   XI   69
— Il est, sous une apparente modestie et
    mansuétude, sublimement ingrat, glo-
    rieux et vindicatif.   XI   69
— Officie devant le Roi, sans en dire un seul
    mot au cardinal de Noailles, diocésain. XIII   185

Fleury.   Tomes. Pages.

— Obtient l'entrée dans le carrosse du Roi
où jamais précepteur ni évêque non
pair n'étoit entré. Les sous-gouver-
neurs l'obtiennent à cet exemple. . . . XIV   9

— Son gouvernement. Chaînes dont il se
laissa lier par l'Angleterre. Il est sans
la moindre teinture des affaires lors-
qu'il en saisit le timon. XV   318

— Son aventure dite d'Issy. XV   320

— Parfaitement désintéressé sur l'argent
et les biens, mais d'une avarice plus
que sordide, non pour lui ni chez lui,
mais pour l'État, pour le Roi, pour les
particuliers. XV   322

— Cette avarice ne veut point de marine;
est encore, à d'autres égards, pernicieuse à l'État. Il est personnellement
éloigné de l'Espagne, et la reine d'Espagne et lui brouillés sans retour jusqu'au scandale. XV   324

— Il met sa personne à la place de l'importance du ministère qu'il exerce et en
devient cruellement la dupe. XV   324

— Horace Walpole, ambassadeur d'Angleterre, l'ensorcelle; trois objets des Anglois. XV   325

— Premiers ministres funestes aux états
qu'ils gouvernent. XV   327
  Voir du Bois. XVII   254

— L'archevêché de Reims offert à Fleury.
Il est pressé de le prendre, il le refuse
obstinément; motifs de l'un et de
l'autre. XVII   275

— Il accepte à grand'peine l'abbaye de
Saint-Étienne de Caen. N'est point
avide de biens. XVII   280

— Démesurément ingrat, empêche que

Fleury.   Tomes. Pages.

Reims soit donné à l'archevêque d'Alby. XVII   282

— Sa fuite inconnue lorsque le maréchal
de Villeroy fut arrêté. Découvert à
Basville; de retour aussitôt que
mandé. XIX   7

— Il se tire fort mal de cette fuite. Sa joie
qui perce, et ses espérances fondées
sur l'éloignement du maréchal de Villeroy. XIX   11

— Son art. Son ambition extrême; sa profonde conduite. XIX   11

— Sa fausse politique. Il veut se rendre
maître de tout à l'ombre d'un prince
du sang, fantôme de premier ministre
de nom et d'écorce. XIX   161

FLORANGES (Le maréchal de), de la maison de
la Marck, seigneur de Sedan et de
Bouillon. Obtient un rang personnel
de duc. Son fils se donne le premier
le titre de prince de Sedan qu'il s'ar-
roge de lui-même.   V   90

FLORENSAC (Marquise de). Sa mort.   IV   273

FLOTTE et RENAUT. Quels. Domestiques de M. le
duc d'Orléans arrêtés en Espagne. . . VII   28

— Conduits au château de Ségovie. VIII   110

— Élargis, renvoyés libres en France. Ce
qu'ils deviennent. XI   110

Flotte des Indes. Arrivée au port Louis. . .   X   205   •

Flottille. Arrivée en Espagne.   II   433

FOIX (Duc de). Otage à Turin pour le mariage
de Mᵉʳ le duc de Bourgogne avec le duc
de Choiseul.   I   335

— Perd Mˡˡᵉ de Foix, sa tante.   IV   443

— Meurt sans postérité et son duché pairie
éteint. Maison, famille, caractère du
duc de Foix.   X   134

— Mort et caractère de la duchesse sa

Foix (Duc de).   Tomes. Pages.

    femme, sœur du duc de Roquelaure. VII   280

— Dernier direct comte de Foix. Succes-
    sion de ses États après lui. XVIII   .27

— Ses deux bâtards. Fin malheureuse de
    l'aîné; fortune énorme du cadet. . . XVIII   28

— Bâtards de Foix, Foix non de Grailly.
    Comtes puis ducs de Medina Celi. . XVIII   28
    (*Voir* aux GRANDS D'ESPAGNE.)

FONTAINEBLEAU (Voyages du Roi à).

— En 1698. II   135

— 1699. II   237

— Retour. II   250

— 1700. II   354

— Retour. II   397

— 1701. III   192

— Retour. III   194

— 1702. Retour. III   344

— 1703. IV   1

— Retour par Villeroy et Sceaux. IV   15

— 1704 par Sceaux. IV   168

— Retour par Sceaux. IV   189

— 1705 par Sceaux. IV   307

— Retour par Villeroy et Sceaux. IV   322

— 1706 point de Fontainebleau et pourquoi. V   15

— 1707 par Petit-Bourg. V   337

— Retour par Petit-Bourg. V   343

— 1708 par Petit-Bourg. VI   32

— Retour par Petit-Bourg. VI   123

— 1709 [1]. . . . .

— 1710. . . . .

— 1711 par Petit-Bourg. IX   77

— Retour par Petit-Bourg. IX   120

— 1712 par Petit-Bourg. IX   324

— Retour par Petit-Bourg. IX   368

— 1713. X   74

1. Le Roi n'alla à Fontainebleau ni en 1709 ni en 1710.

Fontainebleau.   Tomes. Pages.
— Retour par Petit-Bourg.   X   97
— 1714 par Petit-Bourg et dernier.   X   312
— Retour par Petit-Bourg et dernier. . . .   X   326

FONTAINE MARTEL et sa femme. Quels. Mort de
    Fontaine Martel.   IV   454

FONTANIEU. Garde-meuble de la couronne. . .   XV   365
— Fait faire très-secrètement le matériel
    du lit de justice des Tuileries.   XV   389
— Son inquiétude pour le secret; il remédie
    aux siéges hauts.   XV   418

FONTARABIE. Assiégé et pris par le maréchal de
    Berwick.   XVI   269

FONTEVRAULT. Mort, naissance et caractère de
    l'abbesse. Sa nièce lui succède. . . .   IV   117

FONTPERTUIS. Mot sur lui du Roi à M. le duc
    d'Orléans, étrangement plaisant et dit
    fort sérieusement. Quel étoit Font-
    pertuis. Son caractère.   V   400

FORCE (Duc de la). Épouse la fille unique de
    Bosmelet, président à mortier au par-
    lement de Rouen.   II   91
— Mort de son père.   II   194
— Est fait vice-président du conseil des
    finances.   XIII   195
— Se brouille avec le duc de Noailles. . .   XIV   207
— Pousse le Régent contre le Parlement,
    par Law, dans l'espérance d'entrer au
    conseil de régence. Le Régent le met
    dans le secret des préparatifs du lit de
    justice des Tuileries.   XV   353
— Il entre singulièrement au conseil de
    régence.   XV   397
— Conférence chez lui sur ce lit de justice
    où Fagon et l'abbé du Bois montrent
    une sage prévoyance.   XV   417
    Voir Angleterre.   XVII   76

FORÊT (La). Quel. Perd un procès de suites im-

Forêt (La).   Tomes. Pages.

    portantes. XIV   98

FORGES (Eaux de). Dont les bains sont pour le
    moins inutiles et tout à fait inusités.   V   323

Forme de demander audience particulière au
    roi d'Espagne pour ministres étran-
    gers ou pour sujets. XVII   385

Formulaire. Ce que c'est. VII   134

FORTS (Des), conseiller d'État, presque contrô-
    leur général des finances. . . . XVII 104 et 125

FOUCAULT, conseiller d'État. Cède son inten-
    dance de Caen à Magny son fils. . . .   IV   451

— Fortune, caractère, mort de Foucauld. XVII   213

FOUCQUET, évêque d'Agde. Sa mort. III   245

— Mort, famille, piété de sa belle-sœur,
    veuve du malheureux surintendant. . XIII   193

FOURBIN et MIDDLETON. Causes du retour du roi
    Jacques III sans avoir abordé en
    Écosse, et très-suspects.   V   411

FOURILLE. Quel. Obtient une pension. Sa mort.
    Sa pension donnée à sa veuve. XVII   40

FRANCE. Inquiétude réciproque de la France et
    de l'Espagne sur leur conduite. XII   386

— Traité entre elle et l'Angleterre signé à
    la Haye. XIII   219

— Substance du traité entre la France, la
    Prusse et la Russie. XIV   178

— La France et l'Angleterre communiquent
    ensemble le projet du traité de Londres
    aux États généraux. XV   81

— Triste prodige de conduite de la France
    abandonnée à l'Angleterre.   XV   83

— Convention entre la France et l'Angle-
    terre de signer le traité de Londres
    sans changement.   XV   216
    Signé ainsi à Londres. XV   269

— Fâcheux état du gouvernement de
    France. Quadruple alliance signée à

France.   Tomes. Pages.

Londres, 22 août[1], puis à Vienne et à la
Haye. Ses prétextes. Du Bois sa cause.   XV   282

— Perspective de l'extinction de la maison
d'Autriche, nouveau motif à la France
de conserver la paix et d'en profiter.   XV   306

— Considérations sur l'Angleterre ; son intérêt et ses objets à l'égard de la
France, et de la France à l'égard de
l'Angleterre.   XV   307

— Perte radicale de la marine en France ;
à peu près de même en Espagne.
L'empire de la mer passé à Angleterre, fruits du gouvernement des premiers ministres de France et d'Espagne,
avec bien d'autres maux.   XV   330

FRANCFORT-SUR-LE-MEIN. Essuie un grand incendie. . . . .   XVI 274

FRANCHE-COMTÉ. Projet des Impériaux sur cette
province. On y découvre une conspiration.   VII   87

FRÉMONT, père de M** la maréchale de Lorges.
Sa mort.   I   364

— Mort de sa veuve. . . . .

FRÉMONT (SAINT-). Sa fortune. Sa mort. . . . .   XVIII 440

FRESELIÈRE (LA). Remis à flot par le maréchal
de Boufflers.   VI   120

FRESNO (Del), marquis : *voir* aux GRANDS D'ES-
PAGNE.   II   487

FRETTE (LA). Son extraction. Sa famille. Son
état singulier. Son caractère. Sa mort.   V   468

FRIAS (Duc de) : *voir* aux GRANDS D'ESPAGNE. . XVIII 15

FRIBOURG. Investi.   X   74

— Pris.   X   106

FRIEDLINGUE (Bataille de). . . . .   III 318

FRIGILLIANE (Comte) : *voir* aux GRANDS D'ESPAGNE. II 486

1. Voyez ci-dessus, p. 38, note 1.

	Tomes.	Pages.
Froid extrême et ruineux.	VI	227
FRONSAC (Duc de), fils unique du duc de Riche-lieu. Épouse la fille unique du feu mar-quis de Noailles et de la duchesse de Richelieu, sa belle-mère. Peu après est mis à la Bastille à la prière de son père.	VIII	203
— En sort.	IX	316
— Conduit, avec M. le comte de Charolois, le cœur de M. le duc de Berry au Val-de-Grâce.	X	179
FRONTENAC. Quel. Sa mort.	II	192
— Mort de sa femme. Quelle et sa famille. .	V	122
FUENSALIDA (Comte).	II	487
— *Voir* aux GRANDS D'ESPAGNE.	XVIII	92
FURSTEMBERG (Cardinal de). Sa famillle.	II	310
— Sa mort.	IV	74
FURSTEMBERG. (Comtesse de). Quelle.	II	313
— Sa retraite.	V	96
FURSTEMBEBG (Prince de). Sa mort.	XIII	135
— Sa femme. Quelle. Obtient insensible-ment un tabouret de grâce. Sa mort. .	IX	90

Dans la lettre F { Noms proprés. . . 65
                   Autres. 13

En tout 78

	Tomes.	Pages.
GACÉ (Comtesse de). Sa mort	IV	446
— Mort du chevalier son fils.	V	124
— Son mari désigné maréchal de France. Son caractère.	V	411
Déclaré en mer maréchal de France par Jacques, roi d'Angleterre, revenant de tenter d'aborder en Écosse. Prend le nom de maréchal de Matignon.	V	416
Commande l'armée de Flandres sous le duc de Vendôme. Est le premier maré-chal de France qui lui obéisse.	V	452

Gacé (Comtesse de).   Tomes. Pages.

Quitte l'armée malade et ne sert plus. VI   125
Marie son fils aîné à la fille du maréchal
de Châteaurenaud. Obtient pour lui
son gouvernement de la Rochelle et
du pays d'Aunis............. VII 278
Et y obtient 6,000 [francs] d'augmentation d'appointements......... XVI 345.
Marie son second fils à Mlle de Brenne. XVII 52

GALLAS, ambassadeur de l'Empereur à Rome.
Ses plaintes et ses menaces font trembler le Pape. Frayeur de toute l'Italie.
Lui et le cardinal Acquaviva, chargé
des affaires d'Espagne, également bien
informés de l'intérieur du palais du
Pape. .... XIV 255

GALLES (Prince de). Sa naissance à Rome très-
soigneusement constatée....... XVII 208
— Sentiments anglois sur cette naissance. XVII 208

Galions. Arrivent des Indes dans le port de
Vigo en Espagne ; y sont brûlés avec
quinze vaisseaux françois par les Anglois. .... III 294

GAMACHES (Mme de), veuve de Gamaches, chevalier de l'Ordre, fille et sœur des deux
derniers Loménie, secrétaires d'État.
Sa mort. .... IV 199
— Son fils mis par le Roi auprès de M. le
duc d'Orléans, puis menin de Mgr le duc
de Bourgogne ; ses indiscrets apophthegmes. .... II 251
— Abbé, fils de celui-ci, fait auditeur de rote. X 144
Affaires qu'il s'y fait ; ses projets, son
caractère, sa conduite, sa mort dans
cet emploi. .... XVII 53

GAND et BRUGES. Surpris par les troupes du Roi. VI 50
GANDIE (duc) : voir aux GRANDS D'ESPAGNE... XVIII 16
Garde du roi d'Espagne. .... XVIII 152

	Tomes.	Pages.
Garde des Sceaux ayant toutes les similitudes du chancelier, Argenson en profite le premier pour procurer à sa femme la même sorte de tabouret de la chancelière, ce qui est demeuré établi depuis.	XIV	369
— Mort de sa femme.	XVI	275
Garnache Rohan (Mlle de la). Sa triste aventure avec le duc de Nemours. Est faite duchesse de Loudun seulement pour sa vie.	II	67
Gassion épouse une fille d'Armenonville.	V	420
— Le chevalier, son oncle paternel, bat, en Flandres, dix bataillons et douze escadrons. Son mérite. Son extraction.	VIII	445
— Sa mort. Quel il étoit et sa famille.	X	109
Gautier, abbé. Sa mort.	XVII	72
Gendre (Le), premier chirurgien du roi d'Espagne. Son caractère.	XVIII	148
Généraux des armées du Roi.	III	398
— — —	VIII	32
— —	VIII	163
— —	VIII	439
— —	IX	128
— —	IX	312
— —	IX	375
— —	X	17
— —	IV	421
— —	V	134
— — —	V	450
Genève. On y découvre une conspiration.		
Geniez (Saint-). Quel. Bâtard du frère du feu maréchal duc de Navailles. Est mis à la Bastille.	XVI	143
Geneviève (Procession de sainte).	VI	408
Gens d'affaires. Leurs gains immenses. Recherches qu'on en fait.	II	324

Tomes. Pages.

Gentilshommes. Comment ce terme doit
être pris en parlant des rangs dans
l'ordre du Saint-Esprit. . . . . XIII 103
Gentilshommes de la chambre du roi d'Es-
pagne avec ou sans exercice. . . . . . II 470
GEORGES (SAINT-), archevêque de Lyon. Perd
contradictoirement devant le Roi sa
jurisdiction primatiale sur la province
de Rouen contre Colbert, archevêque
de Rouen. . . . .
— Mort de Saint-Georges. Son caractère. . X 186
GERAN (Comte de SAINT-). Sa mort. . . . . . I 305
— Sa femme. Quelle. . . . . I 306
Exilée. . . . . I 386
Rappelée. . . . . II 181
Obtient mille écus d'augmentation de
pension. . . . .
Se retire à Paris, à la mort du Roi,
dans le couvent de la Visitation du fau-
bourg Saint-Jacques. . . . .
GERMAIN BEAUPRÉ (SAINT-). Épouse la fille de
Doublet, conseiller au Parlement, la-
quelle se fourre partout. Famille de
Saint-Germain. . . . . VIII 205
— Perd son père; caractère de ce dernier. XVI 190
GESVRES (Duc de). Méchant surtout dans sa fa-
mille. Fait en public un trait cruel au
maréchal de Villeroy. . . . . II 270
— Perd sa femme. . . . . III 343
— Épouse Mᴵˡᵉ de la Chesnelaye. . . . . . III 369
— Meurt. . . . . IV 200
— Son fils, archevêque de Bourges, singu-
lièrement nommé au cardinalat par le
roi Stanislas. . . . . V 295
Encore plus singulièrement par l'élec-
teur de Saxe, roi de Pologne, compé-
titeur de Stanislas. . . . . XI 72

Gœvres.

	Tomes.	Pages.
Est trompé par le Pape.	XIII	206
Fait enfin cardinal.	XVI	369
— Son frère aîné duc de Tresmes; sa rare ignorance.	II	146
— Perd sa femme avant d'être duc.	III	258
— Marie son fils à Mlle Mascrani.	VI	387
Elle demande juridiquement la cassation de son mariage pour cause d'impuissance.	IX	314
Accommodement de ce procès.	X	337
Elle meurt.	XIV	84
— Le duc de Tresmes obtient pour son fils la survivance de sa charge de premier gentilhomme de la chambre. Puis celle de gouverneur de Paris. . .	XIX	80
— Et pour son autre fils l'évêché de Beauvais.		
GIBRALTAR. Combat naval. Les ennemis y jettent du secours. . . . . :	IV	218
— Secouru encore; le siége est levé.	IV	266
GIOVENAZZO (Duc de). Sa fortune; son extraction; sa famille; sa mort. Il étoit frère aîné du cardinal del Giudice.	XIV	392
— Le prince de Cellamare, son fils, prend le nom de duc de Giovenazzo.	XVIII	16
— Son secrétaire est mis en prison au château de Saumur.	XVI	292
(*Voir* aux GRANDS D'ESPAGNE.)		
GIRON (Don Gaspard), le premier des quatre majordomes du roi d'Espagne. Sa naissance; son caractère.	XVIII	142
— Sa délicate politesse.	XVIII	337
GIUDICE (Cardinal del), grand inquisiteur d'Espagne. Vient brusquement en France.	X	156
— Son caractère. Il amène avec lui le prince de Cellamare, fils du duc de Giovenazzo son frère. Vient à Marly.	X	157

Giudice (Cardinal del). Tomes. Pages.

— Voit le Roi en particulier, l'un et l'autre
avec surprise. . . . . X 181

— Revient à Marly. . . . . X 188

— Y voit le Roi en particulier. . . . . X 189

— Est établi à Marly. Y voit encore le Roi
en particulier. . . . . X 197 et 198

— Fait, dans Marly, fonction de grand inquisiteur d'Espagne contre Macañas et
son livre. Choque les deux rois. . . . X 309

— Donne publiquement part au Roi du
mariage du roi d'Espagne. Est rappelé.
Part à grand regret. Se morfond longtemps à Bayonne, avec défense du roi
d'Espagne de passer outre. . . . . . . X 310

— Est rappelé et pleinement raccommodé. XI 84

— Il est fait chef des affaires étrangères,
de celles de justice, de celles de religion, et gouverneur de la personne du
prince des Asturies. . . . . XI 109

— Sa perte est résolue par la jalousie
d'Alberoni. . . . . XII 383

— Ses dégoûts. . . . . XIII 8

— Sa liberté de discours. . . . . XIII 20

— Ses dégoûts et sa licence. . . . . XIII 61

— Il est ôté du conseil et d'auprès du
prince des Asturies. . . . . XIII 142

— Il publie des choses épouvantables d'Alberoni et perd sa place de grand
inquisiteur. . . . . XIII 165

— Invectives atroces de Giudice et d'Alberoni l'un contre l'autre. . . . . XIII 172

— Imprudence de Giudice. . . . . XIII 233

— Ses misères. . . . . XIII 308

— Il se retire enfin à Rome. . . . . XIII 312

— Ses clameurs contre Alberoni, Aldovrandi, Aubanton. . . . . XIII 327

— Arrive à Gênes. Misère de ses neveux. . XIV 37

Giudice (Cardinal del).   Tomes. Pages.

— Enfin à Rome. Misère de sa conduite, de
  sa position, de sa réputation. XIV   81
— Se distingue en opposition et en invectives dans le consistoire où Alberoni
  est fait cardinal. XIV   139
— Crainte et bassesse de ses neveux. Le
  roi d'Espagne défend à tous ses sujets
  de le voir à Rome et d'avoir aucun
  commerce avec lui. XIV   150
— Il reçoit ordre d'ôter les armes d'Espagne
  de dessus la porte de son palais à
  Rome. Sa conduite et celle de ses
  neveux. XIV   160
— Il dit un plaisant mot au Pape. XIV   174
— Se barbouille dans une tracasserie arrivée sur le déréglement et l'avidité
  des neveux du Pape. XV   5
— Se déchaîne contre Alberoni, et lui et le
  cardinal Acquaviva l'un contre l'autre.
  Alberoni se défie de tous les deux. . . XV   10
— Ses vaines espérances l'indisposent
  contre Cellamare, ambassadeur lors
  en France. Bassesses de ce neveu.
  Chimères attribuées à Giudice font du
  bruit et du mal à Madrid. Il les dés-
  avoue, et déclame contre les chimères
  et le gouvernement d'Alberoni. XV   105
— Il fait de justes reproches à Cellamare
  de s'être, même très-mal à propos,
  rendu l'apologiste d'Alberoni contre
  l'Empereur et ses ministres. XV   108
— Sa conduite à l'occasion de la rupture
  de l'Espagne avec Rome. Après des
  ordres réitérés du roi d'Espagne, il ôte
  enfin les armes d'Espagne de dessus
  sa porte. Il craint les Impériaux, meurt
  d'envie de s'attacher à eux, blâme la

Giudice (Cardinal del). Tomes. Pages.

conduite de Cellamare à leur égard. . XV 175
— Ses mortifications à Rome; il y est dépouillé de la protection d'Allemagne,
qu'il avoit enfin obtenue, en faveur
du cardinal d'Althan, à qui elle est
donnée et à qui il fait bassement sa
cour. . . . . XVII 148
GLOCESTER (Duc de). Sa mort. . . . . II 350
GODET, évêque de Chartres. Lutte sourdement
contre Fénelon, archevêque de Cambray. . . . . I 295
— Publie contre la doctrine de Fénelon des
mandements théologiques. . . . . . . I 407
— Obtient du Roi une pension secrète de
20,000 livres. . . . . II 198
— Gagne, par la voix unique du Roi contre
toutes celles de son conseil, son procès
contre son chapitre, chose que le Roi
n'a faite que trois ou quatre fois en
tout son règne. . . . . II 338
— Sa fortune; son caractère; sa mort. . . VII 122
— Se choisit un successeur. Caractère et
vertu de ce successeur. . . . . VII 126
GODOLPHIN (Comte de). Quel. Sa mort. . . . . . IX 374
GOELLO (Mlle de). Son extraction; sa famille; sa
mort. . . . . V 123
GŒRTZ, ministre confident du roi de Suède,
lors à la Haye. Se refroidit seul sur
une intrigue préparée contre l'Angle-
terre. . . . . XIII 224
— Sa fidélité fort suspecte. . . . . XIII 226
— Arrêté à Arnheim par le crédit du pen-
sionnaire. . . . . XIII 322
— Interrogé en Hollande; sa ferme réponse. XIII 324
— Est mis en liberté. . . . . XIV 153
— Retiré à Berlin, y attend le Czar. Proposition de Gœrtz pour la paix avec la

Gœrtz.   Tomes.   Pages.

    Suède. XIV   163

— Sa conduite suspecte au Czar et au roi
    de Prusse. XIV   229

— Il est enfin décapité. XVI   182

GOESBRIANT. Assiégé dans Aire. VIII   53

— Le rend. Est nommé chevalier de l'Or-
    dre. VIII   54

— En reçoit le collier. VIII   168

— Obtient une pension du Roi de 12,000 li-
    vres. IX   276

— Marie son fils à une fille du marquis de
    Châtillon. X   357

GONDRIN, fils aîné de-d'Antin. Épouse une sœur
    du duc de Noailles, longtemps depuis
    remariée au comte de Toulouse. . . . V   119

— Mort de Gondrin. Plaisant contraste de
    la Vallière. IX   187

GORDES SIMIANE, évêque duc de Langres. Quel.
    Sa famille. Sa mort. I   282

Goupillon. À qui donné et par qui présenté
    aux royaux appareils funèbres. IX   232

GOURVILLE. Quel. Sa fortune. Son mariage se-
    cret; sa sage disposition; sa mort. . . III   421

Goutte du Roi, fort longue, fait retrancher
    pour toujours son coucher au public. IV   252

— Empêche la cérémonie ordinaire de l'Or-
    dre à la Pentecôte. IV   272

Gouvernement ancien de la monarchie fran-
    çoise. X   362 et 394

— Forme nouvelle de gouvernement à la
    majorité du Roi XIX   94

Gouverneurs des maisons royales en Espa-
    gne. XVIII   140

Gouvon. Quel. Envoyé de Savoie, fort distingué,
    à la cour lorsque la future duchesse
    de Bourgogne vint en France. I   372

Grâces pécuniaires répandues chez Mᵐᵉ de

Grâces.   Tomes. Pages.

Maintenon.   IV   372
— Force grâces aux ducs de Guiche, Ville-
roy, Tresmes, au maréchal de Mon-
tesquiou, au comte d'Hanau, au grand
prévôt. XIII   194
— De M. le duc d'Orléans, régent, au duc
d'Albret, à Torcy, à Châteauneuf re-
venant d'Hollande.   XIV   326
— Autres du même à Maupertuis, Rion, la
Chaise, Heudicourt.   XIV   367
— Beaucoup d'autres pécuniaires.   XVI   439
GRAMONT (Comte de), frère du vieux maréchal.
Son état; son caractère; sa mort. . .   V   120
— Son malin compliment au vieux duc de
Saint-Aignan.   X   281
GRAMONT (Comtesse de). Sa courte disgrâce. . .   II   205
— Son caractère. Sa courte disgrâce. Le
Roi lui donne Pontali dans le parc de
Versailles.   III   415
— Sa naissance; sa famille; sa conduite;
son caractère; sa mort.   V   472
GRAMONT (Duc de), neveu du précédent. Ambas-
sadeur en Espagne. Son caractère.
Son infâme mariage.   IV   88
— S'attire la colère du Roi et de Mᵐᵉ de
Maintenon, croyant leur faire sa cour
de la déclaration de son mariage. . .   IV   90
— Ses appointements.   IV   94
— Voit en chemin la princesse des Ursins.   IV   107
— Ses dégoûts en Espagne. Demande son
rappel. Obtient la Toison.   IV   241
— Est de retour.   IV   274
— Sa femme.   VI   410
— Mort, nom, maison et armes du duc de
Gramont.   XVII   145
GRANCEY, fils et père des deux maréchaux de
France. Sa mort.   IV   99

Grancey.　　　　　　　　　　　　　　　　　　　Tomes. Pages.

— Abbé, son frère, premier aumônier de
Monsieur, puis de Monsieur son fils. Le
Roi, par distinction unique, le fait manger avec lui au siège de Namur, pour sa
valeur singulière à encourager les at-
taques, à se trouver partout, à confesser les blessés dans les endroits les
plus exposés. . . . .

— Est tué près de M. le duc d'Orléans, à la
bataille de Turin. . . . .　　　V　　36

— Sa sœur, jamais mariée, dite madame de
Grancey pour avoir été un moment en
France dame d'atour de la fille de
Monsieur à son mariage avec le roi
d'Espagne Charles II. . . . .　　IX　130

— Marquis, leur neveu. Épouse la fille de
son frère aîné, depuis maréchal de
France, lors comte de Medavid, et obtient, sur sa démission, son gouvernement de Dunkerque. . . . .　　X　129
Le perd. . . . .　XII　416

Grand Seigneur (Le). Est déposé. . . . . .　IV　　8
Grands et grandesses d'Espagne.

— Singularité de la suzeraineté et de la
signature de quelques-uns d'eux. . .　　II　481

— Disgression sur la dignité de grand d'Espagne et sa comparaison avec celle des
ducs de France. *Ricos-hombres* et
leur multiplication. Idée dès lors de
trois sortes de classes. Leur part aux
affaires et comment. . . . .　III　　86

— Parlent couverts aux rois des Espagnes.
Ferdinand et Isabelle dits les Rois Catholiques. Philippe I ou le beau. Flatterie des *ricos-hombres* sur leur couverture. Affaiblissement de ce droit
et de leur nombre. . . . .　III　　88

Grands et grandesses d'Espagne.   Tomes. Pages.

— Iᵉʳ *gradation*. Charles V.   III   90
— IIᵉ *gradation*. *Ricos-hombres* abolis en
 ˙ tout. Grands d'Espagne commencent
   et leur sont substitués.   III   91
— IIIᵉ *gradation*. Couverture et seconde
   classe par Philippe II. Trois sortes de
   grands et deux classes jusqu'alors. . .   III   93
— IVᵉ *gradation*. Patentes d'érection et
   leur enregistrement de Philippe III.
   Nul rang d'ancienneté observé parmi
   les grands. Leur jalousie sur ce point
   et sa cause. Troisième classe des
   grands. Grands à vie de première
   classe. Nul autre rang séculier en Espagne en la moindre compétence avec
   les rangs du pays. Seigneurs couverts
   en une seule occasion sans être grands.   III   95
— Vᵉ *gradation*. Certificat de couverture.   III   97
— VIᵉ *gradation*. Suspension. Amovibilité.
   Les deux dernières classes ont besoin
   de confirmation à chaque mutation. .   III   99
— Mystère affecté des trois différentes classes.   III   103
— Indifférence pour les grands des titres
   de duc, de marquis, de comte ;. de
 ˙ prince encore plus indifférent.   III   105
— Honneurs répondants à ce qu'on appelle
   en France honneurs du Louvre. Distinctions de quelques personnes par-
   dessus les grands. Démission de grandesse inconnue en Espagne. Exemples
   récents de grands étrangers expliqués.
   Successeurs présomptifs immédiats à
   grandesse ont un rang et des hon-
   neurs.   III   117
— Cérémonie de la couverture chez le Roi
   et ses différences pour les trois diffé-

Grands et grandesses d'Espagne.　　　Tomes.　Pages.

rentes classes. Plan de cette céré-
monie. . . . . III　121

— La même chez la reine et son plan. . . III　128

— Tout ancien prétexte de galanterie de
se couvrir entièrement aboli. Distinction des traits d'attelage. . . . . III　134

— Femmes et belles-filles aînées des grands
seules, et diversement, assises. Séance
au bal et à la comédie. Grands, leurs
femmes, leurs fils aînés et les femmes
de ces fils aînés, expressément et seuls
toujours invités à toutes fêtes et à
toutes cérémonies. Les ambassadeurs
et leurs femmes à quelques-unes, tous
les grands seuls et les ambassadeurs
catholiques, non tous, aux chapelles,
mais seulement les ambassadeurs
qu'on appelle de chapelle. . . . . III　137

— Raison pour laquelle les capitaines des
gardes du corps sont toujours pris
d'entre les grands. Places distinguées
en toutes fêtes et cérémonies pour les
grands et leurs femmes, leurs fils aînés
et les leurs. Parasols des grands aux
processions en dehors où le roi et la
reine assistent. . . . . III　148

— Places des grands et de leurs fils aînés aux
Cortès. Ce qu'ils y font. Leur traitement par écrit et dans les églises hors
de Madrid. Ce qui leur arrive au baptême de l'infant don Philippe, depuis
gendre de Louis XV. Honneurs civils
et militaires partout. Honneurs à Rome.
Égalité chez tous les souverains, non
rois, avec eux. Rangs étrangers in-
connus en Espagne, excepté celui des
cardinaux, et, celui-là même, non en

Grands et grandesses d'Espagne. .   Tomes. Pages.

tout.   III   150

— Bâtards des rois d'Espagne.   III   155

— Nul habit de cérémonie pour les rois
d'Espagne ni pour les grands. Nulle
préférence de rang pour les grands
dans les ordres d'Espagne, ni dans
celui de la Toison d'or. Les grands ac-
ceptent de fort petits emplois.   III   157

— Grand nombre de grands d'Espagne. . .   III   164

— Leur grandeur au dehors des États de
Charles V.   III   93

— VI° *gradation*, déjà marquée. Suspension
de grandesse en la main du roi. Exemples, entre autres, un du duc de Medina Sidonia sous Philippe V. Grandesse devenue inamovible. Exemples;
entre autres, sous Charles II, de la
grandesse ôtée au marquis de Valen-
çuela[1] et à sa postérité, qui n'y est jamais revenue, et ôtée sans crime, sans
forme, de pure volonté et autorité. . .   III   100

— VII° *gradation*. Les grandesses soumises,
comme telles, à des tributs pécuniaires. III   101

— Succession aux grandesses. Majoras-
ques.   III   107

— I. Récapitulation sur les grandesses. . . III   112

— Grandesses s'achètent quelquefois des
rois, dont exemples anciens, nou-
veaux, existants.   III   159

— II. Récapitulation. Nul serment pour la
grandesse. Indifférence entière d'en
avoir une ou plusieurs. Comparaison
des dignités de duc de France et de
grand d'Espagne.   III   159

— Comparaison des deux dignités dans

1. Saint-Simon, à l'endroit cité, dit Vasconcelles.

Grands et grandesses d'Espagne.   Tomes.   Pages.

tous les âges.   III   166

— Dignité de grand d'Espagne ne peut
être comparée à celle des ducs de
France, beaucoup moins à celle des
pairs de France. Comparaison de l'extérieur des dignités des ducs de
France et des grands d'Espagne. Spé-
cieux avantages des grands d'Espa-
gne. Un seul solide.   III   169

— Des avantages réels et effectifs des
grands d'Espagne.   III   174

— Désavantage des grands d'Espagne jusque dans le droit de se couvrir. . . .   III   178

— Abus des grandesses françoises.   III   183

— Indication pour se remettre sous les
yeux tout ce qui regarde les personnages, charges, emplois, grandesses
d'Espagne. Précis sur les grandesses. .   XVII   438

— Grands d'Espagne constamment de la
première origine.   XVIII   3

— Liste alphabétique de tous les grands
d'Espagne existants en tous pays en
l'année 1722, où les maisons et les fortunes, emplois et caractères de la plupart des grands, surtout espagnols
ou établis en Espagne, sont courte-
ment expliqués :

Ducs d'Abrantès, Alencastro et Albe.   XVIII   5

Albuquerque.   XVIII   6

Del Arco.   XVIII   9

Arcos.   XVIII   11

Aremberg, Arion, Atri, Atrisco, Baños,
Bejar.   XVIII   12

Berwick, Bournonville.   XVIII   13

Doria, Estrées, Frias.   XVIII   15

Gandie.   XVIII   16

Giovenazzo.   XVIII   17

Grands et grandesses d'Espagne.   Tomes. Pages.

Gravina, Havrec.   XVIII   18
Hijar.   XVIII   19
Del Infantado.   XVIII   20
Licera, Liñarès.   XVIII   21
Liria.   XVIII   22
Medina Celi.   XVIII   24
Medina de Rioseco, Medina Sidonia. XVIII   31
Saint-Michel, la Mirandole.   XVIII   32
Monteillano. . . . .·. . .   XVIII   33
Monteleone.   XVIII   34
Mortemart, Najera ou Nagera, Ne-
vers. . . . .,. . . .   XVIII   35
Noailles, Ossuna.   XVIII   36
Saint-Pierre.   XVIII   37
Popoli.   XVIII   39
Sessa.   XVIII   45
Saint-Simon et son 2ᵈ fils, Solferino. XVIII   45
Tursis, Veragua.   XVIII   46
Villars, Uzeda.   XVIII   49
Princes de Bisignano.   XVIII   50
Santo-Buono.   XVIII   50
Butera, Cariati, Chalais.   XVIII   52
Chimay.   XVIII   53
Castiglione, Colonne.   XVIII   54
Doria, Ligne, Masserano..   XVIII   55
Melphe, Palagonia, Robecque, Ser-
monetta..   XVIII   58
Sulmone, Surmia.   XVIII   59
Ottaïano.   XVIII   60
Marquis d'Arizza, Ayetona.   XVIII   61
Los Balbazès.   XVIII   63
Bedmar..   XVIII   64
Camaraça, Castel dos Rios.   XVIII   66
Castel Rodrigo, Pio[1].   XVIII   67
Castromonte, Clarafuente, Santa-

1. Voyez tome XVIII, p. 106. note 1.

Grands et grandesses d'Espagne.

	Tomes.	Pages.
Cruz.	XVIII	69
Laconi, Lede.	XVIII	75
Mancera, Mondejar, Montalègre. . .	XVIII	76
Pescaire.	XVIII	77
Richebourg, Ruffec, Torrecusa. . .	XVIII	78
Villena, aussi duc d'Escalona.	XVIII	79
Visconti.	XVIII	82
Comte d'Aguilar. Ses faits.	XVIII	82
Grandeur de la maison d'Arellano..	XVIII	83
Grandeur de la maison Manrique de Lara.	XVIII	84
Altamire.	XVIII	87
Aranda, Los Arcos, Atarez, Baños. .	XVIII	88
Benavente, grandeur de la maison Pimentel.	XVIII	89
Castrillo, Egmont.	XVIII	90
S. Estevan de Gormaz, S. Estevan del Puerto, Fuensalida.	XVIII	92
Lamonclava, Lemos.	XVIII	93
Maceda..	XVIII	95
Miranda.	XVIII	96
Montijo.	XVIII	97
Oñate.	XVIII	98
Oropesa, Palma.	XVIII	99
Parcen, Paredes..	XVIII	100
Peñaranda.	XVIII	101
Peralada, Priego.	XVIII	102
Salvatierra, Tessé.	XVIII	104
Visconti.	XVIII	105

Article de Pastrana à ajouter à celui del Infantado.
Article de Liñarez à ajouter à celui d'Abrantès.

— Liste en même ordre de la précédente
qui montre d'un coup d'œil tous les
grands d'Espagne existants en 1722,
et la maison de chacun à côté de son
nom, avec la somme de leur nom-

Grands et grandesses d'Espagne.   Tomes. Pages.

bre, etc..   XVIII   105
— Grands d'Espagne par charge ou état,
    mais imperceptibles   XVIII   108
— *Oubli :* Marquis de Tavara.   XVIII   109
— — Marquis de Villafranca.   XVIII   110
— État des grands d'Espagne existants
    en avril 1772, suivant l'ancienneté
    entre eux qu'on a pu reconnoître, et
    par règnes; les maisons pour qui éta-
    blies ou érigées, celles par où elles
    ont passé, et celles où elles sont.
    Henri II. Auparavant comte de
    Transtamare, Medina Celi.   XVIII   112
    Henri III. Benavente, Amirante
    de Castille, comme tel.   XVIII   112
    Jean II. Arcos.   XVIII   113
    Henri IV. Lemos, Medina Sidonia,
    Miranda.   XVIII   113
    Albuquerque, Villena et Escalona. .   XVIII   114
    Albe, Oñate.   XVIII   115
    Rois Catholiques. Del Infantado. . .   XVIII   115
    Oropesa, Najera, Gandie, Sessa,
    Bejar.   XVIII   116
    Frias, Villafranca.   XVIII   117
    Charles V. Egmont.   XVIII   117
    Veragua, Pescaire.   XVIII   118
    Philippe II. Ayétone, Ossuna, Ter-
    ranova   XVIII   118
    Santa-Cruz, Aranda.   XVIII   119
    Philippe III. Uzeda, Peñeranda. . .   XVIII   119
    Mondejar, Hijar, Havrec, Sulmone,
    Los Balbazès   XVIII   120
    Philippe IV. Altamire.   XVIII   120
    Abrantés, Liñarés, Bisignano, Castel
    Rodrigo, Torrecusa.   XVIII   121
    Colonne, Camaraça, Aguilar, Arem-
    berg.   XVIII   122

Grands et grandesses d'Espagne.   Tomes.   Pages.

Ligne. . . . .:   XVIII   123

Charles II. Fuensalida, Saint-Pierre, Palma, celle dont a hérité la dernière duchesse de Nevers Spinola, Santo-Buono, Surmia.   XVIII   123

Giovenazzo[1], Baños (comté), Paredes, Lamonclava, S. Estevan del Puerto, Montalègre.   XVIII   124

Los Arcos, Montijo, Baños (duché), Castromonte, Castiglione, Ottaïano.   XVIII   125

Philippe V. Castel dos Rios, celle du duc de Beauvilliers éteinte, Estrées éteint.   XVIII   125

Liria et Quirica, Gravina, Bedmar, Tessé, la Mirandole, Atri, Chimay, Monteillano, Priego.   XVIII   126

Noailles, Popoli, Masseran, Richebourg, Chalais, Robecque, Maceda, Solfarino, S. Estevan de Gormaz, Bournonville, Villars, Lede, Saint-Michel. . .   XVIII   127

Del Arco, Saint-Simon et son 2ᵈ fils ensemble, Arion.   XVIII   128

— *Oubli sur Mancera, avec quelque éclaircissement.*   XVIII   128

— Liste simple des grands d'Espagne, suivant leur ancienneté nettement reconnue ou suffisamment, où sont marqués, à côté de leur nom, ceux qui d'abord étoient ou sont descendus de ces anciens *ricos-hombres* dont Charles V abrogea la dignité et y subrogea la nouvelle de grand d'Espagne. On a omis cette marque aux grands qui, *ricos-hombres*, passèrent sous Charles V à la dignité de grands

---

1. Dans les *Mémoires* Saint-Simon place ici *Liñares*.

Grands et grandesses d'Espagne. Tomes. Pages.

et lui sont antérieurs, jusqu'à Egmont,
le premier seigneur que Charles V fit
grand sans avoir été *rico-hombre.* On
a mis aussi à côté des noms de ceux
qui ont plusieurs grandesses, un chiffre qui en marque le nombre. . . . . XVIII 129
— Autre liste simple des grands d'Espagne
dont le duc de Saint-Simon n'a pu dé-
couvrir les dates et d'autres connois-
sances; elle est par ordre alphabétique.
Ce sont : les ducs d'Atrisco, Doria,
Licera, Tursis. 4
Les princes de Butera, Cariati, Doria, Melphe, Palagonia Sermonetta. 6
Les marquis d'Arizza, Clarafuente,
Laconi, Mancera, Tavara, Visconti. 6
Les comtes d'Altarès, Castrillo,
Parcen, Peralada, Salvatierra, Visconti. . . . . 6 XVIII 131
                                    ——
                                    22

— Grands d'Espagne n'en prennent point la
qualité dans leurs titres, pourquoi. XVIII 242
GRANJA (La). Comment devenu Saint-Ilde-
phonse. . . . . XVIII 407
GRAVINA, duc : *voir* aux GRANDS D'ESPAGNE. . XVIII 18
GREDER. Quel. Sa mort. . . . . XIII 89
GREFFIN. Quel. Belle action de ce vieux lord. . V 412
— Grandeur de son courage. . . . . V 415
— Sa mort. . . . . VIII 164
GRIGNAN (M. de), chevalier de l'Ordre. Perd son
fils unique. . . . . IV 178
— Obtient un brevet de retenue sur sa
charge de seul lieutenant général de
Provence. . . . . IV 240

Grignan.   Tomes. Pages.

— Perd sa femme, fille de Mme de Sévigné.   IV   **274**

— Mot impertinent de Mme de Grignan sur
    le mariage de son fils.   IV   **178**

— Mort du comte de Grignan; son carac-
    tère; sa dépouille.   XI   **55**

— Chevalier de Grignan, son frère, épouse
    Mlle d'Oraison, prend le nom de comte
    d'Adhémar.   IV   **240**

    Et meurt. Quel il étoit.   X   **109**

— Mort de l'évêque de Carcassonne, leur
    frère.   XVIII   **440**

GRILLO. Vient remercier le Roi, de la part de la
    reine d'Espagne, des compliments et
    des présents qu'il lui a envoyés par le
    duc de Saint-Aignan. X   343 et XI   **54**

GRIMALDO (Marquis de). Supplée presque en tout
    aux fonctions de premier ministre
    d'Espagne.   XIII   **312**

— Sa fortune; son caractère.   XVII   **2**

— Est aussi secrétaire d'État des affaires
    étrangères, et le seul ministre travail-
    lant avec le roi d'Espagne. Il connoît
    parfaitement le cardinal du Bois. . . XVII   **347**

— Esquisse de Grimaldo.   XVII   **351**

— Sa politesse.   XVII   **382**

— Encore une fois sa fortune, son carac-
    tère.   XVIII   **168**

— Celui de sa femme.   XVIII   **172**
    (Le voir mieux en détail sous l'article
    de SAINT-SIMON.)

GRIMANI, cardinal. Sa mort; son carac-
    tère. III   262 et VIII   **133**

GUADALAJARA, ville de Castille. Panthéon su-
    perbe du duc del Infantado. XVIII   **422**

GUALTERIO, nonce en France.   II   **288**

— Son caractère.   IV   **300**

— Fait cardinal avec 19 autres; reçoit la

Gualterio.   Tomes. Pages.

barette des mains du Roi, et a l'honneur de dîner seul avec lui en public
le même jour ; ordre de ce dîner. . . .   IV   365
— Visite, en cérémonie, les bâtards en partant, ce qu'aucun autre de ses prédé-
cesseurs n'avoit voulu faire, ce qui
causa sa disgrâce à Rome et empêcha
depuis ses successeurs de recevoir la
calotte rouge en France.   X   41
— Se charge, à Rome, des affaires du roi
Jacques d'Angleterre.   X   41
— Revient de Rome voir le Roi exprès.
Grâces, distinctions, faveurs qu'il reçoit à la cour pendant quatre mois de
séjour ; retourne à Rome.   X   41
— Il met les armes de France sur la porte
de son palais.   VIII   104
— Sa sage pensée à l'occasion du congrès
de Cambray.   XVII   162
GUASTALLE (Duc de). Sa mort.   X   182
GUET (Du) ou DU GUÉ, abbé. Auteur de beaucoup
d'excellents livres de piété et de l'Institution d'un prince destiné à ré-
gner. . . . . :   II   441
GUÉ (Du) DE L'ISLE OU DU POULDUC. Branche
de la maison de Rohan solennellement
et contradictoirement maintenue à
porter le nom et armes de Rohan par
actes du parlement de Bretagne, en
1706, contre M. de Soubise, les deux
branches qui ont ou obtenu ou usurpé
le rang de prince étranger ne voulant
point reconnoître celle-là, qui n'a point
eu part aux distinctions des autres, et
ayant voulu essayer de leur faire
quitter leur nom et armes de Rohan.   V   80
GUÉMENÉ COCHEFILET (Mᵐᵉ de). Sa mort.   XVI   357

Guémené Cochefilet.   Tomes. Pages.

— Son fils fait archevêque de Reims. . .⎰ XVII 283
                                        ⎱ XVIII 445

GUERCHOIS (Le), lieutenant général. Fait une
    belle action à Turin, et lâchement
    abandonné. V   25
— Fait une belle et noble action. VI   449
— Est fait gouverneur d'Urgel. . . . . XVI 340

GUERRA (Don Michel). Son caractère; ses em-
    plois. . . . . XVIII 166
— Don Domingo, son frère, confesseur de
    la reine d'Espagne, etc.. . . . . XVIII 159
— Son caractère; leur fortune. . . . . .   XVIII 166

Guerre de fait en Italie. III   48

GUICHE (Duc de). Marie son fils aîné à la fille
    unique du duc d'Humières et obtient,
    pour premier exemple, de se démettre
    de son duché en faveur de ce mariage,
    quoique lui-même ne fût duc que par
    la démission du duc de Gramont son
    père. . . . . VII 277
— Duchesse de Guiche, sœur du duc de
    Noailles; sa dévotion; ses manéges.
    Elle arrache, par ruse, au maréchal de
    Boufflers, son beau-frère, le régiment
    des gardes, pour son mari, en faisant le
    maréchal capitaine des gardes du corps
    malgré lui, et vend à Coigny la charge
    de colonel général des dragons, qui fait
    dans la suite sa prodigieuse fortune,
    que le duc de Guiche avoit achetée du
    maréchal de Tessé.   IV   185
GUICHE (Duc de). Obtient la survivance des
    gouvernements de basse Navarre,
    Béarn, Bigorre, Bayonne, Saint-Jean-
    Pied-de-Port, de son père.   IX   276
— Persuade au Régent force services ima-
    ginaires, et en tire des millions. . . . XII 202

Guiche (Duc de). Tomes. Pages.

— Son caractère. . . . . XII 234

— Marie sa fille aînée au fils aîné de Biron
et son 2ᵈ fils à une fille du même. . . XII 392

— Obtient, pour son fils aîné, les survivances de sa charge et de ses gouvernements tout à la fois. . . . . XIV 367

— Il entre singulièrement dans le conseil
de régence, après avoir été vice-président du conseil de guerre. . . . . . . XV 400

Guillain (Saint-). Perdu. . . . . VI 199

Guillaume, roi d'Angleterre. Sa mort. . . . . III 254

Guiscard. Fait gouverneur de Namur, chevalier
de l'ordre. . . . . I 287

— Ambassadeur en Suède. . . . . XVII 153

— Seul sans nouvelle lettre de service après
la bataille de Ramillies, se retire chez
lui. . . . . V 9

— Son caractère; sa triste fin ; sa mort. . . XVII 153

Guise (Duchesse de), petite-fille de France. Sa
mort. . . . . I 302

— Le duc de Guise tué aux derniers États
généraux à Blois, décembre 1588, à la
veille d'envahir la couronne. Est le
premier seigneur qui, pour capter les
curés de Paris et le peuple, ait été
marguillier d'honneur de sa paroisse. X 408

Guyet. Fait intendant des finances en mariant
sa fille unique au frère de Chamillart. IV 117

Guyon, fameuse dévote, prétendue illuminée,
dont l'intime liaison de sentiments
avec Fénelon, archevêque de Cam-
bray, le perdit. . . . . I 273

— Introduite, puis chassée de Saint-Cyr;
mise à la Bastille. . . . . I 296

— Après dans un couvent à Meaux; de là
exilée en Touraine, enfin à Blois. . . . III 402

— Sa mort. . . . . XIV 11

	Tomes.	Pages.

GUSMAN, envoyé de Portugal à Madrid. . . .   XVIII   186 ·

GYLLEMBOURG, envoyé de Suède à Londres. Y est arrêté. Son projet découvert. Mouvements là-dessus parmi les ministres étrangers et dans le public. Mesures du roi d'Angleterre et de ses ministres.   XIII   319

— Le frère de Gyllembourg arrêté à la Haye par le crédit du pensionnaire.   XIII   322

Dans la lettre G ⎰ Noms propres. . .   65
                  ⎱ Autres.   8

                En tout   73

HAQUAIS (Le). Son état; son caractère.   V   471

— Sa mort.   XIX   91

HAGUENAU. Pris par les impériaux. Peri et Arling, qui le défendirent bien, récompensés.   IV   292

HALIGRE [1] (Extraction et fortune des).   IX   182

— Président à mortier, obtient une pension dite de Pontoise.   XIII   109

HALLUYN. Dispute de pas et de préséance, au premier mariage de Gaston, frère de Louis XIII, entre les duchesses d'Halluyn et de Rohan, sur l'ancienneté de leurs duchés, car les Robans n'avoient pas encore imaginé alors d'être princes, laquelle alla jusqu'à main-mise décidée en faveur d'Halluyn qui précéda Rohan.   II   70

HAMILTON (Duc d'). Désigné ambassadeur d'Angleterre en France. Sa mort.   IX   367

— Son extraction.   IX   367

HAMILTON (Richard d'). Quel. Son caractère; sa mort.   XIV   210

1. Voyez tome IX. p. 185, note 2.

Tomes. Pages.

HAMMER. Quel fut ce chevalier anglois merveilleusement reçu à la cour. Duchesses
d'Angleterre conservent leur nom et
leur rang en se remariant publiquement au-dessous· de leur premier
mari.   IX   376

HANOVRE (Duchesse d'), palatine, sœur de la
princesse de Salm et de Madame la
Princesse. Elle et ses deux filles sans
rang, ni honneurs en France, où elles
demeurèrent très-longtemps à Paris.
Grands airs qu'enfin elle y veut prendre; cause de sa retraite en Allemagne
et de la haute fortune de sa 2ᵈᵉ fille. .   I   35

— Autre duchesse d'Hanovre Brunswick,
elle-même femme du 2ᵈ électeur, devenu roi d'Angleterre, Georges Iᵉʳ. Catastrophe de cette princesse et du
comte de Königsmarck.   I   231

HANOVRE (Mort du duc d').   II   15

HANOVRE (Duc d'), depuis roi d'Angleterre,
Georges Iᵉʳ. Est général de l'armée de
l'Empereur sur le Rhin.   VI   30

— Mort de la princesse électrice d'Hano-
vre.   X   190

— Électeur d'Hanovre proclamé roi d'Angleterre, Georges Iᵉʳ.   X   247

— Pensées des étrangers sur la négociation d'Hanovre. XIII   175

— Voyages de la duchesse d'Hanovre,
sœur de Madame la Princesse, et son
retour à Paris. Sa totale nullité à
Vienne, et sans rang quoique mère de
l'impératrice régnante. Quitte le nom
d'Hanovre, arrivant à Paris, prend le
nom de duchesse de Brunswick; son
état ambigu et délaissé à Paris;

Hanovre (Duc d').
Tomes. Pages.

nouveautés étranges, mais sans sui-
tes, à son égard. . . . . XVII 149

Haras de buffles et de chameaux du roi d'Espagne, à Aranjuez. Lait de buffle
exquis. . . . . XVIII 353

HARCOURT (Marquis d'), ambassadeur en Espagne. En revient et y laisse Blécourt
(*voir* aux pièces [1] toute sa négociation
en Espagne copiée sur les mémoires
originaux prêtés par M. de Torcy à
M. le duc de Saint-Simon). Assemble
une armée à Bayonne ; son ambition
et son adresse. . . . . II 382

— Est fait duc vérifié et une seconde fois
ambassadeur en Espagne. . . . . . . II 402

— Y suit le nouveau roi. Quelle est sa place
dans la Junte. . . . . II 414

— De retour d'Espagne après une longue
maladie. . . . . III 198

— Fait donner la Toison à Césane, son
frère. . . . . III 261

— Sa situation brillante lui fait espérer
d'entrer dans le conseil. . . . . III 207

— Sa position en France et en Espagne ;
son embarras entre les deux ; son caractère. . . . . III 209

— Il arrête la promotion des maréchaux de
France, et pourquoi. . . . . III 215

— Refuse le commandement de l'armée
d'Italie. . . . . III 239

— Est fait maréchal de France en dixième. III 391

— Capitaine des gardes du corps à la mort
de M. le maréchal de Lorges. . . . . . III 399

— Personnage d'Harcourt. . . . . III 465

— Est chevalier de l'ordre, et les autres

1. Voyez tome I p. 420, note 1.

Harcourt (Marquis d').   Tomes.   Pages.

  •   maréchaux de France....... IV 206 et 217

— Son adresse. Se joint avec Mme de Main-
    tenon en faveur de la princesse des
    Ursins.   IV   222

— Se réunit au chancelier et à Pontchar-
    train, et eux, son fils, et eux, par lui, à la prin-
    cesse des Ursins.   IV   224

— Son intrigue pour le ministère.   VI   100

— Manque à coup près d'entrer dans le
    conseil....................   VI   292

— Sa modeste habileté.   VI   401

— Son cruel sarcasme sur Chamillart. . .   VI   404

— Commande l'armée sur le Rhin, et se
    fait bien pourvoir à Strasbourg. VI   408

— Est fait pair de France (voir t. VII, p. 261). VII   108

— Tombe en apoplexie légère et va aux
    eaux.   VII   265

— Commande l'armée du Rhin. Mandé à
    la cour. Est reçu pair de France. Va
    commander l'armée de Flandres.... VIII   52

— Son avis hardi et sensé sur l'affaire
    d'Espernon et d'Antin.   VIII   182

— Marie son frère Césane.   IV   274

— ·Le perd.................   X   321

— Obtient sa Toison pour un de ses cadets.   X   321

— Le perd encore; obtient sa Toison pour
    un autre cadet, qui ne vit pas long-
    temps après. ....·...........   X   321

— Quel à l'égard de la mort de Monsei-
    gneur.   VIII   409

— Commande l'armée du Rhin.   IX   312

— Destiné de nouveau à commander la
    même armée, mais il se trouve par sa
    santé hors d'état de servir.   X   17

— Est nommé, par le testament du Roi,
    pour être du conseil de régence et
    pour être gouverneur du Roi, au cas

Harcourt (Marquis d').   Tomes. Pages.

de mort du maréchal de Villeroy. . . .   XII   **216**

— Entre au conseil de régence.   XII   **243**

— Veut vendre sa charge; puis en obtient
la survivance pour son fils.   XII   **365**

— Le marie à une fille du duc de Villeroy.   XII   **397**

— La perd.   XIII   **57**

— Remarie son fils à une fille de feu Barbezieux, secrétaire d'État de la guerre.   XIV   **10**

— Retombe en forte apoplexie; perd entièrement la parole pour toujours. . .   XIII   **57**

— Sa mort.   XVI   **109**

HARCOURT (Prince d') Lorraine. Salue enfin le
Roi. Vie et caractère du prince d'Har-
court et de sa femme Brancas.   III   **345**

— Leur fils aîné épouse la fille de Montjeu;
extraction de cette fille; suites de ce
mariage.   IV   **255**

— Prince de Montlaur déserte, va servir
l'Empereur; meurt en chemin de
Vienne. . . . .

— Prince de Maubec, leur troisième fils,
meurt en Italie au service de France.   V   **16**

— Mort de la princesse d'Harcourt.   XI   **124**

— Mort du prince d'Harcourt.   XVI   **190**

HARLAY, archevêque de Paris. Dégoûts de ses
dernières années. . . . . : . . .   I   **276**

— Sa mort; son caractère.   I   **278**

— Raison qui le prive du cardinalat et qui
le fit faire duc et pair par son siège. .   IX   **103**

HARLAY, conseiller d'État, premier ambassadeur plénipotentiaire à la paix de Rys-
wick.   I   **376**

— Sa mort.   IV   **72**
(*Voir* CHAULNES et son aventure avec
ce duc.)

— Céli, son fils, conseiller d'État; ses faits
et exploits.   XI   **55**

Tomes. Pages.

HARLAY, premier président. Étant procureur
général, fut l'adroit auteur de la légiti-
mation des doubles adultérins, sans
nommer la mère : source de sa fortune.   1 136
— Son inique conduite en faveur du maréchal duc de Luxembourg, prétendant
la première ancienneté du duché de
Piney contre les ducs, qui s'y .oppo-
soient. . . . .   I 148
— Sa ruse, son adresse, son intérêt, son
succès, dans la maligne formation du
rang intermédiaire des bâtards du
Roi. . . . .   I 164
— Obtient, en récompense, parole du Roi
positive d'être chancelier de France,
lorsque la charge vaqueroit par la
mort du vieux Boucherat, qui en étoit
lors revêtu. . . . .   I 166
— Sa situation à l'égard des ducs opposants à M. de Luxembourg. Entre en
négociation avec le duc de Chaulnes
sur l'assemblée de toutes les chambres pour le jugement de ce procès.
Il lui en donne sa parole positive, et
lui en manque net. Rupture ouverte
sur un nouveau forfait des ducs opposants avec lui. . . . .   I 169
— Est, par eux, récusé en forme, et demeure récusé. . . . .   I 312
— Sa prévarication solennelle. . . . . . .   I 320
— Il révèle au Roi, dans un moment de
colère contre le fils de Ruvigny servant l'Angleterre, le gros dépôt d'argent que Ruvigny père, son ami intime,
lui avoit confié sortant du royaume,
à la révocation de l'édit de Nantes. Se
le fait donner par le Roi comme chose

Harlay.   Tomes. Pages.

confisquée, et se l'approprie.   I   397
— Obtient une pension du Roi, de 20,000 livres, et une place de conseiller d'État
   pour son fils, très-mauvais avocat général.   I   397
— Se porte publiquement pour candidat de
   la charge de chancelier vacante, que le
   duc de la Rochefoucauld, un des opposants à la prétention du maréchal
   duc de Luxembourg, l'empêche d'ob-
   tenir.   II   219
— Pénétré de rage, Harlay quitte enfin sa
   place de premier président.   V   164
— Quelques-uns de ses dits.   V   168
— Son cruel mot aux deux frères Doublet.   VIII 206
— Son énorme et fine perversité en dres-
   sant un ancien projet de règlement
   sur les duchés-pairies, qui a depuis
   servi de base à l'édit de 1711. . . . .   VIII 316
— Son ambitieuse et insigne friponnerie.   VIII 340
— Sa scélératesse sur le sacre et sur la propa-
   gation des bâtards (voir t. VIII, p. 316). VIII 348
— Sa fin misérable. Son dernier bon mot.
   Sa mort.   XIV   85
— Son fils unique, conseiller d'État. Son
   mauvais caractère; sa singularité; sa
   mort.   XIV   85
HARLEVILLE. Quel. Sa mort.   X   109
HARLEY, depuis comte d'Oxford et grand tré-
   sorier d'Angleterre   IV   116
HARLING. Quel. Fait capitaine des gardes de
   Madame, mais sans compagnie. . . .   XII 340
HARPAJON [1] (Duchesse d'), ci-devant dame
   d'honneur de la dauphine Bavière. Fait
   la comtesse de Roucy, sa fille unique,

----

1. Saint-Simon écrit tantôt *Harpajon*, tantôt *Arpajon*.

Harpajon (Duchesse d'). Tomes. Pages.

dame du palais de Mme la duchesse de Bourgogne. . . . . I 342

— Mort de la duchesse d'Harpajon.. . . . . III 17

HARPAJON, petit-fils de son mari, servant en Espagne, y obtient la Toison d'or. . . IX 119

— Achète, du duc de Noailles, le gouvernement de Berry. . . . . XIV 208

— Épouse la fille du financier Montargis. . XI 87

Laquelle devient dame de Mme, la duchesse de Berry. . . . . XIV 208

HARRACH (Comtes d'), père et fils, consécutivement ambassadeurs de l'Empereur en Espagne. Rappelés, l'un après l'autre, à la fin de la vie du roi d'Espagne Charles II. II 383

HASFELD. Se rend maître de l'île de Majorque pour le roi d'Espagne, qui lui donne la Toison d'or. Étranges prostitutions de Toisons. . . . . XI 148

— Le Régent lui donne le soin des fortifications et des ingénieurs, qu'avoit Pelletier de Sousy, conseiller d'État sous le feu Roi, et le met dans le conseil de guerre . . . . XII 236

— Il s'excuse de servir contre le roi d'Espagne dans l'armée du maréchal de Berwick. . . . . XVI 117

HAVREC. Branche sortie de celle de Solre de la maison de Croy. . . . . X 84

HAVREC (Duc d') : voir aux GRANDS D'ESPAGNE. XVIII 18

HAUTEFEUILLE. Quel. Mestre de camp général des dragons. . . . . III 401

— Bailli et ambassadeur de Malte à Paris. Sa mort . . . . III 409

HAUTEFORT, lieutenant général à l'armée de Flandres. S'y distingue, en 1710, par une belle et difficile retraite et sans combat, à la tête d'un gros détachement. VI 197

Hautefort.   Tomes. Pages.

— Reprend Saint-Guillain avec Albergotti.   VI   199

HAUTERIVE, que la duchesse de Chaulnes, fille
    et sœur des maréchaux de Villeroy,
    avoit épousé par amour. Quel. Sa
    mort.   II   295

HEINSIUS, pensionnaire d'Hollande, créature
    et confident du feu roi Guillaume. Sa
    froideur à l'égard de l'Espagne. Il
    élude d'entrer en traité avec elle. . . XIII   217

— Veut traiter avec l'Empereur, avant de
    traiter avec l'Espagne   XIII   242

— Fait à Beretti une ouverture de paix en-
    tre l'Empereur et l'Espagne XIII   335

— Sa mort.   XVII   132

HELVÉTIUS, médecin hollandois, à qui le bon
    usage de l'ipécacuana est dû. Est sour-
    dement envoyé en Hollande, sous pré-
    texte d'aller voir son père, pour sonder
    quelque moyen de parvenir à la paix.
    Il y retourne une seconde fois, aussi
    inutilement que la première, puis en
    Espagne pour la reine Savoie, qu'il
    trouve à la dernière extrémité.   X   132

HENRIOT, évêque de Boulogne. Quel. Sa for-
    tune; son caractère.   XI   71

HEREM (SAINT-), père, capitaine et gouverneur
    de Fontainebleau. Sa mort. Singula-
    rités de sa femme.   III   68

HEREM (SAINT-), fils, aussi capitaine et gou-
    verneur de Fontainebleau. Épouse
    Mᵐᵉ Douilly. . . . .

— Obtient mille écus d'augmentation de
    pension du Roi   X   87

— Obtient du Régent la survivance de Fon-
    tainebleau pour son fils. XVIII   439

— Sa mort. XVIII   439

— Mort de son cousin l'abbé de Saint-

Herem (Saint-).   Tomes. Pages.

Herem. XVIII   439
HERMINE (SAINTE-). Quel. Sa mort.   V   119
HÉRON (Du). Quel. Sa mort.   I   476
HERSENT père. Son état en France, puis en Es-
    pagne. XIII   13
HERSENT fils. Son état en Espagne; son carac-
    tère. XVIII   151
HERVAL (Mᵐᵉ). Quelle. Sa mort.   IX   335
HERVAULT, archevêque de Tours, auparavant
    auditeur de rote. Sa naissance; son
    mérite; sa mort. XIII   90
HESSE CASSEL (Prince héréditaire de). Épouse
    la sœur du roi de Suède (auquel il a
    depuis succédé). XI   55
HEUDICOURT PONS (Mᵐᵉ d'). Sa faveur.   I   351
  — Sa mort; son caractère; extraction,
    mort et caractère de son mari.   VI   245
  — Caractère de son fils. Il fait une facé-
    tieuse chanson sur les Montsoreau, qui
    fait grand bruit. IV   371
    Obtient la survivance de la charge de
    son père, de grand louvetier de France. XIII   276
    Épouse la fille de Surville.   XI   125
Hiéronimites de l'Escurial; leur grossièreté,
    leur superstition. XVII   431
  — Leur fanatisme romain. Leur sottise. XVIII   373
HIJAR, duc : voir aux GRANDS D'ESPAGNE. . . . XVIII   19
HILLIÈRE (La), gouverneur de Rocroy. Sa
    mort.   I   427
HIRE (La), célèbre astronome. Sa mort. XIV   378
Hiver de 1709 terrible. Misère effroyable par-
    tout. VI   310
HOCHSTEDT. Bataille gagnée sur les Impé-
    riaux.   IV   7
  — Autre au même lieu, bien autrement
    perdue contre les mêmes.   IV   122
  — Mesures des alliés pour la défense de

Hochstedt.   Tomes. Pages.

l'Allemagne. Mouvements des armées.
  Première faute principale et nombre
  d'autres, d'où suivit la perte de la ba-
  taille et de tous les pays delà le Rhin.   IV   119
— Rareté et obscurité des nouvelles d'Alle-
  magne après cette bataille.   IV   130
— Fautes énormes; cri public; désordre;
  consternation; embarras.   IV   138
— Marche des alliés qui passent le Rhin.
  Nos armées en Alsace.   IV   141
HOCQUEVILLE (M. et Mᵐᵉ d'). Quels. . . . . IV 340
HOCQUINCOURT, abbé. Dernier mâle de cette
  maison. Sa mort.   IV   273
HOGUE (La). Bataille navale perdue, qui détruit
  la marine de France. . . . .   ₊   12
HOGUETTE (La), archevêque de Sens. S'illustre
  de plus en plus par son humble et per-
  sévérant refus de l'ordre du Saint-
  Esprit, faute de pouvoir faire de
  preuves.   III   14
— Sa mort et son éloge.   XII   393
— Sa belle-sœur, dévote amère. Sa mort;
  son caractère.   XVII   40
HOLLANDE et HOLLANDOIS. Leurs plaintes. . . .   II   403
— Leur frayeur de l'Empereur; leurs vues;
  leurs adresses.   XIII   64
— Leur conduite avec l'Espagne.   XIII   210
— Conditions proposées par la Hollande à
  l'Empereur, qui s'opiniâtre au silence.   XIII   241
— Sentiment des Hollandois sur l'arrêt des
  personnes de Gœrtz et de Gyllembourg.
  Leur situation.   XIII   322
— Ils desirent l'union avec l'Espagne; ils
  craignent la puissance et l'ambition
  de l'Empereur, et les mouvements du
  roi de Prusse.   XIV   41
— Inquiétude sur l'entreprise de l'Espagne,

Hollande et Hollandois.   Tomes.   Pages.

moindre en Hollande qu'en Angleterre. XIV   141
— La Hollande inquiète, touchée de l'offre
    de l'Espagne de reconnoître sa mé-
    diation. XIV   176
— Divers sentiments en Hollande sur la
    manière de traiter la paix entre l'Em-
    pereur et l'Espagne. XIV   232
— Les Hollandois, fort en brassière entre
    l'Espagne et les autres puissances,·
    veulent conserver la paix. XV   31
— Pressés d'accéder au traité de Londres,
    ils reculent. XV   62
— Fâcheuse situation de la Hollande. . . . XV   90
— Intérêt et situation des Hollandois. . . . XV   142
HOLSTEIN GOTTORP (Duc d'), beau-frère de
    Charles XII, roi de Suède, tué à une
    bataille gagnée par ce monarque
    contre le roi de Pologne, électeur de
    Saxe. III   296
— Mort de la duchesse sa femme, sœur
    du roi de Suède. Leur postérité; leurs
    prétentions. VI   224
— Leur fils aîné, sur l'exemple nouveau du
    duc de Lorraine, demande au Roi le
    traitement d'*Altesse Royale;* ne l'ob-
    tient pas. XIV   348
HONGRIE. Retour des jeunes François de la
    guerre de Hongrie. XIV   122
Honneurs du Louvre, accordés à Dangeau
    et à la comtesse de Mailly par leurs
    charges perdues. Origine de cette
    grâce à leurs charges; ce que c'est que
    les honneurs du Louvre. XIII   181
HÔPITAL (Maréchale de l'). Sa mort. Ses sin-
    guliers mariages. IX   130
HORN ou HORNES (Maison d'). Catastrophe du
    comte d'Horn à Paris. XVII   42

Tomes.   Pages.

HORNBECK, pensionnaire de Rotterdam. Fait
    pensionnaire d'Hollande. XVII   134
HOUSSAYE (La), conseiller d'État, intendant d'Al-
    sace. Refuse d'aller troisième ambas-
    sadeur plénipotentiaire, avec le ma-
    réchal de Villars et le comte du Luc,
    au congrès de Baden, prétendant, pour
    la première fois, que les conseillers
    d'État ne cédoient qu'aux ducs et aux
    officiers de la couronne, et qu'il ne
    pouvoit céder au comte du Luc, qui
    ne fut conseiller d'État d'épée que
    depuis.   X   143
— Est fait chancelier et surintendant des
    affaires et finances du Régent à la
    mort de Térat. XVI   209
— Est fait contrôleur général des finances.
    Quel. XVII   152
— Obtient un rapé de l'ordre. XVII   240
— Quitte la place de contrôleur général des
    finances. XVIII   444
— Sa mort. XIX   153
HUET, ancien évêque d'Avranches. Ses emplois;
    son érudition; son caractère; sa mort. XVII   209
Huguenots. Font des assemblées; elles sont
    dissipées. XIII   83
Huile. Détestablement faite en Espagne et ad-
    mirablement chez les seigneurs espa-
    gnols; naturellement excellente en
    Espagne. XVIII   263
HUMBERT, célèbre chimiste, premier médecin
    de M. le duc d'Orléans. Sa mort. . . .   XII   342
HUMIÈRES (Maréchal duc d'). Sa fortune; sa
    famille; sa mort.   I   196
— Sa sœur la Châtre. Sa mort. XIX   215
HUXELLES. Sa fortune; sa conduite; ses emplois.
    Fait maréchal de France avec neuf

Huxelles.   Tomes. Pages.

autres.   III   382
— Son ambition; ses manéges; sa maladie.   VII   265
— Va, premier ambassadeur plénipoten-
     tiaire, traiter la paix à Gertruydem-
     berg. Sa fausseté.   VII   270
— Basse indécence à son égard; plus grande
     à l'égard de l'abbé de Polignac, second
     ambassadeur plénipotentiaire avec lui.   VII   271
— Retour du maréchal à Paris.   VIII   48
— Ses infamies à propos de Mlle Choin, de
     Monseigneur et de sa mort.   VIII   274
— Quel à l'égard de la mort de Monsei-
     gneur.   VIII   409
— Mort, famille, caractère de la marquise
     d'Huxelles, mère du maréchal.   IX   299
— Il va traiter la paix à Utrecht et l'y signe.   IX   419
— Revient à Paris.   X   42
— Obtient le gouvernement d'Alsace et de
     Brissac.   X   105
— Sa prostitution.   X   241
— Quel à l'égard de M. le duc d'Orléans. .   XI   224
— Est fait chef du conseil des affaires étran-
     gères; sa paresse et son incapacité.   XII   234
— Son incroyable jalousie.   XIII   139
— Son infamie sur le traité d'Angleterre.   XIII   266
— Est visité par le Régent, à l'instance de
     l'abbé du Bois.   XIII   277
— Ses variations sur la Constitution. . . .   XIII   345
— Refuse de signer la quadruple alliance.   XV   216
— La signe sur la menace de lui ôter les
     affaires étrangères : c'est-à-dire la con-
     vention avec l'Angleterre de la signer
     sans changement à ce qui étoit con-
     venu entre la France et elle.   XV   230
— Sa cruelle et manifeste inquiétude lors
     de la totale découverte de la conspira-
     tion du duc et de la duchesse du Maine.   XV   211

	Tomes.	Pages.
Huy. Rendu au maréchal de Villeroy......	I	86
Hyghens, premier médecin du roi d'Espagne. Son caractère.............	XVIII	145

Dans la lettre H { Noms propres.... 53
{ Autres........ 4

En tout 57

JACQUES II et III et JACOBITES.

	Tomes.	Pages.
— *Jacques II* à Calais avec des troupes. Projet sur l'Angleterre avorté.....	I	302
— Attentions continuelles du Roi pour le roi Jacques et la reine........	I	464
— Jacques II aux eaux de Bourbon, accompagné du comte de Mailly [1] de la part du Roi................	II	448
— Son retour à Saint-Germain.......	III	22
— Sa mort.................	III	189
— Son fils unique à l'instant reconnu roi d'Angleterre par le Roi, et aussitôt après par le Pape et par le roi d'Espagne.................	III	189
Tristes effets de cette reconnoissance.	III	192
— Visites sur la mort du roi Jacques II..	III	191
(*Voir* ANGLETERRE, page 28, en cette table générale jusqu'à ANGLOIS.)		
— Bonne et sage conduite de Jacques III dans l'armée de Flandres commandée par le duc de Vendôme sous Mgr le duc de Bourgogne, où ce prince fit la campagne incognito............	VI	29
— *Jacques III*, roi d'Angleterre.......	VII	86
— Visites et douleur de ia reine, sa mère, sur le mariage de M. le duc de Berry.	VIII	27

---

1. A l'endroit marqué il est dit que Jacques II fut accompagné par d'Urfé.

Jacques II et III et Jacobites.   Tomes. Pages.

— La princesse, sa fille, cède partout en
lieu tiers à la Dauphine. VIII   289

— Jacques voyage par toute la France. . . VIII   444

— Revient à Saint-Germain.   IX   129

— Y a la petite vérole. Répudie son confesseur jésuite, se confesse au curé. .   IX   292

— La princesse, sa sœur, meurt à Saint-
Germain de la petite vérole.   IX   292

— Jacques obligé, par la paix, de sortir de
France, se retire en Lorraine.   IX   420

— . La reine, sa mère, fort malade à Saint-
Germain.   X   130

Va aux eaux de Plombières.   XI   130

— Bolingbrocke à Paris; sa catastrophe en
Angleterre.   XI   119

— Duc d'Ormond à Paris, se sauvant d'Angleterre.   XI   159

— Jacques échappe aux assassins de Stairs,
par le courage et l'adresse de la maîtresse de la poste de Nonancourt, qui
en est mal récompensée, et s'embarque
secrètement en Bretagne.   XII   376

— Est assisté par le Pape et par le clergé
d'Espagne. Ses affaires tournent mal.   XII   387

— Il échoue en Écosse et revient. L'Espagne
lui refuse tout secours, caressée par
l'Angleterre, aigrie contre la France. .   XIII   14

— Entrevue secrète et triste de ce prince
avec Cellamare à Paris. Il est fort mal
content du duc de Berwick et de Bolingbrocke; il prend Magny à son ser-
vice.   XIII   17

— Il tire quelque secours d'Alberoni. Se
retire à Avignon, faute d'autre asile. .   XIII   62

— Entrevue de ce prince, passant à Turin,
avec le roi de Sicile, qui s'en excuse en
Angleterre; raison de ce ménagement.   XIII   323

Jacques II et III et Jacobites.   Tomes. Pages.

— Jacques à Rome; y est publiquement
   traité en roi; y sert Alberoni pour le
   chapeau. Nouveaux soupçons de délais sur sa promotion. Hauteur et manége du Pape.   XIV   78

— Contre-temps de ce prince avec le Pape,
   le pressant sur la promotion d'Albe-
   roni.   XIV   134

— Mort de la reine d'Angleterre à Saint-
   Germain.   XIV   392

— Jacques fait proposer au Pape un projet tendant à son rétablissement pour
   gagner l'escadre angloise. Le cardinal
   Acquaviva appuye ce projet en Espa-
   gne.   XV   110

— Jacques épouse, par procureur, la fille
   du prince Jacques Sobieski et de princesse palatine, sœur de l'Impératrice,
   veuve de l'empereur Léopold. La mère
   amenant sa fille à Rome, elles sont
   toutes deux arrêtées à Inspruck, par
   ordre de l'Empereur, qui exerce sur
   elles une étrange tyrannie.   XVI   106

— Jacques passe en Espagne.   XVI   207

— Son épouse future se sauve d'Inspruck,
   arrive à Rome, y est reçue en reine.   XVI   267

— Jacques revient d'Espagne à Rome. . .   XVI   333

JACQUES (SAINT-), abbé régulier, fils du dernier
   chancelier Aligre. Sa mort et son
   éloge.   IX   185

Jambons en Espagne, de cochons nourris de
   vipères, singulièrement exquis. . .   XVIII   263

Jansénisme.   VII   133

JANSON (Cardinal de). Revient de Rome.   I   110

— Grand aumônier de France.   IV   450

— Retraite de Janson, son neveu.   VI   270

   L'abbé, son frère, fait archevêque d'Ar-

Janson (Cardinal de).   Tomes. Pages.

les, malgré le cardinal son oncle qui,
  avec grande raison, l'en jugeoit inca-
  pable, et de tout épiscopat.   VIII   101
JARNAC. Quel. Sa mort ; son caractère.   X   344
JARZÉ. Son extraction ; son caractère. Nommé
  ambassadeur en Suisse.   V   426
— S'excuse d'y aller, après l'avoir accepté.   VI   165
JEAN (SAINT-), père et fils. Leur petit état ; leur
  caractère ; leur monstrueuse fortune
  en Espagne.   XVIII   157 et 159
Jésuites. Poudres en gros amas trouvées
  dans leur maison à Namur après la
  prise de cette place par le Roi en personne, sans avoir été déclarées.. . . .   I   12
— Inséparablement livrés au cardinal de
  Bouillon, et lui à eux.   I   411
— Leur embarras, leur adresse, leur attachement pour Fénelon, archevêque de
  Cambray, dans l'affaire de son livre. .   I   413
— Éclat et raccommodement entre eux et
  le Tellier, archevêque de Reims. . . .   II   1
— Ils tentent vainement de mettre le gra-
  pin sur le cardinal de Janson et sur
  son diocèse, qui parle ferme au Roi et
  se moque d'eux.   VIII   100
— Querelle nouvelle entre eux et les bénédictins sur la nouvelle édition de Saint-
  Augustin que les bénédictins firent
  paroître. Le Roi leur imposa silence
  aux uns et aux autres.   II   281
— Jésuites condamnés par la Sorbonne sur
  les cérémonies de la Chine.   II   335
— Obtiennent d'être affranchis pour toujours des impositions du clergé. . . .   II   336
— Leur riche chocolat, fait curieux.   II   433
— Sont condamnés, à demi avec leur Aubercourt, sur les prétentions de ceux

Jésuites.   Tomes. Pages.

qu'ils renvoyent sur les biens de leurs
famille.   III   278

— Ils emportent la cure de Brest, par la
voix unique du Roi contre toutes celles
de son conseil.   IV   329

— Jésuites.   VII   133

— Leurs disputes sur les pratiques idolâ-
triques des Indes et sur les cérémo-
nies de la Chine.   VII   246

— Leur inquisition.   VII   136

— Quels sur le mariage de M. le duc de
Berry.   VII   391

— Condamnés par une bulle sur les usages
de la Chine.   VIII   157

— Deux causes de l'affaire de la Constitution : arrêter Rome sur les rites des
Indes et de la Chine par le besoin
qu'elle avoit d'eux en France, et perdre le cardinal de Noailles en exemple
redoutable à tout le clergé.   VIII   216

— Scélératesse de leur complot mis au net
et au grand jour par le paquet de
l'abbé Bochart de Saron, trésorier de
la Sainte-Chapelle de Vincennes, à l'é-
vêque de Clermont, son oncle, tombé
entre les mains du cardinal de Noailles;
cris publics contre eux.   IX   162

— Histoire latine de la compagnie de Jésus
par le P. Jouvency, jésuite; audace et
scandale de ce livre ; les jésuites s'en
tirent à bon marché.   IX   430

— Leur projet constant, suivi, déclaré par
eux-mêmes, d'établir l'Inquisition en
France.   X   355

— Ils obtiénnent, malgré tout le conseil, le
Roi [y] étant par sa seule volonté, un
arrêt qui rend leurs religieux, renvoyés

Jésuites.   Tomes. Pages.

par eux de la compagnie jusqu'à 33
ans, capables de revenir à partages et
à successions dans leurs familles. . .   XI   146

— Jésuites tous interdits en plusieurs dio-
cèses. XII   392 et XIII   112

— Jésuites laïcs ; ce que c'est.   XII   164

— Leur ingratitude domestique.   XVI   204

— Ils tiennent en mue le cardinal de Benavente en Espagne, le gouvernent, le
mangent, aux cris inutiles de sa fa-
mille.   XVIII   89

— Sont tout-puissants en Espagne, mais très-
ignorants ; cause de cette ignorance. XVIII   179

— Leur morale et leur pratique en Espagne, fort commode sur le jeûne. . .   XVIII   336

Jeux de hasard défendus. . .   XIII   367 et XVI   191

— Teneurs de ces jeux mis en prison. . . .   XIV   211

Ildephonse (Saint-). Maison royale bâtie par
Philippe V pour le dessein de sa retraite.   XVIII   407

Illuminations de la place Major à Madrid
admirable et surprenante (sic). XVII   386

— Autres admirables. XVIII   330

Immunité ecclésiastique.   XII   447

Impératrice couronnée reine de Hongrie à
Presbourg.   X   335

Impératrice, veuve de l'empereur Léopold, belle-
mère de la précédente. Son caractère ;
sa mort ; son deuil.   XVI   444

Impériaux. Leur hauteur partout.   XIII   65

— Jugement qu'ils portent de la fascination du Régent pour l'Angleterre . . .   XIII   156

— Ils traversent de toutes leurs forces la
négociation d'Hanovre.   XIII   175

— Leurs manéges contre les alliances traitées par le Régent. Altercations entre eux et les Hollandois sur leur traité

Impériaux.   Tomes. Pages.

de la Barrière, qui ouvrent les yeux à
ces derniers, ét qui avancent la con-
clusion des alliances.   XIII   216
— Leurs manéges, et ceux de Bentivoglio,
pour empêcher le traité entre la France,
l'Angleterre et la Hollande.   XIII   227
— Demandent qu'Aldovrandi soit puni, ef-
frayent le Pape.   XIV   172
— Leurs propositions pleines de jalousie et
de haine. Leurs artificieuses plaintes
du Régent.   XIV   409
— Ils veulent qu'Aldovrandi soit rappelé
d'Espagne et puni.   XIV   436
— Inquiets, mal à propos, sur la bonne foi
des ministres anglois à leur égard. .   XV   121
— Audace des Impériaux, sur quoi fondée.
Nouvelle difficulté sur les garnisons
à mettre en Toscane.   XV   139
— Audace des ministres impériaux.   XV   139
Impôts sur les baptêmes et les mariages,
abandonnés par les désordres qu'ils
causent.   V   146
Impudence monacale.   XVIII   223
Inaction frauduleuse en Flandres.   III   77
Incendie au Petit-Pont à Paris.   XIV   390
Indes.
Infantado (Duc del) (voir aux Grands d'Es-
pagne). Son caractère; sa famille. . . .   IV   94
— Leur conduite à l'égard de Philippe V. .   XVII   426
— Richesses de ce duc; folie de leur
emploi.   XVIII   20
Infante d'Espagne. Honneurs et fêtes pro-
diguées à son arrivée à Paris.   XVIII   374
Innocent XIII Conti, élu Pape. Condition
étrange de son exaltation.   XVII   222
Inondations générales.   I   442
— De la Loire.   VI   415

Inondations. Tomes. Pages.
— Devant Lille, etc. . . . . VI 156
Inquiétude de la cour pendant le siége de
Lille. . . . . VI 127
Inquisiteur (Grand) d'Espagne. . . . . . . XVIII 161
Inquisition d'Espagne. . . . . XVIII 163
Instruction sur les *États d'oraison* de
Bossuet, évêque de Meaux, contre Fé-
nelon, archevêque de Cambray. . . . I 407
Intendants de provinces. Changements
parmi eux. . . . . VII 61
Intrigues de chapeaux à Rome. . . . . . . VI 177
Inventions étranges de monopoles perpé-
tuées. . . . . VI 316
Investiture des Deux-Siciles donnée par le
Pape à l'Empereur. . . . . XVII 84
JOFFREVILLE. Quel. Sa mort. . . . . XVII 214
JOLY de FLEURY, avocat général. Fait procureur
général. Son caractère. . . . . XII 231
JONCHÈRE (La), trésorier de l'extraordinaire des
guerres, dévoué à le Blanc, secrétaire
d'État de la guerre. Désordre de ses
affaires. . . . . XIX 55
— Est conduit à la Bastille. . . . . XIX 106
Jonction de l'armée du maréchal de Berwick
à celle de Mgr le duc de Bourgogne, en
Flandres, en 1708; force de l'armée
après la jonction. Elle s'ébranle de
dessous Tournay. Chemin qu'elle
prend. . . . . VI 124
JONZAC. Sa querelle et son combat contre Villette. Quels. . . . . XII 431
JOSEPH, empereur. Sa mort. . . . . VIII 311
JOYEUSE (Marquis de). Fait maréchal de France
avec six autres. . . . . I 37
— Commande l'armée du Rhin pendant la
maladie de M. le maréchal de Lorges.
Est fort près de celle du prince Louis

Joyeuse.   Tomes. Pages.

    de Baden ; situation des armées. . . .   I   252

— Joyeuse repasse le Rhin.   I   255

— Obtient le gouvernement des trois
    évêchés.   III   430

— Sa mort. Son caractère.   VIII   45

JOYEUX. Son être. Sa mort.   IV   399

ISENGHIEN (Prince d'). Sa naissance ; sa famille.
    Obtient un tabouret de grâce pour
    toujours.   l   295

— Épouse une fille du prince de Furstem-
    berg.   II   319

— La perd.   IV   354

— Puis Mlle de Rhodes.   IV   445

— La perd. . . . .

— Enfin la 2de fille du prince de Monaco. .   XVII   52

ITALIE. On ne songe plus à y repasser.   I   371

Juges. Honteux de leur jugement en faveur
    du duc de Luxembourg, fils du ma-
    réchal.   I   320

Jugement arbitral du Pape entre l'électeur
    palatin et Madame, qui proteste. . . .   III   253

JUNQUIÈRE (La). Mis à la Bastille et dégradé pour
    avoir rendu le Port-Mahon aux Anglois.   VI   221

Junte. Ce que c'est en Espagne.   III   270

— Junte ou Despacho devenu ridicule. . .   III   463

JUSSAC (Mme de). Quelle. Mise auprès de Mme la du-
    chesse de Chartres, depuis d'Orléans.   I   391

Dans les lettres I J { Noms propres. . . 29
                     { Autres. 18
                              En tout 49

KAYSERSLAUTERN. Se rend, la garnison pri-
    sonnière de guerre.   X   73

KEISERSWERTH. Assiégé ; se rend.   III   275

KERCADO, maréchal de camp. Tué.   V   16

KÖNIGSECK (Comte de), ambassadeur de l'Em-

Königsek.   Tomes. Pages.

pereur en France. Ses soupçons; sa
    vigilance à Paris. XIV   153
KÖNIGSMARCK (Comte de). Sa catastrophe. . . .   I   232
KURAKIN. Sa naissance. Premier ambassadeur
    de Russie en France. Quel. XIV   17

Dans la lettre K. . . Noms propres. 6

LACONI, marquis : *voir* aux GRANDS D'ESPAGNE. XVIII   75
LAIGLE (Mme de), dame d'honneur de Madame la
    Duchesse. Son caractère.   I   399
— Sa fille étant fille d'honneur de Madame
     la Duchesse, puis, sans être mariée,
     gouvernante des princesses ses filles,
     est des Marlis et mange avec Mme la du-
     chesse de Bourgogne. III   1
— Mort et caractère de son père.   X   6
LAFITAU, jésuite. Ses voyages à Rome et à
    Paris. Quel étoit ce jésuite. XIII   131
— Sa conduite; sa fortune; il est fait
     évêque de Sisteron. XVI   347
LAMBESC (Prince de), fils du comte de Brionne.
    Épouse la fille aînée du feu duc de
    Duras. VI   386
— Obtient, sur la démission de son père
     mourant, la survivance du gouverne-
     ment d'Anjou, qu'il avoit du comte
     d'Armagnac, son père. IX   287
LAMOIGNON (Mme de). Sa mort. IV   309
— Caractère et fortune du premier prési-
     dent, son mari (*voir* FARGUES); corrup-
     tion de tous les premiers présidents
     du parlement de Paris successeurs de
     Bellièvre, jusqu'à Maupeou, excepté
     Pelletier le père. IV   310
— Mort et caractère de Lamoignon, prési-
     dent à mortier, fils du premier prési-
     dent. VII   60

Lamoignon (Mme de).   Tomes. Pages.

— Son fils, aussi président à mortier,
    achète de la Vrillière la charge de
    greffier de l'ordre, dont le chancelier
    Voysin eut le rapé.   X   105

LAMONCLAVA (Comte de) : *voir* aux GRANDS
    D'ESPAGNE.   XVIII   93

LANDAU. Assiégé par le prince Louis de Baden,
    défendu par Mélac. Le roi des Romains
    y arrive et le prend.   III   300

— Assiégé par Tallart.   IV   10

— Qui le prend.   IV   22

— Assiégé et rendu par Laubanie au roi
    des Romains.   IV   190

— Assiégé par Villars et Besons, qui le
    prennent; la garnison prisonnière de
    guerre.   X   73

LANDI, abbé, envoyé de Parme à Paris. Son
    caractère.   XIII   310

LANGALLERIE. Quel. Servant de lieutenant géné-
    ral en Italie, passe aux ennemis et y
    sert dans l'armée de l'Empereur. Est
    pendu en effigie.   IV   408

— Ses folies. Sa catastrophe; sa fin tra-
    gique.   XIII   66

LANGEAIS (Mme de). Sa mort. XIII   245

LANGERON, abbé. Sa disgrâce. Sa mort. VIII   102

LANGERON, lieutenant général des armées na-
    vales. Sa mort.   VIII   442

LANGLÉE. Quel. Personnage très-singulier. . . .   II   304

— Sa mort et sa famille.   V   397

— Mort de l'abbé, son frère.   XIV   197

LANGUET. Fait évêque de Soissons. Quelques
    autres bénéfices donnés.   XI   73

— Ridicule aventure de son dépit de n'être
    pas cardinal. Son état; son am-
    bition. Ses écrits; sa conduite; son
    caractère.   XVI   388

Tomes. Pages.

Lanjamet, rat de cour. Sa triste aventure aux
états de Bretagne. Son mariage; son
caractère et celui de sa femme. . . . . VI 7

Lanti, duc romain. Son extraction; sa famille.
Fait chevalier du Saint-Esprit. . . . . I 287

— Son fils bien établi en Espagne par la princesse des Ursins, sa tante; lui et Chalais, après sa chute, viennent à Paris
et y reçoivent défense de retourner en
Espagne, qui ne dura pas. . . . . XI 109

Laparat, ingénieur principal. Quel. Est envoyé
à Vérue. . . . . IV 260

— Prend la Mirandole. . . . . IV 271

— Est tué devant Barcelone. . . . . IV 418

Largesses aux officiers de l'armée du maréchal de Berwick, employée contre l'Espagne. . . . . XVI 345

Lascaris, envoyé de Sicile. Malmené par Alberoni. . . . . XV 76

· Lassay. Quel. Épouse une bâtarde de Monsieur
le Prince. . . . . I 292

— La perd. . . . . VII 283

— Marie son fils. Sa famille. . . . . . . VIII 228
Ce fils est nommé envoyé en Prusse.
N'y va point, fait un plus utile métier. X 18

— Sa trahison. . . . . XV 430

Laval. Disgression sur les trois maisons de
Laval, sur la chimère de Naples, et sur
l'origine des distinctions dont jouissent les ducs de la Trémoille. . . . . . V 352

— Mort de la marquise de Laval, fille aînée
du chancelier Séguier. Sa famille. . . VIII 106

— Marquis de Laval, dit la Mentonnière,
d'une blessure au menton qu'il ne lais-
soit pas oublier. Obtient fort mal à
propos 600 livres de pension. . . . . . XIII 402

— Son impudent mensonge prouvé tel. Il

Laval.
                                            Tomes.   Pages.

       lui demeure utile quoique sans nulle
       sorte de parenté avec la maison
       royale. XIII   402

— Maison de Laval Montfort expliquée
       très-différente de celle de Laval Mont-
       morency. XIII   403

— Autre imposture du même sur la pré-
       séance sur le chancelier. XIII   410

— Est mis à la Bastille. XVI   249

— En sort avec les autres de la conspira-
       tion du duc et de la duchesse du
       Maine, dont il étoit des principaux, et
       se brouille avec eux. XVI   428

— Laval Hautefort, dame de Mme la du-
       chesse de Berry. XIV   121

— Laval, longtemps depuis maréchal de
       France, épouse Mlle de Saint-Simon. XVIII   449

LAVARDIN (Marquis de). Sa mort. III   71

LAUBANIE. Quel. Aveuglé en défendant bien
       Landau. Récompensé. IV   190

— Sa mort. IV   447

LAULLEZ, ambassadeur d'Espagne à Paris. Son
       caractère; sa fortune. XVII   319

LAUTREC. Quel. Tué en Italie. Son caractère. . IV   219

— Son frère obtient 150,000 livres de bre-
       vet de retenue sur la lieutenance gé-
       nérale de Guyenne. XVI   299

LAUZUN (Duc de). Épouse, fort vieux, la 2de fille
       de M. le maréchal de Lorges. Ses vues. I   242

— Se brouille avec lui et s'en sépare. . . . I   322

— Fait au camp de Compiègne une plai-
       sante malice au maréchal de Tessé ; à
       Marly, au maréchal de Tallart ; à Ver-
       sailles, au maréchal de Marsin. II   110

— Le Roi lui en fait une chez Mme la du-
       esse de Bourgogne, convalescente. III   67
                   i sur la promotion à l'or-

Lauzun.   Tomes. Pages.

dre du Saint-Esprit des maréchaux de
  France en 1705.   IV   207
— Son ambition; son art; sa malignité. . .   IV   288
— Mort et caractère du chevalier de Lau-
  zun, son frère.   V   364
— Duchesse de Lauzun brouillée avec la
  duchesse du Maine par une étrange
  aventure; suites de cette brouillerie. .   VII   257
— Malice de Lauzun sur le duc de Charost,
  sa cause.   IX   101
— Son plaisant mot sur le chancelier Voy-
  sin.   X   204
— Son joli mot au Régent sur son neveu,
  l'évêque de Marseille.   XIX   190
  Sa maligne plaisanterie fait, cinq ans
  après, le vieux Broglie maréchal de
  France.   XVI   183
— Sa mort; sa maison; sa famille. Raison
  de m'étendre sur lui. Son caractère;
  sa rapide fortune. Il manque l'artillerie par sa faute.   XIX   167
— Son inconcevable hardiesse pour voir
  clair dans cette affaire. Il insulte
  Mme de Montespan, puis le Roi même.   XIX   173
— Belle action du Roi.   XIX   174
— Lauzun est conduit à la Bastille; en sort,
  peu de jours après, avec la charge de
  capitaine des gardes du corps du duc
  de Gesvres, fait premier gentilhomme
  de la chambre au lieu du comte, depuis
  duc, du Lude, devenu grand maître de
  l'artillerie, dont le duc Mazarin se voulut défaire.   XIX   174
— Aventures incroyables de Lauzun avec
  Mademoiselle, fille aînée de Gaston,
  frère de Louis XIII, dont il manque
  follement le mariage public.   XIX   175

Lauzun.   Tomes. Pages

— Il fait un tour cruel à la princesse de
  Monaco, et un autre plus hardi au Roi
  et à elle. . . . . · . . .   XIX   175
— Obtient la patente de général d'armée
  en allant commander en Flandres un
  fort gros corps de troupes à la suite
  du Roi. Tombé en disgrâce, est conduit
  à Pignerol. Sa charge donnée au maréchal duc de Luxembourg; son gouvernement de Berry au duc de la Roche-
  foucauld.   XIX   177
— Sa précaution pour se confesser y étant
  fort malade. Fait secrètement connois-
  sance avec d'autres prisonniers, et
  trouvent (sic) moyen de se voir. . . .   XIX   178
— Entretient de sa fortune et de ses malheurs, le surintendant Foucquet, qui
  lui croit la tête tournée, et a grand
  peine à l'en croire après sur tous les
  témoignages d'autrui. A la fin ils se
  brouillent pour toujours. Sœurs de
  Lauzun.   XIX   178
— Mademoiselle achète bien chèrement
  sa liberté, et, à leurs communs dépens, enrichissent (sic) forcément le
  duc du Maine.   XIX   180
— Lauzun exilé par tout l'Anjou et la Touraine, puis à Paris, sans approcher de
  la cour plus près que de deux lieues.
  Il se jette dans le grand jeu et y gagne
  gros.   XIX   182
— Obtient permission de passer à Londres,
  y est bien reçu, y joue gros jeu, gagne beaucoup d'argent.   XIX   183
— La révolution d'Angleterre arrive incontinent après. Le roi d'Angleterre, ne
  sachant plus à qui se fier, confia la

Lauzun.   Tomes. Pages.

reine et le prince de Galles à Lauzun
qui les passa en France dans une petite barque. Rappelé aussitôt après à
la cour avec ses anciennes distinctions. Obtient l'ordre de la Jarretière;
est général des armées en Irlande sous
le roi Jacques. Enfin duc vérifié en
1692. . . . . XIX 183
— Splendeur de sa vie. Est continuelle-
ment outré de l'inutilité de tout ce
qu'il employe pour rentrer dans la
confiance du Roi. Ses bassesses sous
son extérieur de dignité. . . . . XIX 185
— Trait cruel au maréchal de Villeroy. . . IV 290
— Son fol anniversaire de sa disgrâce. Son
étrange singularité; est craint et mé-
nagé, et, quoique fort noble et géné-
reux, nullement aimé. . . . . XIX 186
— Son inconsolable désespoir, et bien
étrange à son âge, de n'être plus capitaine des gardes du corps. Son terrible aveu là-dessus. . . . . XIX 187
— Combien il étoit dangereux, toutefois
bon parent et reconnoissant; ne peut
s'empêcher néanmoins de lâcher sur
moi un dangereux trait. . . . . XIX 189
— Quelques-uns de ses bons mots. . . . . XIX 190
— Tombe fort malade; se moque plaisamment du curé de Saint-Sulpice, du duc
de la Force, de sa nièce Biron. . . . . XIX 191
— Sa grande santé; ses brouilleries avec
Mademoiselle; leur étrange raccommodement à Eu. Ils se battent dans
la suite, et se brouillent pour toujours. XIX 194
— Son humeur solitaire; son incapacité
d'écrire, même de raconter ce qu'il
avoit vu. . . . . XIX 195

Lausun.   Tomes.   Pages.

— Sa dernière maladie; sa mort coura-
geuse et chrétienne. XIX   196

— Cause de prolixité sur le duc de Lauzun. XIX   197

LAW, dit communément LAS, aventurier écossois. Sa banque. Elle passe au conseil
de régence et au Parlement. XIII   49

— Sa liaison avec l'abbé du Bois; sa cause. XIV   294

— Lui, du Bois, et Monsieur le Duc, chacun
pour son intérêt, ouvrent les yeux au
Régent sur le Parlement et le tirent de
sa léthargie. XV   351

— Frayeur extrême et raisonnable de Law
du Parlement. XV   351

— Se veut pousser et pour cela se faire catholique. Tencin le convertit; en tire
des trésors. Il s'amalgame toute la
maison de Condé en la gorgeant de
biens; est fait contrôleur général des
finances. XVI   349

— Achète l'hôtel Mazarin; y établit sa banque. XVI   356

— Se fait garder chez lui. XVII   91

— Le désordre de son système se manifeste, produit des suites infinies les
plus fâcheuses. XVII   12

— Entraîné, à la fin, à sa perte par le triste
succès de l'arrêt du conseil du 22 mai. XVII   88

— Perd sa place de contrôleur général des
finances; est gardé chez lui par Beuz-
wald et seize Suisses de la garde du
Roi; voit le Régent après un refus si-
mulé, travaille avec lui, en est traité
avec un honte ordinaire; la garde se
. . . . lui. XVII   91

           ce le chevalier de Con-

         ancelier, le pe

       où les se

Law.   Tomes. Pages.

    sont rendus. XVII   100

— Law insulté dans les rues; les vitres de
    son logis et ses glaces cassées; va lo-
    ger au Palais-Royal. XVII   115

— Retourne loger chez lui et y est fort
    visité. XVII   127

— Sort enfin du royaume. Sa famille; son
    caractère; sa fin. XVII   163

Leczinski, élu roi de Pologne. Prend le nom de
    Stanislas. Est couronné.   IV   116

— Chassé par l'électeur de Saxe, son com-
    pétiteur; se retire aux Deux-Ponts,
    chez le roi de Suède. . . . . IV 322 et X   204

Lede. Quel. Général de l'expédition d'Espagne,
    de Sardaigne et de Sicile; obtient la
    Toison. XVII   148

— Victorieux après en Afrique, est fait
    grand d'Espagne : *voir* aux **Grands**
    d'Espagne, marquis. XVIII   75

Leffinghem. Emporté, l'épée à la main, par les
    troupes de l'armée du duc de Ven-
    dôme.   VI   162

— Le chevalier de Croissy y est pris pour
    la troisième fois de la guerre.   VI   160

• **Legal**, soldat de fortune. Bat le général la
    Tour à Minderkingen. Est fait lieute-
    nant général. III   435

Leganez (Marquis de), grand d'Espagne. . . . III   293

— Qui avoit été gouverneur général du Mi-
    lanois sous Charles II; mal avec la
    princesse des Ursins, soupçonné à tort
    et à faux, conduit de Madrid au châ-
    teau Trompette de Bordeaux.   IV   276

— Puis dans le donjon de Vincennes; enfin
    en liberté dans Paris, mais sans pou-
    voir en sortir; où il est enfin mort. . . VIII   202

Légat *a latere.* Complimente, de la part du

Légat a latere.   Tomes. Pages.

Pape, la reine d'Espagne, à son passage
à Nice (*Voir*).   IX   136

Légistes. Quels. Leur usage. Leurs progrès.   X   368
— Légistes devenus juges.   X   394
— Contraste de leur état originel dans les
    parlements, et de leur état présent à
    force d'usurpations.   X   417
— Courte récapitulation.   X   456
— Sept états successifs des légistes, deve-
    nus enfin magistrats.   X   457
— l.égistes devenus magistrats ne chan-
    gent point de nature.   X   459
— Inhérence de la partie de légiste jusque
    dans le chancelier jusqu'à aujour-
    d'hui.   X   469

Lémos (Comte et comtesse de). Arrêtés avec le
    patriarche des Indes passant ensemble
    à l'archiduc.   IV   442
        (*Voir* aux GRANDS D'ESPAGNE.)

Léon (Prince de), fils aîné du duc de Rohan
    Chabot. Son caractère. Le Roi s'entre-
    met entre son père et lui.   V   370
— Enlève la fille aînée du duc de Roque-
    laure.   VI   9
— L'épouse.   VI   19
— Le Roi s'en mêle après un long éclat, et
    l'affaire s'accommode; on les marie
    de nouveau, avec toutes les formes, en
    présence de leurs familles.   VI   18

Léopold, empereur. Sa mort.   IV   268

Lerida et Tortose. Saisies par les Catalans ré-
    voltés.   IV   322

Lerida. Assiégée par M. le duc d'Orléans. La
    ville, prise d'assaut, punie par le pil-
    lage.   V   195
        âteau rendu par capitulation.
        malice du Roi à Monsieur le

Lerida et Tortose.   Tomes. Pages.

    Prince sur Lerida.   V   196

LERMA. Courte description du château de
    Lerma. . . . . .XVII 424

LESDIGUIÈRES (Duc de). Épouse la 3ᵐᵉ fille[1] du
    maréchal duc de Duras. . . . . . . , . . .   I   290

  — Accommodé avec Lambert, par ordre du
    Roi, par le maréchal duc de Duras,
    son beau-père, comme seul commis-
    saire du Roi.   II   42

  — Sa mort, sans enfant, en Italie; son ca-
    ractère. IV   *

  — La duchesse, sa veuve, refuse d'épouser
    le duc de Mantoue, et résiste nette-
    ment au Roi là-dessus. IV   153

  — Mort, singularité, caractère, succession
    de la duchesse de Lesdiguières Gondi. XII 415

Lettres provinciales. . . . . VII 136

LÉVY (Marquis de). Épouse une fille du duc de
    Chevreuse, qui est en même temps
    faite dame du palais de Mᵐᵉ la duchesse
    de Bourgogne.   II   9

  — Prisonnier à l'expédition manquée d'É-
    cosse. Fait lieutenant général. . . . .   V 415

  — Sa femme. Quelle sur le mariage de
    M. le duc de Berry. Sa faveur. . . . . VII 387

  — Lévy mis dans le conseil de guerre. . . . XII 235

  — Obtient le commandement en chef de la
    Franche-Comté. . . . . XIV 399

  — Caractère du mari et de la femme. . . . XVI 363

  — Est fait duc et pair à la majorité. . . . . XIX 94

LEUVILLE (Mᵐᵉ de). Quelle. Qui elle étoit. Sa
    mort. . . . . XVI 266

LEWENHAUPT, général suédois. Défait par le
    Czar. . . . . VI 175

LIANCOURT, marquis, fils et frère des ducs de

---

1. La seconde fille dans les *Mémoires*.

Liancourt.   Tomes. Pages.

la Rochefoucauld. Jamais bien revenu
de sa disgrâce. Quel à l'égard de M. le
duc d'Orléans. Ne veut d'aucune place.
Sa conduite; son caractère.   XI   223

LICERA (Duc de).: *voir* aux GRANDS D'ESPAGNE.   XVIII   21

LIGNE (Prince de) : *voir* aux GRANDS D'ESPA-
GNE.   XVIII   55

LILLE. Défendu par Boufflers..   VI   119

— Garnison mal choisie; autres fâcheux
manquements. Investi le 12 août 1708;
tranchée ouverte le 22 août.   VI   121

— Troupes, etc. dans Lille.   VI   121

— Dispositions de Boufflers.   VI   121

— Inondations et mouvements contre les
convois.   VI   155

— État de Lille, qui capitule.   VI   160

— Tranchée ouverte devant la citadelle de
Lille, 29 octobre, qui, sur les ordres
réitérés du Roi, capitule.   VI   192

— État lors de la place.   VI   199

— Récompenses de la belle défense de Lille.   VI   208

— Beau projet de reprendre Lille aussitôt.   VI   216

— Qui avorte et qui perd Chamillart. . . .   VI   226

LIMEUIL (Mⁿᵉ de), la Tour des Bouillons d'aujourd'hui, fille d'honneur de Cathe-
rine de Médicis.   V   85

LIÑAREZ..   II   459

Voir aux GRANDS D'ESPAGNE.   XVIII   21

LINIÈRES, jésuite, confesseur de Madame. Fait
confesseur du Roi, avec des pouvoirs
du Pape au refus du cardinal de
Noailles d'en donner. Friponnerie de
cette nomination et sa cause   XVIII   443

LIRIA (Duc de), fils aîné du duc de Berwick.
Voir aux GRANDS D'ESPAGNE.   XVIII   22

LISLEBONNE (Mˡˡᵉ de) et la princesse d'Espinoy,
sa sœur cadette. Leur union, leur in-

Lislebonne. Tomes. Pages.

timité avec Monseigneur; leur éclat
solide. Quelles. . . . . III 58

— Énormes procédés de Mlle de Lislebonne
à l'égard de Chamillart. . . . . VI 419

— Fait avec Vaudemont, son oncle, un
voyage en Lorraine plus que suspect. VII 92

— Outrées de la mort de Monseigneur, sa-
vent se maintenir. . . . . VIII 404

— Mlle de Lislebonne se fait abbesse de
Remiremont, sans abandonner la cour. VIII 404

— Perd sa mère. Quelle elle étoit. . . . . . XVII 39

LISTENOIS (Marquis de). Épouse une fille de la
comtesse de Mailly, dame d'atour de
Mme la duchesse de Bourgogne. . . . . IV 330

— Fait une étrange sorte d'escroquerie. . . V 344

— Obtient l'ordre de la Toison d'or. . . . . VII 61

— Est tué dans Aire. . . . . VIII 53

— Beauffremont, son frère, obtient sa Toison. . . . . VIII 200

Lit de justice tenu aux Tuileries le vendredi matin, 26 août 1718, qui rend
au Régent toute son autorité. . . . . . XV 293

— Le même jour, à six heures du matin,
on avertit ceux qui devoient y assister.
Le Parlement répond qu'il obéira. . . XV 471

— En même temps on avertit ceux du conseil de régence qu'il y en aura un extraordinaire, à huit heures, le même
matin. . . . . XV 472

— Maintien de ceux du conseil de régence;
divers mouvements avant qu'il commence. . . . . XVI 6

— Le conseil se met en place. . . . . XVI 12

— Plan de la pièce et de la séance du conseil, dessiné pour mieux éclaircir ce
qui s'y passa. . . . . XVI 14

Remarques sur la séance. . . . . XVI 14

Lit de justice.

	Tomes.	Pages.
— Tableau du conseil.	XVI	15
— Lecture des lettres de garde des sceaux.	XVI	18
— Lecture de l'arrêt du conseil de régence en cassation de ceux du Parlement. .	XVI	18
— Opinions marquées.	XVI	18
— Légers mouvements dans le conseil sur l'obéissance du Parlement.	XVI	19
— Lecture de la déclaration qui réduit les bâtards au rang de leurs pairies. . .	XVI	22
— Effet de cette lecture dans le conseil. . .	XVI	22
— Opinions par la tête.	XVI	23
— Impression du discours du Régent pour le rétablissement, uniquement personnel, du comte de Toulouse sur ceux du conseil.	XVI	25
— Lecture de la déclaration en faveur du comte de Toulouse.	XVI	25
— Opinions.	XVI	26
— Monsieur le Duc demande l'éducation du Roi ôtée au duc du Maine.	XVI	27
— Deux mots dits, par le Régent, sur la demande de l'éducation du Roi; mouvement dans le conseil.	XVI	28
— Opinions.	XVI	29
— Parlement en marche à pied pour venir aux Tuileries.	XVI	31
— Le conseil finit; mouvements; divers colloques dans la pièce du conseil, qui demeure fermée, avec défense du Régent à qui que ce soit d'en sortir. . .	XVI	33
— Mouvements dans la pièce du conseil. .	XVI	33
— Parlement arrive aux Tuileries.	XVI	39
— Attention sur les sorties du cabinet du conseil et sur tout ce qui s'y passe. .	XVI	39
— On va prendre le Roi; marche au lit de justice.	XVI	40
— Plan dessiné de la pièce et de la séance		

Lit de justice.   Tomes. Pages

du lit de justice pour mieux éclaircir
    ce qui s'y passa. XVI   42
— Spectacle du lit de justice. XVI   44
— Lecture des lettres du garde des sceaux,
    de l'arrêt du conseil de régence en
    cassation des arrêts du Parlement. . . XVI   48
— De la déclaration du Roi qui réduit les
    bâtards au rang de leurs pairies, et
    de celle du rétablissement, uniquement
    personnel, du comte de Toulouse. Dis-
    cours plaintif du premier président
    de Mesmes. XVI   52
— Conclusion des gens du Roi. XVI   54
— Opinions recueillies. XVI   54
— Prononcé.. XVI   55
— Enregistrement en plein lit de justice,
    fait et écrit sur-le-champ, de toutes
    les pièces qui avoient été lues, et de
    l'éducation du Roi ôtée au duc du
    Maine et donnée à Monsieur le Duc,
    suivant la demande qu'il en avoit faite
    en ce lit de justice, sur laquelle il y
    avoit été opiné, prononcé, conclu par
    les gens du Roi, à mesure, comme sur
    tout ce qui y fut passé ce même jour. XVI   56
— Levée du lit de justice. XVI   57
— Effet de ce lit de justice dedans et de-
    hors le royaume. XVI   85
LIVONIE (Palatin de), qui avoit accompagné le
    prince électeur dans ses voyages. Sa
    mort. XIV   37
Livrées du roi et de la reine d'Espagne toutes
    semblables à celle du Roi et de la
    Reine ici. . . . . XVIII 152
Livry obtient un brevet de retenue sur sa
    charge de premier maître d'hôtel du
    Roi. IV   234

Livry.   Tomes. Pages.
— Marie son fils à une fille du président
   Robert, et obtient des grâces à cette
   occasion.   V   55
— Poussé fortement par d'Antin, adminis-
   trateur de la charge de grand maître,
   à l'occasion des réformations dans la
   maison du Roi, est sauvé, avec hau-
   teur, par le duc de Beauvillier, dont il
   avoit épousé la sœur.   VII   306
— Obtient, pour son fils, la survivance de
   sa charge.   XIII   181
— Sa mort.   XIX   164
LOBINEAU, bénédictin. Auteur de l'histoire de
   Bretagne, à qui la vérité n'est pas per-
   mise. (Voir ROHAN.).   V   83
Logements chez le Roi.   II   107
— Il ne paye plus les changements et les
   dépenses qu'y font les courtisans à
   qui il les donne.   II   284
LOIRE. Ravages de cette rivière et leur cause.   V   304
— Inondations qu'elle fait.   VI   415
LONG (Le), savant père de l'Oratoire. Sa mort.   XVII   263
LONGEPIERRE. Quel. Espèce de poëte tragique,
   secrétaire des commandements de
   Mme la duchesse de Berry. Son carac-
   tère.   III   201
— Raccroché par le duc de Noailles, s'aban-
   donne à l'abbé du Bois.   XI   240
LONGUEVILLE. État et mort du dernier de ces
   bâtards d'Orléans.   I   176
LOPINEAU, commis principal des finances. Son
   étrange mort.   III   202
LORGES (Maréchal duc de). Sa fortune. Com-
   mande l'armée du Rhin. Monseigneur
   le va joindre de Flandres. Le maréchal outré des mauvais conseils donnés à ce prince, à qui il ne peut per-

Lorges.   Tomes. Pages.

suader d'attaquer les retranchements
d'Heilbronn. . . . .   ı   98
— Fait une belle marche devant le prince
Louis de Baden.   I   185
— Procédé, à l'armée, entre les maréchaux
de Lorges et de Joyeuse ajusté par les
marquis d'Huxelles et de Vaubecourt.   I   193
— Gouvernement de Lorraine donné à
M. le maréchal de Lorges.   I   198
— M. et M꜐ᵉ la maréchale de Lorges. . . .   I   236
— Leur famille.   I   237
— Maladie de M. le maréchal de Lorges
de là le Rhin. Attachement de son ar-
mée pour lui.   I   250
— Est transporté à Landau, où M꜐ᵉ la ma-
réchale de Lorges arrive.   I   251
— De retour en son armée, tombe en apo-
plexie légère.   I   270
— Ne sert plus.   I   283
— Sa mort et son éloge.   III   328
— Son fils épouse la 3ᵐᵉ fille de Chamillart.   III   361
— Mort et caractère de cette duchesse de
Lorges.   X   185
— Le duc de Lorges se remarie à une fille
du premier président de Mesmes. . . XVII   157
LORRAINE. Cause du nombre et de la préséance
de ceux de la maison de Lorraine sur
les ducs, en la promotion de l'or-
dre de 1688. . . . .   ı   17
— Dispute de préséance entre la duchesse
douairière d'Elbeuf et la princesse de
Lislebonne, belles-sœurs, au mariage
de M꜐ᵉ la duchesse douairière de Lor-
raine, à Fontainebleau.   II   7
— Duc de Lorraine, réintégré par la paix,
arrive en Lorraine.   II   43
— Le Roi donne 60,000 livres au chevalier

Lorraine.   Tomes. Pages.

chesse de Lorraine, pour l'hommage
lige du duché vérifié de Bar. Ducs de
Lorraine l'un connétable, l'autre grand
chambellan de France.   II   258

— Nulle compétence des ducs de Lorraine
avec les princes du sang; bien moins
encore avec un petit-fils de France,
jamais encore imaginées, bien moins
prétendues. Le duc de Lorraine va saluer le Roi à Versailles étrangement
incognito. Ce qui lui fait passer l'incognito. Mme la duchesse de Lorraine
nullement incognito, ayant son rang
de petite-fille de France, comme Mme la
grande-duchesse. Leur adresse continuelle, mais sans succès, à l'égard de
M. et de Mme la duchesse de Chartres.   II   259

— Mme la duchesse de Lorraine tombe malade de la petite vérole. Le duc de
Lorraine rend au Roi publiquement son
hommage lige de Bar. La cérémonie
faite, le Roi se couvrit et fit couvrir le
duc de Lorraine, et nul autre ne se
couvrit, les princes du sang s'étoient
retirés; la conversation se fit debout,
de peu de moments.   II   262

— Le duc de Lorraine va prendre congé de
Monseigneur à Meudon; du Roi à
Marly, un moment. Part en poste payée
par le Roi. Il avoit été, entre deux,
prendre congé de Mgr et de Mme la duchesse de Bourgogne à l'Opéra, où ils
étoient avec Monseigneur, et qu'il
n'avoit point vus auparavant. Il logea
toujours au Palais-Royal.   II   265

— Mme la duchesse de Lorraine guérie va à
Versailles, puis à Marly, prendre congé,

Lorraine.   Tomes. Pages.

et part.   II   **266**

— Origine du chapeau de ceux qui ont
rang de princes étrangers aux audiences de cérémonie des ambassadeurs, qui ne s'étend nulle part ail-
leurs.   II   278

— Mort du chevalier de Lorraine.   III   353

— Succession femelle des duchés de Lor-
raine et de Bar.   V   **226**

— Mesures secrètes du duc de Lorraine.
Courte réflexion.   V   245

— Prince de Lorraine, frère du duc.
Obtient la coadjutorerie de Trèves. .   VIII   132

— Sa mort à Vienne.   XII   396

— Mort du prince Camille, un des fils de
monsieur le Grand.   XII   396

— Monsieur le Grand voyant le comte de
Brionne, son fils aîné, mourant, l'o-
blige de se démettre de sa survivance
de sa charge de grand écuyer, et la
fait donner au prince Charles, son der-
nier fils.   IX   286

— Le prince Charles obtient jusqu'à un
million de brevet de retenue sur sa
charge de grand écuyer.   XII   269
Il épouse une fille du duc de Noailles;
obtient la survivance du gouvernement de Picardie et Artois du duc
d'Elbeuf.   XII   269

— M. et Mme la duchesse de Lorraine arrivent à Paris, logent au Palais-Royal
chez le Régent. Bassesses de courtisan
du duc de Lorraine.   XIV   329

— Il va voir plaider, dans une lanterne, à la
grand'chambre, voir après la Bastille,
et dîner chez le maréchal de Villeroy,
à l'hôtel de Lesdiguières.   XIV   334

Lorraine (Prince de).   Tomes. Pages.

— Son objet dans ce voyage et ses moyens.
   Est ennemi de la France, et ses demandes sans titre, droit, couleur, ni
   apparence, ni prétexte.   XIV   335
— Obtient un traité tout tel qu'il lui plaît,
   l'*Altesse Royale*, et un grand démem-
   brement de la Champagne en toute
   souveraineté.   XIV   340
— Le traité passe sans difficulté au conseil
   de régence; est aussitôt après enregistré au Parlement.   XIV   346
— Leur départ aussitôt après.   XIV   346
— Audacieuse conduite du duc de Lor-
   raine, qui ne voit point le Roi. . . .   XIV   347
— Il demande le dédommagement promis
   du Montferrat.   XV   147
— Il échoue à l'érection de Nancy en évê-
   ché, par l'opposition de la France. . . XVI   304
— Abbé de Lorraine nommé à l'évêché de
   Bayeux; en obtient enfin les bulles;
   est sacré par le cardinal de Noailles.   XVI   339
— Le grand écuyer, son frère, se brouille
   avec sa femme et les Noailles, et la
   renvoie au duc de Noailles, son père.   XVII 240
— Le fils aîné du duc de Lorraine reçoit
   l'ordre de la Toison d'or de l'Empereur. XVII 423
   Et meurt de la petite vérole. XIX   106
Loteries. II   327
Louis XIII, LE JUSTE. Sa grandeur d'âme et de
   courage à la perte de Corbie, etc. et à la
   prise des îles de la Rochelle. . . . . .   ı   53
— Sa gloire et sa sagacité à la Rochelle et
   au fameux pas de Suze. . . . . I 54 et 59
— Sa chasteté digne de saint Louis. . . .   I   55
— Sa prophétie en mourant.   I   65
— Sa mort sainte, sublime, héroïque. . . ı   I   63
— Contraste étrange de la fortune de ses

Louis XIII le Juste.   Tomes.   Pages.

alliés et de ceux du Roi son fils. . . .   V   208

— Repentir de ce grand Roi de l'érection de l'évêché de Paris en archevêché. . .   IX   102

— Ses précautions, à la mort, pour l'État aussi admirables qu'inutiles et pourquoi..   X   407

Louis XIV. Fait en personne le siége de Namur.. . . . . :.   I   6

— Prend Namur.   I   9

— Lui et le prince d'Orange en Flandres ; position des armées.   I   82

— Fait des détachements pour ses autres armées et retourne à Versailles avec les dames, qui l'attendoient à Dinan. Revient ouvrir la campagne suivante en Flandres; n'y demeure qu'un moment; manque de défaire le prince d'Orange et de le perdre, pour s'en retourner subitement à Versailles avec les dames, et fait divers gros détachements de son armée.   I   82

— Outré de la conduite du duc du Maine à l'armée de Flandres, casse sa canne pour un rien sur un bas valet du serdeau à Marly.   I   264

— Il lui survient un fort anthrax au col. .   I   334

— Va au-devant de la princesse de Savoie, future duchesse de Bourgogne, jusqu'à Montargis, et l'amène à Fontainebleau..   I   374

— Sa haine personnelle pour le prince d'Orange et sa cause, que ce prince travailla longtemps et inutilement à apaiser.   I   465

— Sa maxime de n'avoir point de premier ministre et jamais aucun ecclésias-.ique ni prince du sang dans son

Louis XIV.   Tomes. Pages.

conseil.   I   474

— Sa maxime de tout garder de grandeur
pour les princes du sang, mais sans
entrées, ni particuliers, sans charges
ni gouvernements, et de ne jamais rien
faire pour leurs principaux domestiques ni gens attachés à eux, et pareillement de ceux de Monsieur, et jamais
à pas un de commandement d'armée.   XII   149

— Son goût pour la magnificence de la
cour, son art à la bien tenir et à l'a-
voir fort grosse; ses égards.   I   483

— Style et manière de s'écrire entre l'Empereur et lui..   II   196

— Deux vols fort étranges faits au Roi. . .   II   202

— Dédicace de sa statue à la place des
Victoires.   II   216

— Ne paye plus les dépenses que les courtisans font dans leurs logements dans
ses maisons.   II   284

— Tient deux conseils, deux soirs de suite,
à Fontainebleau, chez Mᵐᵉ de Mainte-
non, sur le testament du roi d'Espagne.   II   385

— Avis partagés. Raisons pour s'en tenir
au traité de partage, raisons pour
accepter le testament.   II   386

— Résolution prise de l'accepter. Surprise
du Roi et de ses ministres du testament.   II   393

— Le Roi peu touché de la perte de Monsieur, quoique plein des plus grands
égards frivoles pour lui pendant sa
vie. Ne comprend pas que la douleur
puisse durer quelques jours. Fait re-
commencer le jeu dans le salon de
Marly le lendemain de sa mort.. . . .   III   28

— Son aversion pour le deuil.   III   417

— Sa longue goutte; son coucher public

Louis XIV.   Tomes. Pages.

retranché pour toujours.   IV   252

— Elle empêche la cérémonie ordinaire de
l'ordre à la Pentecôte.   IV   272

— Mot étrange du Roi en public sur ce que
Mᵐᵉ la duchesse de Bourgogne, qui
n'avoit point encore d'enfants, se
blessa à Marly.   V   431

— Il coupe plaisamment la bourse à Samuel Bernard, à Marly.   V   457

— Inquisition du Roi.   IV   317

— Ses divers mouvements sur la campagne
de Lille.   VI   141

— Sa prévention. . . . . . . :   VI   147

— Son étrange ignorance de ce qui se passe
et se fait dans ses armées.   VI   198

— Soirée singulière du Roi.   VI   218

— Son surprenant aveu.   VI   237

— Sa superbe.   VI   416

— Mécanique de ses après-soupers.   VII   297

— Il est mal à son aise à Meudon, et hors
de ses maisons.   VIII   236

— [S'en] va de Meudon aussitôt après la
mort de Monseigneur; affliction de
très-courte durée.   VIII   245

— Confusion de Marly.   VIII   260

— Dureté du Roi dans sa famille.   IX   79

— Va de Versailles à Marly au moment de la
mort de Madame la Dauphine, l'unique
perte dont il ait jamais été véritable-
ment affligé. Cette princesse l'amusoit
extrêmement; elle lui manqua à tous
les moments; il ne s'en consola de sa
vie.   IX   203

— Ne quitte point Marly à la mort de Mᵍʳ le
Dauphin. Se promenoit dans les jar-
dins, tandis que, peu d'heures après
sa mort, on emportoit son corps à Ver-

Louis XIV.   Tomes. Pages.

sailles. . . . .

— Va à Versailles, sans y coucher, recevoir
tout de suite les manteaux et les
mantes, les ministres étrangers, et les
harangues des compagnies.   IX   236

— Rétablit le jeu dans le salon avant l'en-
terrement fait.   IX   291

— Singularité du Roi sur ses ministres. . .   IX   322

— Il n'a de vraie bonté et familiarité
qu'avec ceux qu'il méprise et dont il
se moque. Craint l'esprit et les talents,
les écarte; n'est à son aise qu'avec
ceux sur qui il croit sentir sa supériorité d'esprit. . . . .

— Fait des voyages à Rambouillet chez le
comte de Toulouse. Musiques et scènes
de comédies chez Mme de Maintenon
pour amuser le Roi.   IX   374

— Ils sont multipliés.   IX   398

— Sa signature aux contrats de mariage
déclarée par lui-même être de nul
effet, excepté ceux de sa famille. . . .   IX   446

— Ses divers amusements chez Mme de
Maintenon.   X   72

— Sa sage politique sur les emplois dans
les provinces.   X   88

— Sa dureté sur le Charmel. Il ne pouvoit
souffrir que des gens connus, de
quelque état qu'ils fussent, ne le
vissent point, même retirés du monde.   X   141

— Son état à la mort de M. le duc de Berry.
Il ne veut point de manteaux, de
mantes, de révérences, de harangues,
de compliments.   X   176

— Sa position d'esprit sur ses bâtards très-
inégale.   X   239

— Fortes paroles du Roi au duc du Maine.   X   259

Louis XIV.   Tomes.   Pages.

— Testament du Roi extorqué malgré lui.
Ses paroles amères et qui exprimoient
son peu de confiance à son exécution
en le remettant entre les mains du
premier président de Mesmes et aux
gens du parquet, seul avec eux, pour
être déposé au Parlement. Paroles
qu'il dit à la reine d'Angleterre, encore
plus fortes et plus amères, sur son testament.   X   261

— Consternation sur le testament du Roi ;
ses causes.   X   266

— Amusements du Roi chez Mme de Maintenon à Fontainebleau redoublés et
inusités.   X   312

— Est chagrin, allant et revenant de Fontainebleau, où il ne retourna plus. . .   X   326

— Il n'apparentoit que Monsieur, ses enfants, et les trois filles de Gaston en
leur parlant. . . . .

— Apophthegme du Roi sur M. le duc d'Orléans.   X   341

— Il fait quitter le grand deuil de veuve à
Mme la duchesse de Berry, et la mène
jouer dans le salon de Marly.   XI   125

— Son dernier voyage à Marly.   XI   130

— Paris ouverts en Angleterre sur sa mort
prochaine. Il les voit par hasard dans
une gazette d'Hollande.   XI   134

— Il veut aller lui-même faire enregistrer
la constitution *Unigenitus*, sans modification, en lit de justice. Il le déclare.
Sa santé, qui tomboit chaque jour, ne
lui permet pas de l'exécuter.   XI   154

— Nécessité d'interrompre un peu le reste,
si court, de la vie du Roi.   XI   164

— Espèce de journal du Roi jusqu'à sa fin.

Louis XIV.   Tomes. Pages

Son dernier retour de Marly. Prise du
Roi avec Daguessau, procureur général, sur l'enregistrement pur et
simple, sans modification, de la Constitution au Parlement.   XI   383
— Détail de sa santé et des causes de sa
mort.   XI   386
— Dames familières.   XI   395
— Hors d'état de s'habiller, il veut choisir
le premier habit qu'il portera.   XI   402
— Reprise du journal des derniers [jours]
du Roi. Il refuse obstinément de nom-
mer aux bénéfices vacants.   XI   437
— Mécanique de l'appartement du Roi à
Versailles, pendant sa dernière mala-
die. Son extrémité. Il reçoit ses der-
niers sacrements.   XI   438
— Il achève son codicille, parle à M. le duc
d'Orléans.   XI   442
— Scélératesse des chefs de la Constitution.   XI   444
— Adieux du Roi.   XI   446
— Il ordonne que son successeur aille à
Vincennes et revienne après demeurer
à Versailles.   XI   449
— Il brûle des papiers. Ordonne que son
cœur soit porté à Paris, aux grands
jésuites. Sa présence d'esprit. Ses dis-
positions.   XI   449
— Mᵐᵉ de Maintenon se retire à Saint-Cyr.   XI   451
— Rayon de mieux du Roi. Solitude en-
tière chez M. le duc d'Orléans, où toute
la cour étoit auparavant en foule. . .   XI   452
— Le Roi, fort mal, fait revenir Mᵐᵉ de
Maintenon de Saint-Cyr auprès de lui.   XI   455
— Dernières paroles du Roi. Sa mort. . . .   XI   456
— Son caractère. Il hait les sujets. Est petit,
dupe, gouverné, se piquant de tout le

Louis XIV.　　　　　　　　　　　　　　　　　Tomes.　Pages.

contraire. . . . .　XII　　1

— L'Espagne cède la préséance. Satisfaction de l'affaire des Cortès. . . . . . .　XII　　4

— Guerre d'Hollande. Paix d'Aix-la-Cha-
pelle. Conquêtes en Hollande, puis de
la Franche-Comté. . . . .　XII　　5

-- Honte d'Heurtebise. . . . .　XII　　6

— Le Roi prend Cambray. Monsieur bat le
prince d'Orange à Cassel, prend Saint-
Omer, n'a pas depuis commandé
d'armée. . . . .　XII　　8

— Prise de Gand. Expéditions maritimes.
Paix de Nimègue. Luxembourg pris. .　XII　　8

— Gênes bombardé ; son doge à Paris. Fin
du premier âge de ce règne. . . . . .　XII　　8

— Guerre de 1688 ; son origine. . . . . . .　XII　　8

— Honte de la dernière campagne du Roi.　XII　　10

— Paix de Turin, puis de Ryswick. Fin du
2ᵈ âge de ce règne. . . . .　XII　　12

— Vertus de Louis XIV. Sa misérable éducation ; sa profonde ignorance. Il hait
la naissance et les dignités. Séduit par
ses ministres. . . . .　XII　　21

— Superbe de ce prince, qui forme le colosse
de ses ministres sur la ruine de la
noblesse. . . . .　XII　　14

— Goûts de Louis XIV. Avantages de ses
ministres, qui abattent tout sous eux,
lui persuadent que leur puissance et
leur grandeur ne sont que les siennes,
se font plus que seigneurs et tout-
puissants. . . . .　XII　　16

— Raison secrète de la préférence des gens
de rien pour le ministère. . . . .　XII　　19

-- Nul vrai accès à Louis XIV, enfermé
par ses ministres. . . . .　XII　　20

— Rareté et utilité d'obtenir de lui des au-

Louis XIV.   Tomes. Pages.

diences. . . . , ... XII   21

— Importance des grandes entrées. XII   22

— Ministres causes de la superbe du Roi. XII   22

— Faute de la guerre de 1688 et du camp
de Compiègne. XII   40

— Gens d'esprit et de mérite pesants au
Roi, cause de son mauvais goût. . . . XII   41

— Fautes insignes dans la guerre de la
succession d'Espagne. XII   44

— Extrémité de la France, qui ne s'en tire
que par le miracle de la paix d'Angleterre, qui fit celle d'Utrecht. XII   48

— Bonheur du Roi en tout genre. XII   49

— Son autorité sans bornes. XII   51

— Sa science de régner. Sa politique sur
le service, où il asservit tout et rend
tout peuple. XII   54

— La cour pour toujours à la campagne;
raison de cette politique. XII   66

— Origine de Versailles. XII   68

— Le Roi veut une grosse cour; ses adresses
à la rendre et à la maintenir telle. . . XII   69

— Son application à être informé de tout;
police; délations. XII   71

— Secret de la poste. XII   72

— Se pique de tenir parole. Est fort secret.
Se plaisoit aux confidences singu-
lières; histoire là-dessus. XII   73

— Art personnel du Roi à rendre tout pré-
cieux. Sa retenue. Sa politesse me-
surée. XII   74

— Sa patience. Précision et commodite de
son service personnel et de sa cour.
Crédit et familiarité des valets. XII   76

— Sa jelousie pour le respect rendu à ceux
qu il envoyoit. Récit bien singulier sur
le duc de Montbazon. XII   77

Louis XIV.   Tomes. Pages

— Ses grâces naturelles en tout; son
    adresse; son air galant, singulière-
    ment grand et imposant.   XII   77
— Politique du plus grand luxe. Son mau-
    vais goût.   XII   78
— Le Roi ne fait rien à Paris. Abandonne
    Saint-Germain. S'établit à Versailles.
    Se plaît à forcer la nature.   XII   79
— Ouvrages de Maintenon.   XII   82
— Marly.   XII   83
— Amours du Roi.   XII   85
— Belle inconnue très-connue. Mme de Sou-
    bise.   XII   88
— Révocation de l'édit de Nantes.   XII   107
— Coups de caveçon du Roi pour gouver-
    ner, qui ne le préservent pas d'être
    gouverné en plein.   XII   125
— Sa dureté. Excès de contrainte avec lui.   XII   127
— Ses voyages; sa manière d'aller. Aven-
    ture de la duchesse de Chevreuse. . .   XII   129
— Malheurs de ses dernières années le ren-
    dent plus dur et non moins dupe. . . .   XII   147
— Malheurs du Roi dans sa famille et dans
    son plus intime domestique.   XII   149
— Sa grandeur d'âme dans le revers de sa
    fortune.   XII   150
— Le Roi considéré à l'égard de ses bâ-
    tards.   XII   151
— Sa piété, sa fermeté jusqu'à sa mort. . .   XII   160
— Abandon du Roi les derniers jours de sa
    vie.   XII   166
— Sa vie publique.   XII   169
— Où, et quels hommes seulement man-
    geoient avec lui.   XII   170
— Matinées du Roi. Ses conseils.   XII   172
— Dîners du Roi. Service.   XII   175
— Ses promenades.   XII   178

Louis XIV.   Tomes. Pages.

—   Soirs du Roi. Jours de médecine.   XII   180

—   Dévotions.   XII   183

—   Le Roi peu regretté. Autres bagatelles. .   XII   186

—   Son testament abrogé quant à l'adminis-
     tration de l'État.   XII   204

—   Son codicille abrogé en tout.   XII   211

—   Ses entrailles portées tout simplement à
     Notre-Dame, à la réquisition du car-
     dinal de Noailles, à l'exemple d'autres
     rois.   XII   216

—   Son cœur fort simplement porté aux
     grands jésuites. Merveilleuse et
     prompte ingratitude.   XII   216

—   Son corps porté à Saint-Denis.   XII   218

—   Ses obsèques à Saint-Denis.   XII   318

—   Son service solennel à Notre-Dame. . .   XII   393

—   Bout de l'an à Saint-Denis.   XIII   120

Louis XV. Va à Vincennes ; y est harangué
     par les compagnies.   XII   218

—   Tient à Paris son premier lit de justice.   XII   222

—   Cassette et garde-robe du Roi.   XII   277

—   Les médecins prolongent son séjour à
     Vincennes.   XII   391

—   Nouveau délai à Vincennes. Les conseils
     de régence partagés alors entre Vin-
     cennes et Paris.   XII   396

—   Indécence de son carrosse expliquée.. .   XIII   366

—   Il passe entre les mains des hommes. . .   XIII   271

—   Est sans manteau ni rabat au lit de jus-
     tice des Tuileries.   XVI   40

—   Son maintien en ce lit de justice.   XVI   48

—   Est indifférent pour le duc du Maine. . .   XVI   57

—   Le Régent rend au Roi 5,000 livres par
     mois de menus plaisirs.   XV   343

—   Le Roi va en pompe à Notre-Dame ;
     étrange arrangement de son carrosse.   XVI   268

—   Voit le feu de la Saint-Jean à l'hôtel de

Louis XV.   Tomes. Pages.

ville. XVI   272
— Pendant le nettoiement des Tuileries,
loge au Louvre quelques jours, y visite
toutes les académies, visite Madame
et M. et Mme la duchesse d'Orléans, sur
la mort de Mme la duchesse de Berry. . XVI   291
— Sa disposition très-différente pour M. le
duc d'Orléans et pour le cardinal du
Bois; cause d'affection pour le premier
et d'éloignement pour l'autre. XVI   414
— Il commence à monter à cheval et à
tirer. . . . . ·XVII   84
— Maladie du Roi aux Tuileries. XVII   259
— Mesures pour lui apprendre son ma-
riage et le déclarer. XVII   293
— Le Régent, en cinquième seulement dans
le cabinet du Roi, lui apprend son mariage. XVII   295
— Détail plus étendu de la scène du cabinet
du Roi sur son mariage. XVII   298
— État du Roi lors de l'arrêt du maréchal
de Villeroy, et de l'escapade de l'évêque
de Fréjus à Basville et de son prompt
retour. Est tout consolé du maréchal
de Villeroy. XIX   12
— Fort dans les avenues de Versailles pour
l'amuser et commencer à l'instruire
en ce genre. XIX   59
— Majorité du Roi. Lit de justice. Il visite,
sur la mort de Madame la Princesse, les
princesses ses belles-filles, filles, même
sa sœur, et point ses petites-filles,
quoique princesses du sang. XIX   94
— Est affligé de la perte de M. le duc d'Orléans. XIX   201
— Ses visites sur cette perte. XIX   213
Louis (Ordre de Saint-). Son institution. . . . I   112

Louis (Ordre de Saint-).   Tomes Pages.

— On y érige de grands officiers presqu'à
l'instar de ceux du Saint-Esprit. On y
fait de nouveaux règlements ; leurs
inconvénients. Acheteurs de ces nouvelles charges. . . . . XVI 246
Louis (Saint-), ancien brigadier de cavalerie
fort estimé, retiré à la Trappe. Sa vie
et sa mort sainte. . . . . X 333
Lovestein, frère de Mⁿᵉ de Dangeau, est fait
prince de l'Empire. . . . . IX 291
— Leur autre frère est fait évêque de
Tournay. . . . . X 18
Louville, gentilhomme de la manche de M. le
duc d'Anjou, qui passa avec lui en
Espagne, chargé de la confiance du
duc de Beauvillier, son gouverneur,
et de Torcy, qui avoit les affaires
étrangères. . . . . I 114
— Est en premier crédit en Espagne auprès
de Philippe V. . . . . II 488
— 'Est fait gentilhomme de la chambre et
chef de sa maison françoise. . . . . . III 82
— Vient de sa part à Fontainebleau, pour
faire résoudre son voyage d'Italie. . . III 193
— Philippe V, arrivé à Naples, envoie Louville à Rome. Il obtient du Pape l'envoi
d'un légat *a latere* à Naples pour complimenter le roi d'Espagne. . . . . . . III 263
— De retour en Espagne à la suite de Phi-
lippe V, est écarté par la princesse des
Ursins. . . . . III 467
— Reçoit ordre de revenir en France, et
revient pour toujours. . . . . III 470
— Épouse la fille de Nointel, conseiller
d'État. . . . . VI 9
— Le Régent l'envoie très-secrètement en
Espagne, chargé d'une commission

Louville.   Tomes. Pages.

directe au roi d'Espagne et fort im-
  portante. XIII   137
— Il arrive à Madrid. La peur en prend à
  Alberoni, qui l'empêche d'être admis,
  d'approcher même du palais, et le
  force de repartir aussitôt. Il en coûte
  Gibraltar à l'Espagne. XIII   149
— Louville obtient le gouvernement de Na-
  varreins. XVI   357
Louvois. Ses terribles vues.   V   257
— Son étrange et singulier motif qui causa
  la guerre de 1688. VI   263
— Sa jalousie et son ambition font toutes
  les guerres, et les armées immenses, et
  la ruine de l'État, et fomente la haine
  de Louis XIV pour le prince d'Orange.
  Sa terrible conduite pour rendre les
  guerres générales, celle de 1688 en
  particulier. XII   23
— Sa catastrophe, pour deux belles actions,
  après beaucoup de bien étranges. . . XII   28
— Il éteint les capitaines et en tarit la
  source pour toujours par l'invention
  de l'ordre du tableau. XII   55
— Sa pernicieuse adresse, et de son ordre
  du tableau. XII   56
— Invente les inspecteurs, puis les directeurs, pour s'attirer en seul toute autorité sur les troupes, le grade de
  brigadier et les promotions à tous
  égards si funestes. XII   62
— Sagesse, justesse, ordre et économie de
  son administration. XIV   364
·· Mort de sa femme. Curiosités sur elle. · XII   393
— Mort de l'abbé de Louvois. Quel. Avoit
  refusé l'évêché de Clermont. XVI   109
— Louvois, petit-fils du ministre, meurt

Louvois.　　　　　　　　　　　　　　　　　Tomes. Pages.

capitaine des cent Suisses de la garde
après son père. Laisse un fils au mail-
lot. La charge lui est donnée, et l'exercice à son oncle paternel, jusqu'à l'âge
de la faire. . . . .　　XVI　335
　　　　　　　　　　　　　　　　　　XVIII　449

LOYOLA. Sa description. . . . . XVII　338

LUC (Comte du). Quel. Va ambassadeur en
　　Suisse. . . . .　　X　18

— Puis 2ᵉ ambassadeur plénipotentiaire à
　　Baden, avec le maréchal de Villars et
　　Saint-Contest, pour la signature so-
　　lennelle de la paix avec l'Empereur et
　　l'Empire. . . . .　　X　143

— Est fait conseiller d'État d'épée et am-
　　bassadeur à Vienne. . . . .　　X　335

— Son frère, évêque de Marseille, est
　　transféré à l'archevêché d'Aix. . . . .　　V　373

LUDE (Duchesse du). Quelle. Sa famille. Est
　　faite dame d'honneur de Mᵐᵉ la du-
　　chesse de Bourgogne. . . . .　　I　337

LUMAIN (Seigneurs de), branche de la maison
　　de la Marck. . . . . : . . .　　V　96

LUNÉVILLE (Incendie du château de). Mieux re-
　　bâti qu'il n'étoit. . . . .　XVI　179

LUSACE (Comte de). A la chasse avec le Roi.
　　Nom de l'incognito du prince électeur
　　de Saxe voyageant en Italie et en
　　France, depuis électeur et roi de Po-
　　logne après son père. . . . .　　XI　119

— Prend congé du Roi, dans son cabinet, à
　　Marly. Va voir Saint-Cyr, dont Mᵐᵉ de
　　Maintenon lui fait les honneurs. . . .　　XI　137

LUSIGNAN (Marquis de). Sa maison; sa famille;
　　sa fortune; son caractère; sa mort. .　　V　160

LUSSAN. Quel. Gentilhomme de la chambre de
　　Monsieur le Prince. Comment fait che-

Lassan.   Tomes. Pages.

valier de l'ordre, en 1688. Sa mort...   IX   189
— Mort de sa femme, dame d'honneur de
    Madame la Princesse. Quelle.   XIII   132
LUXE, 2ᵈ fils du maréchal duc de Luxembourg.
    Fait duc vérifié de Châtillon-sur-Loing.
    Épouse Mˡˡᵉ de Royan.   I   294
LUXEMBOURG. Conspiration découverte dans
    cette place.   VI   49
LUXEMBOURG (Maréchal duc de). (*Voir* t. I, p. 73.)
— Intente, à dix-sept ducs et pairs, ses an-
    ciens, un procès de préséance et de
    prétention du rang de la première érec-
    tion de Piney.   I   122
— Branche de la maison de Luxembourg
    établie en France.   I   123
— Branche de la maison de Montmorency
    du maréchal duc de Luxembourg ;
    fortune de ce seigneur.   I   128
— Ses ruses; son état brillant; son caractère.   I   131
— Sommaire de la question du procès. . .   I   142
— Opposants au maréchal duc de Luxem-
    bourg.   I   145
— Lettres d'État lui sont signifiées, etc. . .   I   150
— Éclat entre le duc de Richelieu et lui,
    dont tout l'avantage demeure au pre-
    mier.   I   154
— Belle, diligente et importante marche de
    Vignamont du maréchal, commandant,
    sous Monseigneur, l'armée de Flandres.   I   189
— Il marie sa fille à un bâtard obscur du
    dernier comte de Soissons, prince du
    sang, qui est tout à coup comblé de
    biens par la duchesse de Nemours et
    qui prend le nom de prince de Neu-
    châtel.   I   220
— Mort du maréchal duc de Luxembourg.   I   221
— Opposition à la réception au Parlement

Luxembourg.   Tomes. Pages.

du duc de Montmorency, son fils aîné,
qui prend le nom de duc de Luxem-
bourg.   I   223
Les opposants lui font rayer, comme ils
l'avoient fait rayer à son père, la qualité fausse et insidieuse de premier
baron de France   I   224
Il épouse la fille de Clérembault. . . .   I   288
Reprise, avec lui, du procès de pré-
séance.   I   311
Son (*sic*) hardie option.   I   312
Le Roi, de sa bouche, renvoye la cause
au Parlement. Pairs postérieurs en
cause. Insolence de l'avocat du duc de
Luxembourg sans suite..   I   312
Misère et pitoyable conduite des op-
posants. L'avocat général Daguesseau
conclut pour eux. Le procès est ap-
pointé, et le duc de Luxembourg mis,
en attendant, en possession du rang
de la réérection de Piney faite en 1662
en faveur de son père, sans qu'il en
ait formé la demande.   I   315
Il est reçu pair au Parlement en ce rang.   I   321
Mort de sa mère. . . . .   III 69
Son frère, le chevalier de Luxembourg,
se jette avec un secours d'hommes et
de blé dans Lille, à travers les assié-
geants ; est fait lieutenant général. . .   VI 154
Obtient le gouvernement de Valen-
ciennes. . . . .   VIII 213
Puis la lieutenance générale unique
de Flandres. . . . .
Épouse la fille unique d'Harlay, conseiller d'État, fils du feu premier président, et prend le nom de prince de
Tingry.   IX   92

Luxembourg.   Tomes. Pages.

— Duc de Luxembourg à Rouen, et pourquoi. Fait un fâcheux personnage sur l'édit de 1711 qui le fixe pour toujours au rang d'ancienneté de sa réérection de 1662. . . . . VIII 396

— Il perd sa seconde femme. . . . . VII 131

Luynes. (Duc de). Épouse Mlle de Neuchâtel. Gagne un grand procès contre les Matignons. . . . .

Luzzara (Combat de). . . . . III 289

Luzerne (La). Épouse une fille du maréchal de Tessé, veuve de la Varenne. . . . . . . XIV 10

Lyon. Perd contradictoirement, devant le Roi, sa primatie et sa jurisdiction sur Rouen, Saint-Georges étant archevêque de Lyon, et Colbert de Rouen. . . . III 277

Lyonne. Mort de la veuve du ministre d'État. Ses enfants. . . . . IV 69

— Son fils aîné ; sa mort ; son caractère. . . VI 164

— Vie, mort, famille de l'évêque de Rosalie, son autre fils. . . . . X 70

— Abbé de Lyonne, autre fils. Sa mort ; son caractère. . . . . XI 71

Dans la lettre L { Noms propres. . . 82

{ Autres. 7

En tout 89

Macañas Quel. Moyens en Espagne de contenir la cour de Rome. . . . . X 309

— Insolence et violence de l'Inquisition sur les deux frères Macañas. . . . . XIII 141

Maceda (Comte de). Son fils, sa belle fille, leur fortune : *voir* aux Grands d'Espagne. XVIII 95

Machault. Quel. Lieutenant de police. . . . . . XIV 326

— Obtient une expectative de conseiller d'État. . . . . XVI 435

Madame, première femme de Monsieur. Curieuse

Madame. Tomes. Pages.

anecdote sur sa mort. . . . . III 44

MADAME, seconde femme de Monsieur. Sa situa-
tion à la mort de Monsieur, son trai-
tement, son veuvage étrange . . . . . III 40
— Changements chez elle.. . . . . III 243
— Va à la comédie publique. . . . . III 315
— Est admise dans le cabinet du Roi les
après-soupers. . . . . IX 235
— Obtient une augmentation de pension
du Roi de 48,000 livres. . . . . X 4
— Changements de charges chez elle. . . . X 71
— M. le duc d'Orléans arrivant de Paris de
l'enregistrement de sa régence chez
Madame à Versailles, elle lui demande,
pour grâce unique, l'exclusion entière
de l'abbé du Bois de tout emploi et de
toute affaire, et en tire sa parole publi-
quement. . . . . XII 214
— Elle va voir Mme de Maintenon à Saint-
Cyr. XII 217
— Son apophthegme sur M. le duc d'Or-
léans. . . . .
— Elle assiste scandaleusement à une
thèse en Sorbonne de l'abbé de Saint-
Albin. . . . . XIV 328
— Un trait étrange de sa franchise rompt
tout court la négociation de Turin. . . XVI 319
— Sa mort ; son deuil ; son caractère. . . . XIX 85
— Ses obsèques à Saint-Denis . . . . XIX 92

MADEMOISELLE, fille unique du premier mariage
de Gaston, frère de Louis XIII. Sa
mort. Ses donations libres et forcées.
Connoissoit fort ses parents. . . . . . I 40

MADEMOISELLE, fille de Monsieur, frère de Louis
XIV. Sa dot pour son mariage avec
Léopold, dernier duc de Lorraine.. . . II 134

MADEMOISELLE, fille de M. le duc d'Orléans, de-

Mademoiselle.   **Tomes.** **Pages.**

      puis duchesse de Berry. Offre du Roi
      de la mener à Marly tous les voyages
      lorsqu'il y mena les filles de Madame
      la Duchesse. Cette offre n'est point ac-
      ceptée, et pourquoi. VII   401
— Elle est présentée en forme à Marly, après
      la déclaration de son mariage. VII   462
MADRID. Éprouve, au même temps et moment,
      une funeste inondation et un incendie
      tout à la fois. XIX   155
MAFFEÏ. Ses emplois. Son expédition des jé-
      suites en Sicile. Son caractère. X   326
MAGALHAENS, jésuite portugais. Sa prodigieuse
      impudence. XIX   115
MAGALOTTI. Sa fortune; sa mort; son caractère. IV   250
Magistrats. Leur multiplication. Multipli-
      cation des cours ou tribunaux de
      justice. X   368
MAGNAC, lieutenant général, etc. Sa mort. . . . IX   189
MAGNY. Son insolence punie. Qui et quel il
      étoit. Ce qu'il devint. XIV   332
— En fuite lorsque Cellamare fut arrêté. Sa
      charge d'introducteur des ambassa-
      deurs donnée à vendre à Foucauld,
      conseiller d'État, son père. XVI   144
MAHON (PORT-). Repris pour Philippe V. V   127
— Reperdu avec l'île de Minorque. VI   49
MAHONI. Quel. Lieutenant général. Sa mort. . . X   131
Mail. Au Buen-Retiro. XVIII   224
MAILLEBOIS. Demeuré en otage à Lille; s'en
      sauve. VIII   226
— Maître de la garde-robe du Roi sans
      qu'il lui en coûte rien, et la Salle en
      tire le double. IX   275
— Épouse une fille d'Alègre. IX   417
— Obtient 400,000 livres de brevet de re-
      tenue sur sa charge de maître de la

Mailleboi.   Tomes. Pages.

garde-robe. . . . . XIII 277
— Son extraction. . . . . XVI 300
— Obtient le gouvernement de Douai. .
— Et une lieutenance générale de Lan-
  guedoc. . . . .
MAILLOC. Épouse une sœur du duc d'Harcourt. . XVII 85
MAILLY. Comte et comtesse de. . . . . I 28
— Mort du comte de. . . . . II 190
— Comtesse de Mailly, dame d'atour de Mᵐᵉ la
  duchesse de Chartres à son mariage. . I 337
— Puis de Mᵐᵉ la duchesse de Bourgogne
  au sien. . . . . I 336
— Se fait préférer comme dame d'atour
  aux dames titrées, dans les carrosses. IV 15
— Abbé de Mailly, frère de son mari, fait
  archevêque d'Arles. . . . .
  Est tancé pour son commerce à Rome. IV 298
— Substitution et mort du marquis de
  Mailly, son père. . . . . V 421
— Grâces pécuniaires à sa nièce, Mˡˡᵉ de
  Mailly. . . . . VI 229
— L'archevêque d'Arles transféré à l'arche-
  vêché de Reims. . . . . VIII 99
— Garde-robe de la Dauphine ôtée, puis
  mal rendue, à la comtesse de Mailly. . IX 172
— Archevêque de Reims conçoit une étrange
  pensée du duc de Noailles, dont il n'est
  jamais revenu. Est fort mal avec les
  Noailles et pourquoi. . . . . IX 234
— Mort de sa mère et de son frère, évêque
  de Lavaur. Conduite de cette mère
  dans sa famille. . . . . IX 422
— Ambition et conduite de l'archevêque de
  Reims. Il est fait cardinal motu
  proprio. . . . . XVI 379
  Sa haine pour le cardinal de Noailles,
  sa misérable cause. . . . . XVI 383

Mailly.   Tomes. Pages.

Ses étranges sentiments sur la Constitution fondés sur cette haine. . . XVI   383
Comment transféré d'Arles à Reims.
Sa conduite dans ce nouveau siége.   XVI   383
Velleron, enseigne des gardes du
corps, lui est dépêché, avec défense
de prendre aucune marque de cardinal, de sortir de son diocèse, et
ordre de l'y faire retourner s'il l'en
trouvoit sorti. Menaces. XVI   386
Sa conduite. Il obéit. XVI   392
Son ambition et sa foiblesse. XVI   395
Comment il obtint enfin de recevoir
la calotte rouge des mains du Roi. . XVI   403
— Mailly, fils de sa sœur, aîné de la maison, épouse Mlle de Bournonville, sœur
de la duchesse de Duras. XVII   51
— Abbaye de Saint-Étienne de Caen donnée au cardinal de Mailly. XVII   149
Sa mort. Sa conduite. Son caractère.
Fut arrêté, partant pour se trouver
au conclave, par la nécessité pres-
sante d'une subite opération, qui
rompit son voyage.. XVII   270
MAINE (Duc et duchesse du).
— Il épouse une fille de Monsieur le Prince.   I   32
— Obtient, le rang intermédiaire. Est mené,
par ordre du Roi, par Monsieur le Duc
et M. le prince de Conti, chez tous les
magistrats du Parlement, pour l'exécution de ce rang. Lui et le comte de
Toulouse sont visités, comme les princes du sang, par les ambassadeurs en
cérémonie.   I   164
— Obtient, à la mort du maréchal d'Humières, la charge de grand maître de
l'artillerie, et se démet de celle de gé-

Maine (Duc et duchesse du).   Tomes. Pages.

néral des galères.   I   198

— Obtient, à sa réception de grand maître
de l'artillerie en la chambre des comptes, une séance fort distinguée, par
commandement du Roi.   II   215

— Ruse pour être le premier des lieutenants
généraux de l'armée de Flandres, où il
sert.   III   271

— Revient de l'armée à la manière des princes du sang, et y a les mêmes hon-
neurs.   III   276

— Son caractère. Caractère de son épouse.
Conduite de l'un et de l'autre.   V   222

— Ils perdent un fils de quatre ans et demi,
dont, contre tout usage, le Roi fait
prendre le deuil à la cour.   VI   150

— Il obtient, sans formes, son même rang
pour ses enfants.   VII   309

— Scène très-singulière de la déclaration
verbale du rang de ses enfants, l'après-
soupé, dans le cabinet du Roi . . . . .   VII 311

— Les deux frères bâtards comment ensemble. Triste accueil du public à ce
rang. . . . .   VII 313

— Repentir du Roi, prêt à révoquer ce
rang. Étrange adresse à parer ce coup
du duc du Maine et de Mme de Maintenon. . . . .   VII 317

— Le duc du Maine obtient, pour ses deux
fils, la survivance de ses deux charges,
et, pour l'aîné, celle de son gouvernement de Languedoc. . . . . . VII 320 et IX 276

— Quel, par ricochet, sur le mariage de
M. le duc de Berry. . . . .   VII 388

— Ses enfants admis, pour la première fois,
à signer le contrat de mariage de M. le
duc de Berry, et au festin des noces.   VIII   26

Maine (Duc et duchesse du).   Tomes.   Pages.

— Ils assistent à la chapelle du Roi en
princes de sang.   VIII   229

— Duc du Maine quel sur la mort de Monseigneur. Est fort mal à Marly.   VIII   400

— Ses dangereux manéges. Il projette le
mariage de son fils aîné avec une
sœur de Mme la duchesse de Berry. . .   IX   65

— Fait donner au président de Mesmes la
place de premier président.   IX   166

— Lui et Mme de Maintenon persuadent le
Roi et le monde, à force des plus noirs
artifices, que M. le duc d'Orléans a empoisonné Monsieur et Madame la Dauphine et les deux princes, leurs en-
fants.   IX   252

— Obtient, pour ses deux fils, les appartements que M. et Mme la duchesse de
Berry occupoient à Versailles.   IX   276

— Et le gouvernement de Guyenne pour
son 2^d fils.   IX   399

— Hardie politique du duc et de la duchesse du Maine, à l'occasion de la publication de la paix à Paris.   X   5

— Quels à l'égard de la mort de M. le duc
de Berry.   X   178

— Les deux frères bâtards et leur postérité
rendus princes du sang en plein, et
habiles à succéder à la couronne. . .   X   213

— La nouvelle s'en publie à Marly; effet
qu'elle y produit.   X   215

— Degrés rapides qui, du plus profond non-
être, portent à l'habilité de succéder,
par droit de naissance, à la couronne
les enfants sortis du double adultère
du Roi et de Mme de Montespan et leur
postérité.   X   218

— Enregistrement de l'édit des bâtards,

Maine (Duc et duchesse du).   Tomes.   Pages.

traités au Parlement en princes du
sang habiles à succéder à la cou-
ronne, sans aucune différence.   X   242

— Routes profondes par lesquelles le duc
du Maine parvient, pour lui, son frère
et leur postérité, au titre, nom, rang,
état et tous droits de princes du sang
et à faire faire à son gré un testament
au Roi.   X   248

— Inquiétude du duc du Maine; mot plai-
sant qui lui échappe là-dessus.   X   358

— Son noir et profond dessein.   X   359

— Il s'offre aux ducs, sur le bonnet, sans
qu'il fût question de rien, ni qu'ils
pussent s'y attendre, et, à force d'art
et d'instances, les jette dans le danger
du refus ou de l'acceptation. Il répond
du Roi, du premier président, du Parlement. Ses offres sont enfin accep-
tées. Raison de cette acceptation for-
cée.   XI   2

— Il répond des princes du sang, spéciale-
ment de Madame la Princesse. Il exige
un court mémoire au Roi; précautions
extrêmes sur ce mémoire.   XI   5

Ses précédentes avances sur le bonnet à
plusieurs ducs froidement reçues, de
plus en plus redoublées jusqu'à l'engagement de l'affaire. Le Roi en parle
le premier à d'Antin et favorable-
ment. Échappatoire préparée.   XI   5

— Le Roi cru de moitié avec le duc du
Maine. Raison de ne le pas juger. Opi-
nion du Roi du duc du Maine.   XI   28

— Profondeurs du duc du Maine.   XI   30

— Son double embarras avec le premier
président et avec les ducs. Engage-

Maine (Duc et duchesse du).   Tomes.   Pages.

ment, et toujours malgré eux, à une
conférence à Sceaux avec Mme la duchesse du Maine seule.   XI   34

— Il introduit enfin Madame la Princesse
comme opposante, dont il avoit spécia-
lement répondu, ainsi que du premier
président et du Parlement, et finit ainsi
l'affaire du bonnet, comme il avoit
projeté, en laissant l'affaire comme elle
étoit auparavant et les ducs brouillés
avec éclat avec le premier président
et le Parlement, qui étoit le but qu'il
s'étoit uniquement proposé. Évidence
du jeu du duc du Maine.   XI   43

— Folies et comédies de Mme la duchesse du
Maine.   IV   330

— Comédies à Sceaux, à Clagny.   V   134

— Refuse de signer, après Mlle de Bourbon,
le contrat de mariage du fils de Chamillart avec la sœur du duc de Mor-
temart.   V   396

— Son adroite prétention de précéder ses
nièces comme tante.   VII   292

— Prend enfin un brevet de conservation
de rang et d'honneurs de princesse du
sang fille.   VII   300

— Bals, jeux, comédies, fêtes, nuits
blanches à Sceaux.   X   117

— Folies de Sceaux.   X   358

— Conférences à Sceaux entre Mme la duchesse du Maine et les ducs de la
Force et d'Aumont. Propositions
énormes de la duchesse du Maine. . .   XI   35

— Paroles monstrueuses de la duchesse
du Maine, qui terminent la conférence.   XI   4~

— Exactitude du récit de la conférence de
Sceaux.   XI   42

Maine (Duc et duchesse du).   Tomes. Pages.

— Réflexions sur le péril de former des
    monstres de grandeur.   XI   49
— La gendarmerie mandée pour une revue,
    le Roi, sur ses fins et hors d'état de la
    voir, commet le duc du Maine pour la
    faire en son nom, en sa place, avec
    toute son autorité.   XI   396
— État monstrueux du duc du Maine. . . .   XI   405
— Époque de son union la plus intime avec
    Mme de Maintenon, qui a duré autant
    que leur vie. Crayon léger du duc du
    Maine.   XII   114
— En la séance du matin au Parlement
    pour l'enregistrement de la régence,
    le duc du Maine dispute fortement sur
    le codicille du Roi contre M. le duc
    d'Orléans, d'abord en pleine séance
    publiquement, puis dans la prochaine
    chambre des enquêtes, où ils passèrent.   XII   205
— Il ose à peine répondre à M. le duc d'Or-
    léans, dans la séance de l'après-dîné,
    où le codicille fut entièrement abrogé.   XII   211
— Il entre au conseil de guerre.   XII   414
— Conduite du duc et de Mme la duchesse
    du Maine dans leur affreux projet.
    Causes et degrés de division et de con-
    fusion dont ils savent profiter pour
    former un parti.   XIII   374
— Audacieuse visite de la duchesse du
    Maine à M. le duc d'Orléans. Fureur
    et menées du duc et de la duchesse
    du Maine.   XV   346
— Mémoires de la dernière régence, devenus
    fort à la mode, tournent force têtes. .   XV   348
— Frayeur du duc du Maine d'être arrêté
    par Contade.   XV   470
— Il vient, en manteau, au conseil de ré-

Maine (Duc et duchesse du).   Tomes.   Pages.

      gence tenu immédiatement avant le lit
      de justice des Tuileries.   XVI   6
— Colloque entre lui et son frère à deux
      reprises ; puis tous deux sortent avant
      que le conseil commence.   XVI   9
— Ils voient le soir M⁰ᵉ la duchesse d'Or-
      léans chez elle, qui arrivoit de Saint-
      Cloud.   XVI   74
— Après être demeurés quatre ou cinq
      jours à Paris chez le comte de Tou-
      louse, le duc et la duchesse du Maine
      se retirent à Sceaux.   XVI   82
— Ils se trouvent des plus avant dans la
      conspiration de Cellamare, ambassa-
      deur d'Espagne.   XVI   149
— Eux et leurs affidés ont tout le temps,
      par la perfidie de l'abbé du Bois, de
      mettre tous leurs papiers à couvert. .   XVI   153
— Le duc du Maine arrêté à Sceaux par la
      Billarderie l'aîné, lieutenant des
      gardes du corps, et conduit dans le
      château de Dourlens.   XVI   154
— M⁰ᵉ la duchesse du Maine arrêtée à Paris
      par le duc d'Ancenis, capitaine des
      gardes du corps, et conduite au châ-
      teau de Dijon.   XVI   156
— Mˡˡᵉ du Maine est menée en l'abbaye de
      Maubuisson, puis rapprochée aux
      filles de Sainte-Marie de Chaillot, et
      ses frères exilés à Eu.   XVI   158
— Conduite du duc et de la duchesse du
      Maine.   XVI   173
— Trois crimes du duc du Maine à punir
      à la fois :
      I. — L'attentat d'usurper l'habilité de
      succéder à la couronne.   XVI   223
      II. — Les moyens pris pour soutenir

Maine (Duc et duchesse du). Tomes. Pages.

cette usurpation. . . . . XVI 226

III. — Conspiration avec l'Espagne
pour se rendre maître du royaume. . XVI 227

— Leurs plus confidents mis hors de la
Bastille en pleine liberté.(*Voir* DU BOIS.) XVI 253

— La duchesse du Maine à Châlon-sur-
Saône, presque en pleine liberté. . . . XVI 267

— Elle et le duc du Maine fort relâchés.
Aveux de la duchesse du Maine. Misérable comédie entre elle et son mari. XVI 292

— Duchesse du Maine à Chamlay, où Madame la Princesse la va voir. . . . . XVI 314

— Comédie poussée entre le duc et la duchesse, qui ne trompe personne. . . . XVI 425

— Duc du Maine et ses enfants rétablis
dans le rang intermédiaire et à la
cour. . . . . XIX 102

— Forcément comblé de biens par Mademoiselle, prend anciennement sa livrée,
qui étoit celle de Gaston, sous prétexte de reconnoissance, la transmet
à sa postérité et la fait passer à son
frère. . . . . XIX 181

MAINTENON (Mme de). Deux conseils d'État tenus chez elle sur le testament du
roi d'Espagne, mais où elle ne dit
rien et où son avis ne fut point demandé. . . . . II 385

— Sa curieuse visite à Madame à la mort
de Monsieur . . . . III 37
(*Voir* GRAMONT, t. IV, p. 90, HARCOURT,
t. IV, p. 222, Grâces, t. IV, p. 372,
CHAMILLART, t. VI, p. 421 et 454.)

— Son ridicule sur Courcillon. . . . . . V 59

— Époque de son implacable haine et de
celle de la princesse des Ursins pour
M. le duc d'Orléans. . . . . VI 45

.Maintenon (Mme de).   Tomes. Pages.

— Mécanique de chez Mme de Maintenon et
    de son appartement à Versailles. . . . VI   203
    (*Voir* BISSY, t. VII, p. 127, et MAINE,
    t. VII, p. 317.)
— Son manége auprès du Roi. VII   243
— Elle refuse arrogamment à Monseigneur
    Mme de Caylus pour dame d'atour de
    Mme la duchesse de Berry. VIII   8
— Se trouve fort mal à son aise hors des
    maisons du Roi. . . . . VIII 236
— Quelle à l'égard de Monseigneur et de
    M. et de Mme la duchesse de Bourgogne. VIII 285
— Donne un singulier avis à Madame la
    Dauphine. . . . . VIII 299
— Est toute au Dauphin, point aux mi-
    nistres. . . . . VIII 434
    (*Voir* MAINE, t. IX, p. 253.)
— Quelle à l'égard du mariage, puis de la
    mort de M. le duc de Berry. VII   402 et X 178
— Ne s'est point consolée de la perte de la
    Dauphine. IX   203
— Mme Scarron. Ses premiers temps. . . . XII   91
— Elle élève en secret le duc du Maine et
    Madame la Duchesse. XII   95
— Reconnus et à la cour, demeure leur gou-
    vernante. Le Roi ne la peut souffrir.
    Elle acquiert la terre de Maintenon et
    en prend le nom. XII   95
— Comment elle rapproche le Roi. Elle
    supplante Mme de Montespan, et le Roi
    l'épouse. XII   96
— Devient toute-puissante. Quitte les armes
    de son mari Scarron à l'exemple de
    Mme de Montespan et de Mme de
    Thianges. XII   99
— Caractère de Mme de Maintenon XII   100
— Son goût de direction. Persécution du

Maintenon (Mᵐᵉ de). Tomes. Pages.

jansénisme. Antérieure dissipation
des saints et savants solitaires de Port-
Royal...................................... XII 103

— Établissement de Saint-Cyr. Vues de
Mᵐᵉ de Maintenon. Elle manque une
première et une deuxième fois la déclaration de son mariage........... XII 110

— Elle est faite 2ᵈᵉ dame d'atour de Madame
la dauphine Bavière. Elle l'entoure
inutilement de personnes à elle. Malheurs et mort de cette dauphine.... XII 111

— Fénelon et Bossuet, archevêque de Cambray et évêque de Meaux, consultés et
contraires à la déclaration de son mariage; le premier achève d'être perdu;
raisons qui sauvent l'autre........ XII 113

— Mᵐᵉ de Montespan chassée pour toujours
de la cour. Époque de l'intime union
du duc du Maine et de Mᵐᵉ de Maintenon, qui a duré toute leur vie..... XII 113

— Mécanique, vie particulière, conduite de
Mᵐᵉ de Maintenon............... XII 116

— Son adresse et sa conduite pour gouverner................................ XII 122

— Elle voyage toujours à part et n'en est
guère moins contrainte........... XII 131

— Son domestique. Nécessité de détails
sur elle............................ XII 132

— Sa grandeur en particulier; son autorité particulière.................... XII 134

— Son adresse sur les affaires ecclésiastiques................................ XII 138

— Utilité dont lui est la constitution Unigenitus............................ XII 145

— Se retire à Saint-Cyr à la mort du Roi,
d'où elle n'est jamais sortie depuis.. XI 451

— Son état dans cette retraite........ XII 216

Maintenon (Mme de).   Tomes. Pages.

— Elle y est fort malade et à fort petit
  bruit. XIII   293

— Sa vie, sa conduite à Saint-Cyr, depuis
  la mort du Roi. Sa mort. XVI   241

Majorasques. Ce que c'est en Espagne. . . III   107

Majordome-major du roi et de la reine
  d'Espagne.   II   467

Majordomes du roi et de la reine d'Espagne.   II   469

Majorité du Roi. Lit de justice. XIX   94

Maison de la future duchesse de Bourgogne.   I   336

Maisons et apanage de M. et Mme la duchesse
  de Berry. VIII   158

Maisons du prince et de la princesse des
  Asturies lorsque j'étois en Espagne. . XVII   430

— Du roi et de la reine d'Espagne. . . . XVIII   134

— Chambre, écurie, chapelle, garde du
  roi. XVIII   135

— Chambre de la reine. XVIII   156

— Écurie de la reine. XVIII   157

Maison du financier Bourvalais dans la place
  de Vendôme, confisquée au Roi, avec
  ses autres biens, par la chambre de
  justice, donnée pour logement à Paris
  aux chanceliers de France, qui, jusqu'alors, demeuroient dans leurs maisons particulières. XIV   118

Maisons, président à mortier au parlement de
  Paris, père. Sa partialité pour M. de
  Luxembourg, dans son procès de pré-
  séance.   I   312

— Sa mort. IV   251

Maisons, fils, aussi président à mortier, et sa
  femme. Leur famille; leur caractère;
  leur conduite; leur situation; leurs
  vues.   X   208

— Embarras de Maisons.   X   242

Maisons.   Tomes. Pages.

—. Son extraction; son personnage.   XI   16

— Se trouve au dîner de d'Antin sur le
bonnet. Sa conduite. Il se relie plus
que jamais au duc du Maine dont il
étoit mécontent.   XI   19

— Il mène Aligre, président à mortier, demander grâce au duc et à la duchesse
du Maine, pour le Parlement, sur le
bonnet.   XI   27

S'initie par Canillac auprès de M. le duc
d'Orléans, et s'y met à portée de tout,
sans cesser d'être secrètement tout au
duc du Maine, et circonvient tant qu'il
peut ce qu'il sentoit qui auroit un
principal crédit auprès de M. le duc
d'Orléans devenu régent.   XI   236

— Fait au duc de Saint-Simon une proposition également énorme et folle, et ne
se rebute point de la lui vouloir per-
suader et à M. le duc d'Orléans. . . .   XI   366

— Réflexion sur le but de Maisons.   XI   369

— Rare impiété de lui et de sa femme.
Leur fin à tous deux et de leur famille.   XI   373

— Peu de jours avant sa mort et celle du
Roi, le duc du Maine obtient sa charge
et une pension de 6,000 livres pour son
fils, fort jeune et fort riche, qui ne les
garda pas longtemps. . . . .

Maîtres des requêtes. Qui rapportent debout au conseil privé ou des parties
où le Roi n'est point, refusent de rap-
porter debout au conseil de régence
s'ils n'y sont assis, ou si ceux de ce
conseil qui ne sont pas ducs ou maréchaux de France ou conseillers d'É-
tat, n'y demeurent debout. A leur
exemple, les conseillers au Parlement

Maîtres des requêtes.   Tomes. Pages.

placés dans les autres conseils formè-
rent la même prétention. Le Régent
souffre cet abus. Deux exemples, entre
bien d'autres, de l'extrême inconvé-
nient de ce défaut de rapports.   XII   260
— La prétention cesse tout à coup avec la
vie du chancelier Voysin, et sans plus
de difficulté les maîtres des requêtes
rapportent debout au conseil de ré-
gence.   XII   263
— Leur belle prétention sur toutes les in-
tendances des provinces, exclusive-
ment de tout autre qu'eux. . . . . . .
MALAUSE. Mariage de Mlle de Malause fait et
conclu avec le fils de Pontchartrain,
contrôleur général des finances et secrétaire d'État, rompu net par le Roi
qui le défend. Cause de cette défense.   I   400
MALAUSES. Quels.   I   401
MALEBRANCHE, P. de l'Oratoire. Quel. Sa mort. XVI 296
MALINES (Archevêque de), frère du prince de
Chimay. L'Empereur lui impose si-
lence sur la Constitution. . . . .   XVI 202
— Fait cardinal *proprio motu*. L'Empereur
le trouve fort mauvais, et le fait venir
de Rome à Vienne où il le tient longtemps fort mal à son aise, avant de le
renvoyer à Malines. Il prend hardi-
ment le nom de cardinal d'Alsace, à
quoi son père ni aucun de sa maison
n'a jamais pensé à Rome, et partout
n'est connu que sous le nom de car-
dinal de Bossu. . . . .   XVI 372
MALO (Saint-). Bombardé sans dommage.   I   111
MALPLAQUET. Fautes et inutilité de cette bataille,
dont la perte a de grandes suites. Artifices des colloques des ennemis avec

Malplaquet.   Tomes. Pages.

des officiers généraux et particuliers
de notre armée, la veille de la bataille.   VII   98

MALTE. Mort et successeur du grand maître. . XVII   40

MANCERA (Marquis de). (*Voir* aux GRANDS D'ES-
PAGNE.) Son étrange régime. Quel étoit
ce seigneur.   II   482

— Refuse de voir l'archiduc à Madrid et de
le reconnoître, plus encore de lui prê-
ter serment.   VIII   118

— Y est visité par Philippe V de retour à
Madrid.   VIII   121

— Oubli de ce marquis, avec quelques
éclaircissements.   XVIII   128

— Sa mort à 105 ans [1].   XI   85

Manége cruel sur les blés.   VI   311

— Imité plusieurs fois depuis. Étranges
inventions perpétuées.   VI   317

— Manéges.   XII   141

MANNEVILLE (Mme de). Sa mort.   XIII   132

MANOEL, d'anciens bâtards des rois de Portugal. Élu grand maître de Malte à la
mort de Zondodari.   XVIII   457

Manquement fatal de tout en Espagne. . . .   V   194

— Et en Flandres.   VI   409

MANRIQUE DE LARA. Grandeur de cette maison. XVIII   84

MANSART. Quel. Obtient 100,000 francs en don
du Roi.   II   334

— Sa fortune ; son caractère ; sa mort. . .   V   459

— Son adresse.   XII   148

Manteaux et mantes. Supprimés avec les
compliments et les harangues à la
mort de M. le duc de Berry.   XVI   288

MANTOUE (Dernier duc de). Perd sa première
femme, Gonzague aussi.   IV   36

— Vient incognito à Paris et à Versailles

1. 107 ans dans les *Mémoires*.

Mantoue (Duc de).   Tomes.   Pages.

voir le Roi, est défrayé et festoyé. . .   IV   95

— Intrigues pour le remarier. Il refuse
Mlle d'Enghien, fille de Monsieur le
Prince, est refusé par la duchesse de
Lesdiguières, fille du maréchal duc de
Duras. Raccroché par la duchesse
douairière d'Elbœuf, elle lui fait épouser sa fille, presque malgré lui, contre
la volonté expresse du Roi, d'une manière fort étrange, dans un cabaret à
Nevers, et s'en va avec eux en Italie,
où le mariage est publiquement réitéré
et va fort mal.   IV   149

— Duc de Mantoue, subitement-dépouillé
sans être averti, se sauve à Venise. .   V   208

— Son épouse obtient de l'Empereur une
pension de 60,000 livres, et se retire
en Suisse, puis dans un couvent à
Pont-à-Mousson.   V   231

— Mort du duc de Mantoue; deuil du Roi.   VI   43

— Sa veuve vient demeurer à Paris. Elle
voit le Roi et Mme la duchesse de Bourgogne, qu'une seule fois et chez Mme de
Maintenon par les derrières, et une
seule fois Monseigneur, et en particulier à Meudon. Est réduite pour tout
à l'état de simple particulière, après
force prétentions et tentatives. . . .   VII   63

Sa mort et son deuil. . . . . VIII · 165

Manufactures de Ségovie. Fort tombées. XVIII   412

Marche en carrosse et en cérémonie du roi
et de la reine d'Espagne. XVII   399

Marche et disposition des armées.   IV   122

— Et des alliés.   IV   141

Marcieu. Quel. (*Voir* Alberoni.) XVI   410

Marcillac, étrange aventurier réfugié en Espagne.   IV   293

Tomes. Pages.

MARCILLY. Dégradé au conseil de guerre à
Vienne, pour avoir rendu Brisach ; retiré à Lyon. . . . . IV 19

MARCK ROHAN CHABOT (Comtesse de la). Sa mort. IV 362

— Comte de la Marck suit, de la part du Roi,
l'électeur de Bavière à Namur; son
caractère. . . . . VIII 445

— Va, ambassadeur de France, auprès de
Charles XII, roi de Suède, et se trouve
à sa mort. . . . . XIII 279

— Son retour. . . . .

— Acquisition pécuniaire de Bouillon par
MM. de la Marck. . . . . V 86

— Folle déclaration de guerre à Charles V
par le seigneur de Sedan de la maison
de la Mark. . . . . V 89

— La Marck Maulevrier et la Marck Mauny.
(Voir BOUILLON, t. V, p. 93 et 95.)

MARDICK. Son canal. . . . . X 184

MARÉ (Mme de). Quelle. Sa famille. Refuse obstinément d'être dame d'atour de Mme la
duchesse de Berry. Causes de son refus trop sensées. Son traitement.
Tristes réflexions. . . . . VIII 28

Maréchal ferrant de Salon en Provence.
Son curieux et très-singulier voyage à
la cour. . . . . II 208

MARÉCHAL, premier chirurgien du Roi. Sa fortune: son caractère. Curieux fait d'un
voyage qu'il fit à Port-Royal des
Champs. . . . . III 613

— Obtient la survivance de sa charge pour
son fils. Alarme des courtisans sur
un mot du Roi à cette occasion. . . . V 67

— Son courage à parler au Roi sur sa bile
inutile. . . . . XI 212

— Rend à M. le duc d'Orléans un service

Maréchal.   Tomes. Pages.

    important et subit, et de lui-même. .   IX   252
Maréchal général des camps et armées de
    France. Origine de cette charge et ses
    foibles commencements. Époque et
    cause de sa grandeur subite.   V   103
Maréchal de France. Promotion de 7·
    .(*Voir* Époque, t. I, p. 44 et 470;
    Ambassadeurs, t. II, p. 277.). . . . . .   ɪ   37
— Promotion de 10. (*Voir* VENDÔME, SAINT-
    ESPRIT, t. IV, p. 23 et 412; t. V, p. 452;
    t. IV, p. 206 : *voir* BERWICK, t. VI,
    p. 124 : *voir* Ducs, t. X, p. 47.). . . .   III   371
MARESCOTTI, cardinal. Quel il fut. Sa belle,
    sage et singulière retraite. Sa mort. .   XI   102
Marguillier : *voir* GUISE.   X   408
MARILLAC. Épouse une sœur du duc de Beau-
    villier.   III   369
— Est tué.   IV   115
— Fortune de son père.   IV   115
    Qui meurt doyen du conseil.   XVI   334
MARIVAUX. Sa naissance; son caractère; son
    état; sa mort.   VII   129
MARLAIGNE. Belle solitude de carmes près de
    Namur. . . . .   ɪ   11
MARLBOROUGH (Duc de) et sa femme. Leur for-
    tune.   III   275
— Est fait duc et général des armées d'An-
    gleterre.   III   368
— En récompense d'Hochstedt, est fait
    prince de l'Empire et feld-maréchal des
    armées de l'Empereur.   IV   141
— Visite diverses cours d'Allemagne. . . .   IV   190
— Passe en Angleterre avec le maréchal de
    Tallart et les principaux prisonniers
    de la bataille d'Hochstedt.   IV   205
— Est grandement reçu en Angleterre. Tal-
    lard et les principaux prisonniers en-

Marlborough (Duc de).   Tomes. Pages.

    voyés à Nottingham............... IV 218

— Reçoit une galanterie du Roi....... IV 451

— Grandeur de Marlborough......... V 118

— Tient publiquement un propos singulier,
    sur les rois Jacques II et III, à Biron,
    prisonnier du combat d'Audenarde.. VI 63

— Passe l'Escaut, sans opposition, en 1708. VI 194

— Sa femme est disgraciée. Il est dépouillé
    de ses charges et emplois. Il veut sor-
    tir d'Angleterre.............. IX 172

— Se retire en Allemagne. Quelle y étoit sa
    principauté de l'empire......... IX 377

— Retourne en Angleterre, sur l'extrémité
    de la reine Anne............. X 246

— Est pleinement rétabli en ses charges et
    emplois, et en premier crédit et auto-
    rité près du roi George Ier........ X 313

— Sa triste fin de vie ; sa mort...... XVIII 456

Marly. Nul homme dans le pavillon du Roi,
    sinon fils ou petits-fils de France... VII 404

— Tables supprimées. Le Roi dîne seul,
    soupe avec les dames, averties tour à
    tour. Force retranchements de dé-
    penses à Marly.............. VII 398

— En jeu et forme ordinaire très-prompte-
    ment après la mort de Monsieur, de
    Monseigneur, de M. et Madame la Dau-
    phine, de M. le duc de Berry...... VIII 440

— Sa prolongation singulière et sa cause. VIII 441

Maro (Abbé **del**), ambassadeur du roi de Si-
    cile en Espagne. Les ministres d'An-
    gleterre et de Hollande à Madrid lui
    tiennent des propos conformes au sys-
    tème d'Alberoni, et lui font une pro-
    position étrange ; il élude d'y répon-
    dre, et fait une découverte impor-
    tante.................... XIV 48

Maro (Abbé del).   Tomes.   Pages.

— Alarmé sur la cession de la Sicile, il élude de répondre aux propositions du ministre d'Hollande. XIV   52

— Sa capacité est odieuse à Alberoni, qui le décrie partout. XIV   217

— Sagacité del Maro. XIV   220

— Son sage avis au roi de Sicile. Inquiétude des ministres de ce prince à Madrid. XV   165

— Sagacité et vigilance del Maro. XIV   460

Maroc (Ambassade de) à Paris. II   182

Mars (Saint-), gouverneur de la Bastille. Sa mort. VI   169

Marsaille (bataille de la). I   104

Marsan (Comte de), frère du grand écuyer. Épouse une Matignon, veuve, avec des enfants, de Seignelay, ministre et secrétaire d'État. I   289

— La perd. II   279

— Sa mort; son caractère. VI   172

Marsillac (Abbé de), frère du duc de la Rochefoucauld. Sa mort. II   39

Marsin (Marchin, qui par usage se prononce Marsin). Quel. Va ambassadeur en Espagne; accompagne le roi d'Espagne en Italie. III   55

— Est fait chevalier de l'ordre à son retour. III   368

— Obtient le gouvernement d'Aire à vendre. III   398

— Choisi pour accompagner particulièrement Mgr le duc de Bourgogne sur le Rhin. III   411

— Passe en Bavière malgré lui. Y est, en arrivant, déclaré maréchal de France. IV   14

— Commande l'armée du Rhin. IV   259

— Revient à la cour. IV   329

— Va, au refus de Villars, commander en

Marsin. Tomes. Pages.

effet l'armée d'Italie, en apparence sous M. le duc d'Orléans mis entièrement sous sa tutelle . . . . V 1

— Empêche tout, refuse tout à M. le duc d'Orléans . . . . V 17

— Dernier refus. Abattement étrange de Marchin sur le point de l'attaque des lignes de Turin par le prince Eugène. V 23

— Il est battu, blessé, pris ; meurt aussitôt après. Son extraction ; son caractère. V 30

MARTINEAU, jésuite, confesseur de Mgr le Dauphin. Retenu à sa mort pour l'être du Roi d'aujourd'hui, et mort avant qu'il fût en âge de se confesser . . . . . . IX 299

MARTINIQUE (La). Le gouverneur et l'intendant de cette île sont paquetés sans bruit, embarqués et renvoyés en France par les habitants . . . . XIV 83

MARTON. Son rare baptême. Il a longtemps depuis eu un brevet de duc d'Estissac en épousant une fille du duc de la Rochefoucauld . . . . XVI 250

MASSEI. Son extraction ; sa fortune ; son caractère . . . . XI 144

— Vient à Paris de la part du Pape. Devient nonce en France ; à la fin cardinal . . XVII 77

MASSERANO. Son extraction ; sa fortune ; son caractère : *voir* aux GRANDS D'ESPAGNE. XVIII 55

MASSILLON, P. de l'Oratoire, grand prédicateur. Sacré évêque de Clermont devant le Roi, aux Tuileries . . . . XVI 146

MATIGNON (Comte de) . . . . I 180

(*Voir* BEUVRON et GACÉ, t. V, p. 452 ; t. VI, p. 125.)

— Gagne un grand procès à Rouen contre un faussaire . . . . III 72

— Son utile intimité avec Chamillart ; sa

Matignon.   Tomes.   Pages.

cause.   IV   12

— Est des prétendants à Neufchâtel. Y va. .   V   282

— Prétend, de concert avec les Rohans, pour
un mariage, à la dignité de duc d'Es-
touteville. Leurs mouvements sur l'é-
dit de 1711.   VIII   390

— Leur douleur de sa publication.   VIII   394

— Perd un grand procès contre la duchesse
de Luynes.   VIII   394

— Cède à son fils ses charges de Normandie en retenant le commandement. .   IX   417

— Le marie à la fille aînée du prince de
Monaco, moyennant de nouvelles lettres de duc et pair de Valentinois en
faveur du mariage. Clauses et condi-
tions étranges.   XI   121

— Achève ce mariage.   XII   344

— Perd son frère, évêque de Lisieux. . . .   X   187

— Et sa femme héritière fille aînée de son
frère aîné.   XVII   215

MAUBUISSON (Abbesse de), tante paternelle de
Madame et de Madame la Princesse.
Sa maison; sa famille; son caractère;
sa mort.   VI   258

MAUBOURG. Épouse une fille du maréchal de
Besons.   XII   421

MAULEVRIER ANDRAULT OU LANGERON (Abbé de).
Refuse enfin un évêché. Sa famille;
son caractère.   VIII   102

— ' Obtient, pour son neveu, la survivance
inouïe de la charge d'aumônier du
Roi, dont il étoit le plus ancien dès
longtemps.   XIII   276

— Fait envoyer son autre neveu porter le
cordon bleu à l'infant don Philippe,
nouvellement né, et le fait demeurer
en Espagne avec caractère d'envoyé

Maulevrier Andrault ou Langeron (Abbé de).   Tomes. Pages.

du Roi. XVII   52
— Y obtient celui d'ambassadeur ordinaire
    pour le double mariage, par le consen-
    tement du duc de Saint-Simon, à qui
    le choix fut donné de le laisser avec
    le premier caractère ou de l'honorer
    de l'autre, quand ce duc y alla ambas-
    sadeur extraordinaire pour les mêmes
    mariages. XVII   162
— Sa basse et impertinente jalousie. . . . XVII   341
— Son ignorance ou sa bêtise de ne se
    point couvrir à sa première audience
    d'ambassadeur, qui fut celle où le duc
    de Saint-Simon fit la demande de l'in-
    fante pour le Roi. XVII   377
— Son habitude, plus qu'étrange, de mon-
    trer au ministre d'Espagne toutes les
    dépêches qu'il recevoit de la cour. . XVII   402
— Est nommé chevalier de la Toison d'or. XVIII   372
— Son caractère. XVIII   187
— Trait infâme à la signature du contrat
    de mariage du Roi, dont il essuya
    toute la honte. XVIII   188
— Ne se trouve point à la vélation du
    prince et de la princesse des Asturies;
    part ce même matin furtivement pour
    Madrid. En est fort blâmé. XVIII   265
— Essuie un fâcheux dégoût sur la Toison,
    qui rejaillit sans dessein sur la Fare.
    Maulevrier fort haï et parfaitement
    méprisé des Espagnols et de toute
    cette cour. XVIII   372
— Il reçoit enfin le collier de la Toison
    d'or, mais avec un dégoût insigne. . XVIII   420
— Revient à Paris. XIX   105
MAULEVRIER COLBERT. Perd son frère aîné dans
    Namur. I   266

Maulevrier Colbert.   Tomes.   Pages.

— Perd sa mère. Mérite de cette dame . .   II   293
— Épouse une fille du maréchal de Tessé.
    Maulevrier et sa femme.   IV   172
— Scènes hardies et diverses.   IV   173
— Va fort singulièrement en Espagne avec
    le maréchal de Tessé. Passent exprès
    à Toulouse; y voient la princesse des
    Ursins.   IV   175
— Conduite et faveur de Maulevrier à Ma-
    drid.   IV   219
— Sa conduite; son ambition; son audace.
    Succès avortés. Rappelé subitement
    en France; arrive.   IV   264
— Ses manéges; sa curieuse catastrophe. .   IV   402
— Mort du chevalier, son frère. Leur famille.   IX   90
Maupeou. Obtient la charge de président à mor-
    tier à la mort de Menars. Longtemps
    après devenu premier président. . . .   XIII   366
Maupertuis, capitaine de la première compa-
    gnie des mousquetaires. Sa fortune;
    son extraction; son caractère.   I   4
— Se retire.   XII   427
— Sa mort; sa dépouille. Abrégé de son
    caractère.   XVII   237
Maure (Sainte-). Quel.   VIII   410
— Devient premier écuyer de M. le duc de
    Berry.   IX   188
— Conserve, après sa mort, ses livrées et
    ses voitures.   XI   137
Maurepas. Presque enfant fait secrétaire d'État
    au lieu de Pontchartrain, son père,
    renvoyé.   XII   346
— Épouse la fille de la Vrillière, son parent
    de même nom, secrétaire d'État. . . .   XIV   358
— Accepte, de Montargis, la charge de gref-
    fier de l'ordre du Saint-Esprit.   XIX   219
Mazarin, duchesse, nièce du cardinal. Sa

Mazarin.   Tomes. Pages.

mort. . . . .   II **214**

— Mort de son mari. Anecdote sur sa famille et leur fortune. . . . .   IX 389

— Mort de leur fils. . . . .

MÉAN, doyen de l'église de Liége, et son frère,
  très-opposés à la France ; enlevés avec
  leurs papiers et enfermés à Namur. .   III 198

Mécanique des après-soupers du Roi. . . . .   VII 297

— De l'appartement du Roi à Versailles. .   XI 438

— De celui de Mme de Maintenon à Versailles. . . . .   VI **203**

— Journalier. Son importance. . . . . . .XVIII 197

— Des comptes des diverses dépenses domestiques du Roi à passer à la chambre
  des comptes. . . . .   XIX **214**

Mécontents d'Hongrie. Effroi qu'ils causent à l'Empereur. . . . .   IV **53**

— Leurs progrès. . . . .   IV **66**

— Leurs divers succès. . . . .   IV 189

— Perdent enfin les montagnes d'Hongrie.   VI 175

— Se ruinent après la bataille d'Hochstedt.   IX **413**

Médailles de Louis XIV gravées en histoire métallique. Jalousie énorme sur
  Louis XIII. . . . .   III **248**

MEDAVID (longtemps depuis maréchal de France.)
  Remporte une victoire importante en
  Italie sur le prince de Hesse, depuis
  roi de Suède ; est fait chevalier de
  l'ordre avec d'autres récompenses. . .   V 38

— Propose deux partis pour les troupes
  restées avec lui en Italie, tous deux
  bons, tous deux rejetés. . . . .   V **205**

— Arrive à Marly. Sa récompense. . . . . .   V **209**

— Obtient de donner son gouvernement de
  Dunkerque à Grancey, son frère, et
  lui fait épouser sa fille. . . . .   X 129

— Obtient des grâces pécuniaires. . . . . .   XIV **301**

Tomes.   Pages

Médecins. En Angleterre souvent nobles, quelquefois de qualité. et cadets des premières maisons. XIII   221

Médiannates et lansas. Ce que c'est en
Espagne. XVIII   137

MEDINA CELI (Duc de). Arrrêté; conduit à Ségovie avec Flotte et Renaut; puis,
avec Flotte, à Bayonne, où il mourut.
Ses grands emplois. VIII   110

　　Voir aux GRANDS D'ESPAGNE. XVIII   24

MEDINA DE RIOSECO, duc de Castille : voir aux
GRANDS D'ESPAGNE. XVIII   31

MEDINA SIDONIA (duc de). III   98

　　Voir aux GRANDS D'ESPAGNE. XVIII   31

— Ses fantaisies étranges. II   480

— Mort de son père et quel. X   112

MÉGRIN (SAINT-). Quel il étoit. I   71

MEJORADA, secrétaire de la dépêche universelle
en la place de Rivas renvoyé. IV   240

MÉLAC. Quel. Sa chétive récompense de sa belle
défense de Landau. Son caractère. Sa
fin. III   313

— Sa mort. IV   98

MELFORD, frère du duc de Perth et chevalier de
la Jarretière. Secrétaire d'État de
Jacques II à Saint-Germain. Suspect,
exilé et privé de sa charge. Rappelé.
Déclaré duc par Jacques II en mourant. IV   249

— Mort du duc de Melford. X   131

MÉLIANT. Quel. Marie sa fille unique au fils
aîné d'Argenson, garde des sceaux.
Obtient une pension de 6,000 livres. . XVI   119

— Est fait conseiller d'État. XVII   213

MELPHE (Prince de) : voir aux GRANDS D'ESPAGNE. XVIII   58

MELUN (Mⁿᵉ de). Son entreprise qui frise de
près l'affront. II   102

— Son neveu paternel comment et pourquoi

Melun (Mlle de).   Tomes. Pages.

fait duc et pair. Quitte le nom de
prince d'Espinoy, prend celui de duc
de Melun. Est reçu au Parlement avec
dispense et conditions.   X   323
— Épouse une fille du duc d'Albret.   XII   431
— La perd sans enfants.   XIII   368
Mémoires. Où et comment ceux-ci ont com-
mencé. . . . .   ɪ   2
— Causes de la sécheresse où ils vont
tomber.   XVI   404
— Mémoire publié du Dauphin après sa
mort sur l'affaire du cardinal de
Noailles.   IX   299
MÉNAGER. Quel. Va troisième ambassadeur
plénipotentiaire traiter la paix à Ger-
truydemberg.   VII   270
— Revient sans conclusion.   VIII   48
— Va en même qualité la traiter à Utrecht.   IX   128
— Il part.   IX   171
— La paix signée, il revient. Son mérite.
Il obtient une pension de 10,000 livres.   X   42
— Sa mort. Son caractère.   X   189
MENARS, président à mortier. Sa famille; sa
fortune; sa mort.   XIV   371
MENDOZE, grand inquisiteur d'Espagne. Exilé. . II   450
Menées domestiques en Italie.   III   56
MENEHOULD (SAINTE-). Brûlé par accident. . . . . XVI 274
MENGUY, conseiller clerc en la grand'chambre.
Y fait, à haute voix, la lecture du codi-
cille du Roi, en la séance du matin,
pour l'enregistrement de la régence.   XII   203
MENILLE, gentilhomme servant du Roi. À la
Bastille.   XVI   148
MENIN et ATH. Manqués par les Albergotti, oncle
et neveu.   VI   159
— Entreprise sur Menin manquée.   VIII   48
Mensonge d'une tapisserie du Roi réparé. .   II   6

Mensonge.   Tomes. Pages.

— Mensonge en plein de Pont-à-Marck. . .   VI   134
— Mensonge en plein de Mons-en-Puelle. .   VI   135
— Mensonge en plein sur le P. Martineau.
   Mensonge en plein sur Nimègue et
   sur Landau.   VI   145
Mer. Succès de mer. . . . . . .   1 99, 259, 330 et III 424
Mercy. Battu par le comte du Bourg en haute
   Alsace. Sa cassette prise. Cassette de
   Mercy.   VII   89
— Pièce importante de cette cassette, pro-
   cédures, projet.   VII   93
Mérinville, évêque de Chartres.   VII   126
Mesgrigny, gouverneur de la citadelle de Tournay, qu'il avoit fortifiée. Ingénieur
   principal et lieutenant général assiégé
   avec Surville.   VII   1
— Mauvaise défense. Mesgrigny, en rendant
   la citadelle, passe aux ennemis, qui lui
   en conservent le gouvernement. . . .   VII   79
Mesmes, président à mortier. Obtient la charge
   de prévôt et maître des cérémonies de
   l'ordre du Saint-Esprit, sur la démission d'Avaux, son oncle.   III   438
— Premier président par le duc du Maine.
   Son extraction ; sa fortune ; son caractère.   IX   166
— Obtient du Roi 25,000 livres de rente
   fort bizarres.   X   130
— Mesmes, quel.   X   422
— Dit, promet et fait merveilles aux ducs
   de Noailles et d'Aumont sur le bonnet ;
   paroît tout changé à Marly.   XI   6
— Il y reçoit la recommandation de M. le
   duc d'Orléans sur le bonnet et le mémoire des ducs, de la main du Roi, qui
   lui parle favorablement sur cette affaire.   XI   10

Mesmes.   Tomes. Pages.

— Il éclate, de propos délibéré, contre le
    mémoire, contre parole et vérité. Fait
    longtemps le malade. Est visité par les
    ducs de Noailles et d'Antin. Ose leur
    proposer un indigne équivalent du
    bonnet. Divers points discutés sans
    que les deux ducs eussent compté
    de parler de rien ; ils rejettent cette pro-
    position indigne et tout équivalent
    du bonnet.   XI   12

— Il manque très-malhonnêtement au dî-
    ner de d'Antin, uniquement donné
    pour lui sur cette affaire, auquel il
    avoit promis de se trouver (*voir* la
    page précédente).   XI   20

— Délais sans fin de sa part. Est mandé à
    Marly et pressé par le Roi très-favo-
    rablement sur le bonnet. Il sort fu-
    rieux d'avec le Roi. Impudence de ses
    plaintes et des propos qu'il fait semer.
    Causes de son dépit.   XI   25

— Son embarras. Manéges qui font durer
    l'affaire.   XI   31

— Ses noires impostures au Roi sur les
    ducs à qui le Roi les fait rendre aussi-
    tôt. Éclat sans mesure contre lui. Il se
    plaint au Roi du duc de Tresmes, dont
    il reçoit peu de contentement.   XI   32

— Le duc du Maine fait en sorte que le
    bailli de Mesmes est nommé ambas-
    sadeur de Malte, qui ne remplace pas
    son prédécesseur.   X   321

— Mesmes marie sa 2ᵈᵉ fille au fils d'Ambres.
    Succès du mariage de ses deux filles.   XI   149

— Sa pleine scélératesse. Piéges qu'il tend
    et quels, et que le duc de la Rochefou-
    cauld évite avec noblesse. XII   199

Mesmes.　　　　　　　　　　　　　　　　　　　Tomes. Pages.

— Il obtient du Régent une étrange grâce
　　pécuniaire. . . . . XIII　276
— Démêlé ajusté entre lui et les enquêtes
　　pour le choix et le nombre des com-
　　missaires du Parlement quand il en
　　faut nommer. . . . . XIV　114
— Pernicieux manéges d'Effiat et de lui. . XIV　305
— Il propose au Parlement de désobéir et
　　tâche vainement de le détourner d'aller
　　aux Tuileries pour le lit de justice. . XVI　30
— Sa remontrance envenimée en ce lit de
　　justice confondue. . . . . XVI　50
— Au sortir de ce lit de justice, il est mandé,
　　et fort cruellement traité, par la du-
　　chesse du Maine. . . . . XVI　83
— Disgression déplacée, mais fort curieuse,
　　sur le premier président de Mesmes. . XVII　4
— Son effronterie pendant le séjour du
　　Parlement à Pontoise. Il tire plus de
　　cent mille écus du Régent pour le
　　tromper, s'en moquer et se raccom-
　　moder, à ses dépens, avec le Parle-
　　ment, avec qui il étoit fort mal. . . . XVII　121
— Sa conduite. . . . . XVII　122
— Sa mort. . . . . XIX　151
Messages. Réception que le duc de Mont-
　　bazon, gouverneur de Paris, fit à un
　　valet de pied du Roi par lequel Sa
　　Majesté lui écrivit, et qu'elle se plaisoit
　　encore à raconter. . . . . IV　60
Mesures des alliés pour la défense de l'Alle-
　　magne. . . . . IV　119
Meuse Choiseul (Marquis de). Épouse Mlle de
　　Zurlaube. . . . . IX　398
— Obtient 80,000 livres. . . . . XVI　344
Muette (La). Maison dans le bois de Boulogne
　　des capitaineries des chasses, que

Muette (La).   Tomes. Pages.

    Mme la duchesse de Berry avoit achetée,
    donnée, après sa mort, au Roi pour
    l'amuser, et le gouvernement à Pezé. XVI   298

MÉZIÈRES. Quel. Épouse Mlle Ogthorp. Leur ex-
    traction; leur famille; leur caractère.   V   148

— Mort de Mézières; sa dépouille; son ca-
    ractère. . . . . XVII 238

MEZZABARBA. Envoyé à la Chine avec un titre
    de patriarche et le caractère de légat
    a latere, en revient à Rome, avec le
    jésuite Magalhaens et le corps du car-
    dinal de Tournon. Succès de son
    voyage et de son retour. XIX   113

MICHEL (Duc de SAINT-) : *voir* les GRANDS D'ES-
    PAGNE. XVIII   32

MIDDLETON, secrétaire d'État des rois Jacques II
    et III d'Angleterre à Saint-Germain. Se
    fait catholique.   IV   249

— Middleton et sa femme. Leur etat; leur
    fortune; leur caractère.   V   409

— Middleton et Fourbin causes du retour
    de l'entreprise d'Écosse sans y avoir
    mis pied à terre; fort suspects. V   415

MILLAIN. Quel. XV   441

Milices. Levées. XVI   192

Millions (quatre). Payés en Bavière et trois à
    la Suède. XVI   344

MIMEUR. Quel. Son caractère; sa mort. XVI   208

Mines. Inutilement cherchées aux Pyrénées.   V   124

Ministres. Leurs élévations.   I   401

— Mot sur eux du premier maréchal de
    Villeroy. IV   104

— Leurs enfants emblent toutes les se-
    condes charges de la cour.   VI   164

— Tous les ministres menacés. VII   45

— Ministres quels à l'égard de la mort de
    Monseigneur. VIII   412 .

Ministres.   Tomes. Pages.

— Travaillent chez le Dauphin. VIII   436
— Singularité du Roi sur les ministres. . .   IX   322
— Ils ne prêtent point serment pour la
      place de ministre d'État. . . . .
— Ministres étrangers saluent le Roi, sur
      la mort de Monseigneur, en manteau,
      à Versailles. Le Roi va de Marly, sans
      découcher, les recevoir et les haran-
      gues des compagnies. Il reçoit à
      Marly celle du clergé. VIII   309
— Ministres, quels à l'égard de M. le duc
      d'Orléans. XI   224
— Premiers ministres funestes aux États
      qu'ils gouvernent.   XV   327
— Multiplicité des ministres de France à la
      fois à Madrid, publiquement suspecte
      et odieuse à la cour d'Espagne. . . . XVIII   299
— Charges de la cour depuis le milieu
      du règne de Louis XIV devenues la
      proie des enfants des ministres. . . . XIX   164
MIOSSENS (M** de). Quelle. Sa mort.   X   136
MIRAMION (M** de). Quelle. Grande dévote. Sa
      mort.   I   306
MIRANDA. Chaves duc de Peñaranda : *voir* aux
      GRANDS D'ESPAGNE. XVIII   96
MIREPOIX (Marquis de). Quel. Sa mort.   II   214
— Mort de sa femme, sans enfants, fille du
      duc de la Ferté.   X   8
Misère de l'armée françoise en Flandres en
      1709.   VII   106
MISSISSIPI. Ses incroyables merveilles. XVI   253
— Fureur du Mississipi et de la rue Quin-
      campoix. XVI   345
— Il tourne les têtes. XVI   349
— Ses fruits plus qu'amers. XVII   67
MIRANDOLE (Duc de la). Son mariage fait avec
      la princesse de Parme, rompu par

Mirandole (Due de la).   Tomes. Pages.

  celui du roi d'Espagne. XVIII   32

— S'établit en Espagne où il est fait grand
    écuyer du roi. Éloigné, puis raccom-
    modé. . . . . XII 344, 385 et XVIII   32

— A toujours conservé les honneurs et les
    appointements de grand écuyer, en
    cédant la charge au duc del Arco. . XVIII   10

— Une inondation subite noie son hôtel à
    Madrid; beaucoup de gens y péris-
    sent, la duchesse, sa femme, entre au-
    tres; il s'en sauve à grand'peine. . . XVIII   33

— Lui et la duchesse, sa femme, ont les
    fonctions les plus distinguées au bap-
    tême de l'infant don Philippe. . . . . XVIII 377

MIRAVAL. Quel. Ambassadeur d'Espagne en
    Hollande. Rappelé et fait incontinent
    gouverneur du conseil de Castille. . . XII 384

— Son caractère. . . . . XVIII 161

MODÈNE. Mort de la duchesse douairière et de
    la duchesse régnante. Son deuil. . . . VIII 133

— Duc de Modène n'ose donner sa fille au
    chevalier de Saint-Georges, pressé de
    tous côtés de se marier. . . . . XIV 254

— Fiançailles et mariage par procureur,
    qui fut M. le duc de Chartres, du fils
    aîné du duc de Modène avec Mlle de
    Valois fille du Régent. Départ et ac-
    compagnement de cette princesse. . . XVII   8

MOLÉ, président à mortier. Sa mort. . . . . . VI 222

— Digne souvenir du Roi des services de
    Molé premier président et garde des
    sceaux. . . . . VIII 444

MOLEZ, duc sicilien. Sa vilaine défection à
    l'Empereur. . . . . III 410

MOLINEZ, auditeur de Rote pour l'Espagne,
    chargé, un temps, des affaires de Phi-
    lippe V à Rome. Doyen de la Rote. In-

Molinez.   Tomes. Pages

terdit par le Pape.   IX   134

— Nommé par Philippe V grand inquisi-
  teur d'Espagne.. . . . .   XIII 165

— Arrêté à Milan, contre la foi publique, retournant en Espagne avec tous passe-
  ports.   XIV   69

— Transféré à grand'peine du château de
  Milan dans un collége de la ville qui
  répond de lui.   XIV   174

— Il y meurt à la fin. . . . .

MOLINISME.   VII   133

MOLINOS, prêtre espagnol, grand directeur à
  Rome, docteur quiétiste fameux.
  Meurt dans les prisons de l'Inquisition,
  où il étoit depuis bien des années pour
  toujours.   I   406

MONACO (Prince de). Obtient le rang de prince
  étranger par le mariage de son fils
  avec une fille du comte d'Armagnac,
  grand écuyer de France.   I   291

— Brouillerie sur la signature entre lui et
  le grand écuyer, que le Roi accommode et que Monsieur rapatrie. Va
  ambassadeur à Rome. Ses prétentions
  sans succès.   II   178

— Sa mort à Rome.   II   427

— Mauvais ménage de son fils et de sa
  belle-fille. Le grand écuyer obtient,
  pour son gendre, des grâces très-inso-
  lites pour la transmission de son
  duché.   X   62

— La princesse de Monaco rompt avec
  éclat le mariage du fils du comte de
  Roucy avec sa fille. Vient de Monaco
  à Paris et à la cour où elle reçoit peu
  d'agrément..   X   64

— Abbé de Monaco obtient l'archevêché de

Monaco (Prince de).   Tomes. Pages.

    Besançon.................... XIX   158

Monarchie françoise. Son origine et ses

    trois états................ X   360

Monasterol, envoyé de Bavière en France.

    Épouse la veuve de Frottin, sieur de

    la Chétardie.............. V   420

— Fait assurer à cette femme une pension

    du Roi de 20,000 livres......... X   4

— Sa catastrophe................ XIV   376

Moncault. Quel. Sa mort........... XIV   123

Mondejar (Marquis de): voir aux Grands d'Es-

    pagne..................... XVIII   76

Monjeu (Mᵐᵉ de). Sa mort. Quels........ XIV   210

Mons. Assiégé et pris par les ennemis...... VII   106

Monseigneur. Appellation tout court du Dau-

    phin fils unique de Louis XIV, qu'on

    ne sait comment introduite, sans

    exemple avant lui, sans suite après. . VI   358

— Part de Flandres avec le maréchal de

    Boufflers et une partie de l'armée que

    le Roi y commandoit en personne, et

    va joindre l'armée de M. le maréchal

    de Lorges sur le Rhin, dont il prend

    le commandement........... I   82

— Revient à la cour.............. I   98

— Commande l'armée de Flandres, avec le

    maréchal de Luxembourg sous lui... I   189

— Le Roi lui paye ses dettes et ses bâti-

    ments, et lui double ses mois..... II   198

— Son logement à Fontainebleau...... II   237

— Opine fortement pour l'acceptation du

    testament du roi d'Espagne Char-

    les II. II   392

— A une indigestion violente et périlleuse. III   2

— Indifférent sur ce qui se passe à l'égard

    de Mᵍʳ le duc de Bourgogne pendant

    la campagne de 1708 en Flandres.

Monseigneur.   Tomes.   Pages.

Est entraîné pour toujours contre ce
prince. (*Voir* CHAMILLART, t. VI, p. 142
et 416.   VI   421

— L'est aussi fort violemment, pour toujours, contre M. le duc d'Orléans.   VII   37

— Teint à Chamillart les plus durs propos
et achève de le perdre..   VI   427

— Dit au Roi un mot hardi, en présence de
Mᵐᵉ de Maintenon et de Mᵐᵉ la duchesse de Bourgogne, contre le mariage à faire de M. le duc de Berry
avec une fille de M. le duc d'Orléans,
et sort brusquement l'instant d'après.   VII   396

— Ne consent à ce mariage que parce que
le Roi l'y fait consentir.   VII   444
(*Voir* MAINTENON, t. VIII, p. 8.)

— La petite vérole lui prend à Meudon. Le
Roi y va demeurer aussitôt.   VIII   233

— Contrastes dans Meudon ; Versailles. Harangères ·vont à Meudon, y sont fort
bien reçues..   VIII   237

— Spectacle de Meudon. Extrémité.   VIII   242

— Mort de Monseigneur.   VIII   244

— Spectacle de Versailles.   VIII   246

— Horreur de Meudon.   VIII   259

— Caractère de Monseigneur. Problème s'il
a épousé Mˡˡᵉ Choin.   VIII   262

— Monseigneur sans agrément, sans li-
berté, sans crédit avec le Roi.   VIII   264

— Lui et Monsieur tous deux morts outrés
contre le Roi, tous deux fort bien ensemble. Monseigneur peu à Versailles.
Complaisant aux choses du sacre. Lui
et Mᵐᵉ de Maintenon fort éloignés l'un
de l'autre. Cour intime de Monsei-
gneur..   VIII   266

— Plus que sec avec Mᵍʳ et Mᵐᵉ la duchesse

Monseigneur.   Tomes. Pages.

de Bourgogne. Aimoit le roi d'Espagne et M. le duc de Berry, traitoit
bien Mme la duchesse de Berry. Étoit
favorable aux ducs contre les princes
étrangers, quoiqu'en liaison intime,
journelle, ancienne, avec Mlle de Lislebonne, chez qui il alloit seul prendre
du chocolat presque tous les matins et
avec la princesse d'Espinoy sa sœur.
Étoit fort vrai; Mlle Choin aussi. Opposition prétendue de Monseigneur à
l'alliance du sang bâtard. Il étoit attaché à la mémoire et à la famille du
feu duc de Montausier, qui avoit été
son gouverneur, et à tout ce qui avoit
tenu à lui. VIII   269
— Amours de Monseigneur. Ridicule aven-
ture. Il n'aimoit point le duc du
Maine, traitoit bien le comte de Toulouse. Cour plus ou moins particu-
lière de Monseigneur. Ses aversions. . VIII   272
— Son éloignement de Mgr et de Mme la duchesse de Bourgogne. M. et Mme la duchesse de Berry bien avec lui. M. le
duc d'Orléans mal jusqu'à l'indécence.
Mme la duchesse d'Orléans indifférem-
ment. Il n'apparentoit personne. . . . VIII   275
— Son affection pour le roi d'Espagne.
Portrait raccourci de Monseigneur.
Ses obsèques. VIII   282
— Deuil drapé de Monseigneur. VIII   289
— Deuil singulier pour lui. VIII   302
— Sa mort fait un grand changement à la
cour. Ses impressions différentes. . . VIII   399
— Services pour lui à Saint-Denis et à
Notre-Dame. VIII   448
— Sa succession; manière dont elle fut

Monseigneur.   Tomes. Pages.

traitée; extrême indécence qui s'y
commit à Marly.   IX   48
— Ses pierreries. . . . . :. . . IX   49
— Bout de l'an de Monseigneur à Saint-
Denis. IX   302
— Monseigneur et M. le duc d'Orléans
morts au même âge. XIX   207
Monsieur, duc d'Orléans, frère unique de
Louis XIV et père du Régent.
— Va commander sur les côtes en Nor-
mandie et en Bretagne.   I   43
— Revient à la cour.   I   98
— Tracasserie de Monsieur à Trianon avec
les princesses.   I   198
— Changements chez lui.   I   211
— Est fort piqué du troc des gouverne-
ments de Guyenne et de Bretagne;
reçoit fort aigrement en public le
comte de Toulouse là-dessus.   I   234
— De plus en plus blessé du refus du com-
mandement d'armée pour M. son fils,
ne s'en contraint pas avec le Roi. . . III   9
— Peines de Monsieur. Il a une forte prise
avec le Roi. III   22
— Mort de Monsieur. III   26
— Spectacle de Saint-Cloud et de Marly.
Diverses sortes d'afflictions et de sen-
timents. Caractère de Monsieur. . . . III   29
— Trait de juste hauteur de Monsieur à
Monsieur le Duc. III   36
— Façon de vivre ensemble du Roi et de
Monsieur en public et en particulier.
Sentiments de l'un pour l'autre. . . . XII   176
— Obsèques et deuil drapé de Monsieur. . III   42
Mont (Du), écuyer confident de Monseigneur
et gouverneur de Meudon. Sa famille;
leur fortune. Caractère de du Mont. .   IV   400

Mont (Du).   Tomes. Pages.

— Justement bien traité, à la mort de Monseigneur, et Casau son neveu...... VIII 288

MONTAL, chevalier de l'ordre. Quel. Sa mort.
Son fils épouse la sœur de Villacerf. . IV 240

MONTAUBAN (Prince de), frère du prince de
Guémené. Famille, état, caractère de
sa femme.................. IV 177

MONTBAZON (Duc de), père des précédents.
Quel. Sa mort.............. II 214

— Mort de la duchesse sa veuve; sa famille; son caractère........... IV 447

MONTBAZON (Prince de), fils du prince de Guémené. Épouse une fille du duc de
Bouillon................. II 88

— Obtient une pension du Roi de 10,000 livres.................. X 337

— Sa mort sans enfants.......... XIV 11

MONTBÉLIARD (Princesse de), à Fontainebleau.. II 237

MONTBÉLIARD (Bâtards de). Leur audace; leurs
intrigues; leur impudence; leurs appuis. Ils veulent être les héritiers lé-
gitimes de leur père malgré l'Empereur, l'Empire, et toute notoriété,
vérité, justice et raison; y sont infa-
tigables et impudents sans mesures. . XVII 79

— Inceste énorme et hypocrisie de ces bâtards................. XIX 110

MONTBOISSIER. Épouse Mlle de Maillé...... VIII 441

MONTBRON, chevalier de l'ordre, lieutenant général de Flandres, gouverneur de
Cambray. Perd son fils unique..... , 31

— Son extraction; sa famille; sa fortune;
sa mort; son caractère. .... V 397

MONTCHEVREUIL (M. et Mme de). Leur état; leur
fortune; leur faveur.......... I 34

— Mort de la femme,.......... II 255

— Mort du mari............. IV 443

Montchevreuil. Tomes. Pages.

— Sa sœur, abbesse de Saint-Antoine à
Paris, meurt. Son abbaye donnée à la
fille aînée de Madame la Duchesse, religieuse de Fontevrault. . . . . XVIII 439

MONTALÈGRE (Marquis de) : *voir* aux GRANDS
D'ESPAGNE. . . . . XVIII 76

— Sommelier du corps de Philippe V, favori
de Charles II. Sa fortune; son caractère. . . . . XI 113

— Sa mort et sa dépouille. . . . . XVIII 410

MONTEIL. Dépêché à Versailles par les ducs de
Vendôme et de Noailles. . . . . VIII 114

MONTEILLANO (Duc et duchesse) : *voir* aux
GRANDS D'ESPAGNE. . . . . XVIII 33

— Le duc gouverneur du conseil de Castille,
puis grand. La duchesse camarera
mayor de la reine par intérim pendant l'exil de la princesse des Ursins,
puis de la princesse des Asturies. Son
caractère. . . . . XVIII 34

MONTELEON (Duc de), PIGNATELLI, Napolitain.
(*Voir* aux GRANDS D'ESPAGNE XVIII 34.)
Donna le collier de la Toison d'or à Philippe V, à son arrivée à Madrid, comme
en étant le plus ancien chevalier. Se retira tôt après à Naples, et y embrassa
le parti de l'Empereur. . . . . II 489

MONTELEON, Milanois, homme de fortune attaché au prince de Vaudemont, totalement différent du précédent. Avoit
été quelque temps, intriguant à Paris,
ami du maréchal de Tessé, puis ambassadeur d'Espagne à Londres. Profite des avances de l'Angleterre à
l'Espagne pour s'éclaircir sur la triple
alliance par l'Angleterre avec l'Empereur et la Hollande. . . . . XIII 23

Monteleon.   Tomes. Pages.

— Est dupe de Stanhope, et jouet d'Alberoni. XIII   155
— Ruses avec lui à Londres. XIV   152
— Son sentiment sur les Anglois. Sa situa-
     tion redevenue agréable avec eux. .   XIV   181
— Est leurré à Londres. Cherche à péné-
     trer et à se faire valoir. XIV   225
— Ses manéges intéressés. Il compte sur
     Chavigny (Chavignard) amené à
     Londres par l'abbé du Bois; il en est
     trompé. XIV   258
— Plainte de Monteleon sur l'escadre an-
     gloise; réponse honnête, mais claire,
     des Anglois. XIV   264
— Sa conversation avec Stanhope, qui le
     veut tromper, puis éblouir, sur la des-
     tination de l'escadre angloise. Monte-
     leon tâche à prendre d'autres mesures
     pour arrêter l'effet de cet armement.
     Sa sagacité. XIV   452
— Il fait, par ordres réitérés, les plus fortes
     déclarations à Londres sur la destina-
     tion de l'escadre. XIV   459
— Son sage avis [1] à Alberoni sur la France. XIV   462
— Caractère de Monteleon. Il reçoit des
     ordres réitérés de faire des menaces
     sur l'escadre; les communique à Stan-
     hope. Adresse de celui-ci pour l'a-
     muser; adresse de l'autre pour amener
     l'Espagne au traité. XV   21
— Persuadé du danger pour l'Espagne de
     rompre, il n'oublie rien pour l'en dis-
     suader. XV   23
— Mécompte de Monteleon. XV   24
— Son adresse dans ses représentations à
     Alberoni, sous le nom de l'abbé du
     Bois, en faveur de la paix. XV   33

1. Dans les *Mémoires* l'avis est donné par Cellamare.

Monteleon.   Tomes.   Pages.

— Sage conduite de Monteleon.   XV   52
— Son sentiment; son erreur.   XV   59
— Sa sage conduite; son avis.   XV   61
— Son triste état. XV   87
— Adresse de son avis à Alberoni.   XV   94
— Sage avis de Monteleon.   XV   95
— Il est de plus en plus mal en Espagne. .   XV   119
— Monteleon intéressé avec les négociants
    anglois; ses bons avis lui tournent à
    mal en Espagne; il s'en plaint.   XV   151
— Il en vient enfin aux menaces à Londres.   XV   160
— Sa surveillance à Londres; sa conduite
    avec les Anglois.   XV   162
— Son avis peu uniforme, en Espagne, sur
    l'escadre angloise.   XV   183
— Sa conférence avec les ministres d'An-
    gleterre sur les ordres de l'escadre an-
    gloise, qu'ils ne lui déguisent pas; ils
    résistent à toutes ses instances.   XV   187
— Sur la déclaration menaçante de l'amiral
    Bing à Cadix, Monteleon a ordre de
    déclarer la rupture artificieuse de l'An-
    gleterre, et la révocation des grâces du
    commerce.   XV   244
— Infatuation de Monteleon sur l'Angle-
    terre.   XV   261
— Sa conduite.   XV   286
MONTENDRE. Épouse Mlle de Jarnac; prend le
    nom de Jarnac.   VI   387
— Meurt sans enfants.   X   344
MONTEREY (Comte de). Quel.   II   487
— Se fait prêtre. Raison ordinaire de cette
    dévotion en Espagne. (Voir aux
    GRANDS D'ESPAGNE.).   IX   287
MONTESPAN (Mme de). Le Roi lui donne 100,000 li-
    vres pour aider son acquisition d'Oi-
    ron.   II   296

Montespan (Mme de).   Tomes. Pages.

— Mort de M. de Montespan.   III   199
— Le Roi retranche une partie de la pension
    de Mme de Montespan.   V   114
— Sa retraite; sa pénitence; sa conduite;
    son caractère; sa mort.   V   259
— Sentiments sur sa mort des personnes
    intéressées.   V   265
Montesquiou (Maréchal de). Rare aventure de
    deux lettres de lui contradictoires, qui
    le brouille avec le maréchal de Villars,
    sous lequel il commandoit l'armée de
    Flandres. (*Voir* Villars, t. IX, p. 108.).. VIII   35
— Son secrétaire passe aux ennemis avec
    ses chiffres.   VIII   97
— Il forme le dessein et le plan de l'affaire
    de Denain. Voyant Villars ne pas goûter
    le projet, l'envoie au Roi, dont il reçoit
    ordre de l'exécuter seul, si Villars y
    résiste.   IX   325
— Prend après Marchiennes.   IX   327
— Demeure l'hiver à commander en
    Flandres.   IX   375
— Perd son fils unique.   XIV   84
— Va commander en Bretagne; incidents
    qui y arrivent.   XIV   301
— Rappelé de Bretagne.   XVII   62
— Entre au conseil de régence, devenu lors
    le vieux sérail, en trentième.   XVII   86
Montfort (Duc de), fils aîné du duc de Che-
    vreuse. Épouse la fille de Dangeau. .   I   178
— Obtient la compagnie des chevau-légers
    de la garde, sur la démission de son
    père.   III   199
— Est tué près de Landau.   IV   142
— Mort de la duchesse de Montfort.   XIV   399
Montgaillard, évêque de Saint-Pons. Quel. Sa
    mort.   X   6

	Tomes.	Pages.

MONTGIVRAULT. Quel. Son état; son caractère; sa mort.   V   471

MONTGON (Mme de). Quelle. Sa fortune. Comment dame du palais de Mme la duchesse de Bourgogne.   I   351

— Sa mort.   V   119

— Étrange aventure de son mari à Crémone.   III   236

MONTI. Quel. Ami particulier du cardinal Albéroni, le va voir à Madrid.   XIV   273

MONTIJO (Comte de). (*Voir* aux GRANDS D'ESPAGNE.).   II   487

MONTMÉLIAN. Rendu par les ennemis.   IV   331

MONTMOREL (Abbé). Quel. Sa mort.   XVI   337

MONTPENSIER (Mlle de). Part de Paris, 18 novembre, pour Madrid, conduite par la duchesse de Duras. Son accompagnement.   XVII   402

— Signature des articles de son mariage avec le prince des Asturies chez le chancelier de France.   XVII   412

— Signature de son contrat de mariage chez le Roi.   XVII   413

— Le Roi la visite et elle part.   XVII   413

MONTPÉROUX, lieutenant général et mestre de camp général de la cavalerie. Sa mort.   X   141

MONTREVEL (M. de). Fait maréchal de France. Son caractère.   III   389

— Va commander en Languedoc.   III   398

— Puis en Guyenne, où la tête lui tourne, et se fait appeler Monseigneur en lui parlant.   VI   362

— Veut faire sa cour à Louis XIV de faire élever sa statue dans Bordeaux. Échoue dans son dessein.   XI   87

— Rappelé, à son regret, de Guyenne pour aller commander en Alsace.   XIII   44

— Meurt à Paris, sans aller en Alsace, de la

Montrevel.   Tomes. Pages.

    peur d'une salière renversée sur lui. . XIII 134

MONTSOREAU. Obtient pour son fils, âgé de six
    ans, la survivance de sa charge de
    prévôt de l'hôtel du Roi, soi-disant
    grand prévôt de France. . . . . XVI 192

— Perd sa femme. . . . . XIX 166

MOREAU, premier valet de chambre de Mgr le
    duc de Bourgogne, fort au-dessus de
    son état. Son caractère; sa mort. . . V 362

MOREL (Abbé). Fort employé en choses secrètes.
    Son état; sa mort. . . . . XVI 368

Moresse, fille de Sainte-Marie à Moret, près
    de Fontainebleau, fort énigmatique. . I 500

MORNAY, fils de Montchevreuil et gouverneur
    de Saint-Germain. Sa mort sans en-
    fants. Sa dépouille. . . . . XIV 292

— Abbé de Mornay, son frère. Quel. Ambas-
    sadeur en Portugal et pourquoi. . . . X 18
    Rappelé et nommé en même temps à
    l'archevêché de Besançon. Devient
    aveugle; meurt en revenant. . . . . . XVII 238

MORSTEIN, grand trésorier de Pologne, mal dans
    son pays, s'établit en France. Y marie
    son fils à une fille du duc de Chevreuse,
    qui est tué dans Namur. Mort du père. I 266

MORTAGNE. Quel. Devient chevalier d'honneur
    de Madame. Épouse Mme de Quintin. . II 10

— La perd. . . . . IX 180

— Épouse une fille du prince de Guémené. XIII 288

— Mort de Mortagne. . . . . XVII 41

MORTEMART (Duc de). Épouse la fille du duc de
    Beauvillier. . . . . IV 33

— Devient premier gentilhomme de la
    chambre du Roi et gouverneur du
    Havre-de-Grâce, sur la démission de
    son beau-père. . . . . VII 278

— Sa perte singulière au jeu. . . . . . . VIII 96

Mortemart.   Tomes. Pages

— Son étrange procédé à l'occasion de la
    prétention de d'Antin à la dignité d'Es-
    pernon.   VIII   186

— Apporte au Roi la nouvelle de l'assaut
    donné à Barcelone et de sa prochaine
    prise.   X   314

— Sur une querelle de charge, étant d'an-
    née, qu'il a contre le maréchal de Vil-
    leroy qui gagne sa prétention comme
    gouverneur du Roi, il envoie, pour la
    deuxième fois différente, la démission
    de sa charge de premier gentilhomme
    de la chambre du Roi à M. le duc
    d'Orléans qui la veut accepter et en
    disposer. Un ami intime du feu duc
    de Beauvillier en détourne le Régent,
    et peu de jours après, de peur de pa-
    reille folie, obtient la survivance de la
    charge pour le fils, enfant, du duc de
    Mortemart.   XVI   91

— Il perd sa femme. . . . .

MORVILLE. Va ambassadeur en Hollande. XIV   300

— Y est très-soumis aux Anglois.   XV   285

— Va d'Hollande au congrès de Cambray,
    2ᵉ ambassadeur plénipotentiaire avec
    Saint-Contest, conseiller d'État. . . { XVII   162
                                            XVII   213

— Obtient la survivance de la charge de
    secrétaire d'État d'Armenonville, son
    père, et les postes. XVII   264

Mosarabique. Rit, office, messe, chapelle dans
    l'église de Tolède et dans cinq parois-
    ses de la ville. Ce que c'est. XVIII   347

MOSELLE. Orage sur cette rivière.   VI   31

MOTHE (La). Sa famille. Sa protection. Son ca-
    ractère. Chargé d'empêcher un grand
    convoi d'arriver aux ennemis devant

Mothe (La).   Tomes.   Pages.

Lille, il est battu par ce convoi à Wi-
nendal.   VI   156

— Il rend Gand aux ennemis et est exilé.   VI   219

— Est rappelé et voit le Roi dans son cabi-
net.   X   87

— Est fait grand d'Espagne et comment.   XVIII   456

— Son fils épouse Mlle de la Roche Courbon.   X   197

— Mort, fortune, caractère de la maréchale
de la Mothe et de son mari.   VI   222

MOUCHY. Quel, et quelle celle qu'il épouse. . . .   IX   397

— Caractère du mari et de la femme. . . .   XI   204

— Est faite 2de dame d'atour de Mme la duchesse de Berry, ce qui cause des
changements parmi ses dames.   XIV   121

— Son étrange conduite.   XVI   281

— Le mari et la femme chassés. XVI   289

MOUSSY (Mme de), sœur du premier président
d'Harlay. Son caractère. Extraction de
son mari.   VII   130

Mouvements des armées de Flandres et du
Rhin en 1704.   IV   108

MURBACH (Abbé de). Quel. Sa mort.   XVI   443

MURCÉ, lieutenant général. Quel. Prisonnier à
la bataille de Turin, et mort de ses
blessures. Fadaises de lui par rapport
à Mme de Maintenon.   V   36

MURCIE. Zèle des peuples d'Espagne pour Philippe V, et de Belluga, évêque de Mur-
cie. (Voir BELLUGA, cardinal depuis.).   IV   441

Dans la lettre M { Noms propres. . . 170
{ Autres. 35
————
En tout   203

NAGERA (Duc de) : voir aux GRANDS D'ESPAGNE. XVIII   35
NAMUR. Assiégé par le Roi en personne.   I   6

Namur.   Tomes.   Pages.

— Se rend.   I   9

— Assiégé par le prince d'Orange.   I   260

— Se rend.   I   266

Nancré. Tracasserie entre lui et Saint-Pierre
        pour la charge de capitaine des Suis-
        ses de M. le duc d'Orléans, que Nancré
        emporte.   IV   239

— Il apporte au Roi le détail de la bataille
        de Turin.   V   36

— Sa belle-mère, Mme de Nancré, mène en
        poste Mme d'Argenton voir M. le duc
        d'Orléans, blessé en Dauphiné. Éclat
        fâcheux de cette équipée. . . . .   V·   40

— Nancré exclu par le Roi de suivre M. le
        duc d'Orléans en Espagne.   V   399

— Nancré; son extraction; son caractère. .   VII   242

— Le Régent l'envoie en Espagne. Inquié-
        tude sur lui.   XIV   415

— Il échoue à Madrid. Concert entier entre
        lui et le colonel Stanhope, envoyé
        d'Angleterre à Madrid.   XV   40

— Son retour; sa mort; son caractère. . .   XVI   274

Nangis. Sa famille. Épouse Mlle de la Hoguette.   IV   55

— Nangis; quel, etc.   IV   170

— Fait une belle action de guerre en 1708.   VI   60

— Se distingue par faire, en combattant
        toujours, une belle retraite de plu-
        sieurs détachements rassemblés de
        l'armée de Flandres, en 1709.   VI   198

— Est dépêché au Roi après la bataille de
        Malplaquet.   VII   107

— Obtient le régiment du Roi d'infanterie.   VIII 173

— Après la mort du Roi obtient de le ven-
        dre; entre en marché; change d'avis.   XII   267

— Le vend enfin.   XVI   116

— Son caractère; sa fortune.   XVI   359

— Est fait chevalier d'honneur de la reine

Nangis. Tomes. Pages.

future. . . . . XVI 362

NAPLES. Une révolte y est étouffée dès sa naissance. . . . . III 65

— Mouvements à Naples. . . . . III 193

— Une conspiration y est découverte. . . . III 291

NASSAU-SIEGEN. Un pauvre cadet de cette branche épouse la sœur du marquis de
Nesle. . . . . VIII 205

— Fâcheux succès de ce mariage. Mᵐᵉ de
Nassau est mise à la Bastille. . . . . . VI 133

— Est remise en liberté. . . . . XIII 58

— Mort et famille du prince de Nassau,
stathouder héréditaire de Frise et
Groningue. . . . . IX 87

— Mort, état et caractère du comte de Nassau Sarrebruck. . . . . IX 425

NATH (Baron Van der). En prison perpétuelle. XVI 182

NAVAILLES, maréchale, duchesse à brevet. Sa
mort: sa fortune; sa famille; son caractère. . . . . II 289

NECTAIRE (Marquise de SAINT-). Sa famille; sa
mort; son caractère; son testament. . X 322

NECTAIRE (SAINT-), lieutenant général. Quel. . . XV 344

— Ambassadeur en Angleterre. Rareté de
son instruction, et de celles de tous
les autres ministres de France au dehors. . . . . XVI 182

NEERWINDEN (Bataille de). . . . . I 87

NÉGOCIATION État de celle de Londres pour
traiter la paix entre l'Empereur et le
roi d'Espagne. . . . . XIV 407

NEGRONI. Nommé vice-légat d'Avignon et, contre la coutume établie, sans la parti-
cipation de la France, à qui ce prélat
est odieux. . . . . XIV 438

NEMOURS (Duchesse de). Va à Neuchâtel. . . . . II 172

— Est exilée. . . . . II 284

Nemours (Duchesse de).   Tomes. Pages.

— Rappelée.   IV   55
— Ses procés et ses donations.   II   150
— Sa mort; sa famille; sa maison. Bran-
     che de Nemours de la maissn de Sa-
     voie.   V   276
— Caractère de la duchesse de Nemours. .   V   279
NESLE (Marquis de). Épouse la fille du duc
     Mazarin.   VI   298
— Quitte le service, en est puni.   X   184
— Envoyé recevoir le Czar à la fontière. .   XIV   21
— Obtient, par son oncle paternel cardinal
     de Mailly, archevêque de Reims, pa-
     role de porter la queue du manteau
     de l'ordre du Roi le lendemain de son
     sacre que le Roi seroit fait chevalier
     du Saint-Esprit, parole qui fut tenue
     et lui procura l'ordre avant l'âge. . . . XVII   271
NESMOND, évêque de Bayeux. Son caractère;
     sa mort.   XI   139
— Orgueil rare de la veuve de son frère
     président à mortier; famille de cette
     ambitieuse dévote.   I   307
— Nesmond, archevêque d'Alby, fait au Roi
     une hardie et admirable harangue à
     la clôture de l'assemblée extraordi-
     naire du clergé peu de jours après la
     mort de Monseigneur. VIII   446
NEUCHÂTEL. Prétendants à Neuchâtel; droits
     des prétendants. Conduite de la France
     à l'égard de Neuchâtel. Est prétendu,
     puis obtenu par l'électeur de Brande-
     bourg.   V   282
— Est adjugé et livre à ce prince.   V   286
NEUVILLE [1]. Alliance des Villeroy et des Har-
     lay. XVII   213

(1) Voyez Villeroy.

	Tomes.	Pages.
NEVERS, duc à brevet. Sa mort; sa conduite; sa famille; sa fortune; son caractère...	V	175
— Le Roi ôte à son fils la nomination de l'évéché de Bethléem à Clamecy, et se l'approprie.	X	116
— Mort de la duchesse, sa femme, Damas Thianges. Caractère de la duchesse de Nevers. Infructueuse malice de Monsieur le Prince.	XI	73
— Son fils épouse Mlle Spinola, qui le fait grand d'Espagne.	XVIII	36
Il est après fait duc et pair.	XVIII	36
NEVET (Mme de), sœur du comte et du maréchal de Matignon. Sa mort.	II	215
NICOLAÏ. Obtient, pour son fils, la survivance de sa charge de premier président de la chambre des comptes.	XIII	367
NIMÈGUE (Canonnade de).	III	276
NINON, dite depuis Mme de l'Enclos. Son étrange métier; ses singularités; sa mort...	IV	313
NOAILLES (Duc de). Est fait maréchal de France avec six autres.	1	37
— Gagne, en Catalogne, la bataille du Ter; prend Palamos, Girone, Castel-Follit; est déclaré vice-roi de Catalogne...	1	187
— Horrible et hardie trahison qui conserve Barcelone à l'Espagne pour perdre le maréchal de Noailles.	1	215
— Sa profonde adresse le remet mieux que jamais avec le Roi, en portant le duc de Vendôme à la tête des armées, et lui ne servant plus.	1	247
— Fortune de son père.	1	333
— Mort, charge, famille, vertu de sa mère.	1	422
— Mort du marquis de Noailles son frère..	1	326
— Accompagne les trois fils de France à la frontière d'Espagne, sans aucune au-		

Noailles.   Tomes. Pages.

torité ni fonction, en présence du duc
de Beauvillier, fort incommodé, mais
pour le suppléer au cas de maladie ou
d'absence, ce qui arriva pendant le
reste du voyage des deux princes, le
duc de Beauvillier étant revenu, très-
malade, de la frontière d'Espagne. . .   II   399

— Meurt en spectacle à Versailles. Son caractère. Caractère, bon esprit, con-
duite de sa femme..   VI   165

— Mort de leur 2ᵈ fils.   III   344

NOAILLES (Duc de). Encore comte d'Ayen
épouse Mˡˡᵉ d'Aubigné, fille unique du
seul frère de Mᵐᵉ de Maintenon, élevée
chez elle comme sa fille et sa seule
héritière. Grâces accordées en faisant
le mariage.   II   37

— Il passe en Espagne avec Philippe V,
qui lui donne la Toison d'or. . II 435 et III 261

— Prend, à son retour, le nom de duc de
Noailles, par la cession de son père. .   IV   61

— Va commander en Roussillon, son gouvernement, en survivance de son père.   IV   327

— Ses petits exploits.   IV   393

— Est fait lieutenant général et commande
en chef.   IV   439

— Revient à la cour.   IV   439

— Est fait premier capitaine des gardes
du corps sur la démission de son
père..   V   129

— Retourne en Roussillon.   V   136

— Politique des Noailles.   V   264

— Revient à la cour.   V   372

— Retourne en Roussillon.   V   450

— Revient à la cour..   VI   169

— Retourne en Roussillon.   VI   300

— Revient à la cour. Sa politique difficile à

Noailles.   Tomes. Pages.

ramener à M. le duc d'Orléans. VII   241
— Retourne en Roussillon. VIII   32
—- Va joindre le duc de Vendôme à Bayonne
    et, avec lui, trouver la cour d'Espagne
    à Valladolid, après la bataille de Sara-
    gosse. . . . . VIII 114
— Revient à la cour. Retourne tout de
    suite en Roussillon. Son armée. . . . VIII 120
— Iuvestit Girone. . . . . VIII 131
— Perd son frère. . . . . VIII 133
— Prend Girone. Est fait grand d'Espagne
    de la première classe, un peu hasar-
    deusement; passe, avec son armée, en
    Espagne. . . . . VIII 200
— Demeure près du roi d'Espagne, lui et
    ses troupes, aux ordres du duc de
    Vendôme. . . . . VIII 440
— Revient par ordre du Roi; est très-mal
    reçu du Roi, de Mᵐᵉ de Maintenon, de
    Monseigneur et de Mᵐᵉ la duchesse de
    Bourgogne, avec tous lesquels il ne fut
    jamais bien remis. IX   122
— Cause de son retour et de sa secrète dis-
    grâce. IX   140
— Son embarras et sa fâcheuse situation
    à la cour. IX   141
— Il se jette au duc de Saint-Simon et à
    Desmarets, il est brouillé avec M. et
    Mᵐᵉ la duchesse d'Orléans, et pourquoi.
    Caractère du duc de Noailles. IX   146
— Son embarras extrême à la mort de la
    Dauphine et du Dauphin. Il se dit en
    apoplexie et s'en va tout de suite à
    Vichy, où il demeure longtemps sous
    prétexte des eaux. IX   265
— Ne sert plus à la guerre. X   72
— Son caractère encore une fois. XI   227

Noailles.   Tomes. Pages

— La santé du Roi menaçant d'une fin
   prochaine, il est fort inquiet des des-
   seins de M. le duc d'Orléans.   XI   231
— Se lie étroitement avec le président de
   Maisons.   XI   232
— Et par lui avec Canillac.   XI   233
— Sa liaison secrète avec Effiat; ancienne-
   ment avec l'abbé du Bois.   XI   237
— ·Raccroche Longepierre.   XI   240
— Son agitation; desire ardemment les finances.   XI   356
— Apprend enfin sa destination par le duc
   de Saint-Simon. Est bombardé par le
   même président du conseil des finan-
   ces.   XI   376
— Empêche les états généraux, trois jours
   avant la mort du Roi.   XI   380
— Joie de Noailles. Ses bassesses au maréchal de Villeroy, qui les méprise
   sans que Noailles cesse de l'en ac-
   cabler. . . . .
— Son ambition démesurée le trahit jusqu'à
   faire au duc de Saint-Simon la plus
   énorme et la plus extravagante proposition.   XI   407
— Également inquiet de s'être découvert
   et piqué de n'avoir pas réussi dans sa
   proposition, conçoit, trame, exécute la
   plus noire et la plus profonde de toutes
   les scélératesses, par la plus inconcevable imposture et par la plus ingrate
   et la plus cruelle de toutes les per-
   fidies, qui produit le plus terrible éclat
   entre le duc de Saint-Simon et lui
   quand la mine eut joué.   XI   416
— Noailles et Canillac avocats des conseillers d'État contre les gens de qualité

Noailles.   Tomes. Pages.

avec succès pour le rang dans les
conseils. XII   256

— Noailles, et Rouillé du Coudray, conseiller d'État, qu'il prend pour son conducteur, se rendent seuls maîtres du
conseil des finances, qui prend forme. XII   271

— Menées du duc de Noailles pour diviser
les ducs et faire tomber leurs pour-
suites contre les usurpations du Parlement à leur égard, en quoi enfin il
réussit; trahisons de toutes espèces. XII   333

— Pour reconnoissance à Desmarets, seul
ministre qui l'eût recueilli et servi depuis son retour d'Espagne, le poursuit
dans sa disgrâce, et lui suscite, à
visage découvert, une affaire cruelle à
le faire pendre dont, à la fin, l'imposture est découverte. . . . . XII 251 et 400

— Incapacité de Noailles surprenante en
affaires. XIII   137

— Sa subite adresse à bombarder le procureur général Daguesseau chancelier. XIII   254

— Il se saisit de l'administration de Saint-
Cyr. XIII   257

— Il vend le cardinal, son oncle, à sa fortune, et le trompe d'autant; courtise
· Effiat et les Rohans, qui le méprisent.. XIII   351

— Manque, avec toutes ses souplesses, le fils
aîné du duc d'Albret pour sa fille aînée; prodigue tout, et les grâces énormes de M. le duc d'Orléans, au prince
Charles, dernier fils du comte d'Armagnac et survivancier de sa charge de
grand écuyer, pour l'épouser; éprouve
tôt après un triste succès de ce ma-
riage. XIII   371

— Ses motifs et ceux des bâtards, peut-être

Noailles.   Tomes. Pages.

les mêmes, peut-être différents, pour
faire, très-mal à propos alors, convoquer les états généraux, dont il
avoit empêché l'assemblée, résolue à
la mort du Roi, lorsquelle étoit si nécessaire et si utile. Le duc de Saint-
Simon fait échouer ce projet. XIII   397
— Noyé dans sa gestion des finances, il
annonce un long mémoire sur les fi-
nances. XIV   3
— Le lit en plusieurs conseils de régence;
quelle est cette pièce; il fait former
un comité pour travailler dessus. . . . XIV   6
— Frappé de frayeur du Parlement sur sa
gestion, il l'accable de bassesses et de
valetages, et oblige M. le duc d'Orléans
de permettre qu'en sa présence il
rende compte de l'administration et
de l'état des finances et des commissaires nommés par le Parlement pour
cela, ce qui fut scandaleusement
exécuté. XIV   115
— Ses manéges à l'égard de Law. XIV   292
— Il obtient sur-le-champ de la mort de
Mornay la capitainerie et le gouvernement de Saint-Germain. XIV   292
— Sourds préparatifs pour déposter Noailles
et son ami le chancelier. XIV   296
— Le duc de Noailles se démet des finances
et entre au conseil de régence. XIV   319
— Le Régent lui donne aussitôt après, et
sans qu'il le demandât, les survivances
de sa charge et de ses gouvernements
pour son fils, tout enfant. XIV   325
— Conduite du duc de Noailles lors de la
découverte de la conspiration du duc
et de la duchesse du Maine. XVI   176

Noailles. Tomes. Pages

— Il s'accommode avec Bloin, pour son second fils, de la survivance de son emploi d'intendant des châteaux et parcs
de Versailles, Trianon et Marly..... XVII 85
— Il est enfin exilé............ XVIII 451
— Rappelé à la mort du cardinal du Bois.. XIX 155
NOAILLES (Cardinal de). D'abbé est fait évêque de Cahors ; à peine sacré transféré à Châlons-sur-Marne, qu'il accepte difficilement........... XII 139
— Passe, malgré lui, à l'archevêché de Paris ; est en premier crédit....... I 280
— S'unit à Bossuet, évêque de Meaux, et à
Godet, évêque de Chartres, contre la
doctrine de Fénelon, archevêque de
Cambray. Ils font tous trois des man-
dements théologiques, et la poursui-
vent à Rome, où Fénelon avoit porté
l'affaire jusqu'à sa condamnation... I 407
— Il est fait commandeur de l'ordre du
Saint-Esprit.............. I 420
(*Voir* Cas de conscience, t. II,
p. 170, et CHAPELLE, t. VIII, p. 42.)
— Il fait une belle, grande et prodigieuse
action, et bien longtemps et tant qu'il
put secrète au dehors......... II 443
— Il est fait cardinal à la nomination du
Roi, et se trouve au conclave où Clément XI Albane fut élu pape...... II 330
— Devient président de l'assemblée du
clergé. Il se dévoile.......... II 341
(*Voir* Cardinaux, t. VI, p. 345, et
t. IV, p. 300, et Constitution,
t. VIII, p. 214 ; t. IX, p. 74, 160 et 162 ;
t. X, p. 25, 89, 129 et 327.)
— Il a la fatale foiblesse de consentir à la
destruction radicale de Port-Royal

Noailles.

                                                              Tomes. Pages.

des Champs et n'a plus de repos dans tout le reste de sa vie.   VII   144

— Il est fait proviseur de Sorbonne.   VII   283

— Interdit plusieurs jésuites, et voit le Roi et le Dauphin au retour de Fontaine-bleau. Intrigues contre lui pour allonger l'affaire de la Constitution sous prétexte de la finir et de lettres mendiées d'évêques au Roi.   IX   120

— Faute énorme du cardinal de Noailles par lenteur, piété et charité mal entendue de n'avoir pas profité sur-le-champ de la découverte du scélérat paquet de l'abbé de Saron, trésorier de la Sainte-Chapelle de Vincennes à Champigny. Son oncle évêque de Clermont.   IX   162

— Bientôt après interdit tous les jésuites et est exclu d'approcher de la cour. {   X   22 / XIII   112

— Projet avorté de l'enlever, l'envoyer à Rome, le déposer et le priver du chapeau.   XIII   92

— Innocence singulière de ses mœurs, de sa vie, de sa fortune, de sa conduite dans tous les temps et les événements.   XII   130

— Il est exclu de voir le Roi mourant, qui le demandoit, par la scélérate adresse des chefs de la Constitution.   XI   444

— Bombardé chef du conseil de conscience.   XII   226

— Bénit la chapelle des Tuileries.   VIII   42

— Par le même esprit de lenteur et de paix et de charité mal entendue, diffère trop à publier son appel de la Constitution, qui transpiroit.   XIV   198

— Il le publie enfin trop tard et un mandement admirable, dont il a, par les mê-

Noailles.   Tomes. Pages.

mes motifs, la foiblesse de supprimer
la seconde partie, et se démet en même
temps de la présidence du conseil de
conscience, lequel tombe incontinent
après, et passe, sous une autre forme,
entre les mains des chefs de la Constitution pour favoriser le chapeau de
l'abbé du Bois. XVI   103

Noailles (Abbé de), frère du maréchal et du
cardinal. Fait évêque comte de Châ-
lons lorsque son frère en fut transféré
à Paris.   I   281
— Mort de ce prélat. XVII   132

Noailles (Bailly de), frère des précédents.
Nommé ambassadeur de Malte. III   430
— Sa mort. IX   299

Noblesse. Formation d'un parti aveugle composé de toutes pièces sans aveu de
personne, qui ose de soi-même usurper le nom de noblesse, comme s'il eût
été le second ordre du royaume tout
entier légitimement convoqué et as-
semblé. XIII   376
— But et adresse des conducteurs, folie et
stupidité des conduits. XIII   379
— Menées de Vendôme, grand prieur de
France, et de l'ambassadeur de Malte,
frère du premier président de Mesmes,
pour exciter tous les chevaliers. . . . XIII   380
— Ils reçoivent défenses du Régent de s'assembler, excepté pour les affaires intérieures de leur ordre uniquement. . . XIII   380
— Huit seigneurs veulent présenter, au
nom de la prétendue noblesse, un mémoire contre les ducs au Régent; il
refuse de le recevoir et les traite fort
sèchement. XIII   380

Noblesse. Tomes. Pages.

— Courte dissertation de ces huit personnages. XIII 381

— Embarras de la prétendue noblesse dans
l'impossibilité de répondre sur l'absurdité de son état prétendu et de son
projet. XIII 384

— Différence diamétrale du but des assemblées de plusieurs seigneurs et gentilshommes en 1849, et de celui des assemblées de cette année 1717. . . . . XIII 385

— Copie du traité original d'union et d'association de plusieurs de la noblesse
en 1649, et des signatures. . . . . . . XIII 387

— Éclaircissement sur les signatures. . . . XIII 387

— Requête des pairs de France au Roi, à
même fin que de l'association de 1649,
en même année. . . . . XIII 393

— Comparaison de ceux de la noblesse de
1649 avec ceux de 1717. . . . . XIII 394

— Succès et fin des assemblées de 1649. . XIII 395

— Excès de la prétendue noblesse, trompée
par confiance en ses appuis. . . . . . XIII 398

— Conduite et parfaite tranquillité des
ducs. XIII 398

— Arrêt du conseil de régence portant défense à tous nobles de signer leur mémoire ou requête prétendue, à peine
de désobéissance. . . . . XIII 400

— Requête de trente-neuf personnes se disant la noblesse, présentée par six d'entre eux au Parlement, pour faire renvoyer l'affaire des princes du sang et
des bâtards aux états généraux du
royaume. . . . . XIII 415

— Disgression sur la fausseté d'un endroit
des mémoires manuscrits de Dan-
geau, entre bien d'autres. . . . . XIII 417

Noblesse. Tomes. Pages.

— Courte dissertation sur les porteurs de la requête au Parlement, et sur cette démarche. . . . . XIII 421

— Les six porteurs de la requête au Parlement de la prétendue noblesse arrêtés par des exempts des gardes du corps, et conduits à la Bastille et au donjon de Vincennes. . . . . XIII 422

— Libelle très-séditieux répandu sur les trois états. . . . . XIII 422

— Les six prisonniers très-honorablement remis en liberté au bout d'un mois; leur hauteur; misère du Régent. Il ôte néanmoins la pension et le logement qu'il donnoit au Palais-Royal au marquis de Châtillon, chevalier de l'ordre qui avoit été à Monsieur et à lui, lequel alla aussitôt s'enterrer pour toujours chez lui en Poitou. . . . . . XIII 424

— Conduite des ducs parmi ces mouvements, celle du duc de Saint-Simon en particulier. . . . . XIII 425

Nocé. Quel. Son état; son caractère. . . . . . . XI 335

— Exilé. . . . . XVIII 443

— Rappelé à la mort du cardinal du Bois et bien dédommagé. . . . . XIX 155

Nogaret (Mᵐᵉ de), sœur de Biron, dame du palais de Mᵐᵉ la duchesse de Bourgogne. I 347

Nogent (Chevalier de). Sa mort. Son extraction; son caractère. . . . . V 396

Nogent (Mᵐᵉ de), belle-sœur du précédent et sœur du duc de Lauzun. Sa mort. . . . XVII 147

— Son caractère. Conserve toute sa vie son premier deuil de veuve, ainsi que la veuve de Vaubrun, frère de son mari, et depuis celle de Cavoye. . . . . XIX 180

Nointel, conseiller d'État. Sa mort. . . . . . . XVI 162

	Tomes.	Pages.
Noirmonstiers. Fait duc vérifié et son frère cardinal. Leur état; leur fortune; leur caractère; leur famille.	IV	278
Noirmonstiers (Cardinal de), chargé des affaires de France à Rome.	IV	355
— Fait évêque de Bayeux.	XII	412
— Transféré à Cambray.	XIV	361
Noms singuliers de distinction comment venus, puis cessés, aux princes du sang. (*Voir* aux Princes du sang.). . . .	VI	348
Nonces en France. Leur usurpation de recevoir la profession de foi des nommés aux abbayes et aux évêchés. . .		
— Leur fantaisie sur la main, cessée depuis.	IV	301
— Pourquoi, étant faits cardinaux, ils n'en reçoivent plus les marques qu'en rentrant en Italie.	XVI	381
Nord. Troubles du Nord.	II	415
— Raisons qui en terminent les longs troubles.	II	415
— Affaires du Nord.	XV	26
Norris, cardinal. Quel. Sa mort.	IV	69
Nôtre (Le). Quel. Sa mort.	II	344
Nouvelles étrangères.	XIV	367
Novion, premier président. S'attire un affront du duc de Coislin, à la thèse du 2ᵈ fils du duc de Bouillon, qui demeure en entier sur Novion.	III	309
— Le même Novion..	III ·	312
— Est chassé de sa charge pour ses friponneries; étoit jaloux de l'élévation des Gesvres.	X	420
— Lui, Harlay et Mesmes. Quels. Premiers présidents.	X	422
— Étant encore premier président, reçoit un affront du duc d'Aumont, tout proche du lit du Roi, le Roi y étant		

Novion.   Tomes. Pages.

malade de sa grande opération, dont
il ne fut rien.   XI   34
— Ruse de Novion, son petit-fils, lors président, qui dévoile et dévoue le président de Maisons à leurs confrères. .   XI   17
— Le même Novion fait premier président.
Obtient force grâces de Monsieur le
Duc et un rapé de l'ordre; sa prompte
démission; son caractère; sa mort. . .   XIX   216
NYERT, premier valet de chambre du Roi. Revient d'Espagne rendre compte sourdement au Roi du voyage et de l'arri-
vée du roi d'Espagne à Madrid.   III   11
— Sa fortune; son caractère; sa mort. . .   XVI   271

Dans la lettre N ⎰ Noms propres. . .   37
                 ⎱ Autres.   17
                          En tout   54

O (M. et Mᵐᵉ d'). Leur extraction; leur mariage
romanesque. Cause de leur fortune.
Leur caractère.   I   347
— La femme faite dame du palais de
Mᵐᵉ la duchesse de Bourgogne.   I   349
— Le mari menin de Mᵍʳ le duc de Bour-
gogne, toujours demeurant le maître
chez le comte de Toulouse, dont il
avoit été gouverneur.   II   251
— Brouillé avec Pontchartrain avec éclat. .   IV   259
— Raccommodé avec lui et fait, sans servir,
lieutenant général des armées navales.   V   369
— Folle et démesurée ambition de M. et de
Mᵐᵉ d'O.   VII   54
— Quels, par ricochet, sur le mariage de
M. le duc de Berry.   VII   388
— D'O obtient 6,000 francs de pension du
Roi.   IX   139

O (M. et Mᵐᵉ d').   Tomes. Pages.

— Marie ses filles à d'Espinay et à Clermont d'Amboise.   IV   240
— Et son fils à une fille de Lassay.   XI   87
Omission de quelques affaires peu impor-
 tantes. XVII   423
OBRECHT, préteur de Strasbourg, qui soumit
 cette place au Roi. Va à Ratisbonne
 pour les affaires de Madame avec
 l'électeur palatin.   II   15
Officiers de la couronne.   X   391
Officiers des grands ordres n'en portent
 point les marques comme ceux du
 Saint-Esprit.   III   440
OLON (SAINT-), gentilhomme ordinaire du
 · Roi. Envoyé à Maroc et en divers lieux
 au dehors, employé aussi en diverses
 choses au dedans. Sa mort. XVII   134
OLONNE (Duc d'). Épouse Mˡˡᵉ de Barbezieux. .   X   66
— La perd.   XIII   132
— Épouse la fille de Vertilly.   XIII   289
OLONNE (Comtesse d'). Quelle. Sa maison ; sa
 famille ; sa mort ; son caractère. . . .   X   142
OÑATE (Comte). *Voir* aux GRANDS D'ESPAGNE. . XVIII   98
Ondes de la cour.   XI   355
Opinion prise du Pape à l'égard de l'Espagne. XIV   436
OPPÈDE (Chevalier d'). Épouse secrètement
 Mᵐᵉ d'Argenton, et ne la rend pas heu-
 reuse. Mort de ce mari.   XIV   197
ORAN. Pris par les Maures.   V   399
ORANGE (Princesse d'). Couronnée à Londres.
 Sa mort. Le Roi n'en prend point le
 deuil, et défend à ses parents de le
 porter.   I   231
ORCAMP. Belle action des moines Bernardins de
 cette abbaye.   XVI   301
Ordonnance du Roi étrange. XVII   116
Origine de l'ordre des religieuses du Calvaire. V   280

Origine de l'ordre des religieuses du Calvaire.   Tomes. Pages.

(*Voir* sur ce mot O r i g i n e les t. I, p. 48,
73, 113, 421; t. II, p. 275, 279; t. III,
p. 444, 447; t. IV, p. 12, 394; t. V,
p. 34, 181, 187, 192, 280, 352; t. X,
p. 360, 368, 370, 394, 396, 399,
402 et 460.)

ORLÉANS (Duc d'), fils unique de Monsieur
frère de Louis XIV; d'abord duc de
Chartres; à la mort de Monsieur, duc
d'Orléans; à la mort du Roi, régent du
royaume pendant la minorité de
Louis XV.

— Marié à la seconde fille du Roi et de
Mme de Montespan; intrigues et scènes
de ce mariage; honte de Monsieur; désespoir tout public de Madame; embarras de M. le duc de Chartres; stu-
peur de la cour; rage de Madame la
Duchesse, sœur aînée de la mariée;
noces royales. . . . .   ⸲ 17

— M. le duc de Chartres sert volontaire;
commande après la cavalerie en
Flandres, et s'y distingue singulièrement en toutes les actions et batailles
depuis le siége de Mons, qui fut sa
première sortie, jusqu'à ce que le Roi
ne voulut plus qu'il servît parce qu'il
ne vouloit point lui donner le commandement d'une armée. . . . . . I 87, 91 et 432
(*Voir* sur cela l'article de MONSIEUR.)

— Jalousie de Monsieur le Duc et de M. le
prince de Conti, qui a duré autant que
leurs vies.   III   41

— Le Roi, non content d'avoir donné à
Mme la duchesse de Chartres un chevalier d'honneur, un premier écuyer
et une dame d'atour contre tout exem-

Orléans (Duc d').   Tomes. Pages.

ple et usage, donne [au duc de Char-
tres], à la mort de Monsieur, contre tout
exemple ou usage, les mêmes premiers
officiers, gardes et suisses qu'avoit Monsieur et, comme à lui, un chancelier,
un procureur général pour soutenir en
son nom les procès du prince, la nomination des bénéfices de son apanage,
comme les avoit Monsieur, ses compagnies de gendarmerie et ses régiments de cavalerie et d'infanterie, et
plus d'un million en pensions.   III   40
— Le roi d'Espagne lui envoie le collier de
la Toison, qu'il reçoit, avec M. le duc
de Berry, de la main du Roi. Raison
de le desirer.   III   54
— Le roi d'Espagne le rétablit dans l'ordre
de la succession à la couronne d'Espagne comme petit-fils de Louis XIII
et d'Anne d'Autriche, fille de Philippe III et sœur de Philippe IV,
rois d'Espagne, le roi Charles II, fils
de Philippe IV, n'en ayant point fait
mention dans son testament. L'abbé
du Bois pour cela en Espagne. Mot
salé de M. le duc d'Orléans sur Tal-
lart.   III   370
— Il fait légitimer le fils qu'il avoit de
Mᵐᵉ de Sery, lui donne, à elle, la terre
d'Argenton, obtient des lettres patentes enregistrées, qui, bien que non
mariée, lui permettent de se faire appeler Mᵐᵉ la comtesse d'Argenton. .   IV   458
— Il va commander l'armée d'Italie, avec le
maréchal de Marsin sous lui, au refus
du maréchal de Villars, mais à condition que Marsin seroit totalement le

Orléans (Duc d').   Tomes. Pages.

maître de tout, et que le prince ne feroit pas la moindre chose que ce que
le maréchal jugeroit à propos. Il visite,
en passant, les travaux du siége de
Turin, et en est peu content.   V   »

— Il joint le duc de Vendôme, dont il ne
peut tirer lumière ni instruction de
quoi que ce soit et qui part dès le
lendemain pour la cour et pour commander l'armée de Flandres en la
place du maréchal de Villeroy.   V   5

— Marsin s'opiniâtre à empêcher M. le duc
d'Orléans d'arrêter le prince Eugène
au passage du Taner. Chiffres étranges. Il arrive avec son armée à Turin.
Mauvais état du siége et des lignes.
Marsin se butte à l'empêcher de dis-
puter le passage de la Doire, puis
enfin de sortir des lignes et d'y com-
battre le prince Eugène.   v   17

— Conseil de guerre déplorable. M. le duc
d'Orléans cesse de se mêler de rien,
même de donner l'ordre. Cause secrète de ces contrastes. Dernier refus
de Marsin. M. le duc d'Orléans, à la
prière des soldats, reprend le commandement sur le point de la ba-
taille.   v   21
(Voir t. V, p. 21, 27, 31, 35, et l'ar-
ticle de la FEUILLADE.)

— Bataille de Turin. M. le duc d'Orléans
fort blessé au poignet. Il veut faire
retirer l'armée en Italie. Frémisse-
ment des officiers généraux qui, par
leurs ruses, leur audace, leur désobéissance, le forcent enfin à la retraite en
France. Motifs d'une si étrange con-

Orléans (Duc d').   Tomes. Pages.

duite.   V   24
— Désordre de la retraite sans aucuns ennemis ; la nouvelle de la bataille portée au Roi. Chaîne des causes du dés-
astre devant Turin et de ses suites. .   V   27
— Origine de l'amitié de M. le duc d'Orléans pour Besons, depuis maréchal
de France, lors sur les côtes de Normandie. M. le duc d'Orléans le de-
mande au Roi, qui le lui envoie. . . .   V   34
— On ne peut plus repasser en Italie, qui
se perd. M. le duc d'Orléans arrive à
Versailles. Ce qu'il pense de la Feuil-
lade et des officiers généraux.   V   41
— Il va commander l'armée en Espagne où
le duc de Berwick l'attend pour la
commander sous lui, mais sans tu-
telle et à ses ordres.   V   135
— M. le duc d'Orléans a un fauteuil chez la
reine douairière d'Espagne à Bayonne,
et le traitement d'infant d'Espagne à
Madrid.   V   181
— Origine des fauteuils en Espagne pour
les infants et pour les cardinaux. . . .   V   181
— Étranges abus nés des fauteuils de
Bayonne donnés à M. le duc d'Orléans
et depuis à Mlle de Beaujolois, sa fille..   V   184
— Il arrive à l'armée le lendemain de la
bataille d'Almanza. Origine de l'estime
et de l'amitié de M. le duc d'Orléans
pour le maréchal duc de Berwick.
Leurs différents caractères militaires.   V   192
(Voir t. V, p. 192, 196, BERWICK et
LERIDA.)
— Revenu, pour peu de temps, à la cour ;
retourne en Espagne.   V   398
— Haine de Monsieur le Duc et de Madame

Orléans (Duc d').   Tomes. Pages.

la Duchesse pour M. le duc d'Orléans ;
sa cause. Époque de la haine implacable de la princesse des Ursins et de
Mme de Maintenon pour M. le duc d'Or-
léans.   VI   44

— Convenances de liaisons entre Mme la
duchesse de Bourgogne et Mme la du-
chesse d'Orléans.   VI   109

— Retour de M. le duc d'Orléans à la
cour.   VI   189

— Affaire d'Espagne de M. le duc d'Or-
léans.   VII   20

— Flotte et Renaut arrêtés en Espagne. .   VII   28

— Déchaînement contre M. le Duc d'Orléans.   VII   32

— Villaroël et Manriquez, lieutenants généraux arrêtés en Espagne. Terrible
orage contre M. le duc d'Orléans, à qui
on veut faire juridiquement le procès.   VII   36
(Voir que tout tombe là-dessus, et com-
ment, à SAINT-SIMON. t. VII, p. 41.)

— Triste état de M. le duc d'Orléans après
l'avortement de l'orage.   VII   43

— Sa fâcheuse situation.   VII   154

— Il se détermine à rompre avec Mme d'Argenton, pour se raccommoder avec le
Roi. Il fait demander à Mme de Main-
tenon à la voir ; il la voit.   VII   205
(Voir SAINT-SIMON, t. VII, p. 160, 161,
174, 190 et 209.)

— Il rompt avec Mme d'Argenton.   VII   208

— Dons qu'il lui fait.   VII   216

— Mesures pour apprendre à Mme d'Ar-
genton la rupture avec elle.   VII   221

— Elle apprend que M. le duc d'Orléans la
quitte.   VII   233

— Vacarme à la cour et dans le monde sur
cette rupture. Joie du Roi là-dessus.

Orléans (Duc d').   Tomes. Pages

M. le duc d'Orléans se rétablit avec lui,
non avec Monseigneur.   VII   235

— M. et Mme la duchesse d'Orléans à l'égard
du mariage de Mademoiselle, leur fille,
avec M. le duc de Berry.   VII   383
(*Voir* MONSEIGNEUR, t. VII, p. 396. BERRY
et MADEMOISELLE, t. VII, p. 401.)

— Timidité de M. le duc d'Orléans qui ne
peut se résoudre à parler au Roi du
mariage et qui se détermine a grand'-
peine à lui écrire.   VII   403

— Sa lettre au Roi sur le mariage.   VII   405

— Courte analyse de la lettre, petits changements qu'on y fait, et pourquoi. . .   VII   408

— Difficultés pour rendre la lettre au Roi ;
timidité de M. le duc d'Orléans, qui
enfin la lui rend.   VII   410

— Succès de la lettre.   VII   413

— Situation personnelle de Mme la duchesse
d'Orléans avec Monseigneur guère
meilleure que celle de M. le duc d'Or-
léans.   VII   424

— Projet d'approcher M. et Mme la duchesse
d'Orléans de Mlle Choin.   VII   427

— Le Roi résoud le mariage. Contre-temps
de Mme la duchesse d'Orléans adroite-
tement réparé.   VII   435

— M. et Mme la duchesse d'Orléans entièrement éconduits de tout commerce
avec Mlle Choin. Conférence à Saint-
Cloud.   VII   438

— Horreur semée de M. le duc d'Orléans et
de Mlle sa fille.   VII   442

— Le Roi fait consentir Monseigneur au
mariage. Madame la Duchesse et tous
les siens en grand émoi. Déclaration
du mariage.   VII   445

Orléans (Duc d'). Tomes. Pages.

— M. et Mme la duchesse d'Orléans fort bien reçus de Monseigneur, fort mal de Madame la Duchesse. . . . . VII 450

— M. le duc d'Orléans mortifié par l'Espagne. . . . . VIII 23

— Mouvements sur porter la queue de la mante aux fiançailles. Facilité de M. le duc d'Orléans. . . . . VIII 24

— Ses plus que surprenantes larmes à la mort de Monseigneur. . . . . VIII 247

— Dégoûts du Roi de M. le duc d'Orléans. IX 65

— Éclat entre Mme la duchesse d'Orléans et Mme la duchesse de Berry pour des perles et pour de la Vienne, femme de chambre de Mme la duchesse de Berry, qui est chassée. . . . . IX 173

— M. le duc d'Orléans unique, donne de l'eau bénite au corps de Mgr le Dauphin. . . . . IX 234

— Passe pour avoir empoisonné M. et Mme la Dauphine et les princes leurs enfants. . . . . IX 252

— Crayon de M. le duc d'Orléans ; son intérêt. . . . . IX 257

— Éclats populaires contre lui. . . . . . . IX 263

— Cri général contre lui. Conduite de la cour à son égard. Il se précipite à suivre un pernicieux et traître conseil. IX 264

— Conduite qu'il devoit tenir. . . . . IX 268

— Il est totalement déserté et seul au milieu de la cour. Cris et bruits contre lui excités avec grand art et entretenus toujours avec grand soin. . . . . IX 272

— Renouvellement d'horreurs contre lui à l'occasion du cordelier pris et amené par Chalais. . . . . IX 309

— M. et Mme la duchesse d'Orléans fort

Orléans (Duc d').   Tomes. Pages

touchés de la perte de M. le duc de
    Berry ; raisons particulières de M. le
    duc d'Orléans.   X   177
    (*Voir* BERRY, t. IX, p 453 et 465; le Roi,
    t. X, p. 339.)
— Conduite de M. le duc d'Orléans sur le
    testament du Roi.   X   270
— Il se trouve assez mal à Marly.   X   338
— Apophthegme du Roi sur lui.   X   341
— Le roi d'Espagne se réconcilie de lui-
    même avec M. le duc d'Orléans, et met
    en conséquence Flotte et Renaut en
    liberté.   XI   110
— Première partie du caractère de M. le
    duc d'Orléans.   XI   165
— Débonnaireté, et son histoire.   XI   169
— Malheur de son éducation et de sa jeu-
    nesse.   XI   172
— Seconde partie du caractère de M. le duc
    d'Orléans.   XI   178
— Il est excellemment peint par Madame.   XI   180
— Quel il étoit sur la religion.   XI   185
— Ses embarras domestiques.   XI   207
— Quels à son égard les maréchaux de Vil-
    leroy et Tallart, le prince et le cardinal
    de Rohan, Vaudemont et ses nièces,
    la duchesse de Ventadour.   XI   221
— Harcourt, Tresmes, le duc de Villeroy,
    Liancourt, les ducs de la Rochefou-
    cauld, Charost, Antin, Guiche, Au-
    mont, l'évêque de Metz, le premier
    écuyer, le maréchal d'Huxelles, le ma-
    réchal et l'abbé d'Estrées, les ministres
    et secrétaires d'État, le P. Tellier. . .   XI   223
— M. le duc d'Orléans ne peut se résoudre
    à ne point passer par le Parlement
    pour sa régence et se dégoûte du pro-

Orléans (Duc d').   Tomes. Pages.

jet d'assembler les états généraux. . .   XI   380
— Solitude totale chez M. le duc d'Orléans,
sur un rayon de mieux du Roi, suc-
cède à la foule extrême.   XI   452
— Misère de M. le duc d'Orléans ; il change
sur les états généraux et sur l'expul-
sion du chancelier Voysin.   XI   452
— M. le duc d'Orléans se laisse surprendre
par la mort du Roi.   XII   190
— Discours de M. le duc d'Orléans au Parlement, en la séance du matin, pour
la régence.   XII   203
— Forte dispute publique en cette séance,
puis particulière dans une chambre
voisine des enquêtes, sur le codicille du
Roi, entre M. le duc d'Orléans et le
duc du Maine.   XII   205
— M. le duc d'Orléans, rentré en séance, y
déclare Monsieur le Duc chef du conseil de régence ; rend les remontrances
au Parlement, que le feu Roi lui avoit
interdites ; promet de l'informer de la
forme du gouvernement ; lève la
séance avec de grands applaudisse-
ments, et la remet à l'après-dînée. . .   XII   209
— Mesures au Palais-Royal.   XII   209
— Séance de l'après-dîner au Parlement ;
discours de M. le duc d'Orléans ; silence ou marmusement[1] tout bas du
duc du Maine ; son abattement ; le codicille du Roi totalement abrogé. . . .   XII   210
— M. le duc d'Orléans régent est revêtu de
tout pouvoir ; contenance des bâtards ;
acclamations.   XII   212
— Compliment du Régent. Il propose six

1. Voyez tome VII, p. 291 et note 2.

Orléans (Duc d').   Tomes.   Pages.

conseils ; il s'y appuie de feu Mgr le
duc de Bourgogne et pourquoi ; applaudissements ; fin de la séance. Il
retourne à Versailles.   XII   213

— Force réformes civiles.   XII   216

— Il visite Mme de Maintenon à Saint-Cyr,
et lui continue sa pension de 48,000 li-
vres.   XII   216

— Il permet à tous les carrosses d'entrer
dans la dernière cour réservée du Palais-Royal, et à qui veut de draper,
même au premier président du parlement de Paris, toutes nouveautés sans
exemple ; il étoit encore nouveau à la
magistrature de draper même des plus
grands deuils de leurs familles. Autre
nouveauté des pleureuses aux magis-
trats.   XII   219

— Il ouvre les prisons à ce qui n'étoit ni
crime ni dettes. On y trouve des hor-
reurs.   XII   220

— Trop juste augure de M. le duc d'Or-
léans.   XII   252

— Misère du Régent à l'égard des maîtres
des requêtes.   XII   260

— A l'égard des conseillers d'État.   XII   263

— A l'égard du grand écuyer.   XII   310

— M. le duc d'Orléans veut la confusion et
la division partout.   XII   321

— Sa conduite à l'égard des ducs.   XII   321

— Est trompé sur la prétendue noblesse. .   XII   328

— Est trompé sur le Parlement.   XII   331

— Sa misère à l'égard de l'Angleterre. . . .   XII   375

— Raisons de tenir la cour à Versailles ; celles
de M. le duc d'Orléans de la tenir à
Paris.   XII   391

— Il a la foiblesse de pardonner à la Feuil-

Orléans (Duc d'). Tomes. Pages.

lade, de le combler de grâces et de
biens, de le faire pair de France, le
premier qu'il ait fait, et de le nommer
ambassadeur à Rome, sans avoir jamais pu émousser sa haine et son ingratitude. . . . . XII 397

— Accident de M. le duc d'Orléans à un
œil. XII 433

— Vie, journée, conduite personnelle de
M. le duc d'Orléans. . . . . XII 440

— Il est impénétrable sur les affaires dans
la débauche, même dans l'ivresse. Ses
maîtresses. . . . . XII 443

— Roués de M. le duc d'Orléans. . . . . . . XII 441

— Cabale, par intérêts particuliers, asservit
pour toujours le Régent à l'Angleterre. XII 452

— M. le duc d'Orléans n'a jamais desiré la
couronne, mais le règne du Roi et son
règne par lui-même. . . . . XII 458

— Il propose la neutralité des Pays-Bas. . XIII 10

— Il ne peut être dépris de l'Angleterre.
Scélératesse de Stairs et du nonce Bentivoglio ; foiblesse du Régent à leur
égard ; comment conduite. . . . . . . XIII 28

— Il achète, du maréchal de Tessé, la charge
de général des galères pour le chevalier d'Orléans, son bâtard, et de la
Sery. . . : . . . . XIII 43

— Fait venir des comédiens italiens. . . . XIII 44

— Établit la banque de Law, dit Las. . . . XIII 49

— Son imprudence à l'égard de Stairs et de
Cellamare. . . . . XIII 65

— Il est tenté de rappeler les huguenots. . XIII 83

— Son aveuglement sur l'Angleterre. . . . XIII 84

— Sa conduite avec le Parlement et celle
du Parlement avec lui. . . . . XIII 106

— Quel étoit M. le duc d'Orléans sur la suc-

Orléans (Duc d').   Tomes.   Pages.

    cession à la couronne..   XIII   177

— Son étonnante apathie sur les princes
    du sang et sur les bâtards.   XIII   201

— Il est livré à la Constitution sans contre-
    poids.   XIII   341

— Presque résolu d'assembler les états gé-
    néraux, il se trouve convaincu de l'avis
    contraire par un mémoire, et on n'en-
    tend plus parler d'états généraux. . .   XIII   483

— Ses offices sur le Nord.   XIV   77

— Il assiste à la procession du 15 août à
    la royale.   XIV   99

— Il s'ouvre à Provane, envoyé de Sicile,
    de l'état de la négociation de Londres.   XIV   263

— Sa misère à l'égard du Parlement. . . .   XIV   115

— Fait diverses grâces. . . XIII 193 et XIV 122, 326

— Résolution du Régent sur le traité mandé
    d'Angleterre par l'abbé du Bois. . . .   XIV   262

— M. le duc d'Orléans entraîné à tout ac-
    corder au duc de Lorraine; ses me-
    sures pour l'exécution.   XIV   339

— Énormité contre M. le duc d'Orléans des
    agents du roi de Sicile, qui échouent
    en tout   XV   61

— Il parle clair à Provane, ministre de Si-
    cile, sur l'invasion prochaine de cette
    île par les Espagnols, et peu confidem-
    ment sur le traité.   XV   215

— Manéges réciproques du Régent et de
    Cellamare, qui le veut entraîner avec
    l'Espagne à la guerre contre l'Empe-
    reur.   XV   216

— Il est, par l'abbé du Bois, aveuglément
    soumis en tout et partout aux Anglois
    et à leur ministère.   XV   227

— Le Régent reproche au maréchal de
    Tessé ses menées avec la Russie et

Orléans (Duc d').   Tomes.   Pages.

l'Espagne.   XV   229
— Il menace le maréchal d'Huxelles de lui
   ôter les affaires étrangères s'il ne si-
   gne la convention avec les Anglois. . .   XV   230
— Il serre la mesure, se moque de Cella-
   mare et de ses croupiers, qui sont enfin détrompés.   XV   255
— Blâme fort public de la politique du Régent. Il est informé des machinations
   de Cellamare.   XV   260
— Idées du Régent sur le Nord.   XV   270
— Fâcheux état du gouvernement de
   France.   XV   282
— Court pinceau de M. le duc d'Orléans. .   XV   304
— Après une longue patience il est enfin
   persuadé de reprendre son autorité de
   plus en plus emblée par le Parlement
   et ses appuis.   XV   394
— Il arrive aux Tuileries pour le conseil
   et le lit de justice qui s'y tint immé-
   diatement après.   XVI   4
— Son discours au conseil.   XVI   15
— Autre discours du Régent au conseil. . .   XVI   17
— Autre encore sur la réduction des bâ-
   tards au rang de leurs pairies.   XVI   20
— Effet de ces discours.   XVI   21
— Autre, du même, pour le rétablissement
   personnel uniquement du comte de
   Toulouse; impression de ce discours
   sur ceux du conseil.   XVI   25
— Opinions. Le Régent dit deux mots sur
   Monsieur le Duc qui demande l'édu-
   cation du Roi; mouvement dans le
   conseil; opinions.   XVI   27
— Le Régent épouvante la compagnie par
   un coup de tonnerre qu'il lance sur la
   plainte hasardée du maréchal de Vil-

Orléans (Duc d'). Tomes. Pages.

leroy sur le renversement des dispositions du feu Roi et sur le malheur du
duc du Maine. . . . . XVI 29

— Averti des efforts du premier président
pour détourner le Parlement d'obéir
et de venir aux Tuileries, le dit au
conseil, montre qu'il ne s'en embarrasse pas; mouvements; opinions là-
dessus. . . . . XVI 30

— Attention du Régent à l'égard des enregistrements en faveur du comte de
Toulouse. . . . . XVI 32

— Maintien de M. le duc d'Orléans au lit
de justice. . . . . XVI 47

— Son discours au lit de justice; court discours de Monsieur le Duc demandant
l'éducation du Roi; lourde faute d'attention des deux princes en parlant. XVI 55

— Entrevue de Mme la duchesse de Berry et
de M. le duc d'Orléans avec Mme la
duchesse d'Orléans, qui avoit vu ses
frères, qui l'attendoient chez elle. . . XVI 74

— Mauvaise sécurité du Régent. . . . . . XVI 89

— Son énorme foiblesse sur le traitement
du duc du Maine. . . . . XVI 107

— Son incroyable foiblesse à rompre avec
l'Espagne contre sa propre conviction
et résolution. . . . . XVI 129

— Son incurie prodigieuse et son abandon
total à l'abbé du Bois sur la conspiration du duc et de la duchesse du Maine
avec l'Espagne, dont du Bois fait un
pernicieux usage, en retient à soi seul
et enfouit tout le secret. . . . . XVI 133

— Conduite que M. le duc d'Orléans devoit
tenir avec le duc et la duchesse du
Maine. . . . . XVI 227

Orléans (Duc d')   Tomes. Pages.

— Mollesse, foiblesse, ensorcellement par
l'abbé du Bois, qui, peu à peu, les fait
rétablir. XVI   230

— Il fait élargir le quai du vieux Louvre,
aplanir la place du Palais-Royal, y fait
faire une façade et une fontaine. . . . XVI   251

— Il veut rembourser les charges du Parlement et en est détourné par un mé-
moire de raisons. XVI   306

— Revient au même projet et en est encore
une fois détourné de même. XVI   308

— M. le duc d'Orléans se fait appeler par
le Roi, mon oncle, comme le feu Roi,
parlant à lui ou de lui, disoit toujours,
mon neveu. XVI   340

— Il fait des profusions. XVI   357
(*Voir* MAILLY, archevêque de Reims,
fait cardinal.)

— Le Régent est aimé du Roi et se conduit
bien avec lui. XVI   414

— Veut chasser le maréchal de Villeroy et
faire le duc de Saint-Simon gouver-
neur du Roi, qui l'en détourne. XVI   419

— Singulière anecdote du pouvoir de l'abbé
du Bois sur M. le duc d'Orléans à l'occasion de son sacre. XVII   25

— Conduite du Régent sur l'arrêt du 22
mai à l'égard du Parlement. XVII   91

— Il veut donner les sceaux au duc de
Saint-Simon, qui les refuse obstiné-
ment. XVII   92

— Veut de nouveau chasser le maréchal
de Villeroy et faire le duc de Saint-Simon gouverneur du Roi, qui le refuse
encore. Il ôte à Trudaine la place de
prévôt des marchands et la donne à
Châteauneuf. XVII   105

Orléans (Duc d').   Tomes. Pages.

— Renvoie gracieusement les députés du
    Parlement au chancelier. XVII   112

— Envoie le Parlement siéger à Pontoise et
    le rappelle quelque temps après à
  . Paris. XVII   121

— Va au grand conseil, avec les princes du
    sang, autres pairs et les officiers de la
    couronne, faire enregistrer la consti-
    tution *Unigenitus*, au refus du Parle-
    ment. XVII   130

— Il revient encore à vouloir chasser le
    maréchal de Villeroy et faire le duc
    de Saint-Simon gouverneur du Roi;
    s'associe Monsieur le Duc dans ce
    dessein; tous deux en pressent le duc
    de Saint-Simon un mois durant qui
    tient ferme, refuse, et fait conserver le
    maréchal de Villeroy. XVII   180

— Foiblesse étrange de M. le duc d'Orléans
    pour du Bois. XVII   198

— Étrange trait du Régent à Torcy sur le
    chapeau de du Bois. XVII   206

— Excellente conduite de M. le duc d'Or-
    léans et des siens, pendant la maladie
    du Roi aux Tuileries. XVII   262

— Ses mesures pour apprendre au Roi son
    mariage et le déclarer. XVII   293

— Hasarde, à l'instigation maligne du car-
    dinal du Bois, une entreprise d'égalité
    avec le prince des Asturies. XVII   320

— Il donne au Roi, revenant de son sacre,
    de superbes fêtes à Villers-Cotterets. XIX   78

— Se trouve fort soulagé de la mort du
    cardinal du Bois. Il est déclaré pre-
    mier ministre. XIX   149

— Triste et volontaire état de la santé de
    M. le duc d'Orléans. XIX   159

Orléans (Duc d').

	Tomes.	Pages.
— Sa mort subite.	XIX	199
— Monseigneur et lui morts à même âge. .	XIX	207
— Effet de la mort de M. le duc d'Orléans chez les étrangers, dans la cour, dans l'Église.	XIX	207
Dans le Parlement et la magistrature, dans les troupes, dans les marchands, dans les provinces et le peuple. . . .	XIX	210
— Ses obsèques.	XIX	212
ORLÉANS (Mᵐᵉ la duchesse d'). Maladie de Mᵐᵉ la duchesse d'Orléans, dont on tâche de profiter.	XI	134
— Caractère de Mᵐᵉ la duchesse d'Orléans.	XI	187
— Vie ordinaire de M. et de Mᵐᵉ la duchesse d'Orléans.	XI	195
— Curiosité très-embarrassante de Mᵐᵉ la duchesse d'Orléans.	XI	356
— Elle prend quatre dames près d'elle, tôt après imitée par Madame la Duchesse et par les autres princesses du sang.	XII	341
— Son étrange singularité sur le mariage riche, mais peu noble, du jeune Castries, à cause de la proche parenté. .	XII	419
— Elle achète Bagnolet, dont elle fait sa maison de plaisance.	XIV	118
— Enfermée chez elle depuis le lit de justice des Tuileries, rouvre enfin sa porte au monde et au jeu.	XVI	96
— Elle va à l'Opéra. Curiosité sur les tapis.	XVI	108
— Sa folie extrême sur sa bâtardise. . . .	XVI	65
— Refuse audience aux députés d'États pendant la prison du duc du Maine, et se tient fort renfermée.	XVI	302
— Mˡˡᵉ sa fille se fait religieuse à Chelles malgré toutes les représentations de Madame et de M. et de Mᵐᵉ la duchesse d'Orléans.	XIII	365

Orléans (Mme la duchesse d').   Tomes. Pages.

— Tôt après en veut être abbesse; l'an-
    cienne sœur du maréchal de Villars
    se demet; on lui donne une grosse
    pension; elle se retire à Paris au cou-
    vent du Cherche-Midi.   XVI   250
— et Mlle d'Orléans est bénite à Chelles. . .   XVI   334
— Elle écrit très-fortement à M. le duc
    d[Orléans] sur ses choix pour les pré-
    latures.   XIX   158
ORLÉANS (Le chevalier d'), bâtard légitimé de
    M. le duc d'Orléans. Obtient le grand
    prieuré de France. . . . . :.   XVI   315
— l'abbaye d'Auvillé.   IV   458
— le généralat des galères.   XIII   43
— la grandesse d'Espagne.   XIX   97
ORMESSON, conseiller d'État. Fait, sous le duc de
    Noailles, les affaires de Saint-Cyr. . .   XIII   257
— Puis seul, par la démission du duc de
    Noailles. . . . .
ORMOND (Duc d'). Commande en Flandres les
    troupes de la reine Anne, au lieu du
    duc de Marlborough.   IX   172
— Se sauve d'Angleterre et y est proscrit,
    sous le commencement du règne du
    roi George, pour être entré dans les
    desseins des jacobites; se retire auprès
    du roi Jacques, puis à Avignon; passe
    en Espagne.   XI   159
— Vient caché à Paris, y négocie secrète-
    ment et infructueusement avec Cella-
    mare.   XV   280
— S'établit, pendant quelques années, à
    Madrid, quoique de la religion angli-
    cane; son caractère, et sa situation en
    Espagne. XVIII   189
OROPESA (Comte d'), président du conseil de
    Castille. Est d'une branche de la

Oropesa.   Tomes. Pages.

maison de Portugal. Philippe V, en
arrivant, le trouve exilé; il confirme
son exil.   II   451
— Il passe à l'Archiduc.   IV   441
— Sa mort.   V   397
(*Voir* aux GRANDS D'ESPAGNE.)
ORRY. Sa fortune.   III   356
— Règne pleinement sous la princesse des
Ursins en Espagne.   III   468
— Rappelé d'Espagne, avec des Pennes, à la
première disgrâce de la princesse des
Ursins, dont ils étoient les deux prin-
cipaux confidents.   IV   93
— Orry à Paris, en disgrâce et en péril. . .   IV   149
— Retourne en Espagne aussi puissant que
jamais.   IV   247
— Rappelé pour toujours. Fort en peine à
Paris ; y frise la corde de bien près.
Se tire enfin d'affaires et se décore
d'une charge de président à mortier
au parlement de Metz.   IV   451
(*Voir* les pièces [1] sur la souveraineté de-
mandée à Utrecht pour la princesse
des Ursins.)
— Orry encore rappelé en Espagne et y
reprend encore le même pouvoir. . . .   X   2
— Rappelé pour la dernière fois. Lui et son
fils à Paris.   X   132
— Lui et Macañas chassés d'Espagne, où il
étoit retourné.   XI   84
— Orry chassé d'Espagne et de Paris. . . .   XI   109
— Sa mort.   XVI   336
ORVAL, duchesse. Quelle. Sa famille. Sa mort. XIII   190
OSSONE, duc, ambassadeur plénipotentiaire
d'Espagne à Utrecht. Sa mort. . . . .   XIII 37

---

1. Voyez tome I, p. 420, note 1.

Ossone.   Tomes. Pages.

— Son frère devenu duc d'Ossone par cette
    mort sans enfants. Quel. Est nommé
    ambassadeur extraordinaire d'Espa-
    gne en France, pour le mariage du
    prince des Asturies avec une fille de
    M. le duc d'Orléans. On lui destine le
    cordon bleu. XVII   323
— Son arrivée à Paris ; réception et traite-
    ment qui lui est fait ; ses audiences ;
    ses magnificences. XVII   410
— Est complimenté chez lui par la ville de
    Paris. XVII   414
— Reçoit le cordon bleu. XVIII   280
— Retourne à Madrid. XVIII   445
OTTAÏANO (Prince d'). (Voir aux GRANDS D'ESPA-
    GNE.) De la branche aînée de la maison
    de Médicis, qui n'a point eu de part
    aux grandeurs où les autres sont par-
    venus, séparée auparavant d'elles et
    depuis établie à Naples. XVIII   60
OTTOBONI, cardinal, vice-chancelier de l'É-
    glise, etc., neveu d'Alexandre VIII. Est
    fait, peu à propos, protecteur des affai-
    res de France ; il l'accepte, contre les
    lois de Venise, sa patrie. La République
    s'en offense et en punit lui et toute sa
    famille, et se brouille avec le Roi, qui
    le trouve fort mauvais et veut que les
    Ottobons soient rétablis. Rupture ou-
    verte, qui ne finit que quelques années
    après par le rétablissement des Otto-
    bons, et des excuses expresses au Roi. VII   272
— Friponnerie et prodigalité d'Ottobon. . XIV   81
— Veut lier avec Alberoni. XIV   439
— Son avidité, etc.   XV   5
Ouragans à Paris et par la France.   II   437
OXFORD (Comte de), grand trésorier d'Angle-

Oxford.   Tomes. Pages.

terre. Accusé et absous en Parlement. XIV 140

OYSE, frère du duc de Brancas. Son rare contrat de mariage. XVII   68

Dans la lettre O { Noms propres. . . 29
                  { Autres. 11
                                       ———
                         En tout   40

Pairs de France. Priés de la part du Roi
    par une lettre de le Tellier, archevê-
    que duc.de Reims, à chacun d'eux, de
    se trouver à l'enregistrement et exécu-
    tion de sa déclaration portant établis-
    sement du rang intermédiaire donné
    aux duc du Maine et comte de Tou-
    louse.   I   166
    (*Voir* t. IX, p. 453 et suiv.; BERRY et à
    SAINT-SIMON, t. VIII, p. 316 et suiv.)
    (*Voir* LUXEMBOURG, t. I, p. 139; AUBIGNY,
    t. V, p. 364; ESTRÉES card., t. X, p. 351.)
—   Disgression nécessaire sur la dignité de
    pair de France, sur le parlement de
    Paris et sur les autres parlements. . .   X   359
—   Pairs de France les mêmes en tout, sous
    divers noms, pour la dignité et pour
    les fonctions, depuis la fondation de
    la monarchie.   X   363
—   Pairs de France; leurs fonctions. Pairs
    de fief.   X   365
    (*Voir* hauts barons, t. X, p. 366.)
—   Parité, quant à la dignité de pair de
    France et de ce qui en dépend, de ceux
    d'aujourd'hui avec ceux de tous les
    temps et les âges.   X   371
—   Noms donnés aux pairs de France par
    nos rois de tous les âges.   X   381
—   Pairie est apanage.   X   383

Pairs de France.   Tomes. Pages.

— Reversibilité à la couronne. Ce que c'est
    qu'apanage.   X   385

— Pairs de France conservent, seuls d'en-
    tre les nobles, séance et voix délibé-
    rative dans les parlements, toutes les
    fois qu'ils veulent y aller.   X   398

— Pairs de France, seuls d'entre les nobles,
    entrent en tout parlement avant le
    Roi lorsqu'il y sied, et pourquoi. . . .   X   398

— Nécessité de leur présence, et de la men-
    tion de leur présence, aux arrêts des
    causes majeures et aux enregistre-
    ments des sanctions.   X   398

— Cour des pairs en tout lieu où le Roi les
    assemble.   X   405

— Duc de Guise, qui fait tout pour envahir
    la couronne, laisse, le premier, ajouter
    à son serment à sa réception au Par-
    lement, pour lui plaire, le terme de
    conseiller de cour souveraine, lequel
    a été enfin ôté pour toujours du ser-
    ment des pairs, et qui n'avoit jamais
    été imaginé avant ce duc de Guise qui
    fut tué aux derniers de Blois de 1588.
    Nécessité d'exposer un ennuyeux dé-
    tail.   X   408

— Changement, par entreprise et surprise,
    de la forme, jusqu'alors constante, de
    la réception des pairs de France au
    Parlement aux hauts siéges, où elles
    s'étoient toujours faites, aux bas siéges,
    où elles se font depuis 1643, mais
    après la mort de Louis XIII, où elles
    sont depuis demeurées.   X   414
    (*Voir* BONNET, t. X, p. 424.)

— Pairs ecclésiastiques rétablis en leur
    préséance sur les cardinaux au Parle-

Pairs de France.   Tomes. Pages.

ment, le Roi présent et absent par la
décision de Louis XIV, qui n'a jamais depuis été enfreinte. Vaine et
honteuse tentative là-dessus du cardinal du Bois, lors premier ministre..   X   443

— Nouveauté consentie et indifférente,
pour la commodité de la séance, de
celle des officiers de la couronne aux
lits de justice, au-dessous des pairs
ecclésiastiques au côté gauche au lieu
d'être au-dessous des pairs laïcs, au
côté droit, ce qui a commencé au premier lit de justice de Louis XV et a
continué depuis.   X   445

— Liberté accordée aux pairs sur les usurpations du Parlement à leur égard,
puis commuées en celle de leurs protestations et en promesses solennelles
de décision.   XII   192

— Protestation solennelle des pairs sur les
usurpations du Parlement à leur égard
en pleine séance parlementaire pour
la régence de M. le duc d'Orléans et
interpellation à icelui prince, convenue
par lui lui être faite, de les juger dès
que les affaires du gouvernement seroient réglées, à laquelle il acquiesça et
s'engagea publiquement, en la même
séance, en plein Parlement tout entier
assemblé, et tous les pairs séants, le
duc de Saint-Simon ayant, chargé par
eux, porté publiquement à haute voix
pour eux, et fait la protestation et l'interpellation.   XII   200

— Querelle, combat, procédures, jugement
entre le duc de Richelieu et le comte
de Gacé. Princes du sang, bâtards,

Pairs de France.   Tomes. Pages.

    pairs; épées aux prisons. XII   428

— Pairs présentent au Roi une requête
    pour la réduction des bâtards aux rang,
    honneurs et ancienneté de leurs pai-
    ries parmi les autres pairs. . . . . . XIII 117

— Derechef autre pareille à même fin. . . XIII 290

— Requête des pairs au feu Roi à même fin
    que celle de l'association de la no-
    blesse en 1649 et en même année. . . XIII 393

— Pairs de France de droit incontesté de
    tout temps, et les officiers de la cou-
    ronne, de grâce et d'usage, menés par
    le Roi et à sa suite, ont seuls voix déli-
    bérative au lit de justice en matière
    d'État et les magistrats voix consulta-
    tive, excepté le garde des sceaux en
    absence du chancelier, parce qu'il
    le représente en tout, ce qui lui
    donne alors voix délibérative parce
    que le chancelier est officier de la
    couronne. XV   466
    (Renvois aux pièces [1] t. XI, p. 69.)

Paix de Clément IX. . . . . VII 135

Paix signée à Ryswick. I   462

— Du Nord en partie. . . . . II 354

— D'Utrecht signée et publiée; fêtes à Pa-
    ris. X   3

— Signée à Rastadt (*voir* les pièces [1]). . . . X 134

— Publication et réjouissances de la paix. X 168

— Signée à Baden avec l'Empereur et l'Em-
    pire. . . . . X 313

— De l'Angleterre et de la Suède. . . . . . XVI 303

— D'Espagne. XVII   1

— De Nystadt entre la Suède et la Russie. XIX   87
    (*Voir* aux pièces [1] toute la négociation

1. Voyez au tome I, p. 420, note 1.

Paix.   Tomes. Pages.

du président Rouillé à Bodgrave; de
Torcy et de lui à la Haye; du maréchal d'Huxelles, de l'abbé de Polignac et de Ménager à Gertruydemberg;
celle de Londres de l'abbé Gautier et
Ménager, et celle de la paix d'Utrecht.)

PALAGONIA, prince : *voir* aux GRANDS D'ESPA-
GNE. XVIII   58

Palais-Royal. Menacé. Gens étouffés à la
banque. XVII   115

Palatin de Livonie. Connu en France pour
avoir accompagné le prince électeur
dans ses voyages. Sa mort. XIV   37

Palatin (Prince) de Neubourg. Élu électeur
de Trèves. XII   452

— Mort de l'électeur Palatin, son frère. . . XIII   58

PALLAVICINI, homme fort équivoque. Quitte le
service de Savoie pour entrer en celui
de France. Y est tué tôt après. VII   105

PALMA (Comte de) : *voir* aux GRANDS D'ESPA-
GNE. XVIII   99

Panthéon de l'Escurial. XVII   432

— Des ducs del Infantado à Guadalajara. XVII   429

Pape (Le). INNOCENT XII Pignatelli. Consulté
secrètement par Charles II, roi d'Espagne, sur son testament, le lui conseille tel qu'il le fit en faveur de la
maison [de] France. II   378

CLÉMENT X Albano. Refuse l'hommage
de Naples, néanmoins y reconnoît et y
fait reconnoître Philippe V, et lui envoie à son arrivée à Naples un cardinal légat *a latere* la complimenter
de sa part. III   65

— Sans secours et fort moins par les
troupes impériales, est recevoir à Rome le marquis . . . d'ni·

Pape.　　　　　　　　　　　　　　　　　　　　Tomes. Pages.

　　potentiaire de l'Empire, et de faire tout
　　　ce qu'il veut. . . . .　VI　177
— Il est également effrayé du Turc et de
　　　l'Empereur. . . . .　XIII　22
— Ébranlé contre la promotion d'Alberoni
　　　par les cris des impériaux et raffermi
　　　pour, par Aubanton ; sa confiance
　　　en ce jésuite. . . . .　XIII　213
— Avidité de ce pape. . . . .　XIII　234
— Ses angoisses ; il se laisse entraîner enfin
　　　à déclarer Borromée seul cardinal, et
　　　sans ménagement pour Alberoni. . . .　XIII　327
— Son rare bref au P. d'Aubanton. . . . . .　XIV　51
— Embarras du Pape. . . . .　XIV　53
— Il veut lier le Czar avec l'Empereur con-
　　　tre le Turc. . . . .　XIV　66
— Il écrit au Czar, le veut liguer avec l'Em-
　　　pereur, et obtenir le libre exercice de
　　　la religion catholique dans ses États ;
　　　le Czar l'amuse, et se moque de lui. .　XIV　68
— Embarras et caractère du Pape à l'occa-
　　　sion de l'arrêt de la personne de Moli-
　　　nez passant à Milan. . . . .　XIV　70
— Hauteur et manéges du Pape sur la pro-
　　　motion d'Alberoni. . . . .　XIV　79
— Colère du Pape sur son accommodement
　　　signé en Espagne par son nonce Aldo-
　　　vrandi. . . . .　XIV　133
— Effrayé des menaces de Gallas, ambas-
　　　sadeur de l'Empereur à Rome, il révo-
　　　que les indults accordés au roi d'Es-
　　　pagne, lui écrit une lettre à la satisfac-
　　　tion des impériaux, desire au fond
　　　succès à l'Espagne, offre sa médiation.　XIV　96
— Effroi du Pape des impériaux ; il fait
　　　tout ce qu'ils veulent sur l'Espagne ;
　　　adoucit et ménage en même temps le

Pape.   Tome. Pages.

roi d'Espagne par Aldovrandi; écrit
de sa main à ce nonce et au P. d'Aubanton. . . . . XIV 172

— Dépêche à Vienne sur des propositions
sauvages d'Acquaviva, comptant sur
le crédit de Stella, qui vouloit un chapeau pour son frère. . . . . XIV 174

— Sur les conseils enragés de Bentivoglio,
nonce en France, le Pape lui fait entendre qu'il ne donnera plus de bulles
sans précautions et sans conditions. . XIV 184

— Le Pape fait imprimer un bref injurieux
au roi d'Espagne, qu'Aldovrandi n'a-
voit osé lui présenter. Servitude du
Pape pour l'Empereur, il fait Czaki
cardinal. . . . . XIV 241

— Il fait arrêter le comte de Peterborough,
passant dans l'État ecclésiastique;
menacé par les Anglois, il le relâche
avec force excuses. Sa frayeur de
l'Empereur. . . . . XIV 241

— Son extrême embarras entre l'Empereur
et le roi d'Espagne. Ses tremblantes
mesures. . . . . XIV 242

— Il avoue son impuissance pour la paix. . XIV 244

— Griefs du Pape contre Aldovrandi. . . . XIV 250

— Demandes énormes de l'Empereur au
Pape. . . . . XIV 251

— Il tremble devant l'Empereur. Il est
pressé par l'Espagne. . . . . XIV 252

— Le Pape, n'osant rien contre l'Empereur,
qui chasse la nonciature de Naples,
s'en prend à l'Espagne. . . . . XIV 279

— Rare expédient du Pape sur la non-ré-
sidence du cardinal Alberoni dans son
évêché de Malaga. . . . . XIV 280

— Il lui refuse les bulles d'... ...vêché de

Pape.   Tomes. Pages.

Séville.   XIV   282

— Le Pape, dans sa frayeur de l'Empereur,
  tombe sur Aldovrandi et sur l'Espa-
  gne.   XIV   433

— Brefs ne sont point reçus par l'Empereur ni par les rois de France et d'Espagne, sans que les copies n'en aient
  été vues par leurs ministres, qui les
  admettent ou les rejettent.   XIV   436

— Opinion prise de l'Espagne par le Pape,
  ses foibles manéges sur ce que les impériaux veulent qu'Aldovrandi soit
  rappelé et puni; jugement que cette
  foiblesse en fait porter.   XIV   436

— Il continue à refuser à Alberoni les bulles
  de Séville.   XIV   441

— Manéges du Pape et du cardinal Alberoni sur ces bulles et sur le neveu
  d'Aldovrandi.   XV   *

— Propos, menaces, mémoire, protestations fortes, lutte par écrit entre le
  cardinal Acquaviva et le Pape sur le
  refus des bulles de Séville.   XV   7

— Le Pape embarrassé sur deux ordres
  venus d'Espagne.   XV   9

— L'est de plus en plus par une demande
  forte et très-plausible que lui fait Acquaviva.   XV   45

— Fortes démarches du Pape pour obliger
  le roi d'Espagne à cesser ses préparatifs de guerre contre l'Empereur. Autres griefs du Pape contre le roi d'Espagne.   XV   68

— Souplesses et lettres du Pape en Espagne, sur les menaces de cette cou-
  ronne.   XV   69

— Fausse et basse politique du Pape. . . .   XV   106

Pape.   Tomes. Pages.

— Sa frayeur de l'Empereur.   XV   135

— Est menacé par l'ambassadeur de l'Em-
    pereur.   XV   177

— Rupture éclatante entre le Pape et le roi
    d'Espagne.   XV   179

— Frayeurs du Pape, qui le font éclater
    contre le roi d'Espagne et contre Albe-
    roni, pour se réconcilier avec l'Empe-
    reur, avec un masque d'hypocrisie. .   XV   249

— Il déclare le cardinal Alberoni avoir en-
    couru les censures.   XV   251

— Désapprouve la clôture de la nonciature
    faite par le nonce Aldovrandi.   XV   267

— Le Pape et le roi d'Espagne fortement
    commis l'un contre l'autre, dont Rome
    est dans un grand embarras.   XV   292

Papiers publics solennellement brûlés à
    l'hôtel de Ville.   XVII   104

— Continuation de la même brûlerie par le
    prévôt des marchands.   XVII   114

PARABÈRE. Épouse la fille de la Vieuville, dont
    M. le duc d'Orléans se fit une maî-
    tresse.   VIII   441

— Mort de Parabère.   XII   418

Parrains. Ce que c'est en Espagne dans
    les cérémonies des grands, des or-
    dres, etc.   XVIII   273

PARCEN (Comte de) : *voir* celui-ci et le suivant
    aux GRANDS D'ESPAGNE.   XVIII   100

PAREDÈS (Comte de). Passe à l'archiduc.   VIII   121

PÂRIS. Les quatre frères Pâris d'où venus et
    quels; origine et progrès de leur for-
    tune.   XVII   16

— Sont exilés pour peu de temps.   XVII   104

PARISIÈRE (La), évêque de Nîmes, Zopyre du
    P. Tellier. Son invention ultramon-
    taine.   XI   70

Parietère (La).   Tomes.   Pages.

— Exilé dans son diocèse ; rappelé dix mois
   après. Sa misérable mort et sa fin
   banqueroutière. XIV   198

Parlements. Grande mortification donnée
   sur les blés aux parlements de Paris et
   de Dijon. VI   312

— Origine du nom de parlement: ses progrès. Multiplication des magistrats et
   des cours de justice. X   370

— Siéges hauts et bas dans les grand'-
   chambres des parlements. X   371

— Parlement de Paris et les autres sur son
   modèle. Leur origine, leur nature, d'où
   nommés parlements. Récapitulation
   abrégée. X   394

— Origine de l'enregistrement des édits, déclarations du Roi, etc., aux parlements,
   d'y juger les causes majeures, etc., du
   titre et nom de cour des pairs affecté
   par le parlement de Paris. X   400

— Origine de la prétention des parlements
   d'ajouter, par leur enregistrement, un
   pouvoir nécessaire, appelé en leur langage vérifier et vérification, comme
   rendant vraie, effective, réelle, la
   pièce vérifiée qui ne l'étoit pas à leur
   avis auparavant et ne la devient que
   par là. X   401

— Origine de leurs remontrances, bonnes
   d'abord, tournées après en abus. Entreprises de la cour de Rome réprimées
   par le Parlement, ne lui donne aucun
   droit de se mêler des affaires d'État ni
   du gouvernement. X   402

— Parlement compétent du contentieux
   entre particuliers uniquement. Il l'a-
   voue et le déclare solennellement à

Parlements.　　　　　　　　　　　　　　　Tomes.　Pages.

l'occasion de la régence de Mme de
Beaujeu. Enregistrements de traités
de paix y sont faits uniquement pour
raisons purement judicielles. Régence
de Marie de Médicis est la première
qui se soit faite au Parlement, et pourquoi. Époque de sa prétention de se
mêler d'affaires d'État et du gouvernement, et de sa chimère d'être tuteurs
des rois qui, à tous ces égards, l'ont
continuellement réprimé. . . . .　　X　404

— Régence d'Anne d'Autriche est la seconde
qui se soit faite au Parlement, et pourquoi. Dangereux avantages qu'il en
usurpe, que Louis XIV réprime durement depuis. . . . .　　X　408

— Régence de M. le duc d'Orléans, qui est
la troisième faite au Parlement, sera
traitée en son temps. Desseins du
Parlement à l'égard des pairs, dès le
temps des Guises. Courte récapitula-
tion. . . . .　　X　408

— Origines des enregistrements. Incroya-.
bles abus. Fausse, mais utile, équivoque du nom de parlement. Anciens
parlements de France. . . . .　　X　460

— Parlements d'Angleterre. . . . .　　X　463

— Moderne chimère du Parlement d'être le
premier corps de l'État, réfutée (*voir*
aussi les pièces [1]). . . . .　　X　468

— Parlement uniquement cour de justice
pour la rendre aux particuliers. Incompétence des choses majeures et
publiques, dans son plus grand lustre.
Il ne parle au Roi que découvert et à

---

1. Voyez tome I, p. 420, note 1.

Parlements. Tomes. Pages.

genoux comme tiers état. Jamais ma-
gistrat du Parlement, ni d'autre compagnie, député aux états généraux, ne
l'a été que pour le tiers état, même
quand il auroit été d'extraction noble.
Exemples d'assemblées où la justice a
fait un corps à part, jamais en égalité
avec l'Église, ni la noblesse, et jamais
aux états généraux jusqu'aux der-
niers inclus en 1614. . . . . X 468

— Absurdité de la représentation des états
généraux dans le Parlement. . . . . . X 471

— Court parallèle du conseil avec le Parlement. Conclusion de toute la longue
disgression. . . . . X 473

— Précaution extraordinaire et nouvelle
du parlement de Paris contre les fidéi-
commis. . . . . XI 127

— Aveu célèbre du Parlement assemblé, par
la bouche du premier président de la
Vacquerie y séant et présidant, de
l'entière incompétence du Parlement
de toute matière d'État et de gouvernement, répondant au duc d'Orléans
depuis roi Louis XII sur la régence de
Mme de Beaujeu pendant la minorité
de Charles VIII. . . . . XI 319

— Deux uniques exemples de régence, les
plus modernes, faites au Parlement,
cause de la nouveauté de ce troisième
et dernier exemple de celle de M. le duc
d'Orléans faite au Parlement. . . . . . XI 320

— Raisons de s'y passer du Parlement,
comme toujours, sans discontinuation
jusqu'à la mort d'Henri IV. . . . . . . XI 324

— Observation à l'occasion de la majorité
de Charles IX, et de l'interprétation

Parlements.   Tomes. Pages.

de l'âge de la majorité de nos rois. . .   XI   327

— Séance au Parlement pour la régence. .   XII   198

— Députation du Parlement va querir le
    testament du Roi et son codicille près
    de la buvette dans le lieu où ils
    étoient déposés, murés et scellés. . . .   XII   201

— Stairs, ambassadeur d'Angleterre, se
    fait de fête dans une lanterne, le duc
    de Guiche, bien payé, dans l'autre, le
    régiment des gardes, dont il étoit co-
    lonel, aux avenues.   XII   202

— Dreux, conseiller laïc de la grand'cham-
    bre, père du grand maître des céré-
    monies, fait la lecture du testament à
    haute voix, et l'abbé Menguy, conseil-
    ler clerc de la grand'chambre, celle
    du codicille.   XII   202

— Le testament du Roi est abrogé, quant
    à l'administration de l'État, en la
    séance du matin.   XII   204

— Le codicille du Roi est abrogé en tout,
    en la séance de l'après-dîner du même
    jour.   XII   211

— Le Parlement, naturellement en vacance,
    est continué pour un mois.   XII   218

— Chambre de justice tirée du Parlement
    contre les financiers.   XII   432

— Le Parlement s'oppose à l'enregistre-
    ment de l'édit de rétablissement des
    charges de grand maître des postes
    et de surintendant des bâtiments. Ses
    vues, sa conduite, ses appuis. Vues
    étranges et intérêts de ses appuis. . .   XIII   47

— Il continue à s'y opposer; motifs de sa
    conduite et de ses appuis.   XIII   99

— Il dispute la préséance au Régent à la
    procession de l'Assomption, et l'empê-

Parlements.   Tomes. Pages.

che de s'y trouver. Audace de cette
prétention, qui se détruit d'elle-même
par droit, et par faits expliqués, même
à l'égard de seigneurs particuliers. . . XIII   99
— Le Parlement se réserve les remontran-
ces, en enregistrant un nouvel édit
sur la chambre de justice, après avoir
refusé une seconde fois l'édit de rétablissement des charges des postes et
des bâtiments. XIII   121
— Il enregistre enfin l'édit de rétablissement des charges de grand maître des
postes et de surintendant des bâti-
ments. XIII   130
— Fin et effet de la chambre de justice. . . XIII   295
— Députation du Parlement au Roi, pour
lui rendre compte de ce qui s'y est
passé dans l'affaire des princes du
sang et des bâtards. XIII   423
— Il refuse d'enregistrer l'édit de création
de deux charges dans les bâtiments. . XIV   99
— Démêlé entre le premier président et les
enquêtes ajusté, pour le nombre et le
choix des commissaires du Parlement,
quand il en faut nommer. XIV   114
— Le Parlement veut qu'il lui soit rendu
compte des finances avant d'enregistrer l'édit dressé par le comité extraordinairement composé sur les finances; il l'obtient et enregistre enfin cet
edit avec peine. XIV   114
— Mouvements du Parlement. XIV   308
— Audacieux mouvement du Parlement
contre l'édit sur les monnoies. XV   337
— Il rend un arrêt contre cet édit, lequel
arrêt est cassé le même jour par le
conseil de régence; prétextes du Par- .

Parlements.   Tomes. Pages.

lement; il fait au Roi de fortes remontrances; conseil de régence là-dessus.. XV   340
— Ferme et majestueuse réponse du Roi
au Parlement en public. Il fait au Roi
de nouvelles remontrances. XV   342
— Manéges du Parlement pour brouiller
imités en Bretagne. XV   342
— Arrêt du Parlement fort étrange en tous
ses chefs. XV   345
— Le parlement de Paris et la Bretagne
en cadence; le syndic des états de
Bretagne exilé. . . . . : . . . XV   347
— Commission étrange sur les finances
donnée par le Parlement aux gens du
Roi. XV   347
— Bruits de lit de justice sur quoi fondés.. XV   348
— Mémoires de la dernière régence, fort à
la mode, tournent les têtes. XV   348
— Mesures du Parlement pour faire prendre Law secrètement, et le faire pen-
dre en trois heures de temps. XV   354
— Frayeurs du Parlement, ses bassesses
auprès de Law.. XV   452
— On avertit du lit de justice à six heures
du matin, le vendredi 26 août 1718,
ceux qui doivent y assister, pour le
même matin à dix heures aux Tuile-
ries; le Parlement répond qu'il obéira. XV   471
— Le Parlement est en vain détourné d'o-
béir par tous les efforts du premier
président de Mesmes, et se met en
marche à pied pour venir aux Tuile-
ries; il y arrive.. XVI   30
— On va prendre le Roi; marche au lit de
justice. XVI   40
— Le Roi sans manteau ni rabat. XVI   40
— Séance et pièce du lit de justice dessinée

Parlements.   Tomes. Pages.

en plan pour mieux éclaircir ce qui
s'y passa le matin du vendredi 26 août
1718, au sortir du conseil de régence.   XVI   42

— Spectacle du lit de justice.   XVI   46

— Lettres de garde des sceaux pour Argen-
son.   XVI   48

— Son discours au Parlement sur sa conduite et ses devoirs. Cassation de ses
trois arrêts.   XVI   49

— Remontrance du premier président envenimée, confondue.   XVI   50

— Réduction des bâtards à leur rang et à
leur ancienneté de pairie.   XVI   52

— Rétablissement uniquement personnel
du comte de Toulouse.   XVI   53

— Enregistrement de tout en plein lit de
justice.   XVI   56

— Levée du lit de justice.   XVI   57

— Séditieux et clandestin usage des feuilles
volantes, en registres secrets du Parlement.   XVI   83

— Blamont, président aux enquêtes, et deux
conseillers de la grand'chambre enlevés et conduits en diverses îles du
royaume. Mouvements inutiles du Par-
lement.   XVI   84

— Effet de ce lit de justice au dedans et au
dehors du royaume.   XVI   86

— Députation du Parlement au Régent, en
faveur de ses membres prisonniers,
inutile.   XVI   98

— Parlement de Bretagne écrit en leur faveur au Régent; il écrit aussi fort sé-
ditieusement au parlement de Paris,
qui lui répond fort mesurément après
avoir envoyé cette réponse au Régent
par le premier président.   XVI   99

Parlements.   Tomes. Pages.

— Retour des conseillers du parlement de
     Paris exilés, non de Blamont. XVI   114

— Le Parlement refuse d'enregistrer l'édit
     d'érection ou création de la banque
     royale ; le Régent s'en passe, méprise
     le Parlement, établit la banque royale. XVI   148

— Maximes du Parlement, mais inhérentes
     et suivies, sur son autorité. XVI   305

— Est informé du risque qu'il a couru
     d'être remboursé en papier, qui y a
     poussé, qui le lui a paré. XVI   313

— Ses mouvements et ses remontrances
     contre l'édit de réduction des rentes. XVII   59

— Ses mouvements à l'occasion de l'arrêt
     du conseil du 22 mai 1719 si connu. . XVII   88

— Conduite du Parlement. XVII   91

— Refuse d'enregistrer l'édit portant que la
     compagnie des Indes, connue sous le
     nom de Mississipi, seroit désormais
     compagnie de commerce exclusif. . . XVII   114

— Est transféré à Pontoise. XVII   121

— Refuse d'enregistrer cette translation,
     puis l'enregistre dans les termes les
     plus étranges ; arrêt de cet enregistre-
     ment ; dérisions à Pontoise et du Par-
     lement et jusque des avocats. XVII   123

— Place du Parlement à la procession an-
     nuelle de l'Assomption laissée vide par
     les autres compagnies. Le Parlement
     refuse d'enregistrer la déclaration ren-
     due pour faire accepter la constitu-
     tion *Unigenitus*. XVII   129

— Il l'enregistre enfin et revient à Paris. . XVII   156

PARME. Princes de Parme et de Toscane inco-
     gnito en France ; le dernier y est dis-
     tingué. II   23

— Sage avis du duc de Parme. XIII   78

Parme.   Tomes. Pages.

— Quel il étoit sur Alberoni. Idées bien con-
fuses de ce prince. XIII   166

— Il élude de faire passer à la reine d'Espagne les plaintes du Régent d'Alberoni. Il consulte ce ministre sur ce
qu'il pense du Régent. XIII   231

— Sentiment du duc de Parme sur le choix
à faire par le roi d'Espagne en cas de
malheur en France. XIII   232

— Politiques mesures entre le duc de
Parme et Alberoni. XIII   314

— Conseils du duc de Parme au roi d'Espagne. XIV   133

— Sa frayeur et ses conseils au roi d'Espagne. XIV   282

— Frayeurs du duc de Parme, qui implore
vainement la protection du Pape et du
roi d'Espagne. XIV   173

— Il envoie à Londres faire des représentations inutiles. XV   20

Partage de la peau du lion avant qu'il soit
tué. XV   241

Partisans bien effrayés de la chambre de
justice. XII   290

Parvulo de Meudon. Ce que c'étoit. V   178

Patkul. Quel et sa catastrophe. V   50

Patriarche des Indes. Ce que c'est en Espagne. . . . . : . . II 469 et 488

Pavillon. Quel. Sa mort. IV   234

Paul (Saint-), capitaine au régiment des gardes. Tué en duel par Seraucourt, aussi
capitaine au régiment des gardes, qui
est cassé et en fuite. V   336

Payements. Se commencent. Misère étrange
des ministres de France employés au
dehors. XII   433

Pécoil, père. Sa mort digne d'un avare, mais

Pécoll.   Tomes. Pages.

affreuse. . . . . XVI 255 et XVII   161

PECQUET, père et fils. Quels. XVII   335

PELLETIER, abbé, conseiller d'État de robe,
    frère du ministre d'État et de Sousy.
    Sa mort.   I   385

PELLETIER, contrôleur général des finances et
    ministre d'État. Sa fortune ; sa famille.
    Sa pieuse et très-volontaire retraite. .   I   470

— Sa mort.   IX   89

PELLETIER, son fils aîné, président à mortier.
    Est fait premier président en la place
    de Harlay. Dit sur son fils, président
    à mortier, un mot de louange plus que
    ridicule.   V   174

— Le plancher fond sous lui, étant à table
    chez lui au Palais, sans que personne
    fût blessé.   V   372

— Se démet de sa place de premier prési-
    dent ; Mesmes lui succède.   IX   165

PELLETIER SOUSY, conseiller d'État et au conseil
    royal des finances, directeur général
    des fortifications. Perd ce dernier em-
    ploi à la mort du Roi. Sa fortune.
    Avoit été un des candidats pour l'office
    de chancelier à la mort de Boucherat.   II   222

— Donne à des Forts, son fils, sa place
    d'intendant des finances, le marie à la
    fille de Basville, intendant de Langue-
    doc.   IV   450

— Le fait faire conseiller d'État ; des Forts
    a été depuis contrôleur général des
    finances, ministre d'État, et renvoyé..   X   186

PELLETIER SOUSY, son père, conseiller d'État.
    Entre au conseil de régence, et y
    prend la dernière place après l'ancien
    évêque de Troyes et Torcy.   XIII   293

— Il remet tous ses emplois. XVII   167

Pelletier Sousy.   Tomes. Pages.

— Se retire à l'abbaye de Saint-Victor à
    Paris. . . . . XVII 167 et XVIII   444
PEÑARANDA (Duc de) et comte de Miranda, dont
    il préfère le titre. (Le voir et le suivant
    aux GRANDS D'ESPAGNE.). XVIII   96
PEÑARANDA (Comte de). Différent du précé-
    dent. XVIII   101
PENAUTIER. Quel. Sa mort. IX   88
PENNES (Des). Quel. IV   93
Pensions de Pontoise. Ce que c'est. XIII   109
— Pensions se payent toutes. XVI   299
— Profusions de pensions. XVII   125
PENTERRIEDER, ministre de l'Empereur au de-
    hors. Quel ce secrétaire impérial. . . XIII   73
— Est attendu à Londres, à la place de
    Wolckra, pour y traiter la paix, avec
    l'abbé du Bois, entre l'Empereur et le
    roi d'Espagne. XIV   155
— Arrivé à Londres, les ministres d'Angle-
    terre n'ont point de secret pour lui. . XIV   262
— Penterrieder déclare fièrement, à Lon-
    dres, à la Pérouse, envoyé du roi de
    Sicile, que l'Empereur veut absolu-
    ment la Sicile, et indispose la Pérouse
    et son maître contre le Régent. XV   19
— Manéges de Penterrieder à Londres. . . XV   87
— Il profite des manéges du roi de Sicile. XV   95
— Il connoît bien l'abbé du Bois. XV   148
PERALADA (Comte de) : voir aux GRANDS D'ES-
    PAGNE. XVIII   102
PÉRÉGRINE (La). Perle du roi d'Espagne unique
    en Europe, et peut-être dans le monde,
    en perfection, en poids et en grosseur. XVIII   329
PERI. Quel, et Arling, sortants d'Haguenau ré-
    compensés. IV   292
PERMANGLE. Quel. Bat et brûle un convoi en
    Flandres. VIII   440

	Tomes.	Pages.
PERMILLAC. Quel. Perd tout au jeu'et se tue. .	II	184
PÉROUSE (La), envoyé du roi de Sicile à Londres. Fort inquiet du prétendu mariage de M. le duc de Chartres avec une fille de son maître[1].	XIV	259
— Inquiétude des ministres de Sicile à Londres et à Paris.	XIV	262
— Penterrieder apprend nettement à la Pérouse, avec force propos hauts et caressants, que l'Empereur veut absolument la Sicile. Il l'assure surtout de l'éloignement de la France pour le roi de Sicile.	XIV	260
— Manéges et embarras de la Pérouse. . .	XIV	263
— Il est la dupe de Penterrieder sur la France.	XIV	290
— Fermeté des réponses des ministres de Sicile à Paris et à Londres à l'égard de la conservation de cette île à leur maître.	XIV	456
— La Pérouse forme une intrigue à Vienne, pour y réconcilier son maître.	XV	60
PERSE. Ambassadeur de Perse plus que douteux à Paris.	XI	88
— Son entrée; sa première audience; magnificences étalées devant lui; sa conduite; son audience de congé. Il est promptement et cavalièrement renvoyé après la mort du Roi.	XI	384
Perte du royaume de Naples.	V	321
— De Minorque et du Port-Mahon.	VI	49
— De la Sardaigne.	VI	48
— De la Quenoque.	IX	375
PERTH (Duc de), ci-devant gouverneur du prince de Galles. Mort à Saint-Ger-		

1. Dans le texte, du prince de Piémont avec une fille du Régent.

Perth.   Tomes. Pages.

main.. . . . . XIII 41 et XVII   50

PERTUIS. III   354

PESCAIRE (Marquis de) : *voir* aux GRANDE D'ES-
    PAGNE. XVIII   77

Peste de Marseille. XVII   127

— Finie en Provence et partout, et le com-
    merce universellement rouvert et ré-
    tabli. XIX   96

PETERBOROUGH (Comte de). Arrêté dans l'État
    ecclésiastique. XIV   123

— Son caractère. XIV   142

— Relâché par menaces de l'Angleterre au
    Pape, qui fait force excuses. XIV   241

PEYRE, lieutenant général de Languedoc. Sa
    mort. Son caractère. Sa dépouille. . .XVII   69

— Son neveu épouse la fille de Cassion. . . XIX   105

PEYRONIE (LA), premier chirurgien du Roi. . . XVI   201

PEZÉ. Quel. Obtient le gouvernement et ca-
    pitainerie de la Muette, puis le régi-
    ment d'infanterie du Roi. . . . XVI 299 et 360

— Épouse une fille de Beringhen, premier
    écuyer du Roi. XIX   60

PHÉLYPEAUX, lieutenant général, ambassadeur
    à Turin. Est fort barbouillé avec le
    maréchal de Villeroy en Italie. III   76

— Comment traité à la rupture à Turin, et
    l'ambassadeur de Savoie à Paris. . . . IV   8

— Phélypeaux fort maltraité. IV   10

— Lui et Vernon, ambassadeur de Savoie à
    Paris, sont échangés à la frontière. . . IV   71

— Il salue le Roi. Sa conduite; son carac-
    tère. Est fait conseiller d'État d'épée. . IV   105

— Va gouverneur des îles françoises en
    Amérique. Meurt à la Martinique. Son
    caractère. X   112

— Mort de Phélypeaux, conseiller d'État de
    robe, frère du chancelier de Pont-

Phélypeaux.   Tomes. Pages.

chartrain.   IX   89
PHILIPPE III, roi d'Espagne. Importuné de l'orgueil des cardinaux ; expédient qu'il
y prit. . . . . XVIII 338
PHILIPPE V. Esquisse de ce prince. . . . . XVII 350
— Est fortement attaché aux jésuites. . . . XVII 396
— Vie journalière de Leurs Majestés Ca-
tholiques : déjeuner, prière, travail
avec Grimaldo, lever, toilette. . . . . XVIII 196
— Heures des audiences particulières
des seigneurs et des ministres étran-
gers. . . . . XVIII 200
— De l'audience publique et sa description. . . . . XVIII 200
— De l'audience du conseil de Castille. . XVIII 202
— De l'audience publique des ambassa-
deurs. . . . . XVIII 202
— De la couverture des grands. . . . . . XVIII 202
— La messe ; la confession ; la commu-
nion. Le dîner. Sortie et rentrée de la
chasse. Collation. Travail avec Grimaldo. Temps de la confession de la
reine. Sa contrainte. Souper. Cou-
cher. . . . . XVIII 203
— Voyages. Raisons de l'explication des
journées. Jalousie réciproque du roi
et de la reine. Caractère de Phi-
lippe V. . . . . XVIII 205
— Chasse. . . . . XVIII 219
— L'Atoche. . . . . XVIII 221
— Le Mail. . . . . XVIII 224
— Le roi et la reine et le prince des Asturies sont comme à la suite du duc del
Arco. *Voir* Mlle de Montpensier à Cogollos. . . . . XVIII 250
— Hardiesse étrange de Leurs Majestés Ca-
tholiques dans les chemins de Balsaïm

Philippe V.   Tomes.   Pages.

    et de Saint-Ildephonse. XVIII   415

— Usage encore subsistant en Espagne,
    d'où venu, de dire toujours *los Re-*
    ges, c'est-à-dire les rois, quand on
    veut parler du roi et de la reine
    ensemble. XVIII   114

PHILIPPE (Don), infant. Sa naissance. Le cordon
    bleu lui est porté par Maulevrier, en-
    voyé de France. XVII   52

— Son baptême. XVIII   376

— Reçoit le sacrement de confirmation et
    l'ordre de Saint-Jacques. XVIII   378

Philippiques. XVI   199

Pièces. . . . . *Passim.*   XI   69

— Pièces répandues contre le Régent sous
    le faux nom du roi d'Espagne, très-
    foiblement tancées par le Parlement. . XVI   179

— Quatre pièces soi-disant venues d'Espa-
    gne contre le Régent, foiblement con-
    damnées par le Parlement. Discutées,
    savoir :

— Prétendue lettre du roi d'Espagne aux
    parlements. XVI   192

— Prétendu manifeste du roi d'Espagne aux
    trois états. XVI   197

— Prétendue requête des états généraux
    de France au roi d'Espagne. XVI   198

PIÉMONT (Naissance du prince de). II   197

— Il épouse la princesse Palatine de Sultz-
    bach. XVIII   442

— La perd. XIX   105

PIERRE (Duc de SAINT-). (*Voir* aux GRANDS D'ES-
    PAGNE.) Épouse une sœur de Torcy,
    veuve, avec des enfants, du marquis
    de Rénel. Motif de ce mariage. IV   35

— Conduite, voyages, emplois du duc et de
    la duchesse de Saint-Pierre. XVIII   37

Tomes. Pages.

PIERRE (SAINT-). Fort différent du précédent.
(*Voir* t. IV, p. 238.) Son extraction. Ses
aventures. Son caractère. Sa conduite.
Devient premier écuyer de Mme la duchesse d'Orléans. Ses dégoûts. . . . . IV 454

— Caractère et conduite de sa femme. . . XI 191

— État et caractère de l'abbé de Saint-
Pierre, son frère, qui est chassé de l'A-
cadémie françoise pour un livre qu'il
publie, qui fait grand bruit et qui
offense, mal à propos, les prétendus
adorateurs de Louis XIV. . . . . XIV 389

PIGNATELLI. Mort et éloge d'Innocent XII. . . . II 364

PIN (Du). Mort, caractère, infortune de ce célèbre docteur. Misère extrême de notre
conduite à l'égard de la cour de Rome. XVI 271

PINCRÉ (Mlle) ou Jeannette; sa fortune; son état;
son mariage. . . . . VIII 204

PIO, prince (*voir* aux GRANDS D'ESPAGNE),
vice-roi de Catalogne, grand écuyer
de la princesse des Asturies. Noyé dans
l'inondation du bas Madrid dans l'hôtel de la Mirandole; son corps trouvé,
entraîné par les eaux, à trois lieues de
Madrid. . . . . XVIII 68

PISCATORI (Donna Laura), nourrice et azafata
très-accréditée de la reine d'Espagne. XVI 408

Places perdues. . . . . III 276

PLANCY GUÉNÉGAUD. Sa mort. Quel. . . . . . XVIII 456

Plénipotentiaires. Nommés pour traiter
la paix à Ryswick. . . . . I 376

— A Delft et à La Haye. . . . . I 431

— Nommés pour la paix d'Utrecht. . . . . IX 128

— Ceux de France y vont. . . . . IX 171

— D'Espagne. . . . . IX 395

— Reçus enfin à Utrecht. . . . . X 2

PLÉNŒUF et sa femme. Leur état; leur for-

Plénœuf.

	Tomes.	Pages.
tune.	XIX	50
— Le mari en fuite, de la peur de la chambre de justice.	XII	290
— Relaissé à Turin et n'osant rentrer en France, imagine, pour se faire de fête et sans aucun ordre, de traiter le mariage d'une fille du Régent avec le prince de Piémont.	XIV	188
— . Revient en France. Raison de parler d'eux.	XVI	316
— Lui, sa femme et sa fille, quels. Courte reprise de la négociation à Turin, avortée par l'intérêt personnel et la ruse singulière de l'abbé du Bois. . .	XVI	316
— Plénœuf marie sa fille au marquis de Prie; elle devient après maîtresse déclarée de Monsieur le Duc.	X	104
— Éclats de jalousie et de haine mortelle entre elle et sa mère, qui se transforment en affaires d'État et entraînent des particuliers.	XIX	5
PLESSIS (Du), célèbre écuyer pour monter à cheval. Sa mort.	I	326
PLESSIS BELLIÈRE (Mme du), célèbre amie du surintendant Foucquet, mère de la maréchale de Créquy. Sa mort. . . .	IV	250
Plume. Ce que c'est qu'avoir la plume parmi les quatre secrétaires du cabinet du Roi.	II	422
POITIERS (comte de). Épouse Mlle de Malause. .	XI	86
— Mort de ce dernier mâle de cette grande et illustre maison.	XII	342
POINTIS. Son expédition hardie et heureuse à Carthagène.	I	454
— Sa mort.	V	157
POIRIER. Fait premier médecin du Roi par la mort de Dodard.	XII	268

Poirier.   Tomes. Pages.

— Sa mort. . . . . XIV 378

Poissy. Curiosités sur ce monastère et sur ses
  deux dernières supérieures.   V   130

Polastron. Quel. Sa fortune. Sa mort.   IV   395

— Autre Polastron tué.   V   16

Polignac, vicomtesse. Quelle. Son caractère.   IV   447

— Sa mort. . . . . XVII 288

Polignac, abbé, son second fils. Quel. Va ambassadeur en Pologne et y traite l'élection de M. le prince de Conti pour
  succéder au roi Jean Sobieski. Sa conduite ; n'y est ni heureux ni approuvé ;
  on envoie l'abbé de Châteauneuf la
  rectifier.   I   430

— Est rappelé et exilé. III   19

— Rappelé d'exil ; anecdote.   IV   346

— Est singulièrement fait auditeur de
  rote. IV   365

— S'en va à Rome.   IV   407

— Singulière anecdote oubliée sur lui. . .   V   433

— Obtient la nomination d'Angleterre. . .   VI   178

— Revient de Rome et va aussitôt, avec le
  maréchal d'Huxelles et Ménager, traiter la paix à Gertruydemberg.   VI   301

— Reviennent sans avoir pu rien faire. . . VII   270

— Sa misérable flatterie à Marly. . . . . . VIII 132

— L'Espagne le refuse pour ambassadeur. VIII 128

— Va, avec le maréchal d'Huxelles et Ménager, à Utrecht traiter la paix.   IX   128

— Il y est expectoré cardinal avec Arias
  Odescalchi et Sala. Quels ces trois étrangers. Pourquoi réservés in petto. Pourquoi expectorés. Rappelé seul d'U-
  trecht. Reçoit, en arrivant, la calotte
  rouge de la main du Roi à Marly. . .   IX   418

— Est maître de la chapelle du Roi. Orgueil
  de son serment ; il reçoit le bonnet de

Poligaac.   Tomes. Pages.

la main du Roi ; il le harangue sur la
paix à la tête de l'académie françoise.   X   36
— Vend sa charge de maître de la chapelle,
à la mort du Roi, à l'abbé de Breteuil,
mort évêque de Rennes, et frère du secrétaire d'État.   XII   269
— Légèreté extrême du cardinal de Po-
lignac, ami intime du duc et de la duchesse du Maine. Il tâche inutilement
de se justifier auprès du Régent sur
beaucoup de choses.   XIV   367
— Il prétend présenter le livre des Évan-
giles à baiser au Roi, de préférence au
premier aumônier, et est condamné. .   XIV   385
— Est exilé en son abbaye d'Anchin, avec
un gentilhomme ordinaire du Roi demeurant auprès de lui, lorsque le duc
et la duchesse du Maine furent arrêtés. XVI   157
— Rappelé, à la mort du Pape, pour aller
tout de suite au conclave. Son carac-
tère. . . . . XVII 163
— Son frère aîné épouse la dernière fille de
la comtesse de Mailly, dame d'atour
de Mme la duchesse de Bourgogne. . .   VI   388
POLOGNE. Candidats pour cette couronne à la
mort du roi Jean Sobieski.   I   385
— Affaires de Pologne ; l'électeur de Saxe
l'emporte sur M. le prince de Conti, et,
à la fin, sur le roi Stanislas Leczinski.   I   444
— Rage de la reine, veuve du roi Jean
Sobieski contre la France.   V   291
— Stanislas réfugié aux Deux-Ponts chez le
roi de Suède. Caractère et conduite de
la reine, veuve du roi Jean Sobieski.
Cause de sa haine pour la France, de
son séjour à Rome, de sa retraite à
Blois.   X   204

Pologne. Tomes. Pages.

— Est très-médiocrement reçue à Marseille ;
ne veut point de réception ; va de Marseille droit à Blois, sans pouvoir approcher de la cour ni de Paris. . . . X 207

— Vues et conduite domestique du roi de
Pologne. Il fait voyager le prince électeur de Saxe, son fils, incognito sous
le nom de comte de Lusace. Ce prince
arrive à Paris, est très-bien reçu à la
cour. Ce qu'on en trouve. Ses conducteurs. Sa conversion secrète. . . . X 317

— Vient au lever du Roi. . . . . X 357

— Paroît fort à la cour et dans le monde
avec mesure et dignité, voit le Roi en
particulier, en reçoit force civilités et
des présents, s'en retourne en Allemagne. . . . . XJ 137

— Mort de la reine de Pologne Arquien, à
Blois. . . . . XII 414

POMEREU, lieutenant général, gouverneur de
Douai, frère du feu conseiller d'État
et au conseil royal des finances ; sa
mort ; sa dépouille. . . . . III 314

POMEREU. Affaire d'éclat entre le Régent et le
Parlement sur cet officier de police. . XIII 179

POMPADOUR (Abbé de). Sa famille. Sa singularité. Sa mort. . . . . VIII 134

POMPADOUR (Marquis de). Son neveu et sa femme
quels. Marient leur fille unique à Courcillon, fils unique de Dangeau, pour se
fourrer à la cour, où ils n'étoient
jamais venus. Dangeau lui donne sa
place de menin de Monseigneur, et
Mme de Dangeau donne la sienne à sa
belle-fille de dame de palais de Mme la
duchesse de Bourgogne. Intrigues et
manéges de M. et de Mme de Pompadour. VI 5

Pompadour.   Tomes.   Pages.

— Elle est subtilement nommée gouvernante des enfants futurs de Mme la duchesse de Berry.   IX   396

— Lui est nommé ambassadeur en Espagne
avec dessein de ne l'y pas envoyer. .   X   336

— Remercié par le Roi de cette ambassade,
à la chute de la princesse des Ursins.   XI   84

— Fourré dans tous les complots du duc et
de la duchesse du Maine, est mis à la
Bastille.   XVI   142

— En sort avec les autres prisonniers pour
les mêmes affaires.   XVI   428

POMPONE. Sa famille; sa fortune; sa disgrâce;
son retour. Ministre d'État. A les postes
à la retraite de Pelletier, qui les avoit.   I   474

— Sa mort. Sa capacité. Sa probité. Son
caractère.   II   243

— Mort de sa femme, quelle.   IX   180

— L'Abbé, leur fils, exclu par son nom de
l'épiscopat, va ambassadeur à Ve-
nise.   IV   191
En revient.   VII   273
Est fait conseiller d'État d'Église. . . .   IX   131
Et chancelier de l'ordre du Saint-Esprit
par la démission de Torcy, son beau-
frère.   XIII   131

PONIATOWSKI, confident du roi de Suède. Vient
à Paris; consulté par Kniphausen, ministre de Prusse, lui trace le chemin
de la paix du Nord.   XIV   180

PONS (Prince de) Lorraine, fils du comte de
Marsan, frère du comte d'Armagnac,
grand écuyer. Épouse la 2de fille du
duc de Roquelaure.   X   129

PONS-PONS (M. et Mme). Leur caractère.   XVI   430

Pont de Moulins tombé. Bon mot, du comte de
Charlus au Roi, qui confond Mansart.

Pont de Moulins. Tomes. Pages.

Ravages de la Loire. . . . . V 461 et VIII 158

PONTCHARTRAIN père. Degrés de sa fortune. Son caractère. Son dégoût des finances. Est fait chancelier de France, à la mort de Boucherat. . . . . II 219 et 222

— A le rapé de greffier de l'ordre à la mort de son cousin Châteauneuf, secrétaire d'État. . . . . II 328

— Bal et fête galante et superbe donnée à Mme la duchesse de Bourgogne, à la chancellerie à Versailles. . . . . II 301

— Forte dispute entre lui et les évêques sur le privilége par eux prétendu de leurs ouvrages dogmatiques ; se brouille là-dessus avec Godet, évêque de Chartres, et par lui, pour toujours, avec Mme de Maintenon. . . . . III 357

— Colère du chancelier et de tout le conseil, d'une charge d'intendant des finances donnée au financier Poulletier. . ›. V 395

— Il refuse un riche legs du financier Thevenin. . . . . V 421

— Quel à l'égard de la mort de Monseigneur. . . . . VIII 412

— Il voit un homme se tuer à sa portière pour un procès perdu au conseil. . . . X 128

— Mort, caractère, éloge de sa femme. . . X 158

— Il remet au Roi, malgré ses remontrances, sa charge, et se retire à l'institution des Pères de l'Oratoire ; raisons de sa retraite, qu'il soutient admirablement. X 199

— Y est longtemps après visité par le jeune Roi revenant de voir l'Observatoire ; comment il reçoit cet honneur imprévu. . . . . XIII 57

— Son fils, conseiller au Parlement, obtient la survivance de la charge de son père

Pontchartrain.   Tomes. Pages.

	Tomes.	Pages.
de secrétaire d'État, avec le département de la marine, de Paris et de la maison du Roi.	I	111
— Le Roi rompt son mariage conclu avec Mlle de Malause. Raison du Roi, qu'il dit franchement lorsque l'agrément lui en est demandé et qu'il le refuse.	I	400
— Pontchartrain épouse la sœur du comte de Roucy.	I	402
— Se brouille avec le comte de Toulouse, d'O, et le maréchal de Cœuvres; est près d'être chassé.	IV	258
— Scandaleux éclat entre lui et Chamillart, à l'occasion de la retraite du duc de Savoie de devant Toulon et de Provence.	V	317
— Folie du maréchal de Tessé et de lui, pendant que le maréchal étoit dans Toulon.	V	320
— Pontchartrain se raccommode avec d'O.	V	370
— Est plus que suspect d'avoir fait avorter l'entreprise d'Écosse.	V	409
— État désespéré de la santé de sa femme.	VI	32
— Il la perd; éloge de cette dame; folies qu'il fait; sa fausseté.	VI	34
— Quel à l'égard de la mort de Monseigneur.	VIII	412
— Caractère du père et du fils.	IX	8
— Il épouse Mlle de Verderonne.	X	66
— Obtient du Roi 400,000 livres.	X	105
— Plein d'artifices et de jalousie, fait chasser la Chapelle, un de ses premiers commis.	XI	92
— Près d'être chassé à la mort du Roi, est soutenu par son père, qui va secrètement parler au Régent.	XII	233
— Entre, sans voix ni fonction, au conseil		

Pontchartrain.   Tomes.   Pages.

de régence, et y reçoit en face les plus
cruels et les plus sensibles affronts. . XII   285

— Son avarice et sa bassesse. XII   288

— Il reçoit ordre enfin de donner la démission de sa charge de secrétaire d'État,
qui est donnée en même temps à Mau-
repas, son fils, presqu'enfant. XII   345

— Il achète la charge de prévôt et maître
des cérémonies de l'ordre, du premier
président de Mesmes. . . . .

— La vend, dans les derniers temps du feu
Roi, à le Camus, premier président de
la cour des aides XI   123

— Marie son fils à la fille de son cousin la
Vrillière, secrétaire d'État. XIV   358

POPOLI (Duc de). Salue le Roi, qui lui promet
l'ordre du Saint-Esprit. III   20

— Quel; sa fortune; ses dignités; ses emplois; est gouverneur du prince des
Asturies. XIII   142

— Marie son fils à une fille de la maréchale
de Boufflers. XIII   370

— Lui, son fils, sa belle-fille; leur caractère. XVIII   39

— Mort du duc de Popoli. Sa dépouille.
(Voir aux GRANDS D'ESPAGNE.). XIX   91

PORTAIL, avocat général, président à mortier,
enfin premier président. V   174

PORTE (LA). Déclare la guerre à la Russie; se-
coure d'argent le roi de Suède, change
ses ministres à son gré. IX   406

PORTE (LA). Sa fortune; est fait premier président du parlement de Metz. Sa mort.
Sa dépouille. XIII   90

Porteurs de lettres en Espagne. Arrêtés. . . XVI   357

PORTLAND (Comte de), favori, confident de tout
temps du prince d'Orange. Ses confé-

Portland.　　　　　　　　　　　　　　　　　　　Tomes.　Pages.

rences avec le maréchal de Boufflers à
la tête des armées. . . . .　　I　461
— Ambassadeur d'Angleterre en France à
la paix de Ryswick. Admirablement ac-
cueilli, mais avec des dégoûts sur la
cour de Saint-Germain. . . . .　II　18
— Retourne en Angleterre; sa situation. .　II　205
— Y trouve Albemarle en faveur, qui lui de-
vient fatale. . . . .　XIV　396
PORTOCARRERO, cardinal, archevêque de Tolède.
A la principale part au testament de
Charles II. . . . .　II　373
— Est deux fois régent d'Espagne. . . . .　II　393
— Commandeur surnuméraire de. l'ordre
du Saint-Esprit. . . . .
•— Éloigné des affaires par la princesse des
Ursins. . . . .　III　464
— Sa mort. Sa famille. Son caractère. Son
humble et chrétienne sépulture. . . . .　VII　122
PORTO-ERCOLE. Pris par les ennemis. . . . . .　IX　324
PORT-ROYAL DES CHAMPS. . . . .　VII　134
— Refuse de se soumettre, sans explication,
à la bulle *Vineam Domini Sabaoth;* est
privé des sacrements. . . . .　VII　140
— Aveu du Roi de la sainteté de cette maison, et son regret inutile de sa persécution, parlant à Maréchal, son premier chirurgien. (*Voir* MARÉCHAL.). . .　III　414
— Innocent à Rome, criminel à Versailles,
est militairement et radicalement détruit de fond en comble; l'État et la
maison royale n'ont pas porté santé
depuis. . . . .　VII　142
— Persécution du jansénisme prétendu, con-
fondu avec le véritable. Antérieure
dissipation des saints et savants solitaires de Port-Royal. . . . .　XII　104

PORTSMOUTH (Duchesse de). Quelle. Obtient
8,000 livres d'augmentation de pen-
sion.......................... XIV 404
PORTUGAL. Se joint enfin aux alliés....... III 457
— Après avoir perdu sa fameuse reine. ... II 215
— Mort de l'infante, sa fille.......... IV 63
— Mort du roi don Pèdre........... V 116
— Le nouveau roi don Jean, son fils, épouse
une sœur de l'Empereur........... VI 42
— Un des princes, ses frères, mal content
de lui, passe à Paris, va servir en Hon-
grie...................... XIII 55
— Naissance d'un fils du roi de Portugal.
Fêtes et magnificences de son ambas-
sadeur à Paris............... XIV 98
— Le même frère du roi de Portugal de re-
tour incognito à Paris.......... XVI 106
Il retourne bientôt à Vienne...... XVI 190
Position des armées du Roi et des alliés en
Flandres, en 1693............. I 82
POUANGE (SAINT-). Quel. Son état; sa famille.
Achète la charge de Chamillart de
grand trésorier de l'ordre du Saint-
Esprit, dont il étoit intendant..... II 419
— Marie son fils à la fille unique héritière
de Sourdis................. III 246
— Sa mort.................... V 47
Pour (Le). Ce que c'est et à qui accordé. Les
ambassadeurs le prétendent inutile-
ment sous le feu Roi.......... II 108
— L'obtiennent très-facilement du Régent.
Pourrissoir (Le). Ce que c'est à l'Escurial, et
son usage.................. XVII 434
PRADE (Comtesse de), fille du maréchal de Vil-
leroy. Morte à Lisbonne. Extraction et
fortune des Prades en Portugal.... X 68
PRASLIN (M. de). Tellement signalé en la journée

Praslin.   Tomes. Pages.

de Crémone qu'il fut fait lieutenant général trois semaines après avoir été
fait maréchal de camp.   III   238

— Fort distingué au combat de Cassan et
mort des blessures qu'il y reçut. . . .   IV   295

Précautions. Troupes approchées de Paris. XVII   116

Prédiction sur l'archevêché de Cambray
fort singulière.   XII   412

Premiers gentilshommes de la chambre
du Roi. Leurs diverses disputes. . . .   XIV   191

Présents du Roi aux Espagnols à l'échange
des princesses, pitoyables.   XVIII   241

Présidents à mortier au parlement de Paris.
Leur orgueilleuse lenteur à changer
d'habit à la buvette entre les deux
séances des renonciations, et à revenir
en place, où les fils de France, princes
du sang et autres pairs étoient et attendoient. Nul du sang ni des autres
pairs ne se leva, ni ne branla de sa
place pour les présidents.   IX   462

— Origine de la présidence et de sa prétention de représenter le Roi. Sa séance
en tout temps à la gauche de celle des
pairs.   X   399

— Ils usurpent nettement la préséance sur
les princes du sang et sur les autres
pairs, à la sortie de la séance des bas
siéges.   X   412

— Aux lits de justice les pairs et les officiers
de la couronne seuls siéent aux hauts
siéges, y opinent assis et couverts; le
chancelier de France sied en bas de
niveau aux bas siéges, y parle assis et
couvert, mais il ne parle au Roi que
découvert et à genoux; les présidents
et tous autres magistrats siéent aux

Présidents.   Tomes. Pages.

bas siéges et ne parlent et n'opinent
que découverts et à genoux. Raisons
de ces choses. Les présidents usurpent,
par degrés, d'opiner enfin entre la
reine Anne d'Autriche régente et le roi
Louis XIV son fils. Sont enfin remis à
opiner après le dernier des officiers
de la couronne, comme ils avoient
toujours fait avant leurs usurpations,
par jugement très-solennel et contradictoire de Louis XIV, en 1669, qui a
toujours subsisté depuis en exécution
entière.   X   414

— Efforts et dépit des présidents en 1664 et
depuis.   X   417

— Princes du sang et autres pairs cessent
de suivre les présidents, sortant de
séance aux bas siéges, qui avoient
usurpé cette préséance.   X   426

— Orgueil des présidents à l'égard des
princes du sang. Nouvelle usurpation
d'huissiers, très-indécente.   X   428

— Présidents, par ruse et innovation, excluent les princes du sang et autres
pairs de la tournelle. Conseiller usurpe
de couper la séance des pairs, sans toutefois opiner ni marcher parmi eux. .   X   430

— Nouvelle usurpation manquée. Pairs ont
partout au Parlement la droite nettement sur les présidents.   X   431

— Usurpation, aussi singulière qu'étrange
et indécente, du rembourrage et dé-
bourrage des places les plus proches
du coin du Roi, qui tombe sur les fils
de France et sur les princes du sang
comme sur les autres pairs.   X   434

— Autre nouvelle usurpation, non moins

Présidents.   Tomes. Pages.

étrange, d'un couvercle en dais que les
présidents se font tendre sur eux aux
bas siéges, sous prétexte du vent et du
froid. Saluts.   X   436
— Les présidents ne représentent point le
Roi au Parlement plus que le Parlement ensemble, qui use de l'autorité
qu'il lui a confiée pour juger en son
nom les matières contentieuses entre
ses sujets, et qui d'ailleurs n'a pas la
moindre représentation royale ; les
pairs y ont la droite sur eux, et tout
ce qui témoigne la préférence du côté,
tant aux hauts siéges qu'aux bas siéges. Comparaison du chancelier, qui
se découvre au conseil pour prendre
l'avis des ducs, avec le premier prési-
dent.   XI   51
PRIE (Marquis de). Quel. Va ambassadeur à Tu-
rin. Épouse, avant partir, la funeste
fille de Plénœuf.   X   104
— Revient de Turin. Reçoit des grâces. . .   XVI   207
— Sa soubisesque infamie.   XIX   53
PRIÉ, piémontois médiocre. Sa fortune ; son
caractère plénipotentiaire ; puis am-
bassadeur de l'Empereur à Rome. . .   VI   231
— Force le Pape, fort malmené par les
troupes impériales et sans aucune es-
pérance de secours, de le recevoir à
Rome comme il lui plaît et de lui ac-
corder tout ce qui lui plaît. . . . . .   VI 177 et 231
— Est à la fin gouverneur général des Pays-
Bas pour l'Empereur.   XIII   71
PRIEGO (M. de). (*Voir* aux GRANDS D'ESPAGNE.)
Son adresse à obtenir la grandesse.
Son caractère.   XVIII   102
Prières de quarante heures à la cour et à

Prières.   Tomes.   Pages.

Paris dans les étés de 1708 et 1709. . .   VII   1

P r i m a t i e de Lyon fort légère. Préséance ni
croix de l'archevêque de Lyon souf-
fertes nulle part. Saint-Georges, archevêque de Lyon, perd contradictoirement sa jurisdiction d'appel sur la Normandie, devant le Roi, contre Colbert,
archevêque de Rouen. Mais le crédit
des Villeroys fait donner la préséance
aux deux Villeroys, archevêques de
Lyon, sur les archevêques plus anciens
qu'eux, en leur réception en l'ordre du
Saint-Esprit.   III   277

P r i n c e s é t r a n g e r s ou qui en ont le prétendu
rang. Abus resté de la ligue en France,
inconnu en tout autre pays de l'Europe. Quels à l'égard de la mort de
Monseigneur.   VIII   408

P r i n c e s d'I t a l i e. Leur crainte publique
de l'Empereur.   XIV   183

— Frayeur de toute l'Italie.   XIV   144

P r i n c e s et P r i n c e s s e s d u s a n g priés, de
la bouche du Roi, de se trouver à l'enregistrement et à l'exécution de sa déclaration portant règlement du rang
intermédiaire donné au duc du Maine
et au comte de Toulouse.   I   166

— Différence des domestiques principaux
des princes et princesses du sang
d'avec ceux des petits-fils et petites-
filles de France. Avantages nouveaux
de ceux des bâtards et bâtardes du Roi
sur ceux des princes et princesses du
sang, même des princes du sang maris
ou fils de ses bâtardes.   I   349

— Époque que les ducs et duchesses ne
sont plus à la chapelle du Roi et aux

Princes et Princesses du sang.   Tomes.   Pages.

églises précisément sur la même ligne
que les princes et princesses du sang.   V   323

— Époque de visiter les princes et les princesses du sang en manteau long et en
mante pour les grands deuils, récipro-
que de famille.   V   366

— Époque de ce que les princes et princesses du sang ne se donnent plus la
main chez eux les uns aux autres que
par aînesse. Raison de cela. . . . . .

— Eau bénite du dernier Monsieur le Prince
est l'époque de l'entrée des domestiques principaux des princes du sang
dans les carrosses du Roi.   VI   342

— Suites de cette usurpation. Autre nouveauté : le Roi ni les fils et filles de
France ne visitent plus les princesses
du sang aux occasions de mort, etc.,
que dans le château où Sa Majesté demeure.   VI   346

— Disgression sur les noms singuliers de
distinction des princes et princesses
du sang, Monsieur le Prince, Monsieur
le Duc, Monsieur le Comte, Madame la
Princesse, Madame la Duchesse, Madame la Comtesse, leurs épouses ; leur
origine, leur progrès, etc.   VI   348

— Monsieur le Duc. Succession dernière du
comté de Soissons. Comte de Toulouse. Extinction du nom tout court
de Monsieur le Prince. Chimère avortée
d'arrière-petits-fils de France, de l'i-
magination de M™ la duchesse d'Or-
léans pour ses enfants.   VI   350

— Extinction depuis du nom tout court de
Monsieur le Duc. Enfants d'Henri II.
Monsieur. Filles de France de tout

Princes et Princesses de sang.   Tomes. Pages.

temps. Madame tout court et pourquoi. Mademoiselle . . . . VI 353

— Brevet obtenu de Louis XV par Mlle de Charolois, et sans exemple, pour être appelée Mademoiselle tout court. Monseigneur. . . . . VI 357

— Adroit et insensible établissement, tout nouveau, de dire Monseigneur aux princes du sang, et aux bâtards par conséquent, en leur parlant, puis de ne plus leur parler autrement. Le duc de Vendôme introduisit enfin, pour soi, le même abus dans les armées qu'il commanda, et jusqu'au maréchal de Montrevel usurpa ce même usage, pour lui, dans son commandement de Guyenne. VI 361

— Présent du Roi ordinaire aux princes et princesses du sang qui se marient. . X 61

— Il n'en fait pas toujours le festin. Il n'y eut aucun repas chez lui, ni où il se trouvât, pour la noce de M. le prince de Conti, avec la fille aînée de Monsieur le Prince, qui le fit chez lui dans son appartement à Versailles. . . . . X 61

— Époque du traversement du parquet à la grand'chambre par les princes du sang. . . . . X 112

— Nouveauté de leur passage par le petit degré du Roi pour monter aux hauts siéges, dont l'époque est de 1715 au premier lit de justice de Louis XV. . . X 440

— Princes du sang précèdent partout tous souverains non rois. . . . . II 258

— Mme la duchesse d'Orléans appelle Madame la Duchesse ma sœur. Madame la Duchesse évitoit familièrement de la qualifier en lui parlant. Le Roi lui

Princes et Princesses du sang.   Tomes. Pages.

ordonne de lui dire toujours Madame.
Picotteries là-dessus, mais exécution
constante....................   I   198

— Princesses du sang quittent les housses
d'impériale de leurs carrosses et de
leurs chaises à porteurs; époque et
cause de cela. Peu après, les princes et
les princesses du sang quittent le
manteau ducal à leurs armes et leur
couronne de prince du sang, et pren-
nent celle de fils de France.   V   187

— Époque des princesses du sang d'aller à
Paris à deux carrosses, par émulation
du nom de Guise, peu après le mariage
de Mme de Guise, qui alloit dans Paris
à deux carrosses comme petite-fille de
France. . . . .

— Époque des princesses du sang d'aller à
six chevaux dans Paris, sans en sortir,
lors de leur procès et de leurs sollici-
tations pour la succession du dernier
Monsieur le Prince; ces deux usages,
leur est demeuré depuis, comme par
habitude devenue nouvelle distinction.

— Places des princesses du sang aux cercles
et autres lieux rangés.   II   168

— Princesses du sang très-rarement appelées au grand couvert, et sans
conséquence.   V   334

— Orgueil extrême de Mme la duchesse
d'Orléans, qui prétend que ses filles
précèdent les femmes des princes du
sang. Mesures sur cette dispute, et sa
véritable cause. (*Voir* les pièces [1].) . .   VII   290

— Jugement de Louis XIV en faveur des

1. Voyez tome I, page 420, note 1.

Princes et Princesses du sang.   Tomes. Pages.

femmes des princes du sang. . . . . . VII 295

— Il déclare son jugement aux parties,
puis au conseil, et ne le rend public que
quelques jours après, sans le revêtir
d'aucunes formes. . . . . VII 299

— Désespoir et opiniâtreté de Mme la duchesse d'Orléans. . . . . VII 302

— Éclat des princes du sang sur la qualité
de prince du sang prise avec eux par
le duc du Maine, dans leur procès sur
la succession de Monsieur le Prince. . XII 264

— Ils s'opposent au rang et honneurs de
prince du sang et à l'habileté de succéder à la couronne donnée par
Louis XIV à ses bâtards et à leur postérité masculine. . . . . XIII 117

— Le Régent défend également aux princes
du sang et aux bâtards d'assister à la
réception au Parlement du duc de Valentinois et, par la même raison, à celle
du duc de Villars Brancas. . . . XIII 121 et 130

— Grande aigreur entre les princes du
sang et les bâtards sur les mémoires
publiés de part et d'autre. . . . . . . XIII 200

— Princes du sang pressent vivement leur
jugement, que les bâtards tâchent de
différer par toutes sortes de voies. . . XIII 289

— Six conseillers d'État nommés commissaires, et Saint-Contest, l'un d'eux,
rapporteur à ce bureau, puis avec les
commissaires en instruire(sic) le Régent
seul, ensuite entrer tous six en un
conseil de régence extraordinairement
formé pour juger, et temps court fixé
aux parties pour remettre leurs pièces
et leurs papiers au rapporteur. . . . . XIII 413

— Formation d'un conseil de régence extra-

Princes et Princesses du sang.   Tomes.   Pages.

ordinaire pour juger cette affaire, les
pairs étant parties pour revendiquer
leur rang sur les bâtards.   XIII   422

— Arrêt en forme d'édit, rendu en ce conseil
extraordinaire de régence, enregistré
au Parlement, qui prononce sur l'affaire
des princes du sang et des bâtards, et
adouci par le Régent en faveur des
derniers; et aussitôt après adouci
encore de sa seule autorité contre la
teneur de l'édit, dont le duc et la
duchesse du Maine ne demeurent pas
moins enragés contre le Régent. Scan-
dale du monde.   XIII   423

— Malgré la décision et le règlement du
feu Roi entre les femmes des princes
du sang et les filles de Mᵐᵉ la duchesse
d'Orléans, elle entreprend de faire
signer à ses filles le contrat de mariage
de Chalmazel avec sa première femme,
sœur du maréchal d'Harcourt, avant
les femmes des princes du sang. Elle
est de nouveau condamnée par M. le
duc d'Orléans, régent, qui confirme le
jugement et le règlement du feu Roi
en faveur des femmes des princes du
sang.   XIV   117

— Origine du débordement des finances
du Roi sur les princes et les princesses
du sang.   XIV   405

— Officiers des princes du sang. Leur date.
Usurpations. Richesses. . . . .

PRIOR. Quel. Sa disgrâce en Angleterre. Sa
conduite. Sa mort. XVII   288

Prises en mer.   IV   323

— Considérables sur les Anglois.   V   128

Prison de François Iᵉʳ. Sa structure et sa

Prison de François Ier.   Tomes. Pages.

rigueur dans le palais de Madrid. . . XVIII   337

Prisons. Ouvertes, par le Régent, à ce qui
    n'est pas crime. Horreurs qui se trou-
    vent.   XII   220 ·

Prisonniers vigoureusement échappés de
    Pierre-Encise.   IV   272

Prix taxé des régiments d'infanterie.   X   337

Procédures et leurs suites, sur la découverte
    de la conspiration tramée en Franche-
    Comté, par les papiers de la cassette
    de Mercy, lors de sa défaite par le comte
    du Bourg, depuis maréchal de France.   VII   92

Procession de sainte Geneviève à Paris. . .   VI   408

Projet des Impériaux sur la Franche-Comté;
    conspiration en leur faveur; tout dé-
    couvert par la défaite et la prise des
    papiers de Mercy par du Bourg. . . .   VII   87

Promenades nocturnes au Cours à la mode.   X   244

Promotions d'officiers généraux. Promo-
    tions funestement introduites.   IV   411

— Confusion militaire.   XIV   362

— Autre d'officiers généraux.   XVI   206

— De cardinaux. Leur discussion.   XVI   369

Prononciation. Différence de notre pro-
    nonciation du latin de celle de toutes
    les autres nations.   XVIII   344

PROVANE, envoyé du roi de Sicile à Paris.
    Concert entre Cellamare et lui, etc. . . XIV   446

— Il traite d'impostures les dangereuses
    propositions pour la France faites à
    l'Empereur par le roi de Sicile. Proteste
    contre l'abandon de la Sicile, et me-
    nace la France dans Paris.   XV   67

— Il est de plus en plus alarmé.   XV   217

— Son embarras et celui de Cellamare.
    Bruits, jugements, raisonnements
    vagues, instances et menées inutiles.   XV   228

Tomes. Pages.

Provinces Unies. Leur frayeur de l'Empereur. Leurs vues. Leurs adresses. . . XIII   64

— Leur attention pour l'Espagne dans les traités à faire avec la France et l'Angleterre. XIII   162

— Leur sentiment sur l'arrêt de la personne du baron de Gœrtz. Leur situation. . XIII   322

Prusse. Le roi de Prusse à Clèves. XIII   75

— Ses vues. XIII   80

— Sa chétive conduite ; il attire chez lui des ouvriers françois. XIII   157

— Se lie aux ennemis du roi d'Angleterre. XIII   321

— Ses plaintes et ses dépits contre le roi d'Angleterre. XIV   43

— Est tenté, puis détourné, de venir en France. Ses vues ; sa conduite. XIV   59

— Liaison entre le Czar et lui ; union et traité entre eux. XIV   60

— Plaintes et cris du roi de Prusse. XIV   77

— Il est soupçonné à Vienne et à Londres. Son caractère et sa conduite. XIV   130

— Ses artifices auprès du Régent, pour la paix du Nord. XIV   163

— Ses soupçons à l'égard de la France ; il lui cache les propositions de Gœrtz, ministre de Suède ; hasard à Paris qui les découvre. XIV   164

— Réconcilié avec le roi d'Angleterre, il cherche à le tromper sur la paix du Nord. Il se plaint de la France, qui le contente. XIV   179

— Ses projets à l'égard de la Suède ; offres à cette couronne. Conduite du roi de Prusse et du Czar, auxquels la conduite de Gœrtz est suspecte. Chimères du roi de Prusse. Ses avis au Régent. XIV   229

— Ses mouvements à divers égards. Son

Prusse.   Tomes.   Pages.

caractère. Ses embarras. XIV   268

— Est méprisé du roi d'Angleterre. XIV   414

PUSSORT, oncle de Colbert, doyen du conseil,
conseiller au conseil royal des finances.
Quel. Sa mort. I   395

PUYSÉGUR. Va en Espagne. Son caractère; son
état; ses précédents emplois. IV   27

— Motifs qui le font envoyer en Espagne avec
le duc de Berwick. IV   79

— Revient à Versailles. Est envoyé en
Flandres. V   10

— Éclat entre le duc de Vendôme et lui.
Il achève de perdre totalement Vendôme auprès du Roi. VI   367

PUYSIEUX. Sa famille. Va ambassadeur en Suisse.
Son adresse le fait chevalier de
l'ordre. IV   191

— Puis conseiller d'État d'épée. V   130

— Revient tout à fait de Suisse. V   425

— Sa mort; sa dépouille. Son caractère. . XVI   209

PUYSIEUX, fils de son frère, épouse la fille de
Souvré. XVIII   443

Dans la lettre P { Noms propres. . . 99
                    { Autres. 38
                            En tout 137

QUAILUS [1] I   395

— Mme de Quailus. Quelle. Perd son mari.
Est chassée. IV   197

— Devient dévote. IV   232

— Reçoit 6,000 livres d'augmentation de
pension, à condition de quitter le
P^r. de la Tour, général de l'Oratoire,
son confesseur. IV   232

— Rappelée à la cour, où elle est mieux que

1. Dans les *Mémoires*, Saint-Simon écrit ordinairement Caylus.

Quailus.   Tomes. Pages.

jamais et se moque de sa dévotion
  passée. (*Voir* t. VIII, p. 8.).   IV   233
— Est une manière de personnage à la
  cour.   V   125
— Abbé de Quailus, son beau-frère, est fait
  évêque d'Auxerre.   IV   116
— Son autre beau-frère se retire en
  Espagne, pour s'être battu dans Paris
  avec le fils aîné du comte d'Auvergne,
  qui en est aussi perdu.   I   395
  Absous et réhabilité pendant la ré-
  gence, commence une grande fortune
  en Espagne.   XII   397
  Obtient la Toison d'or. . . . .   XIII 245
  Arrive peu à peu à être capitaine gé-
  néral de province, puis d'armée,
  grand d'Espagne, vice-roi du Mexique[1]. XVIII 195
QUENOQUE (LA). Rendue à discrétion.   IX   375
QUESNE (Du). Brûle les magasins d'Aquilée. . . III   437
QUESNEL. Le célèbre P. Quesnel est arrêté en
  Flandres, et ses papiers pris; il s'é-
  chappe et se sauve en Hollande. . . .   III   419
— Sa mort à Amsterdam.   XVI   356
Quête. Affaire de la quête.   IV   42
— Raison de s'être étendu sur cette affaire.   IV   52
QUEUE (LA) et sa femme, bâtarde, non reconnue,
  du Roi et d'une jardinière. Leur ché-
  tive fortune.   IV   97
Queue. Mouvements étranges sur qui porte-
  roit la queue de la fille de M. le duc
  d'Orléans, à ses fiançailles avec M. le
  duc de Berry. Facilité encore plus
  étrange de M. le duc d'Orléans. . . .   VIII   24
Queues. Étranges aux obsèques de Monsieur
  et Madame la Dauphine à Saint-Denis.

1. Les *Mémoires* disent vice-roi du Pérou.

Tomes. Pages.

Quiros, ministre d'Espagne aux Pays-Bas. Sa
fortune. Sa défection. Sa mort. . . . . VI 233

Dans la lettre Q { Noms propres. . . 5
Autres. 4

En tout 9

Rablière (La). Quel. Sa mort. . . . . IV 164
Rabutin. Aventure qui lui fit quitter la France.
Sa grande fortune en Allemagne. . . . IV 268
Racine. Quel. Sa fortune. Sa funeste distraction.
Sa mort. . . . . II 193
Ravetot (Mme de). Quelle. Son caractère. Sa
mort. Sa famille, celle de son mari. . VIII 134
Ragotzi, prince. Quel. Sa famille. Arrêté par
ordre de l'empereur Léopold, et pri-
sonnier à Neustadt. ·. . . . . III 21
— Se sauve de prison par l'adresse et la
hardiesse de sa femme. (Voir t. IV,
p. 189.). . . . . IV 6
— Est élu prince de Transylvanie, et reçoit
des subsides de la France. . . . . . . IV 189
— Ses progrès en Hongrie. . . . . IV 268
— Est proclamé prince de Transylvanie. . V 302
— Perd tout par le contre-coup de la bataille d'Hochstedt et vient en France. IX 406
— Disgression sur sa manière d'être en
France et à la cour. Son extraction. Sa
famille. Sa fortune, celle de ses proches
et des comtes Serini et Tekeli. Son
traitement. Son caractère. . . . . . . IX 407
— Obtient du Roi une augmentation de
pension de 30,000 livres, et 40,000 livres de pensions à distribuer dans son
parti. . . . . X 185
— Sa vie pénitente au milieu du monde;
puis solitaire à la mort du Roi. . . . . XIV 82

Ragolsi.   Tomes. Pages.

— Demandé par la Porte pour l'employer, il
   passe, à contre-temps, par mer en Turquie. Ce qu'il devient jusqu'à sa mort. XIV 119
— Entreprise sur lui sans effet. Les Impériaux lui enlèvent des officiers à Ham-
   bourg. XIV 153
— Nouveau complot des Impériaux pour se
   débarrasser de lui, inutile. . . . . . . XIV 158
— Entreprise sur sa vie, inutile. Des François à lui arrêtés à Staden. . . . . . . XIV 161
— Grandement traité, mais peu considéré,
   en Turquie. . . . . XV 233
— Sa femme, Hesse-Rhinfels, après bien
   des courses, vient en France et y
   meurt. . . . . XVIII 440
RAMILLIES (bataille de). . . . . IV 424
RANCÉ. Création personnelle d'un second lieutenant général des galères pour le
   chevalier de Rancé, frère du célèbre
   abbé de la Trappe, qui y [est] mort dès
   ·1700, fort en sa considération. . . . . XVI 90
Rang de petite-fille de France fait et établi
   pour Mademoiselle, fille unique du
   premier mariage de Gaston, frère de
   Louis XIII, et de l'héritière de la bran-
   che royale de Montpensier, qui est de-
   meuré établi à toujours. . . . . I 42
— Intermédiaire inventé pour les bâtards
   de Louis XIV. (*Voir* MONACO, t. I, p. 291;
   GRANDS D'ESPAGNE, t. IV, p. 155; MAINE,
   t. VII, p. 309.). . . . . I 164
Rang de prince étranger. Son époque. . . . . VIII 72
Rapé des charges de l'ordre du Saint-Esprit.
   Ce que c'est. . . . . III 452
RASTADT (Paix de). . . . . X 134
Rature. (*Voir* BOUILLON LA TOUR.). . . . . . VIII 91
RAVIGNAN. Quel. Bat un convoi en Flandres. VII 79 et VIII 53

Ravignan.   Tomes. Pages.

— Sa situation personnelle dans Bouchain,
rendu la garnison prisonnière. Générosité des ennemis à son égard. . . .   IX   111

Razilly. Quel. Sa fortune.   VI   42

— Perd sa femme.   VI   42

— Sa mort.   IX   187

Rebours. Quel. Fait intendant des finances. .   II   234

Récapitulation. *Voir* Grandesses, t. IV,
p. 112 et 159; Parlement, t. X, p. 394;
Légistes, t. X, p. 456.

Reckem, comte, abbé, etc. Sa mort.   XVI   336

Récompenses d'avance.   VIII   37

— De la défense de Béthune..   VIII   48

Réflexions sur les cardinaux françois. . . .   II   347

— Sur les choix.   V   379

— Sur le rang de prince étranger.   VIII   73

— Sommaires sur les renonciations..   IX   451

— Sur les bâtards.   X   232

— Sur le périls de former des monstres de
grandeur.   XI   49

— Sur le bonnet.   XI   51

— Sur les vilains.   VIII   174

— Sur la chute de la princesse des Ursins.   XI   82

— Sur le Roi mourant qui songe à s'habiller.   XI   103

— Sur les abyssales horreurs du duc de
Noailles.   XI   421

— Sur le gouvernement (du Régent), et sur
celui à établir.   XI   241

— Sur le feu Roi.   XII   162

— Sur le pouvoir et sur le grand nombre
en matière de religion.   XII   230

— Sur les coadjutoreries régulières. . . .   XII   270

— Sur les rapés et les vétérans de l'ordre.   XII   421

— Sur le joug de Rome et du clergé. . . .   XIII   77

— Sur une belle leçon sur Rome pour les
bons et doctes serviteurs des rois. . .   XIII   162

Réflexions.   Tomes.   Pages.

— Sur le pouvoir que l'Espagne a laissé
usurper à son clergé et au Pape. . . . XIII   213

— Sur le cardinalat. XIII   236

— Sur les cardinaux françois. VIII   77

— Sur le très-dangereux poison du cardinalat. XV   293

— Sur les entreprises de Rome. XIII   205

— Sur Rome dont les prétentions scellent
pour jamais, hors de sa communion,
les souverains hérétiques ou schisma-
tiques avec tous leurs États. . . . . .

— Sur la délicatesse de Rome étrangement
erronée. XIV   247

— Sur son horrible délicatesse et le gentil
expédient de Clément XI sur la non-
résidence d'Alberoni en son évêché de
Malaga. XIV   280

— Sur le Régent et l'énorme insolence que
lui fait Alberoni. XIII   208

— Sur la requête de la prétendue noblesse
au Parlement. XIII   416

— Sur l'audace de la domination angloise
sur le Régent. XIV   226

— Sur la fortune des favoris. XIV   397

— Sur ce qui vient d'être rapporté des
affaires étrangères. XV   298

— Sur ce que les premiers ministres, et
ceux qui sont assez puissants pour en
exercer le pouvoir dans leurs départe-
ments, sont nécessairement toujours
funestes aux États qu'ils gouvernent. XV   327

— Sur Stairs et Sutton, successivement
ambassadeurs d'Angleterre en France. XVII   113

— Sur un curieux conseil de régence lors
de la sortie de Law hors du royaume. XVII   173

— Sur la fortune et la fin du cardinal de
Mailly. XVII   272

Réflexions.   Tomes. Pages.
— Sur les troubles de la paix du Nord. . . XVII 292
— Sur le mariage du Roi et la cabale opposée. XVII 305
— Sur la persévérante ambition du duc de
  Lauzun. XIX 189
Refonte et profit de la monnoie. . . . . VIII 157
Réformes de troupes. . . . . X 108 et 170
Refus illustre de l'ordre de la Hoguette,
  archevêque de Sens. III   14
Règlement sur le luxe dans les armées; pas
  exécuté. V   189
REGNIER, abbé. Quel. Sa mort. X   71
Reine douairière d'Espagne. . . . . XVII 336
— Son exil; son étrange logement; son
  triste état. Se ruine en présents et
  prostitue son rang, au passage à
  Bayonne des filles de M. le duc d'Orléans. . . . . XVIII 245
Première femme de Philippe V. Son anni-
  versaire. Est toujours adorée en Espa-
  gne. XVIII 334
Seconde femme de Philippe V. Esquisse de
  cette reine. . . . . XVII 350
— Sa jalousie d'être présente à toutes audiences que le roi donne aux ministres étrangers et aux siens et à tous
  ses sujets et aux étrangers. . . . . . . XVII 386
— Son manége. . . . . XVII 394
— N'aime point les jésuites. . . . . XVII 396
— Son goût et sa conduite. Hait les Espagnols et en est haïe, et l'un et l'autre
  ouvertement et publiquement. . . . XVIII 192
— Son plan en arrivant à Madrid et sa
  conduite. . . . . XVIII 196
— Son étrange et continuelle contrainte. XVIII 202
  (Voir t. XVIII, p. 197 : PHILIPPE V et
  leur vie journalière.)
— Est toujours à quelque travail que le roi

Réflexions.   Tomes. Pages.

fasse et à quelque audience qu'il donne. XVIII   205

— Difficulté, comme insurmontable, de la
    voir en particulier sans le roi, et de
    tout commerce d'affaires avec elle
    seule. XVIII   206

— Son éducation; ses sentiments pour sa
    famille, et pour son pays. XVIII   209

— Son caractère; sa vie; ses vues; son
    art; son manége; sa conduite; son
    pouvoir; son ambition; sa contrainte. XVIII   211

> *Nota.* Ces trois articles des trois reines d'Espagne
> sont mal à propos transposés ici, et par méprise
> coupés des mêmes articles qui suivent Philippe V au
> mot Espagne, où il les faut reporter.

REINEVILLE, lieutenant des gardes du corps.
    Disparoît.   II   184

— Est retrouvé.   IV   163

Remède, au Pérou, sûr pour la goutte et sans
    nul inconvénient. . . . .

REMIREMONT (Abbesse de). Obtient la pension
    de 12,000 livres qu'avoit Mme de Lisle-
    bonne, sa mère. XVII   39

RÉMOND. Quel. Son état; son caractère. XII 368 et XVI 207

RENAULT, lieutenant général des armées na-
    vales, fort distingué. Sa fortune; ses
    actions; son caractère; sa mort. IV 267 et XVI 296

RENAUT et FLOTTE. Quels. Arrêtés en Espagne. VII   28

— Conduits et resserrés au château de Sé-
    govie. VIII   110

— Mis en liberté.   XI   110

— Attachés à M. le duc d'Orléans, mis en
    liberté.   XI   110

RÉNEL (M. de). Épouse la sœur de Torcy. Sa
    mort. III   51

Renonciations. Avis célèbre au conseil
    d'État d'Espagne sur les renonciations
    de l'infante Marie-Thérèse, épouse de

Renonciations.   Tomes. Pages.

    Louis XIV.   II   374

Renonciations. Exigées lors de la paix d'U-
    trecht par les alliés en la meilleure et
    plus authentique forme et la plus sûre
    pour empêcher à jamais la réunion
    sur la même tête, de monarchies de
    France et d'Espagne. Mesures sur ces
    formes. *Voir* les pièces[1] et le tome IX. 337 et 451

RENTI (Marquis de), lieutenant général. Quel.
    Sa mort et celle de sa sœur, la maré-
    chale de Choiseul. . . . . VIII 46

Reprise de la campagne de Flandres. . . . . VII 94

REVEL. Quel. Se distingue fort à la journée de
    Crémone et en est fait chevalier de
    l'ordre. . . . . III 238

— Épouse une sœur du duc de Tresmes. Sa
    mort. . . . . V 344

REYNIE (La), conseiller d'État et lieutenant de
    police qui, le premier, a rendu cette
    place considérable. La quitte à Ar-
    genson. . . . . I 394

— Candidat pour la place de chancelier. . II 219, 221

— Dispute le décanat du conseil à le Tel-
    lier, archevêque de Reims, et le
    perd. . . . . IV 41

— Sa mort; sa fortune; son caractère et
    celui de son fils. . . . . VI 397

REYNOLD, lieutenant général, colonel du régi-
    ment des gardes suisses. Sa mort. . . . XIX 60

RHIN. Tranquille. . . . . VI 121

RHODES (M.). Mort de ce dernier mâle de l'an-
    cienne maison Pot. Son caractère. . . IV 445

RIBEIRE, conseiller d'État. Sa place donnée à
    la Bourdonnaye, son gendre. . . . . . IX 374

RIBEIRA (Comte de), ambassadeur de Portugal.

---

1. Voyez tome I, p. 420, note 1.

Ribeira.   Tomes. Pages.

    Fait une entrée magnifique à Paris. .   XI   389
[RICHEBOURG. *Voyez* RISBOURG.]
RICHELIEU (Duc de), père. Quel. (*Voir* t. I, p.155.)
— Perd sa seconde femme, qui étoit Acigné.   II   99
— Épouse une Rouillé, veuve du maréchal
    de Noailles.   III   247
— Se brouille avec elle et la quitte.   X   117
— Marient le fils et la fille uniques qu'ils
    avoient eus de leur précédent mariage.
    Mort de cette jeune duchesse, sans en-
    fants. . . . .   XIII 188
— Mort du duc de Richelieu.   XI   123
— Fils, mis à la Bastille à la prière de son
    père et y demeure quelque temps.   VIII   203
— Querelle et combat entre lui et le comte
    de Cacé. Procédures et jugement.
    Princes du sang. Bâtards; pairs; épées
    aux prisons.   XII   428
RICHELIEU (Duc de). Quel. Fort mêlé dans la
    conspiration du duc et de la duchesse
    du Maine.   XVI   231
— En est quitte pour un court séjour à la
    Bastille.   XVI   302
RICHELIEU (Marquis de). Quel. Explication de
    sa prétention de succéder à la dignité
    de duc et pair d'Aiguillon, rejetée par
    le Roi.   IV   202
RICŒUR, premier apothicaire du roi d'Espagne.
    Son caractère. . . . .   XVIII 148
Ricos-hombres. *Voir* ce que c'est.   III   88
    (et aux GRANDS D'ESPAGNE.)
RICOUSSE. Quel. Sa mort.   VII   60
RIEUX (Comte de). S'excuse au Régent de ses
    pratiques. Son caractère.   XIV   301
RIGOVILLE. Quel. Sa mort.   IV   163
RION. Quel. Aimé de Mme la duchesse de Berry,
    qui le fait lieutenant de ses gardes. .   XII   341

Bion.   Tomes. Pages.

— Son étrange conduite avec elle. XVI   233
— Il l'épouse secrètement, conduit par le
   duc de Lauzun, oncle de sa mère et de
   la femme de Biron. XVI   239
— Veut lui faire déclarer ce mariage. Est
   subitement envoyé servir dans l'armée
   du maréchal de Berwick, en Navarre. XVI   260
— Son désespoir de la mort de Mme la duchesse de Berry; il s'en console. . . . XVI   290
— Revient à Paris et tombe dans l'obscurité pour toujours. XVII   60
RIPERDA, ambassadeur d'Hollande en Espagne.
   Son inquiétude. XIII   20
— Il découvre un changement dans le système d'Alberoni, et prévoit son dessein
   sur la Sicile. XIV   45
— Est soupçonné d'être vendu à Alberoni
   ou de vouloir s'attacher au service
   d'Espagne. XIV   149
— Son état et suite de sa vie. XIV   169
— Est tout à Alberoni. Il tient d'étranges
   propos à l'abbé del Marco, ambassa-
   deur de Sicile. XIV   249
— Riperda, vendu à Alberoni, lui promet
   l'union du roi de Sicile au roi d'Espagne. XIV   283
— Singulière aventure d'argent entre lui,
   Bubb et Alberoni. XIV   283
— Est en dispute avec Alberoni sur un
   présent du roi d'Angleterre. XIV   283
— Rappelé par ses maîtres, résolu depuis
   longtemps de revenir s'établir en Espagne. XIV   429
RISBOURG [1] (M. de). Quel. Obtient le régiment des
   gardes wallones, etc. XIII   135

1. Saint-Simon écrit tantôt *Risbourg*, tantôt *Richebourg*.

Risbourg.   Tomes. Pages.

(*Voir* aux GRANDS D'ESPAGNE, t. XVIII,
    p. 78.)

RIVAROLES. Quel. Sa mort.   IV   99
RIVAS. Sa triste situation à Madrid; ce qu'il y
    étoit; ce qu'il y fit pour le testament
    de Charles II. Sa disgrâce par la
    princesse des Ursins, etc. il s'appeloit
    Ubilla avant ce mince titre de marquis
    de Rivas. XVIII   190
ROBECQUE. Passe au service d'Espagne. Épouse
    à Madrid la fille du comte de Solre, qui
    est faite dame du palais.   X   75
— Obtient la Toison, la grandesse, le régi-
    ment des gardes wallones, et meurt
    presque aussitôt, sans enfants. XIII   135
— Son frère, au service de France, hérite
    de sa grandesse et obtient la Toison,
    quitte le nom de comte d'Esterres et
    prend celui de prince de Robecque. . XIII   135
— Épouse M^{ne} du Bellay.   XIX   87
ROBINET, jésuite, confesseur du roi d'Espagne.
    Sa générosité   X   153
— Est chassé. Le P. d'Aubanton lui succède
    après avoir été chassé lui-même de la
    même place. Leur très-différent ca-
    ractère.   XI   110
— Renvoi et éloge du P. Robinet, qui se
    retire particulier pour toujours aux
    jésuites à Strasbourg. XVII   73
ROCHE (La). Quel   II   479
— A l'estampille.   III   471
— Sa fortune; son caractère. XVII   318
ROCHEFORT. Comment devenu port.   IV   267
ROCHEFORT (Mme de). Quelle. Dame d'honneur
    de Mme la duchesse d'Orléans à son
    mariage   I   26
— Son fils fait menin de Monseigneur. . .   I   343

Rochefort (Mlle de). — Tomes. Pages.

— Sa mort sans alliance. . . . . III 52

ROCHEFOUCAULD (Duc de la). (*Voir* t. I, p. 78,
308 et 424.)

— Le Roi lui paye, par deux fois, ses dettes.

— Perd son frère l'abbé de Marsillac; caractère de cet abbé. . . . . II 39

— Obtient du Roi 42,000 livres d'augmentation de pension. . . . . II 198

— Fait, à la chasse, une rude et dangereuse chute. . . . . III 280

— Dispute sur le chapeau du Roi entre
lui et le duc de Tresmes. . . . . V 49

— Perd son oncle l'abbé de la Rochefoucauld. Caractère de cet abbé. . . . . . VI 183

— Fortune et caractère du duc de la Rochefoucauld. Il devient aveugle; sa singulière retraite. . . . . VI 377

— Sa libre générosité à l'égard du comte
de Portland, ambassadeur d'Angleterre en France. (*Voir* t. VIII, p. 300,
et 352.). . . . . II 22

— Perd sa sœur Mlle de la Rochefoucauld;
son caractère. . . . . IX 129

— Conduite des ducs de la Rochefoucauld
dans leur famille; mort de plusieurs
enfants. . . . . IX 399

— Leur jalousie, desirs, vains efforts pour
le rang de prince étranger. . . . . . . IX 402

— Duc de la Rochefoucauld obtient la distraction du duché vérifié de la Rocheguyon en faveur de son second petit-fils, qui, moyennant cette grâce
inouïe et inventée pour les bâtards du
Roi, devient duc de la Rocheguyon par
la démission de son père, au préjudice de son aîné, fort réclamant, qui
ne vouloit ni quitter ses bénéfices ni

Rochefoucauld (Duc de la).   Tomes. Pages.

prendre les ordres, ni renoncer à son
aînesse, quelques instances extrêmes
qu'il essuyât là-dessus, jusqu'à engager le Roi à lui parler, qui en fut fort
content quoiqu'il n'y gagnât rien. Enfin, avec un bref du Pape, il prend
l'épée en gardant ses bénéfices, va
servir en Hongrie et mourir à Bude
en 1717. (*Voir* t. X, p. 86.)   IX   403

— Duc de la Rochefoucauld obtient une
    gratification du Roi de 400,000 livres.   X   105

— Sa fortune; sa mort; son caractère. . .   X   118

— Sa hardie générosité, vieux levain de
    Liancourt. Son extrême respect pour
    le duc et la duchesse de Liancourt. .   X   126

ROCHEGUDE. Arrêté.   IV   54

ROCHEGUYON (Duc de la), fils aîné du duc de la
    Rochefoucauld et survivancier de ses
    deux charges. (*Voir* t. VIII, p. 395;
    t. X, p, 86 et 145.)

— Quel à l'égard de la mort de Monsei-
    gneur.   VIII   410

— Perd son fils aîné, abbé.   IX   330

— Obtient, à la mort de son père, une pen-
    sion du Roi de 12,000 livres.   X   128

— Quel à l'égard de M. le duc d'Orléans.   XI   223

— En reçoit un prodigieux et fort étrange
    présent.   XII   270

— Reçu au Parlement, un moment avant
    la séance du matin pour la régence;
    évite avec noblesse le piége que lui
    tendit l'audacieuse scélératesse du pre-
    mier président de Mesmes.   XII   199

— Marie son fils, enfin devenu aîné, avec
    Mlle de Toiras.   XI   150

— Obtient pour lui, de M. le duc d'Orléans,
    la survivance de la charge de grand

Rochegayon (Duc de la).   Tomes. Pages.

    maître de la garde-robe du Roi. . . .   XVI   95

— Reçoit, de M. le duc d'Orléans, un pré-
    sent de plus de 200,000 livres de pier-
    reries de la garde-robe soi-disant du
    feu Roi.   X   270

ROCHEPOT LA BERCHÈRE, gendre du chancelier
    Voysin, conseiller d'État et chancelier
    de M. le duc de Berry. Voysin a l'om-
    bre de cette charge inconnue, comme
    celle de Monsieur l'avoit toujours été,
    hors des maisons de Monsieur. Voysin
    obtint que sa fille entrât dans les car-
    rosses de Mme la duchesse de Bour-
    gogne, mangeât avec elle et allât à
    Marly. . . . . VIII 163

ROHAN. Curiosités sur cette ancienne maison
    et ses grandes alliances. Juveigneurs
    ou cadets de cette maison, bien déci-
    dés n'avoir rien que d'entièrement
    pareil et commun avec tous les autres
    juveigneurs ou cadets nobles de Bre-
    tagne.   II   61

— Vicomtes de Rohan décidés alterner avec
    les comtes de Laval de la maison de
    Montfort, jusqu'à ce [que] ces derniers
    eussent la propriété du lieu de Vitré,
    laquelle eût emporté toute préséance.
    Le parlement de Paris s'expliqua bien
    nettement qu'il assistoit par égards,
    non par rang, aux obsèques de l'ar-
    chevêque de Lyon, fils du maré-
    chal de Gyé. (*Voir* LA GARNACHE, t. II,
    p. 67.).   II   62

— Henri de Rohan, depuis chef des hugue-
    nots et des guerres civiles, fait duc et
    pair par Henri IV; épouse, deux ans
    après, la fille aînée du célèbre Max. de

Béthune, fait, deux ans après, duc et
pair de Sully. Il maria son autre fille
au marquis de Mirepoix. Le duc de
Rohan avoit un frère et trois sœurs.
Le frère fut Benjamin, sieur de Soubise, fait duc à brevet en 1626, fameux
et infatigable rebelle, qui mourut sans
alliance et fort obscur en Angleterre,
après avoir fait cueillir à Louis XIII
un de ses plus glorieux lauriers dans
les îles de la Rochelle, où, malgré l'art
et la nature, il le força et le chassa, en
sorte qu'il n'osa depuis se montrer en
France. Leurs trois sœurs : la seconde
épousa un cadet de la maison palatine des Deux-Ponts ; les deux autres
ne furent point mariées. Quoique leur
mère n'eût jamais été assise ni rien
prétendu, le duc de Sully obtint pour
elles, personnellement, un tabouret de
grâce.   II   69

— S. Aulais, cadet de la maison Chabot,
ancienne et illustre, épouse la fille
unique, héritière du duc de Rohan
et de la fille du duc de Sully, qui en
eut tous les biens et qui, par nouvelles lettres et rang nouveau, fut duc
de Rohan, et lui et sa descendance,
avec obligation d'en porter le nom et
les armes. Enfants de ce mariage. . .   II   69

— Louis, puis Hercule de Rohan, frères et
d'une autre branche que le gendre du
duc de Sully, faits l'un après l'autre
ducs et pairs de Montbazon. Famille
d'Hercule. Marquis de Luynes, depuis
connétable, épousa sa fille et obtint de
Louis XIII de la faire asseoir, une

seule fois, la veille de ses noces. Elle en eut un fils, dont viennent tous les Luynes, et se remaria au dernier fils du duc de Guise, tué à Blois, duc à brevet de Chevreuse, très-longtemps après fait pair, et c'est la célèbre duchesse de Chevreuse. M. de Luynes, son premier mari, fait duc et pair en l'épousant et chevalier de l'ordre, dernier décembre 1619, obtint dispense d'âge pour le prince de Guémené, frère de sa femme, et de le faire passer, dans cette promotion, le premier après les ducs, mais sans précéder les gentilshommes déjà reçus dans les promotions précédentes. De cette même promotion fut aussi Alex. de Rohan, marquis de Marigny, frère du duc de Montbazon, chevalier de l'ordre, et ce marquis de Marigny y passa le cinquante-cinquième parmi les gentilshommes, sans la moindre prétention. — II 71

— Art et degrés qui, à la longue, procurèrent le tabouret à la princesse de Guémené, belle-sœur de M⁰ᵉ de Chevreuse. Autres tabourets de grâce accordés en même temps, tous ôtés à la réquisition de la noblesse jointe aux ducs en 1649, puis diversement rendus. M. de Soubise et ses deux femmes; la première debout toute sa vie; la seconde s'assit par sa beauté, qui fait son mari prince, etc., et en étend la grâce. Mᵐᵉˢ de Guémené assises en 1678 et 1679, Mᵐᵉ de Montauban, qui l'escroque, à ce que disoit le Roi, en 1682. M. de Soubise et le comte d'Au-

Rohan.   Tomes. Pages.

vergne s'excluent de l'ordre en 1688.
Colère du Roi, et fausseté insigne sur
les registres de l'ordre.   II   81

— Mme de Soubise, toujours belle, obtient
un ordre du Roi qui fait donner les
distinctions nouvelles des princes
étrangers, en Sorbonne, à l'abbé son
fils, qui étoit sur les bancs, qui fut
depuis cardinal de Rohan, et obtint
que les fiançailles du prince de Montauban, avec une fille du duc de
Bouillon, se fissent dans le cabinet du
Roi. '.   II   88

— Mme de Soubise achète l'hôtel de Guise ;
l'abbé, son fils, aidé de l'autorité du
Roi, passe plus qu'adroitement cha-
noine de Strasbourg. Ses progrès. . .   II   306

– Obtient, de même, la coadjutorerie de ce
grand évêché.   II   314

· — Son beau sacre.   III   50

— Prince de Rohan, son frère, déjà survivancier du gouvernement de Champagne et Brie de son père, obtient,
sur sa démission, la charge de capitaine des gens d'armes de la garde.
Est le premier qui ait porté le nom de
sa maison avec celui de prince. Aucun
d'eux n'avoit porté le titre de prince
avant son père, que MM. de Guémené,
dont le premier fut Louis de Rohan,
père des deux premiers ducs de Montbazon, en faveur duquel la terre de
Montbazon fut érigée en comté et celle
de Guémené en principauté ou princerie, telle que plusieurs autres en
France, qui n'en ont que le nom sans
rang ni distinction aucune. Telle étoit

Rohan.   Tomes. Pages.

aussi et est encore celle de Guémené.   IV   36
— Ruse d'orgueil de M. de Soubise à la
     mort du maréchal duc de Duras, qui
     ne réussit pas.   IV   184
— Mme de Soubise obtient du Roi 150,000 li-
     vres de gratification et la nomination
     publique de l'abbé de Soubise au car-
     dinalat.   IV   442
— Le Roi entretient dans son cabinet le
     prince de Rohan sur la bataille de
     Ramillies.   V   53
— Procès intenté par le prince de Guémené
     au duc de Rohan, sur le nom et les
     armes de Rohan.   V   61
— Matière de ce procès.   V   62
— Cause ridicule de ce procès. Parti que le
     duc de Rohan devoit prendre.   V   65
— Excuses formelles du Roi, en plein cha-
     pitre, pour la promotion de l'ordre de
     la fin de l'année 1688, de l'omission des
     trois seuls ducs ayant l'âge. Raison de
     l'aversion du Roi pour le duc de
     Rohan. Raison secrète qui roidit le
     duc de Rohan à soutenir le procès
     contre le prince de Guémené.   V   68
— Éclat du procès. Conduite de Mme de
     Soubise, qui le fait évoquer devant le
     Roi.   V   71
— Conseil curieux où le procès est jugé. .   V   72
— Duc de Rohan le gagne entièrement, avec
     acclamation publique.   V   78
— Licence des plaintes des Rohans, qui les
     réduit aux désaveux et aux excuses à
     Mgr le duc de Bourgogne et au duc de
     Beauvillier. Le Roi sauve le prince de
     Guémené d'un hommage en personne
     au duc de Rohan, qui l'accorde au

Rohan.   Tomes. Pages.

     Roi, pour cette seule fois être rendu
     par procureur.   V   79
     (*Voir* t. V, p. 80, la branche du Gué
     de l'Isle ou du Poulduc de la maison
     de Rohan.)
— Persécution violente des Rohans au P.
     Lobineau, bénédictin, sur son histoire
     de Bretagne, qu'ils lui font mutiler
     par force.   V   83
— Caractère et industrie de Mme de Soubise.   V   217
— Sa fin et sa mort. . . . .   VI 249
— Entreprise de M. de Soubise rendue
     vaine. . . . .   VI 251
— Prince de Rohan, quel à l'égard de la
     mort de Monseigneur. . . . . VIII 407
— Son frère, évêque de Strasbourg, fait
     cardinal. . . . .   IX 316
     Reçoit des mains du Roi la calotte
     rouge et le bonnet. . . . .   IX 324
— Mort, conduite, fortune de M. de Soubise.
     Injure espagnole, qui ne se pardonne
     jamais en Espagne. . . . .   IX 331
     (*Voir* TALLART, t. IX, p. 446.)
— Cardinal de Rohan reçoit une auda-
     cieuse visite du P. Tellier. Caractère
     du cardinal de Rohan. Il doit tout au
     cardinal de Noailles.   X   27
— Privilége de la vie des cardinaux. Com-
     bat intérieur du cardinal de Rohan.
     Est entraîné par Tallart et par son
     frère au P. Tellier.   X   30
— Est étrangement fait grand aumônier de
     France à la mort du cardinal de Jan-
     son.   X   33
— Prince de Rohan marie son fils à la fille
     de la princesse d'Espinoy. . . . . . .   X 311
— Est fait duc et pair, avec le fils de la prin-

cesse d'Espinoy. Ambition du solide
que son père, sa mère, son frère et lui
n'avoient jamais cachée, mais le tenant enfin, il fit ériger sa terre de Fron-
tenay sous le nom de Rohan-Rohan, ré-
pétition de nom, jusqu'alors inconnue
en France, pour lui servir de prétexte
de continuer à porter le nom de prince
de Rohan afin d'éviter cacophonie avec
le Chabot, duc de Rohan. Cet élixir de
vanité n'avoit encore paru que dans ce
même prince de Guémené, dont on vient
de parler. Les quatre ducs de Montbazon, ses pères, avoient tous quitté
le nom de princes de Guémené pour
celui de ducs de Montbazon lorsqu'ils
l'étoient devenus. Le dernier de ceux-
là, fou et enfermé dans une abbaye
près de Liége, mort en 1699, n'avoit pu
faire la démission de son duché au
prince de Guémené, son fils. Ce fils
avoit près de 50 ans lorsqu'il le perdit;
il prétexta qu'il étoit trop vieux pour
se débaptiser et garda son nom de
prince de Guémené; le fils de ce dernier en a fait autant à sa mort, quoique tout jeune, et a pris le nom de
prince de Guémené, interdit et fou,
mais par la disposition du prince de
Rohan, son beau-père, qui, sous le prétexte expliqué ci-dessus, en a usé de
même. Ce sont les seuls ducs qui, jusqu'à présent, ont porté un autre titre,
excepté la nouveauté des ducs maréchaux de France, dont il a été parlé
dans l'article du maréchal de Duras,
qui en est la première époque au ma-

Rohan.   Tomes. Pages.

riage de son fils aîné.   X   323

— Prince de Rohan reçu au Parlement avec
    le duc de Melun, donne le même jour
    un superbe festin.   X   358˙

— Prince et cardinal de Rohan. Quels à l'é-
    gard de M. le duc d'Orléans.   XI   222

— Prince de Rohan chargé de l'échange
    des princesses, futures épouses du Roi
    et du prince des Asturies.   XVII   330

— Usurpation des Rohans à cet échange.   XVIII   237

— Ruses, artifices, manéges du prince de
    Rohan inutiles auprès du marquis de
    Santa-Cruz, chargé de l'échange par
    l'Espagne, qui le force à céder dans
    l'acte d'échange toutes ses chiméri-
    ques prétentions, dont j'ai la copie au-
    thentiquement légalisée en Espagne. XVIII   239

— Belle inconnue très-connue.   XII   88

— Prince de Rohan ne pardonne pas aux
    Villeroys la rupture du mariage de sa
    fille avec leurs fils, et la marie au duc
    de la Meilleraye.   XII   421

— Il reçoit, tout à la fois, de M. le duc d'Or-
    léans, un brevet de retenue de 400,000 li-
    vres sur sa charge de capitaine des
    gens d'armes de la garde, et les survi-
    vances de cette charge et de son gou-
    vernement de Champagne et de Brie,
    pour son fils, sans l'avoir demandé, et
    s'en rit.   XIII   274

— Indignités des Rohans.   XIX   49

— Cardinal de Rohan sacre l'abbé du Bois
    archevêque de Cambray. XVII   30

— Est étrangement et misérablement dupé
    par du Bois. XVII   221

— Son extrême sottise en partant de Rome,
    où il se fait moquer de lui.   XVIII   243

Rohan.   Tomes. Pages.

— Il a l'audace de hasarder l'Altesse dans
    ses certificats de profession de foi à
    MM. les duc de Chartres et comte de
    Charolois, les deux premiers cheva-
    liers de l'ordre faits depuis qu'il étoit
    grand aumônier, et qui le furent au
    sacre à Reims; le Régent fit sur-le-
    champ déchirer les certificats, obligea
    le cardinal d'en donner deux autres
    sans Altesse, lui défendit d'oser le pren-
    dre jamais ce titre (*sic*) dans pas un des
    certificats qu'il donneroit à l'avenir
    aux chevaliers de l'ordre, fit écrire
    cette défense sur les registres de l'or-
    dre, ce qui a été observé toujours de-
    puis. XIX   75

ROMAINS (Roi des). Son mariage. Pourquoi on
    diffère d'en donner part au Roi.   II   196

ROME. Hardiesse inutile de cette cour à l'égard
    des bulles de Beauvais pour le frère
    du duc de Beauvillier.   X   13

— Fortes brouilleries entre les cours de
    Rome et de Madrid.   XII   383

— Étranges pensées, prises à Rome, sur la
    triple alliance. XIII   305

— Sa délicatesse étrangement erronée. . . XIV   274

— Son horrible délicatesse. XIV   280

— Sa consternation, ses soumises et basses
    résolutions à l'égard de l'Empereur. .   XIV   433

— Démêlé entre les cours de Rome et de
    Turin sur le tribunal dit *la Monarchia*
    en Sicile. XII   447

— Fermeté suivie des cours de Lisbonne et
    de Turin force Rome à tout ce qui leur
    plaît. . . . .

RONGÈRE (La), chevalier de l'ordre et chevalier
    d'honneur de Madame. Sa mort. . . .   IV   36

	Tomes.	Pages.
RONQUILLO. Quel.	IV	240
— Gouverneur du conseil de Castille.	IV	327
— Exilé avec d'autres.	X	169
ROQUELAURE, duc à brevet. Insulté chez le grand écuyer à Versailles publiquement par le duc de Vendôme et le grand prieur, son frère.	I	229
— Battu et culbuté dans les lignes en Flandres en 1705. N'a pas servi depuis.	IV	288
— Tâche de se justifier auprès du Roi.	IV	329
— Sa femme le fait envoyer commander en chef en Languedoc.	IV	393
ROSE (Mlle), béate extraordinaire.	II	440
ROSE, secrétaire du cabinet du Roi ayant la plume. Quel.	II	422
— Lui et Monsieur le Prince.	II	423
— Lui et M. de Duras.	II	425
— Lui et les Portails.	II	426
ROSEL (chevalier du). Jolie action de lui.	V	14
— Lieutenant général fort distingué et fort estimé. Sa mort.	XIII	40
ROSEN. Son extraction ; sa fortune ; son caractère. Fait maréchal de France avec neuf autres.	III	380
— Sa sage retraite ; sa belle fin ; sa mort ; sa belle-fille.	XI	158
ROSSIGNOL. Quel. Sa mort.	IV	317
ROTHELIN. Quel. Sa mort.		
— Chevalier, son frère, fort blessé, volontaire dans Aire assiégé.	VIII	53
— [Un autre frère] épouse Mlle de Claire.	XIII	99
ROTTEMBOURG. Quel. Sa mort.	XIII	41
ROUCY (Comte et comtesse de). Dame du palais de Mme la duchesse de Bourgogne.	I	346
ROUCY-Roye la Rochefoucauld.	I	402
ROUCY, lieutenant général. Exclu de service depuis la bataille d'Hochstedt, admis		

Roucy.   Tomes. Pages.

enfin à suivre volontaire en Flandres
    Monseigneur, qui n'y alla point.   VI   300
— Quel à l'égard de la mort de Monsei-
    gneur.   VIII   410
— Caractère du mari et de la femme. . . .   XII   352
— Mort de la comtesse de Roucy.   XIII   192
— Grâces pécuniaires faites au comte de
    Roucy.   XIV   301
— Mort du comte de Roucy. XVII   414
ROUEN : *voir* Archevêque.   III   444
ROUILLÉ. Sa fortune. Quel. Conseiller d'État,
    directeur des finances.   III   53
— Maître du conseil des finances sous le
    duc de Noailles.   XII   271
— Quitte les finances avec une pension de
    12,000 livres.   XIV   325
— Son frère, président en la chambre des
    comptes. Quel. De retour de son am-
    bassade de Portugal.   IV   27
— Va secrètement en Hollande. Son carac-
    tère et ses emplois.   VI   301
    (*Voir* aux pièces [1] toute sa négociation
    à Bodegrave ; de Torcy avec lui à la
    Haye ; d'Huxelles, abbé de Polignac et
    Mesnager à Gertruydemberg : des mê-
    mes à Utrecht ; et toute la négocia-
    tion d'Angleterre, tant secrète qu'à
    la fin publique, qui amena forcé-
    ment les alliés à la paix d'Utrecht, co-
    piés (*sic*) sur les mémoires originaux
    de M. de Torcy communiqués et prê-
    tés par lui à M. le duc de Saint-Simon.)
— Rouillé de retour d'Hollande.   VI   415
— Sa mort ; son caractère ; sa famille. . .   IX   315
ROURE (Marquise du). Aimée de Monseigneur,

1. Voyez tome I, page 420, note 1.

Roure (Marquise du).   Tomes. Pages.

    et fille du duc de la Force; chassée
    en Normandie.   I   180

ROURE (Comte du). Obtient pour son fils, mari
    de la précédente, la survivance de son
    gouvernement du Pont Saint-Esprit, en
    vendant à la Fare sa lieutenance gé-
    nérale de Languedoc. XVI   95

— Curiosité sur la femme de ce comte
    du Roure, tante du cardinal de Poli-
    gnac. XVII   70

ROYE (Comte et comtesse). Aventure étrange
    qui les fait passer de Danemark en
    Angleterre.   I   403

— M. de Roye, leur fils, lieutenant général
    des galères. III   431

— Épouse la fille de du Casse. IV   34

— Comte de Roye épouse la fille d'Huguet,
    conseiller au Parlement.   X   312

— Sa mort. XI   85

RUBANTEL. Quel. Sa disgrâce; la porte digne-
    ment.   I   386

— Sa mort IV   253

RUBI, chef de la révolte des Catalans. Quel et
    ce qu'il est devenu. XI   148

RUE (LA), jésuite, confesseur de Mᵐᵉ la duchesse
    de Bourgogne au lieu du jésuite le
    Comte, renvoyé. II   336

— Gêne étrange de la confession dans la
    famille royale. IV   258

— Conduite du P. de la Rue lorsque Ma-
    dame la Dauphine, à sa mort, voulut
    un autre confesseur. IX   193

— Embarras du P. de la Rue, qui surprend
    le Roi étrangement du changement
    de confesseur. IX   231

—. Est nommé par le Roi confesseur de
    M. le duc de Berry, et le P. Martineau,

Rue (La). Tomes. Pages.

qui l'étoit de Monseigneur le Dauphin,
retenu pour l'être du jeune Dauphin.　IX　299

— P. de la Rue fait l'oraison funèbre de
Madame la Dauphine, au service fait
pour elle à la Sainte-Chapelle à Paris.　IX　304

Ruffec. Sa couverture, etc. . . . . XVIII　78

Ruffé. Quel. Sous-gouverneur du Roi. Étrange
licence en France. Sa dépouille. . . . XIX　59

Rupelmonde. Épouse une fille d'Alègre. Audace
et caractère de sa femme. Extraction
de Rupelmonde. . . . . IV　234

— Il est tué devant Brihuega. . . . . VIII　201

Ryswick (Paix de). . . . . I　462

Dans la lettre R ｛ Noms propres. . . 72
　　　　　　　　　 Autres. 15
　　　　　　　　　　　———
　　　　　　　　En tout. . . 187

Sablé. Quel. Sa mort. . . . . VIII　45

Sabran (Mᵐᵉ de). Quelle. Son bon mot au Régent. . . . . XIV · 353

Saccade du Vicaire. Coutume fort étrange
sur les mariages en Espagne. Ce que
c'est. . . . . II　490

Sachewerell, docteur fameux en Angleterre,
qui y causa bien du bruit. Sa mort. . XVII　209

Sacre du Roi Louis XV à Reims. Préparatifs
du voyage. . . . . XIX　61

— Désordre des séances et des cérémonies
du sacre. Étranges nouveautés partout. . . . . XIX　64

— Bâtards s'abstiennent du voyage de
Reims. . . . . XIX　64
(Voir ducs, t. XIX, p. 62, qui s'en abs-
tiennent aussi.)

— Cardinaux, conseillers d'État, maîtres
des requêtes. Secrétaires du Roi. . . XIX　65

Sacre du Roi.   Tomes. Pages.

— Maréchal d'Estrées, non encore duc et
    pair.   XIX   66
— Secrétaires d'État.   XIX   66
— Mépris outrageux de toute la noblesse,
    seigneurs et autres.   XIX   67
— Mensonge et friponnerie qui fait porter
    la première offrande par le maréchal
    de Tallart, duc vérifié, non pair. . . .   XIX   67
— Barons otages de la sainte ampoule. . .   XIX   68
— Peuple nécessairement dans la nef de
    l'église de Reims, dès le premier in-
    stant du sacre.   XIX   69
— Trois évêques, non pairs suffragants de
    Reims, assis à la table des pairs ec-
    clésiastiques vis-à-vis les trois comtes
    pairs.   XIX   72
— Table des ambassadeurs et du grand
    chambellan placées (*sic*) au-dessous de
    celle des pairs laïcs ; lourdise qui les
    fait placer dans la même pièce que
    celle du Roi et sous ses yeux.   XIX   74
— Confusion ridicule de la séance de la
    cérémonie de l'ordre du Saint-Esprit
    du lendemain du sacre, et les grands
    officiers de l'ordre couverts comme les
    chevaliers.   XIX   77
— Princes du sang s'arrogent un de leurs
    principaux officiers près d'eux, à la
    cavalcade, où plus de confusion que
    jamais. . . . .   XIX·   77
Sagacité très-singulière d'une femme de
    chambre.   XVII   280
SAILLANT, lieutenant général et lieutenant
    colonel du régiment des gardes fran-
    çoises. 'Fait commandant des trois
    évêchés   IX   375
— Sa mort   XIX   132

Saillant.　　　　　　　　　　　　　　　　　Tomes. Pages.

— Mort et caractère de l'abbé, son frère. . XIII 251

— Saillant, leur neveu, mis à la Bastille et
　　peu après en liberté. . . . . XVI 231

SAINCTOT, introducteur des ambassadeurs, fait
　　deux lourdes sottises. . . . . II 3

— Sa mort; son état; sa famille; son ca-
　　ractère; son insigne friponnerie. . . X 43

[SAINT. Pour les noms propres composés qui commencent par ce mot, voir, à leur place alphabétique, les
noms qui le suivent. Ainsi, pour *Saint-Simon*, voir à
Simon.]

SAINTRAILLES. Son état; son caractère; sa
　　mort. . . . . VII 287

SALA. Son étrange fortune. Quel. Cardinal
　　pourquoi *in petto*, pourquoi expectoré.
　　Ce qu'il devint. Son extraction; son
　　caractère. . . . . IX 418

SALAZAR. Quel. Sa fortune. Sa réputation en
　　Espagne. . . . . .XVIII 160

SALERNE, jésuite. Comment fait cardinal et évê-
　　que d'Olmutz. . . . . XVI 378

SALLE (LA), chevalier de l'ordre. Tire deux fois
　　le prix de sa charge de maître de la
　　garde-robe du Roi. . . . . IX 275

— Son extraction; son caractère; sa for-
　　tune; son mariage. Quelques ancien-
　　nes et courtes anecdotes. . . . . . . IX 369

SALM (Prince de). Sa fortune; sa mort. . . . VIII 133

Saluts au Parlement. . . . . X 436

SALVATIERRA (Comte de) : *voir* aux grands
　　d'Espagne. . . . . .XVIII 104

SANDRICOURT. Son procédé; son mariage. . . . XII 313

SANTONA. Les François y brûlent trois vais-
　　seaux espagnols prêts à être lancés à
　　l'eau. . . . . XVI 270

SANTEUIL, religieux de Saint-Victor à Paris,
　　excellent poëte latin, etc. Sa mort. . . I 467

Tomes. Pages.

SAPHORIN (SAINT-). Quel. Employé à Vienne par le Roi d'Angleterre. Son avis sur le traité à faire.   XIV   129

— Ses manéges et ses artifices auprès du Régent, de concert avec Stairs, ambassadeur d'Angleterre à Paris.   XIV   156

— Artifices de Saint-Saphorin et de l'Angleterre, pour lier le Régent avec l'Empereur, et en tirer des subsides contre les rois d'Espagne et de Sicile.   XIV   162

SARAGOSSE. Bataille où l'armée d'Espagne est défaite.   VIII   114

— Sédition à Saragosse.   IV   352

SARDAIGNE.   XVII   84

SARTINE. Quel.   XVII   311

SASSENAGE. Quel. Épouse une fille du duc de Chevreuse, veuve, sans enfants, de Morstein.   II   91

SAUMERY et sa femme. Quels. Demeure menin de Mᵍʳ le duc de Bourgogne, dont il avoit été sous-gouverneur.   II   252

— Mort de son père. Leur extraction. Fortune et caractère de l'un et de l'autre.   VI   388

— Fortune et conduite de Saumery.   X   296

— Son fils aîné envoyé près de l'électeur de Bavière.   X   336

— Le père est fait sous-gouverneur du Roi.

— En obtient l'inouïe survivance pour son fils revenu de Bavière.   XVII   264

SAVARY, frère de l'évêque de Séez. Quel. Assassiné.   II   200

SAVINE. Quel. Obtient une pension.   XVI   267

SAVOIE. Négociation armée et paix entre la France et la Savoie. Ses conditions. . .   I   327

— Duc de Savoie, à la tête de l'armée du Roi, fait le siége de Valence et le lève par la neutralité d'Italie. Tout s'ac-

Savoie.   Tomes. Pages.

complit avec lui. Gouvon, son envoyé,
va, le premier et le seul jusqu'alors des
étrangers, à Marly...................   I   371
— Droit du duc de Savoie à la couronne
d'Angleterre. Ses plaintes sur l'établissement de la succession dans la
ligne protestante...................   III   6
— Duc de Savoie à la tête de l'armée du Roi
en Italie. (*Voir* Espagne, t. III, p. 267.).   III   74
— Son infidélité...................   III   458
— Rupture avec lui. Ses troupes auxiliaires
arrêtées et désarmées...................   IV   8
— Son expédition en Provence et à Toulon.   V   305
— Mesures pour la défense de la Provence
et de Toulon. Retraite du duc de Savoie.   V   313
— Il prend Suse...................   V   321
— Obtient de l'Empereur l'investiture du
Montferrat...................   VI   43
— Prend Exilles et Fenestrelle.......   VI   151
— Obtient la Sicile, par la paix, avec le titre
et le rang de roi. Il imite parfaitement
le Roi sur ses bâtards...........   X   104
— Passe en Sicile avec la reine, sa femme,
et laisse à Turin son fils aîné régent
avec un conseil...................   X   113
— Voyage et retour de Sicile de cette cour.   X   326
— Mort et caractère du prince de Piémont.   XI   105
SAXE (Électeur de). Élu et couronné à Cracovie
roi de Pologne...................   I   451
— Est reconnu roi de Pologne par le Roi.   II   96
— Voyage de l'électeur de Saxe, incognito,
sous le nom de comte de Lusace.
Vient à Paris, très-bien traité et distingué du Roi, sans prétentions, prend
congé de lui à Marly, dans son cabinet; voit Saint-Cyr, dont Mme de Maintenon lui fait les honneurs.......   XI   137

Saxe (Électeur de). Tomes. Pages.

— Va à Vienne, où il se déclare catholique. XIV 195

— Son mariage avec une archiduchesse Joséphine. . . . . XVI 207

— Comte de Saxe, son frère bâtard, entre au service de France, où il est incontinent fait maréchal de camp. . . . . . XVII 129

Scellés mis partout dans les maisons de Mme la duchesse de Berry, en présence de sa dame d'honneur, par la Vrillière, secrétaire d'État. . . . . XVI 287

SCHAUB. Quel. Ses propositions sur la Toscane fortement appuyées par les Anglois. Ses friponneries. . . . . XIV 447

SCHOMBERG, duc en Angleterre et fils du maréchal. Son extraction; sa fortune; sa mort. . . . . XVI 275

SCHREWSBURY (Duc de), ambassadeur d'Angleterre et sa femme à la cour. Quelle cette femme et son caractère; elle change entièrement la coiffure des femmes, dont le Roi n'avoit pu venir à bout. . IX 427

— Leur audience de congé tout à fait insolite. . . . . X 72

SCOTTI (Marquis). Quel. Son état et son caractère. Sa fortune en Espagne. . . . . XVIII 210

Séance au Parlement pour les renonciations, aux bas siéges. Pairs absents et présents; tous avertis de la part du Roi de s'y trouver, par le grand maître des cérémonies. Nombre de pairs et de pairies. . . . . IX 455

— Entre-deux de séance. M. le duc de Berry et tous les pairs en séance aux hauts siéges. . . . . IX 460

— Séance aux hauts siéges. Deux petites aventures risibles. . . . . IX 461

— Levée de la séance et sa sortie. . . . . . IX 465

Séance au Parlement. Tomes. Pages.

— Ordre et forme de l'entrée et de la sortie de séance aux bas siéges et aux hauts siéges. . . . . X 411

(*Voir* Pair, t. X, p. 365; Présidents et Parlements, t. X, p. 371, 398, 404 et 426.)

SÉBASTIEN (SAINT-). Pris par le duc de Berwick. XVI 270

SEBVILLE, qui avoit été envoyé du Roi à Vienne. Son caractère. Sa mort. . . . . IX 130

SÉCHELLES. Quel. Fort attaché à le Blanc et à Belle-Isle; interrogé comme eux. . . . XIX 120

Secrétaires d'État. Usurpent, par violence, de n'écrire plus *Monseigneur* à la plupart de ceux à qui ils l'écrivoient, de se le faire écrire par tous les gens de qualité, non titrés, qui ne leur avoient jamais écrit que *Monsieur*, et de s'arroger un style égal ou supérieur avec tout le monde, ce qui n'avoit jamais été. . . . . II 179

— Leur moderne adresse, puis hardiesse à se décrasser de leur qualité essentielle de notaires publics et de secrétaires du Roi. . . . .

— Époque du changement de style des secrétaires d'État et avec les secrétaires d'État. . . . . V 104

— Secrétaires d'État d'Espagne et des dépêches universelles. . . . . II 460

— Usurpations très-suivies et très-attentives des secrétaires d'État. . . . . . . VIII 453

— Quels à l'égard de M. le duc d'Orléans. . XI 224

— Charge de secrétaire d'État ayant le département des affaires étrangères, puis celle ayant celui de la guerre supprimées, rétablies après sans fonction. . . . . XII 424

Secrétaires d'État.   Tomes. Pages.

— Premier exemple de mariage d'une fille
  de qualité avec un secrétaire d'État. . XIII   412
— Tout détail de troupes et de marine leur
  est rendu. Le duc du Maine ne con-
  serve ceux de l'artillerie et des Suisses
  qu'en y travaillant chez le cardinal du
  Bois.   XIX   109
SEDAN. Son état; ses seigneurs. Achete par
  Édouard III de la Mark.   V   88
— Mouvant de Mouzon. Le fils du maré-
  chal de Floranges se donne le pre-
  mier le titre de prince de Sedan. . . .   V   89
SÉGOVIE. Courtes remarques sur cètte ville. . XVIII 405
SEGRAIS, poëte. Sa mort. III   17
SÉGUR. Son aventure et celle de l'abbesse de
  la Joye. Il achète, du maréchal de Tal-
  lart, le petit gouvernement du pays de
  Foix. Ses enfants.   III   48
— Son fils est maître de la garde-robe de
  M. le duc d'Orléans; épouse sa bâ-
  tarde, non reconnue, et de la comé-
  dienne Desmares, avec la survivance
  du gouvernement de son père.   XVI   96
SEIGNELAY, maître de la garde-robe du Roi.
  Épouse une fille de la princesse de
  Furstemberg.   V   378
— Sa famille; sa mort; son caractère. . . . IX   275
— Son second fils [1], de même nom, épouse
  Mlle de Walsassine.   XIII   289
— La perd. XVI   202
— Épouse une fille de Biron.   XIII   289
SEISSAC (M. de). Ses aventures. Quel. Épouse
  une sœur du duc de Chevreuse. . . .   II   36
— Sa mort. . . . . ! IV   252
SENECEY (Marquise de), dame d'honneur de la

1. Troisième fils dans les *Mémoires.*

Senecey.   Tomes. Pages.

reine Anne d'Autriche. Sa famille. Sa
    disgrâce. Son retour. Son élévation et
    de ses enfants. IV   15
Sépultures royales de l'Escurial. . . . . . XVII 434
SÉRIGNAN. Quel. Sa retraite de la cour. Sa
    mort. . . . . XVII 238
Serments. Vilenie des serments chez le Roi.   V   378
— Explication sur les serments en Espagne.
    Les personnes qui n'en prêtent point,
    celles qui en prêtent et entre les mains
    de qui. . . . . XVIII 139
SERMONETTA (Prince de) : voir aux GRANDS D'ES-
    PAGNE. XVIII   58
SÉRON, médecin de Louvois. Son étrange mort,
    cinq mois après celle de ce ministre.   XII   38
SERRANT. Quel. Sa mort. Sa famille. IX   90
SERVI, parmesan, premier médecin de la reine
    d'Espagne. XIV   287
Service (Le) donné à M. et à Madame la Dau-
    phine par M. et Mᵐᵉ la duchesse de Berry. VIII 298
Service militaire. Son changement par
    l'abolition du service de fief, et l'éta-
    blissement de la milice stipendiée. . .   X   366
SERVIEN, abbé. Sa famille. Ses aventures et sa
    conduite. Chassé plus d'une fois. Son
    caractère. . . . . ·IX   336
— Sa fin et sa mort. . . . . : . . XIII 132
SESSA (Duc de) : voir aux GRANDS D'ESPAGNE. . XVIII 45
SÉVIGNÉ (Marquise de). Si connue par son es-
    prit et par ses lettres imprimées. Sa
    mort.   I   307
— Mort et caractère de Sévigné, son fils. .   X   7
SEURRE (Curé de), ami de Mᵐᵉ Guyon. Brûlé à
    Dijon. II   99
SÉZANNE [1], frère de père du maréchal d'Harcourt

1. Saint-Simon écrit tantôt *Sézanne*, tantôt *Césane*.

Sézanne.

Tomes. Pages.

et frère de mère de la maréchale, sa
femme. Obtient la Toison. . . . . . . III 261

— Épouse la fille unique de Nesmond, lieutenant général des armées navales. . IV 274

— Sa mort; son caractère; sa famille. La
Toison successivement donnée à deux
fils du maréchal d'Harcourt, morts
tout jeunes. . . . . XI 124

Sforze (Duchesse). Sa famille; son état; son
caractère. Courte disgression sur les
Sforzes. . . . . XI 192

Sicile donnée par la paix au duc de Savoie.
Voyage de ce nouveau roi en Si-
cile. Il y mène la nouvelle reine, sa
femme. Conduite de ce roi dans sa
famille et avec son fils aîné. Rare mérite de ce jeune prince; sa mort causée
par la jalousie et les duretés de son
père, qui a tout le temps de s'en bien
repentir. . . . . XI 104

— Ce roi s'excuse au roi d'Angleterre d'a-
voir vu le Prétendant passant à Turin.
Cause de ce ménagement. . . . . . . XIII 323

— Démêlé entre les cours de Rome et de
Turin sur le tribunal dit *la monarchie*
de Sicile. . . . . XIII 20

— Le roi de Sicile froidement traité par
Alberoni. . . . . XIII 331

— Ses angoisses d'être éconduit par l'Espagne. . . . . XIII 339

- Il est inquiet; il desire d'être compris
dans le traité projeté entre l'Espagne
et la Hollande. Réponse d'Alberoni. . XIV 39

- Inquiétude pour la Sicile. . . . . XIV 136

— Ses bassesses pour l'Angleterre. . . . . XIV 182

— Soupçons sur le roi de Sicile, qui envoie
le comte de Provane à Paris. . . . . . XIV 254

Sicile. | Tomes. | Pages.

— Son inquiétude. . . . . XIV 289

— Négociation secrète du roi de Sicile à
Vienne. . . . . XV 54

— Son dangereux manége. Oppositions
cruelles à son desir extrême d'obtenir
une archiduchesse pour le prince de
Piémont. . . . . XV 56

— Difficulté et conduite de la négociation
du roi de Sicile à Vienne. . . . . XV 60

— Propositions du roi de Sicile à l'Empereur, dangereuses pour la France. . . XV 67

— Étrange caractère du roi de Sicile. . . . XV 75

— Ses efforts pour lier avec l'Empereur et
en obtenir une archiduchesse pour le
prince de Piémont. Conduite de la
cour de Vienne.. . . . . XV 84

— Manéges du roi de Sicile, dont Penterrieder profite. . . . . XV 94

— Ses bassesses pour l'Angleterre, qui le
méprise et qui veut procurer la Sicile
à l'Empereur. . . . . XV 95

— Plaintes malignes des Piémontois. . . . XV 97

— Le roi de Sicile rendu suspect en Espa-
pagne par Nancré. . . . . XV 99

— Embarras du roi de Sicile ; ses vaines démarches et de ses ministres au dehors. XV 147

— Sa défiance de ceux qu'il envoie au dehors, leurs différents avis. . . . . . . XV 165

— Manéges à l'égard du roi de Sicile. . . . XV 214

— Duplicité du roi de Sicile. . . . . XV 232

— Soupçons mal fondés d'intelligence entre le roi d'Espagne et lui. . . . . . . XV 248

— Conduite du roi de Sicile avec l'ambassadeur d'Espagne à la nouvelle de la
perte de Palerme par les Espagnols.
Situation du roi de Sicile. . . . . XV 256

— Pratiques, situation et conduite du roi

Sicile.   Tomes.   Pages.

de Sicile sur la garantie. Lui et Alberoni crus de concert et tous deux crus
de rien partout. Triste état du roi de
Sicile.   XV   261

— Fautes en Sicile.   XV   273

— Plaintes et défiances du roi de Sicile. .   XV   287

— Mouvements partout causés par l'ex-
pédition de Sicile.   XV   288

Signature solennelle du contrat de mariage
du Roi et de l'infante par Leurs Majes-
tés Catholiques.   XVII   376

SILLERY (Mme de). Quelle. Sa famille. Sa mort.   II   27

SILLY. Quel. Prisonnier à la bataille d'Hoch-
stedt; Tallart, avec permission des
Anglois, l'envoie rendre compte au
Roi de cette bataille. Digression sur
Silly et sur sa catastrophe.   IV   132

— Il obtient une place dans le conseil du
dedans du royaume, puis de conseiller
d'État d'épée.   XIV   406

— Son impudence.   XVII   119

SIMIANE. Quel. Sa famille. Sa mort. Sa dépouille.   XIV   328

SIMON (Le duc de SAINT-), père. Origine première de sa fortune.   48

— Il procure à Mademoiselle, fille de Gaston, le rang et les distinctions qu'ont
depuis cette époque les petits-fils et
petites-filles de France.   I   42

— Et à la chancelière Séguier le tabouret
de la toilette seulement, qui est demeuré tel aux chancelières de France
depuis cette époque.   II   239

— Bonté et prévoyance de Louis XIII en
lui donnant le gouvernement de Blaye.
Son frère aîné à 35 ans, lui à 27, par
dispense d'âge, chevaliers de l'ordre,

Simon (Le duc de Saint-).   Tomes. Pages.

tous deux à la Pentecôte 1633, et lui
duc et pair en janvier 1635, et comment.   I   49

— Son intimité avec Monsieur le Prince
jusqu'à sa mort, et sa cause. Il fait, entre autres fortunes, celle de Bontemps,
qui ne l'a jamais oublié, et de Nyert,
qui ne s'en est jamais souvenu, ni
leurs enfants.   I   58

— Chavigny, secrétaire d'État, ses trahisons, son étrange mort. Le duc de
Saint-Simon, qui avoit sauvé le cardinal de Richelieu à la journée des du-
pes, se retire à Blaye. Cause de cette
retraite jusqu'à la mort du cardinal.
Et cependant toujours employé et en
faveur.   I   61

— Scélératesse qui le prive de la charge de
grand écuyer de France et qui la
donne au comte d'Harcourt.   I   65

— Premier mariage du duc de Saint-Simon.
Sa fidélité à toute épreuve.   I   69

— Contraste étrange de sa fidélité avec
l'insigne et guisarde perfidie du comte
d'Harcourt. Refus héroïque du duc
de Saint-Simon.   I   69

— Son combat contre M. de Vardes.   I   76

— Il fait un étrange éclat sur un endroit
des mémoires du duc de la Rochefou-
cauld. Son second mariage.   I   78

— Sa gratitude extrême, jusqu'à sa mort,
pour Louis-le-Juste, son bienfaiteur. .   I   80

— Sa mort.   I   44

Simon (Le duc de Saint-), fils du précédent. Ses
premières liaisons avec M. le duc de
Chartres, puis d'Orléans et régent. . .   I   3

— Fait sa première campagne, mousque-
taire gris, au siége de Namur, formé

Simon (Le duc de Saint-).   Tomes. Pages.

          par le Roi en personne.   I   5
— Le Roi lui donne une compagnie dans le
       régiment Royal-Roussillon cavalerie.   I   37
— Liaison avec la duchesse de Bracciano,
       célèbre depuis sous le nom de prin-
       cesse des Ursins, qui a toujours duré [1].   I   235
— Le Roi lui donne les gouvernements de
       son père en apprenant sa mort. . . .   ı   45
— Il se trouve à la bataille de Neerwinden
       et au siége de Charleroy. . . . .   ı   99
— Obtient, en arrivant de cette campagne,
       l'agrément d'acheter le régiment de
       cavalerie du chevalier du Rosel. . . .   I   103
— Origine de son intime amitié avec le
       duc de Beauvillier jusqu'à sa mort. .   I   113
— Occasion de son intime amitié avec
       M. de Rancé, le saint et fameux abbé
       réformateur de la Trappe. . . . . . .'   ı   121
— Reprend, à la prière des ducs opposants
       à la prétention du maréchal duc de
       Luxembourg, l'opposition que son
       père y avoit faite avec eux.   I   122
— Ses mesures de déférences personnelles
       à l'égard du maréchal duc de Luxem-
       bourg. . . . .   ı   141
— Fournit aux ducs opposants ses lettres
       d'État à lui signifier. . . . .   ı   149
— Ses ménagements par Cavoye mal reçus
       du maréchal duc de Luxembourg ; ils
       se brouillent, avec éclat, jusqu'à sa
       mort. . . . .   ı   152
— Obtient du Roi, les états des armées
       étant déjà faits, de changer son régi-
       ment de Flandres en Allemagne, pour
       ne pas servir sous le maréchal duc
       de Luxembourg.   I   180

1. Répété, avec un léger changement, p. 485.

Simon (Le duc de SAINT-).   Tomes. Pages.

— Sert, sur le Rhin, dans l'armée du ma-
  réchal duc de Lorges.   I   182

— Origine de l'amitié particulière qui a
  toujours duré entre la duchesse de
  Bracciano et lui, si connue depuis
  sous le nom de princesse des Ursins. .   I   236

— Causes de sa liaison avec le fils et survivancier de Pontchartrain, secrétaire
  d'État.   I   236

— Trahison inutile du fils de Pontchartrain.
  Le duc de Saint-Simon épouse la fille
  aînée du maréchal de Lorges et fait la
  campagne dans son armée.   I   239

— Mort de la marquise de Saint-Simon
  Uzès, veuve en premières noces de
  M. de Portes et mère de la première
  duchesse de Saint-Simon, veuve en
  secondes noces, sans enfants, du frère
  aîné du premier duc de Saint-Simon.   I   245

— Il fait inutilement un projet d'écrit pour
  le Roi sur l'arrêt du Parlement rendu
  entre les ducs opposants au duc de
  Luxembourg et lui.   I   317

— Il fait la campagne sur le Rhin dans
  l'armée du maréchal de Choiseul. Pré-
  venances pour lui de ce successeur de
  M. le maréchal de Lorges, à qui sa
  santé ne permettoit plus de servir. . .   I   325

— Revient de l'armée chargé d'une commission de confiance et de précaution
  du maréchal de Choiseul, auquel il
  demeure ami intime jusqu'à sa mort.   I   344

— Naissance de sa fille. Noirceur étrange
  à son arrivée, qui ne réussit pas. . .   I   345

— Il fait peindre de mémoire, par Rigault,
  M. de la Trappe à son insu, qui y
  réussit parfaitement.   I   344

Simon (Le duc de Saint-).   Tomes.   Pages.

— Fait la campagne sur le Rhin dans toute
la confiance du maréchal de Choiseul,
qui fut la dernière de la guerre que
termina la paix de Ryswick.   I   435

— Complaisance pour lui des ducs de Chevreuse et de Beauvillier sur M. de la
Trappe.   II   56

— Aventure singulière et plaisante entre
les ducs de Saint-Simon et de Charost
sur M. de la Trappe.   II   57

— Naissance du fils aîné du duc de Saint-
Simon.   II   96

— Liaison et amitié intime entre la duchesse de Saint-Simon et Mme de Pontchartrain, sa cousine germaine, qui a
duré toujours.   II   118

— Amitié intime entre le duc de Saint-
Simon et Pontchartrain, depuis chancelier, qui la lui demande. Autre encore entre le duc de Saint-Simon et
Godet, évêque de Chartres. Liaison
particulière entre le duc de Saint-
Simon et le Charmel.   II   119

— Averti d'un noir artifice du grand écuyer
et des Lorrains, le met au net le soir
même avec le Roi.   II   162

— Naissance de son 2^d fils.   II   208

— Chamillart se lie étroitement avec lui [1].   III   364

— Il éprouve une bassesse et une noirceur
étrange dans le duc de Gesvres. . . .   II   268

— Sa liaison avec Desmarets.   II   324

— Est reçu pair de France au Parlement.
Piéges qu'il y évite.   III   220

— Quitte le service, et pourquoi.   III   223

— Bagatelles qui caractérisent; bougeoir;
repas à Trianon.   III   227

1. Répété p. 487.

Simon (Le duc de Saint-)   Tomes. Pages.

— Époque de son intime liaison avec M. le
  duc d'Orléans.   III   281
— Avances persévérantes vers lui du duc
  et de Mme la duchesse du Maine, toujours inutilement. . . . . ; III   284
— Chamillart lui demande instamment son
  amitié et se lie intimement avec lui
  jusqu'à sa mort.   III   364
— Est intimement avec la maréchale et la
  duchesse de Villeroy, toutes deux, et
  de tout temps, fort mal ensemble; il les
  raccommode parfaitement et pour tou-
  jours.   III   367
— Affaire de la quête. IV   42
— Colère du Roi contre les ducs, et plus
  contre lui que contre pas un.   IV   44
— Il force une audience du Roi dans son
  cabinet, et le laisse content de lui et de
  la chose; procure aux ducs tout ce
  qu'ils pouvoient desirer là-dessus. . .   IV   46
— On lui fait une opération d'un tendon
  piqué en le saignant. Bonté du Roi
  peu ordinaire, avec qui Chamillart l'a-
  voit raccommodé d'une nouvelle tracasserie. Avidité du comte de Marsan
  pour le gouvernement de Blaye fort
  mal reçue du Roi.   IV   73
— Amitié et bons offices de la princesse
  des Ursins, lors triomphante à la cour,
  pour le duc et la duchesse de Saint-
  Simon.   IV   242
— Liaison particulière du duc de Saint-
  Simon avec Mailly, archevêque d'Arles,
  depuis de Reims et cardinal et, par
  rapport à lui, avec le nonce Gualterio,
  depuis cardinal.   IV   298
— Grand procès du duc de Saint-Simon

Simon (Le duc de SAINT-).   Tomes. Pages.

avec la succession du feu duc de
  Brissac, son beau-frère, frère de la
  maréchale de Villeroy, mort fort en-
  detté, sans enfants. Saint-Simon le
  hasarde sciemment pour faire Cossé
  duc de Brissac. Arrête des ducs qui s'y
  vouloient opposer, et lui procure la
  jonction des plus considérables, conduit son affaire, et Cossé est reçu au
  Parlement duc et pair de Brissac. . .   IV   333
— Après ce service, le duc de Brissac reprend contre lui le procès de son
  cousin et de sa succession.   IV   336
— Ils vont à Rouen, où cette affaire est renvoyée au conseil. Singulière attention
  du Roi. Intimité jamais interrompue
  entre les ducs de Saint-Simon et
  d'Humières, l'une de ses parties; ingratitude et misère de Brissac. Course
  du duc de Saint-Simon à Marly. Ser-
  vice que lui rend la Vrillière.   IV   339
— Il gagne pleinement son procès. M. et
  Mᵐᵉ d'Hocqueville. Fortunes nées de ce
  procès.   IV   342
— Il est choisi, à 30 ans, par le Roi seul pour
  l'ambassade de Rome, sans y avoir
  jamais pensé, ce qui, par l'événement,
  n'eut pas d'effet, parce qu'on n'y envoya personne, l'abbé de la Trémoille
  ayant enfin été fait cardinal et chargé
  des affaires. Conseil bien singulier, et
  bien glorieux pour la duchesse de
  Saint-Simon, à 27 ans, que le duc de
  Saint-Simon reçoit, sur cette ambassade, du duc de Beauvillier, du chancelier de Pontchartrain et de Chamillart, séparément, et sans concert. . .   IV   356

Simon (Le duc de SAINT-).   Tomes. Pages

— Situation du duc de Saint-Simon à la
cour après ce choix.   IV   363

— Sa façon d'être avec M. le duc d'Orléans.   IV   456

— Promptitude incroyable avec laquelle il
apprend les malheurs arrivés devant
Turin.   V   35

— Son éloignement pour le maréchal de
Villeroy.   V   138

— Procès du duc de Saint-Simon contre
Mᵐᵉ de Lussan, le brouille avec Monsieur le Duc et Madame la Duchesse.   V   247

— Conversation du duc de Saint-Simon
avec Desmarets, qui venoit d'être fait
contrôleur des finances sur la démission de Chamillart.   V   389

— Tentative d'un capitaine de vaisseau,
mort lieutenant général, qui avoit pris
le nom et armes de Rouvroy, d'être reconnu de même maison que le duc de
Saint-Simon, avortée.   V   426

— Conversation curieuse du duc de Saint-
Simon avec le ducᵉ de Beauvillier sur
la destination de Mᵍʳ le duc de Bourgogne pour l'armée de Flandres. . . .   V   439

— Saint-Simon va se promener sur la
Loire.   VI   41

— Il parie, en présence de Chamillart,
contre Cani, son fils et son survivancier, que Lille sera pris sans
combat et sans secours. . . . .   VI 129

— Bruit étrange de ce pari et ses suites
curieuses. . . . .   VI 131

— Le duc de Beauvillier arrête le duc de
Saint-Simon à la cour. . . . .   VI 162

— Calomnies grossieres contre Saint-Simon. VI 163

— Il est averti, en arrivant chez lui à la
Ferté, par Godet, évêque de Chartres,

Simon (Le duc de Saint-).   Tomes. Pages.

qu'on l'avoit mis fort mal auprès du
Roi. Il revient tôt après à la cour. .   VI   190
— Il reçoit un extrême honneur de Monseigneur le duc de Bourgogne arrivant de l'armée, mettant pied à terre
à Versailles.   VI   215
— Avances singulières du P. Tellier au duc
de Saint-Simon. . . . . : . . . VI   244
— Étrange histoire du duc de Mortemart
avec le duc de Saint-Simon.   VI   252
— Friponnerie débitée sur Saint-Simon,
bien démentie.   VI   283
— Rencontre très-singulière entre les ducs
de Chevreuse et de Saint-Simon en
même pensée. Origine des conseils,
mal imités à la mort du Roi.   VI   288
— Saint-Simon avertit le duc de Beauvillier d'un péril imminent qu'il lui fait
éviter. . . . . , ...   VI   292
— Liaison intime du duc de Saint-Simon
avec le maréchal de Boufflers.   VI   319
— Méchanceté atroce de Monsieur le Duc
sur le duc de Saint-Simon absent. . .   VI   345
— Conversation du duc de Saint-Simon
avec les ducs de Chevreuse et de Beauvillier sur les cabales, en particulier
sur le maréchal de Boufflers, lequel il
raccommode avec le duc de Chevreuse.
Situation du duc de Saint-Simon en-
tre les cabales.   VII   9
— Le chancelier de Pontchartrain oblige le
duc de Saint-Simon de lui dire son
avis juridique sur le crime de l'affaire
d'Espagne imputé à M. le duc d'Orléans. Le chancelier en est frappé; tout
tombe là-dessus incontinent, bruits,
desseins.   VII   41

Simon (Le duc de Saint-).   Tomes. Pages.

— Consultation singulière du chancelier et
de la chancelière de Pontchartrain
avec le duc de Saint-Simon.   VII   46

— Mesures de retraite du duc de Saint-Simon en sa maison de la Ferté. Conversation particulière et curieuse de
la duchesse de Saint-Simon sur la situation de son mari avec Mᵐᵉ la duchesse de Bourgogne.   VII   49

— Causes de l'éloignement du Roi pour lui.
Folle ambition d'O et de sa femme lui
tournent à danger.   VII   53

— Chamillart disgracié à la Ferté avec ses
filles; il achète Courcelles. Le duc de
Saint-Simon, qui avoit été avec lui
dans toutes ses retraites, y mène la duchesse de Lorges.   VII   143

— Raisons et résolution du duc de Saint-
Simon à la retraite. Considérations qui
y sont contraires. Retour de la Ferté
et sa cause. Sage piége dressé au duc
de Saint-Simon à Pontchartrain. . . .   VII   148

— Passage à Versailles; lien qu'y jette à
Saint-Simon le chancelier à ne pouvoir s'en débarrasser. Concours et
conspirations d'amis; bontés de Mᵍʳ et
de Mᵐᵉ la duchesse de Bourgogne, qui
vouloient faire succéder la duchesse
de Saint-Simon à la duchesse du Lude
quand l'âge et les infirmités la force-
roient de se retirer. Parti que le duc
de Saint-Simon prend tout seul. Ses
motifs de faire demander au Roi, par
Maréchal, une audience.   VII   155

— Besons, qu'il ne connoissoit comme
point, le rencontrant chez le Roi, lui
expose, comme à un serviteur intime

Simon (Le duc de Saint-).   Tomes. Pages.

de M. le duc d'Orléans, le péril imminent où la conduite de ce prince le
jetoit pendant la longue absence du
duc de Saint-Simon. Celui-ci se propose
à l'instant, comme le remède unique,
de faire rompre M. le duc d'Orléans
avec Mme d'Argenton, et engage le maréchal à l'y aider. Caractère de Besons.   VII   160
— Maréchal, premier chirurgien du Roi,
en obtient une audience au duc de
Saint-Simon.   VII   164
— Première conversation avec M. le duc
d'Orléans, à qui il propose de rompre
avec Mme d'Argenton.   VII   167
— Reprise après l'interruption de la visite
du premier jour de l'an 1710 de Mgr le
duc de Bourgogne et de M. le duc de
Berry à M. le duc d'Orléans.   VII   172
— Saint-Simon mande Besons par un billet
écrit sur le bureau du chancelier, à
qui cela l'oblige de faire confidence
du projet, qu'il approuve. Besons arrive; concert pris entre Saint-Simon
et lui. Seconde conversation avec M. le
duc d'Orléans, le maréchal en tiers. .   VII   173
— Troisième conversation entre eux trois;
succès entier, même sur Mme la du-
chesse d'Orléans.   VII   190
— Propos tête-à-tête entre Saint-Simon et
Besons. Singularité surprenante qui
engage Saint-Simon à un serment,
puis à une étrange confidence au ma-
réchal et à M. le duc d'Orléans.   VII   203
— Colloque entre Saint-Simon et Besons.   VII   213
— Surprise extrême de la duchesse de Villeroy (amie intime de Mme la duchesse
d'Orléans), à qui le duc de Saint-Simon

Simon (Le duc de Saint-).   Tomes. Pages.

apprend tout à coup la rupture. Leurs
propos.   VII   217
— Le Roi donne lui-même au duc de Saint-
Simon l'heure de son audience.   VII   220
— Besons, mandé par M⁰ᵉ la duchesse d'Orléans, fait ses premiers et vifs remerciements à Saint-Simon, qui ne la connoissoit point du tout, n'alloit chez
elle qu'une apparition aux occasions
rares, indispensables, et n'avoit au-
cun rapport avec elle.   VII   221
— Audience du Roi au duc de Saint-Simon;
succès entier de cette audience, non
interrompu depuis.   VII   224
— Vacarme étrange à la cour et dans le
monde sur cette rupture; le duc de
Saint-Simon passe pour l'avoir faite et,
par une aventure singulière, est pleinement révélé. M⁰ᵉ d'Argenton et ses
amis ne le lui pardonnent jamais. . .   VII   237
— Liaison dès ce moment intime entre
M⁰ᵉ la duchesse d'Orléans et le duc de
Saint-Simon; il l'avoit raccommodée
avec M. le duc d'Orléans, en faisant
la rupture, lequel avoit exigé de lui
de la voir. Sa première et très-singu-
lière conversation avec elle.   VII   238
— Efforts de M⁰ᵉ la duchesse d'Orléans inutiles auprès du duc de Saint-Simon
pour le lier avec le duc et M⁰ᵉ la duchesse du Maine.   VII   252
— Situation du duc et de la duchesse de
Saint-Simon et de la duchesse de Lauzun, sa sœur, avec le duc et M⁰ᵉ la
duchesse du Maine.   VII   253
— Étrange aventure d'éclat, qui brouille à
toujours la duchesse de Lauzun avec

Simon (Le duc de SAINT-).   Tomes. Pages.

Mme la duchesse du Maine, et ses suites;
le duc et la duchesse de Saint-Simon
en profitent pour éviter toute liaison
avec le duc et Mme la duchesse du Maine. VII 256

— Secret étrange et aveu curieux, sur l'abbé
de Polignac, du duc de Beauvillier au
duc de Saint-Simon. . . . . VII 267

— Conduite du duc de Saint-Simon avec
Madame la Duchesse. . . . . VII 308

— Mme de Maintenon et le duc du Maine se
servent adroitement du duc de Saint-
Simon, à son insu, pour arrêter le Roi
prêt à révoquer le rang qu'il venoit
de donner aux enfants du duc du
Maine pareil au sien, dont Mme la duchesse de Bourgogne fait demander
l'explication au duc de Saint-Simon. VII 318

— Propos du duc du Maine au duc de
Saint-Simon. . . . . VII 321

— Il retourne à Marly bien avec le Roi.
Conversation entre le duc de Beau-
villier et lui sur Mgr le duc de Bourgogne; le duc de Beauvillier en exige de
lui un discours par écrit. . . . . VII 338

— Discours sur Mgr le duc de Bourgogne,
15 mai 1710, adressé au duc de Beauvillier par le duc de Saint-Simon à qui
il l'avoit absolument demandé. . . . . VII 340

— Causes de la partialité du duc de Saint-
Simon sur le mariage de M. le duc de
Berry. . . . . VII 380

— Fondement de sa détermination à former une cabale pour Mademoiselle, fille
de M. le duc d'Orléans et la forme. . . VII 382

— Il fait la lettre de M. le duc d'Orléans, au
Roi pour ce mariage. . . . . VII 405

— Le force de la remettre au Roi. . . . . . VII 410

Simon (Le duc de Saint-).   Tomes. Pages.

— Son succès. Le duc de Saint-Simon vai-
    nement attaqué par Mᵐᵉ la duchesse
    d'Orléans, pour faire la duchesse de
    Saint-Simon dame d'honneur de sa
    fille devenant duchesse de Berry. . . .   VII   413
— Mesures du duc et de la duchesse de
    Saint-Simon pour l'éviter. VII   415
— Audience particulière là-dessus de Mᵐᵉ la
    duchesse de Bourgogne à la duchesse
    de Saint-Simon. VII   419 et 461
— Projet d'approcher M. et Mᵐᵉ la duchesse
    d'Orléans de Mˡˡᵉ Choin. Curieux tête-
    à-tête là-dessus, et sur la cour inté-
    rieure de Monseigneur, entre le duc de
    Saint-Simon et Bignon, intendant des
    finances.   VII   427
— Le duc de Saint-Simon apprend la dé-
    claration du mariage. Spectacle de
    Saint-Cloud.   VII   453
— Mᵐᵉ la duchesse d'Orléans fait inutile-
    ment une vive et dernière attaque au
    duc de Saint-Simon sur la place de
    dame d'honneur.   VII   458
— Consultation entre le Roi, Mᵐᵉ la du-
    chesse de Bourgogne et Mᵐᵉ de Main-
    tenon sur une dame d'honneur. . . .   VII   463
— Bruit et mouvement à Marly sur la du-
    chesse de Saint-Simon. Le chancelier
    change d'avis par l'état des choses et
    est d'avis d'accepter. VII   465
— Avis menaçants au duc et à la duchesse
    de Saint-Simon de leurs amis. Mᵐᵉ la
    duchesse de Bourgogne les fait avertir
    du péril du refus, et de venir à Ver-
    sailles. Ils se résolvent par vive force
    à accepter. Conspiration de toutes les
    personnes royales à vouloir la du-

Simon (Le duc de SAINT-).   Tomes. Pages.

chesse de Saint-Simon. Singulier dia-
logue bas entre M. le duc d'Orléans et
le duc de Saint-Simon, marchants à
deux pas devant le Roi qui alloit
à la messe.   VII   468
— Mᵐᵉ la duchesse de Bourgogne fait par-
ler au duc de Saint-Simon sur le péril
du refus. Droiture et bonté de cette
princesse. Propos très-franc du duc de
Saint-Simon sur la place de dame
d'honneur à M. et à Mᵐᵉ la duchesse
d'Orléans. VII   470
— Motifs de la volonté si déterminée de
faire la duchesse de Saint-Simon
dame d'honneur de la future duchesse
de Berry. VIII   1
— Menées pour empêcher que cette place
fût donnée à la duchesse de Saint-
Simon, et leur inutilité singulière. . . VIII   5
— Le duc de Saint-Simon propose et conduit
fort près du but Mᵐᵉ de Cheverny pour
être dame d'atour. Quelle elle étoit.   VIII   9
— Le maréchal de Boufflers arrête le
duc de Saint-Simon sur le chemin
de Versailles; l'alloit chercher à Paris; lui fait une exhortation avec
menaces, pour accepter, avec tout
l'air de mission du Roi. VIII   10
— Inquiétude du Roi d'être refusé par le
duc de Saint-Simon en face; il lui
parle dans son cabinet, puis y déclare
la duchesse de Saint-Simon dame
d'honneur de la future duchesse de
Berry. Réception des personnes
royales. VIII   13
— Le duc de Saint-Simon va chez Mᵐᵉ de
Maintenon; son gentil compliment.

Simon (Le duc de Saint-).   Tomes. Pages.

Assaisonnements de la place de dame
d'honneur. VIII   17
— Du Mont avertit le duc de Saint-Simon
de la plus folle calomnie persuadée
contre lui à Monseigneur; crédulité
inconcevable de ce prince. VIII   145
— La duchesse de Saint-Simon s'adresse à
Mme la duchesse de Bourgogne, qui
détrompe pleinement Monseigneur. . VIII   152
— Le duc de Saint-Simon refuse la direc-
rection de l'affaire d'Espernon contre
d'Antin, et en fait charger les ducs de
Charost et d'Humières. VIII   184
— Il tire d'une inquiétude singulière le duc
de Beauvillier à la réception au Parlement, sur sa démission, du duc de
Saint-Aignan, son frère. VIII   197
— Embarras du duc de Saint-Simon à
l'égard de Monseigneur et de sa cour
intérieure. VIII   231
— Singulière conversation de Mme la duchesse d'Orléans, le soir de la mort de
Monseigneur, avec le duc et la duchesse de Saint-Simon, chez eux. . . VIII   240
— Reprise de l'affaire d'Espernon; force
prétentions semblables prêtes à éclore :
leur impression sur les parties de l'affaire d'Espernon. VIII   313
— Ancien projet sur les duchés pairies fait
en 1694. Perversité du premier président d'Harlay, qui le dressa. Le duc
de Chevreuse, de concert avec d'Antin, gagne le chancelier de Pontchartrain pour un règlement sur ce modèle. Le chancelier en confie l'idée et
l'ancien projet au duc de Saint-Simon. Raisons qui l'y font entrer sans

Simon (Le duc de SAINT-).   Tomes. Pages.

en prévoir le funeste. Il y travaille
    seul avec le chancelier. VIII   316
— Ancien projet avec les notes du duc de
    Saint-Simon. VIII   319
— Grâce de substitution accordée lors au
    maréchal duc d'Harcourt en forme de
    règlement. Sagesse et franchise d'Har-
    court avec Saint-Simon sur les bâ-
    tards. VIII   328
— Le duc de Saint-Simon joint le maré-
    chal de Boufflers au maréchal d'Har-
    court. Le secret, mais en général res-
    treint, d'une part entre eux trois, de
    l'autre, aussi en général, entre le duc
    de Chevreuse et d'Antin, et sans com-
    munication d'une part à l'autre. Har-
    court parle au Roi, et la chose s'en-
    fourne. Chimères de Chevreuse et de
    Chaulnes. VIII   330
— Le duc de Beauvillier n'approuve pas
    les chimères; ne peut pourtant être
    admis au secret par le duc de Saint-
    Simon. Le secret de tout ce qui se fait
    demeure uniquement entre le chan-
    celier et le duc de Saint-Simon VIII   335
— Trait de d'Antin, qui parle au Roi, du
    plus délié et raffiné courtisan. Le Roi
    suspend la plaidoirie sur la préten-
    tion d'Espernon, sur le point de la
    commencer. Discussion du projet de
    règlement entre le chancelier et le duc
    de Saint-Simon. Friponnerie ambi-
    tieuse et insigne du premier président
    d'Harlay. VIII   337
— Le duc de Saint-Simon fait comprendre
    les ducs vérifiés dans le règlement;
    l'amitié l'intéresse aux nouvelles let-

Simon (Le duc de Saint-).   Tomes. Pages.

tres pour Chaulnes; le chancelier s'y
prête de bonne grâce. Saint-Simon l'y
soutient avec peine, dépité que devient le chancelier des sophismes du
duc de Chevreuse, qui vouloit toujours prouver sa chimère que Chaulnes
n'étoit pas éteint. Le chancelier travaille seul avec le Roi sur le règlement. Aversion du Roi pour les ducs,
et sa cause . . . . VIII 344
— Scélératesse du premier président d'Harlay dans cet ancien projet dressé par
lui sur le sacre et sur la propagation
des bâtards. . . . . VIII 348
— Le duc de Saint-Simon propose le foible
dédommagement de la double séance
des pairs démis. . . . . VIII 351
— Le règlement devoit porter décision de
la préséance prétendue par le duc de
Luxembourg sur les pairs y opposants,
et sur celle que les ducs de Saint-Simon et de la Rochefoucauld préten-
doient réciproquement l'un sur l'autre, la Rochefoucauld comme érigé et
vérifié duc et pair avant Saint-Simon,
celui-ci comme reçu pair au Parlement
et ayant rendu la dignité complète
avant le premier duc de la Rochefoucauld. Le Roi, uniquement touché de
son autorité, le fut peu du mémoire
foncier du duc de Saint-Simon (que
le chancelier, qui l'en avertit, trouvoit
décisif), et vouloit décider en faveur
du duc de la Rochefoucauld. . . . . . VIII 352
— Chaulnes enfourné, le duc de Saint-Simon fait un mémoire portant uniquement sur l'autorité du Roi, sur lequel

Simon (Le duc de Saint-).　　　　　　　　　　　　　Tomes.　Pages.

le Roi change d'avis, et lui veut adju-
ger la préséance sur le duc de la
Rochefoucauld. Défaut de foi et hommage dans la Rochefoucauld. Explication de la nécessité de cet acte. . . VIII　353

— Alternative autrefois ordonnée entre eux,
par le Roi, en attendant le jugement,
et commencée par la tirer au sort.
Préjugés célèbres du Roi en faveur du
duc de Saint-Simon. Singulier procédé lors entre les ducs de Saint-Simon et de la Rochefoucauld, et à
la suite de la réception du premier
au Parlement. . . . . VIII　356

— Autre préjugé du Roi, tout récent, en
faveur du duc de Saint-Simon. L'autorité du Roi lui est favorable. . . . . VIII　360

— Enregistrement des lettres d'érection de
la Rochefoucauld, fort sauvage. Lettre
du duc de Saint-Simon au chancelier. VIII　361

— Deux lettres du chancelier au duc de
Saint-Simon; une du duc de Saint-Simon au chancelier. . . . . VIII　363

— Éclaircissement sur quelques endroits
des lettres du duc de Saint-Simon au
chancelier. Anecdote curieuse de l'enregistrement des lettres d'érection de
la Rochefoucauld. . . . . VIII　370

— Courte et foncière explication de la question de préséance entre la première
réception d'un pair au Parlement, et
l'enregistrement d'une pairie. Nature
de la dignité . . . . VIII　377

— Ce qui, de tout temps, a fixé le rang
d'ancienneté des pairs, l'a toujours
fixé et le fixe encore aujourd'hui.
Fausse et indécente difficulté de la

Simon (Le duc de SAINT-).   Tomes. Pages.

date de chaque réception tombée. . . VIII 379

— Dignité de duc et pair mixte de fief et
d'office, et unique de ce genre. L'im-
pétrant et sa postérité appelée et in-
stallée avec lui en la dignité de pair de
France, à la différence de tout autre
officier. . . . . VIII 382

— Reprise du règlement en forme d'édit.
Lettre du duc de Saint-Simon au
'chancelier. . . . . VIII 386

— 'Lettre du chancelier au duc de Saint-
Simon ; il apprend du chancelier les
articles résolus. Le duc de Saint-Simon confie au duc de Beauvillier, et
au duc et à la duchesse de Chevreuse,
que Chaulnes va être réérigé pour
leur second fils. L'édit en gros s'a-
vance. Mouvement des Matignons et
des Rohans. Leur intérêt. Lettre du
duc de Saint-Simon au chancelier.. . VIII 388

— Lettre du chancelier au duc de Saint-
Simon. L'édit passé, le duc de Saint-
Simon en apprend, par le chancelier,
tous les articles tels qu'ils y sont.
Double séance rejetée, Chaulnes différé après avoir été accordé. D'Antin,
duc et pair par érection nouvelle d'Antin, non d'Espernon ; est reçu au Parlement. Il invite le duc de Saint-Simon, seul d'étranger, au repas ; le
Roi se montre satisfait que le duc de
Saint-Simon y ait été. . . . . VIII 391

— Le duc de la Rocheguyon fait au chancelier des plaintes amères de l'article
de l'édit qui adjuge au duc de Saint-
Simon la préséance sur son père, et
prétend y revenir ; cela le refroidit, lui

Simon (Le duc de SAINT-).   Tomes. Pages.

    et le duc de Villeroy, veuf . alors, son
    beau-frère et son ami intime, pour
    toujours avec le duc de Saint-Simon.
    Fâcheux personnage sur l'édit du duc
    de Luxembourg, lors à Rouen, et pour-
    quoi. VIII   395
 — Duc et duchesse de Saint-Simon quels à
    l'égard de la mort de Monseigneur . . VIII   427
 — Pontchartrain, secrétaire d'État, fils du
    chancelier, fait créer des capitaines
    garde-côtes, et leurs officiers, pour en
    abuser ; abuse aussi de l'amitié du duc
    de Saint-Simon et le trompe. Saint-
    Simon se brouille avec lui. VIII   450
 — Le duc de Saint-Simon fait une sottise
    d'amitié ; Pontchartrain lui rend une
    noire trahison. . . . . . ·. VIII   452
 — Son étrange procédé. Il tâche de leurrer
    le duc de Saint-Simon par son com-
    mis d'Aubanton. VIII   454
 — Impudence et embarras de Pontchar-
    train. Le chancelier, son père, sou-
    tient son vol fait à Saint-Simon. Peine
    et proposition des Pontchartrains ;
    conduite du duc de Saint-Simon avec
    eux. VIII   459
 — Splendeur du duc de Beauvillier. Causes,
    outre l'amitié, de sa confiance entière
    au duc de Saint-Simon. Discussion
    de la cour entre eux deux seuls. Torcy.
    Desmarets. La Vrillière. Voysin. Pont-
    chartrain père et fils. IX   1
 — Le duc de Saint-Simon sauve Pont-
    chartrain, actuellement perdu IX   14
 — Conçoit le dessin d'une réconciliation
    sincère entre le duc de Beauvillier et
    le chancelier, de tout temps et con-

Simon (Le duc de Saint-).   Tomes. Pages.

tinuellement brouillés au dernier
   point . . . . . . , ...   IX   17
— Singulier hasard sur le jansénisme. . .   IX   18
— Pontchartrain sauvé par le duc de Beauvillier, qui le vouloit perdre, et qui
   l'étoit.   IX   20
— Conversation entre le duc de Saint-
   Simon et Beringhem sur les Pontchar-
   trains. Caractère du premier écuyer.   IX   21
— Union et concert le plus intime entre les
   ducs et les duchesses de Chevreuse,
   de Beauvillier et de Saint-Simon. . . .   IX   24
— Conduite du duc de Saint-Simon avec
   le Dauphin, et sa façon d'y être. . . .   IX   25
— Sentiment du duc de Saint-Simon sur le
   jansénisme, les jansénistes et les jésuites.   IX   26
— Situation personnelle de la duchesse de
   Saint-Simon à la cour. Précautions de
   la conduite du duc de Saint-Simon.
   Il sonde heureusement le Dauphin. .   IX   29
— Il a un court entretien avec le Dauphin,
   puis un long tête-à-tête avec lui; dignités, gouvernement, ministère y
   sont traités.   IX   32
— Belles et justes espérances. Conférence
   entre les ducs de Beauvillier et de
   Saint-Simon. Celui-ci a un autre tête-
   à-tête avec le Dauphin. Dignité, princes
   étrangers, princes du sang et bâtards
   y sont traités; secret de ces entre-
   tiens.   IX   36
— Belles paroles du Dauphin sur les bâtards.
   Conférence entre les ducs de Beauvillier et de Saint-Simon.   IX   44
— Importance solide du duc de Beauvillier.
   Concert entier entre lui et le duc de

Simon (Le duc de Saint-).   Tomes. Pages.

      Saint-Simon. Contrariété d'avis entre
          eux sur la succession de Monseigneur.   IX   47
—   Le duc de Saint-Simon voit souvent le
          Dauphin tête-à-tête. IX   53
—   Le Dauphin seul avec le duc de Saint-
          Simon surpris par la Dauphine seule.
          Situation du duc de Saint-Simon à son
          égard. IX   54
—   Mérite, sens et conseil de la duchesse de
          Saint-Simon extrêmement utiles à son
          mari. Aversion de Mme de Maintenon
          pour lui, sur quoi fondée.   IX   56
—   Il travaille à unir M. le duc d'Orléans
          au Dauphin. Intérieur de la famille
          royale, et celui du duc de Saint-Simon
          avec elle.   XI   59
—   Il donne un étrange avis à M. le duc
          d'Orléans, qui en fait un plus étrange
          usage. Le duc de Saint-Simon se fâche
          et se brouille, puis se laisse raccommo-
          der avec lui. Depuis cette époque, il
          demeure pour toujours très-froidement
          avec Mme la duchesse de Berry.   IX   62
—   Il travaille à unir M. le duc d'Orléans au
          Dauphin et au duc de Beauvillier, et il
          y réussit.   IX   67
—   Mémoire des pertes de la dignité de duc
          et pair de France. (*Voir* aux pièces[1].) IX   71
—   Tête-à-tête du duc de Saint-Simon avec
          le Dauphin.   IX   73
—   Discussion entre les ducs de Beauvillier
          et de Saint-Simon sur un prélat à pro-
          poser au Dauphin, pour travailler sous
          lui à l'affaire du cardinal de Noailles.   IX   76
—   Le duc de Saint-Simon raccommode

1. Voyez tome I, p. 420, note 1.

Simon (Le duc de Saint-).   Tomes. Pages.

                sincèrement et solidement le duc de
                Beauvillier et le chancelier.   IX   80
— Danger couru par le duc de Saint-Simon
                à la mort du maréchal de Boufflers. .   IX   93
— Dessein du duc de Beauvillier et du
                Dauphin de faire le duc de Saint-   •
        ◆   Simon gouverneur de Mgr le duc de
                Bretagne.   IX   106
— Duc de Noailles, intérieurement perdu,
                se propose de lier avec le duc de
                Saint-Simon.   IX   146
— Le duc de Saint-Simon se laisse entraî-
                ner à la liaison du duc de Noailles.
                Celui[-ci], brouillé avec M. et Mme la
                duchesse d'Orléans, prie le duc de
                Saint-Simon de le raccommoder avec
                eux; raisons qui portent Saint-Simon
                à le faire; il y réussit. Délicate mesure
                de Noailles.   IX   151
— Il confie, à sa manière, au duc de Saint-
                Simon la cause de son retour d'Espa-
                gne et sa situation. Vues de Noailles
                dans cette confidence. Il a un desir
                extrême de l'engager à le rapprocher
                du duc de Beauvillier, conséquemment
                du Dauphin; raisons qui y portent
                Saint-Simon; il y réussit.   IX   155
— Liaison du duc de Saint-Simon avec le
                cardinal de Noailles, qui devient inti-
                me et la demeure jusqu'à sa mort. . .   IX   160
— Dernier tête-à-tête du duc de Saint-Si-
                mon avec le Dauphin, qui roule en
                grande partie sur l'affaire du cardinal
                de Noailles, que le Roi lui avoit ren-
                voyée en total pour la finir. Grand mot
                du Dauphin au duc de Saint-Simon
                en faveur du cardinal de Noailles. Il

Simon (Le duc de Saint-).   Tomes. Pages.

ordonne au duc de Saint-Simon de
s'instruire à fond sur les libertés de
l'Église gallicane et sur l'affaire du
cardinal de Noailles, et dit à Saint-
Simon qu'il la veut finir définitivement
avec lui. La malheureuse France perdit ce prince trois semaines au plus
après cet entretien.   IX   163

— Saint-Simon le voit pour la dernière fois,
et le perd au même âge qu'avoit son
père quand il eut le malheur de perdre
Louis le Juste.   IX   205

— Saint-Simon veut tout quitter à la mort
du Dauphin et se retirer de la cour et
du monde. Sa femme l'en empêche
sagement.   IX   209

— État du duc de Beauvillier. État du duc
de Saint-Simon.   IX   243

— La cassette du Dauphin met le duc de
Saint-Simon dans un extrême danger.
L'adresse du duc de Beauvillier l'en
sauve.   IX   245

— Le duc de Saint-Simon reste seul et unique, publiquement et en particulier à
M. le duc d'Orléans, déserté et seul au
milieu de la cour. Il veut faire faire
le plus cruel affront au duc de la
Feuillade ; le duc Saint-Simon l'en empêche.   IX   272

— Le duc de Saint-Simon va passer un
mois ou cinq semaines à la Ferté ;
raisons de ce voyage.   IX   304

— Mort du marquis de Saint-Simon, père
de l'évêque comte de Noyon, puis de
Metz.   IX   334

— Formes des renonciations respectives du
roi d'Espagne et des ducs de Berry et

Simon (Le duc de SAINT-).   Tomes. Pages.

d'Orléans aux couronnes de France et
d'Espagne exigées par les alliés pour
la paix, traitées entre les ducs de
Beauvillier, de Chevreuse et de Saint-
Simon, puis avec le duc de Noailles;
ce dernier s'offre d'en faire un mémoire, le fait attendre longtemps, le
fait faire, et le donne enfin pour sien.   IX   341
— M. le duc de Berry, avec un si grand
intérêt en la solidité de la renonciation
du roi d'Espagne et de ses formes,
n'ont (*sic*) néanmoins en cette affaire
que le duc de Saint-Simon pour uni-
que conseil..   IX   343
(*Voir* le reste de cette page et aux pièces [1] le mémoire du duc de Saint-Simon.)
— Aux insistances du duc de Beauvillier, le
duc de Saint-Simon fait un mémoire
sur la forme à donner aux renoncia-
tions.   IX   345
— Division de sentiment sur un point de
forme entre les ducs de Saint-Simon
et de Noailles.   IX   347
— Le duc de Chevreuse leur propose d'en
passer par l'avis du duc de Beauvillier,
qui les assemble chez le duc de Chevreuse. Noailles gagne Chevreuse à
son avis. Danger de la manière de rai-
sonner de Chevreuse.   IX   349
— Le duc de Chevreuse d'abord, le duc de
Saint-Simon après exposent leurs différentes raisons aux ducs de Beauvillier, Noailles, Charost et Humières, qui
y avoient été admis. Le duc de Beau-

1. Voyez tome I, p. 420, note 1.

Simon (Le duc de Saint-).   Tomes. Pages.

villier se déclare pour l'avis de Saint-
Simon et malmène Chevreuse, qui se
rend, et Noailles aussi. Charost et
Humières de l'avis de Saint-Simon .   IX   351
— Conférences sur les renonciations entre
les ducs de Beauvillier et de Saint-
Simon. Différence essentielle de vali-
dité entre celle du roi d'Espagne et
celle des ducs de Berry et d'Orléans.
Le Roi, plein de jalousie sur son autorité, non susceptible d'aucune autre
forme que d'un enregistrement ordinaire. Peine là-dessus, et de plusieurs jours, du duc de Beauvillier, et
sur ce que le duc de Saint-Simon lui
représente en chaque conférence. . .   IX   355
— Le duc de Beauvillier de plus en plus en
peine, le duc de Saint-Simon lui pro-
pose une façon inouïe d'en sortir. . .   IX   359
— Il s'anéantit au duc de Beauvillier. Puissants moyens des ducs de Berry et
d'Orléans d'appuyer les formes justes
et valides en leur faveur.   IX   361
— Saint-Simon ramène les ducs de Berry
et d'Orléans à laisser régler la forme
des renonciations sans nulle résis-
tance.   IX   364
— Caractère, état et friponnerie de Nancré ;
il ne tient pas à lui, et à Torcy par lui,
·de faire au duc de Saint-Simon une
cruelle affaire auprès du Roi sur les
renonciations.   IX   365
— Règlement, en 25 articles, fait par le Roi,
de l'avis du duc du Maine, père du
comte d'Eu, nouveau gouverneur de
Guyenne, entre les gouverneurs ou
commandants en chef de Guyenne et

Simon (Le duc de Saint-).   Tomes. Pages.

les gouverneurs de Blaye, dont le duc
de Saint-Simon gagne 24 articles des
25 contre le maréchal de Montrevel. .   IX   433

— Ténébreuse noirceur de Pontchartrain,
qui fait éclater le duc de Saint-Simon.
La Chapelle : quel ; le duc de Saint-
Simon lui fait une étrange déclaration.   IX   439

— Conversation étrange entre le duc de
Saint-Simon et le chancelier.   IX   441

— Même conversation du duc de Saint-
Simon avec la chancelière. La duchesse de Saint-Simon vainement
attaquée ; néanmoins l'intimité entière
subsiste entre le chancelier, la chancelière, le duc et la duchesse de Saint-
Simon.   IX   443

— Renonciations. Réflexions sommaires.
(*Voir* les pièces[1].)   IX   451

— Pairs conviés de la part du Roi par le
grand maître des cérémonies de se
trouver au Parlement, etc.   IX   453

— Embarras de M. le duc de Berry pour
répondre au compliment du premier
président, comment levé par la du-
chesse et le duc de Saint-Simon. . . .   IX   454

— Places et cérémonies de la messe à la
Sainte-Chapelle, où se trouvent les
ducs de Saint-Simon et de Saint-Aignan, venus de Versailles dans le carrosse de M. le duc de Berry, avec lui
et M. le duc d'Orléans.   IX   455

— Le chancelier oblige le duc de Saint-
Simon d'assister au remariage de son
fils avec Mlle de Verderonne.   X   66

— Éclat près d'arriver entre les ducs de la

1. Voyez tome 1, p. 420, note 1.

Simon (Le duc de Saint-).   Tomes. Pages.

Rochefoucauld et de la Rocheguyon et
le duc de Saint-Simon, arrêté par le duc
de Noailles.   X   86

— Singulière conversation entre le duc de
Saint-Simon et le P. Tellier sur la constitution *Unigenitus* et la façon de la
faire recevoir.   X   93

— Étrange tête-à-tête entre le P. Tellier et
le duc de Saint-Simon sur la constitution *Unigenitus*, qui jette le dernier en
un *sproposito* énorme.   X   97

— Surprise étrange des ducs de Chevreuse
et de Saint-Simon chez le duc de la
Rochefoucauld.   X   123

— Le chancelier, tête-à-tête avec le Roi, lui
rapporte l'affaire des ducs de Saint-
Simon et de la Rochefoucauld, dont ce
dernier avoit obtenu la révision depuis
l'édit de règlement. Le Roi adjuge au
duc de Saint-Simon la préséance par-
tout sur le duc de la Rochefoucauld. .   X   145

— La duchesse de Saint-Simon, par méprise du Roi, conduit à Saint-Denis et
au Val-de-Grâce le corps et le cœur
d'une fille posthume dont M{*}{**} la duchesse de Berry étoit accouchée avant
terme.   X   190

— Desir du président de Maisons de lier
avec le duc de Saint-Simon; comment
il y réussit.   X   211

— Première entrevue entre eux deux fort
singulière. Ensuite il fait venir de
Marly le duc de Saint-Simon le trouver
à Paris; lui apprend que les bâtards
et leur postérité sont devenus princes
du sang en plein et capables de succéder à la couronne. Scène fort singu-

Simon (Le duc de Saint-).   Tomes. Pages.

lière chez Maisons, le duc de Noailles
en tiers.   X   212

— Compliment du duc de Saint-Simon le
soir même aux bâtards.   X   216

— Dernière marque de l'amitié et de la
confiance du duc de Beauvillier pour
le duc de Saint-Simon.   X   271

— Situation du duc de Saint-Simon à la
cour. Brutalité de Desmarets avec lui,
qui est fatale à ce ministre.   X   301

— Continuation de la situation à la cour
du duc de Saint-Simon.   X   303

— Le P. Tellier propose au duc de Saint-
Simon d'être commissaire du Roi au
concile national qu'on comptoit alors
de faire tenir. Ignorance du P. Tellier;
sa surprise du refus.   X   329

— Grand témoignage du Roi sur le duc de
Saint-Simon à l'occasion de M. le duc
d'Orléans.   X   339

— Le duc du Maine, devenu prince du
sang, dit un mot du bonnet au duc de
Saint-Simon, que celui-ci laisse tomber.   XI   2

— M. le duc d'Orléans donne parole au duc
de Saint-Simon d'être en tout favorable aux ducs sur le bonnet, et tient
au delà de sa promesse.   XI   9

— Précédentes avances du duc du Maine
au duc de Saint-Simon et à d'autres
ducs de plus en plus redoublées jusqu'à leur entraînement forcé dans l'affaire du bonnet.   XI   9

— Le duc d'Aumont essaye de tonneler le
duc de Saint-Simon sur la suite des
présidents.   XI   22

— Efforts et manége de Maisons pour persuader la suite des présidents au duc

Simon (Le duc de SAINT-).   Tomes. Pages.

de Saint-Simon et à quelques autres
ducs.   XI   27

— L'affaire du bonnet étrangement finie.
Le duc de Saint-Simon visite le duc
du Maine et lui tient les propos les
plus durs.   XI   46

— Le duc de Saint-Simon obtient de M. le
duc d'Orléans [de voir] deux fois la
princesse des Ursins, chassée d'Espa-.
gne, disgraciée et abandonnée en
France, une fois à son arrivée à Paris
et une à son départ. Il passe huit heu-
res de suite tête-à-tête avec elle. . . .   XI   115

— Mme de Cottenfao meurt sans enfants,
fort riche, et laisse tout son bien au
duc de Saint-Simon. Il l'accepte et le
rend tout de suite en entier à son
mari, ni l'un ni l'autre ne lui en ayant
jamais parlé ni rien fait entendre. . .   XI   126

— Coettenfao lui envoie furtivement pour
60,000 livres de vaisselle d'argent, fort
belle et toute neuve, qu'il le force enfin
d'accepter.   XI   129

— Entretien, curieux par ses suites, entre
M. le duc d'Orléans et le duc de Saint-
Simon sur la résolution prise par le
Roi d'aller lui-même au Parlement y
faire enregistrer la Constitution, mais
sans effet, parce que le Roi ne fut pas
en état d'y aller.   XI   155

— Le duc de Saint-Simon entretient furtivement la princesse des Ursins dans
son carrosse, à Marly, où elle étoit venue un moment prendre congé du Roi.
Par l'événement, il ne la revit plus. . .   XI   159

— Singulier manége du maréchal de Ville-
roy autour du duc de Saint-Simon. . .   XI   215

Simon (Le duc de Saint-).   Tomes. Pages.

— Inquiétude et manége du P. Tellier à
l'égard du duc de Saint-Simon..... XI 226

— Le duc de Saint-Simon propose à M. le
duc d'Orléans les conseils et l'ordre à y
établir.................... XI 246

— Établissement des conseils résolu. M. le
duc d'Orléans et le duc de Saint-Simon
discutent ensemble les chefs à donner
à ces conseils et les matières suivantes : marine............. XI 251

— Finance, guerre, affaires ecclésiastiques, feuille des bénéfices, constitution.................. XI 255

— Jésuites................. XI 258

— P. Tellier, Rome et le nonce....... XI 260

— Évêques et leur assemblée actuelle. Commerce du clergé de France à Rome et
à Paris avec le nonce.......... XI 264

— Affaires étrangères et du dedans du
royaume................ XI 266

— Le duc de Saint-Simon refuse de choisir
une place et obstinément l'administration des finances........... XI 267

— État forcé des finances. Banqueroute
préférable à tout autre moyen..... XI 269

— Le duc de Saint-Simon persiste au refus
des finances, malgré le chagrin plus
que marqué de M. le duc d'Orléans. . XI 279

— Il lui propose le duc de Noailles pour
les finances; résistance et débat là-
dessus ; M. le duc d'Orléans y consent
à la fin.................. XI 279

— Le duc de Saint-Simon destiné au conseil de régence.............. XI 281

— Précautions qu'il suggère à M. le duc
d'Orléans. Résolution qu'il lui propose
sur l'éducation du Roi futur, et le duc

Simon (Le duc de Saint·).

Tomes. Pages.

de Charost pour gouverneur, et Nesmond, archevêque d'Albi, pour précepteur, au cas que le Roi n'en eût
pas disposé.   XI   283

— Discussion entre M. le duc d'Orléans et
le duc de Saint-Simon sur les membres
du conseil de régence et sur l'exclusion des gens à écarter : le maréchal
de Villeroy à conserver; le chancelier
Voysin à chasser; les sceaux à donner
à Daguesseau père, conseiller d'État.   XI   286

— Torcy, Desmarets et Pontchartrain à
chasser. Le duc de Saint-Simon sauve
à toute peine la Vrillière; il y travail-
loit depuis longtemps; il lui procure
. une place unique et principale. . . .   XI   288

— Discussion entre les deux mêmes de la
composition et de la mécanique du
conseil de régence.   XI   291

— Le duc de Saint-Simon propose à M. le
. duc d'Orléans de convoquer, aussitôt
après la mort du Roi, les états généraux, comme étant sans danger pour
qui n'avoit rien géré, avantageux pour
lui, utiles pour les finances.   XI   293

— Grand parti à tirer délicatement des
états généraux sur les renonciations.   XI   298

— Réflexion qu'il présente sur les états
généraux par rapport aux finances. .   XI   300

— Rien de répréhensible, par rapport au
Roi, dans la conduite proposée sur les
états généraux.   XI   302

— Usage possible à faire des états généraux à l'égard du duc du Maine. . . .   XI   304

— Mécanique à observer. . . . .   XI 307

— Discussion entre les deux mêmes sur la
manière d'établir la régence. Aveu cé-

Simon (Le duc de Saint-).   Tomes. Pages.

lèbre en pareil cas du Parlement séant,
par la bouche du premier président la
Vacquerie, au duc d'Orléans, depuis
Louis XII, de l'entière incompétence
de cette compagnie en toute matière
d'État et de gouvernement. Ce prince
s'y plaignoit amèrement de la régence
de Charles VIII donnée à Mme de Beau-
jeu à son préjudice.   XI   316

— Deux uniques modernes exemples de
régences faites au Parlement. Causes
d'une telle nouveauté.   XI   319

— Raisons de se passer du Parlement pour
la régence de M. le duc d'Orléans,
comme toujours avant ces deux der-
niers exemples..   XI   324

— Observation à l'occasion de la majorité
de Charles IX et de l'interprétation de
l'âge de la majorité des rois.   XI   327

— Mesures et conduite à tenir pour prendre
la régence.   XI   328

— Mesure et conduite à tenir sur les dispositions du Roi indifférentes, et sur
le traitement à faire à Mme de Maintenon. Prévoyances à avoir.   XI   333

— Survivances, brevets de retenue, charges
à rembourser, raisons et moyens de
le faire. Multiplication de récompenses
à procurer.   XI   336

— Le duc de Saint-Simon propose à M. le
duc d'Orléans une taxe non contraire
à la convocation des états généraux,
laquelle au contraire lui est favorable,
et autres remboursements à faire peu
à peu dans la suite.   XI   339

— De n'accorder jamais nulle grâce expectative et de remplir soudainement les

Simon (Le duc de Saint-).   Tomes.   Pages.

    vacances.   XI   343

— De réparer les grands chemins par les
    troupes.   XI   344

— Détails avec mesure, défiances, tracas-
    series, etc.   XI   345

— Extérieur du Roi fort utile et fort à
    imiter.   XI   349

— Conduite personnelle.   XI   350

— Curiosité très-embarrassante de Mme la
    duchesse d'Orléans.   XI   357

— Maisons fait au duc de Saint-Simon une
    proposition énorme et folle, et ne se
    rebute point de la vouloir persuader
    à M. le duc d'Orléans et à lui.   XI   362

— Réflexion sur le but de Maisons.   XI   370

— Le duc de Saint-Simon tire enfin le duc
    de Noailles d'inquiétude en lui appre-
    nant sa très-desirée destination. Folles
    propositions qu'il lui fait.   XI   376

— Sûr d'avoir les finances, il dégoûte, dans
    les trois derniers jours de la vie du Roi,
    des états généraux, et parvient à en
    empêcher la convocation.   XI   380

— Mme la duchesse d'Orléans en crainte des
    pairs sur les bâtards pour la première
    séance au Parlement, après la mort du
    Roi, a recours au duc de Saint-Simon ;
    il la rassure, et pourquoi ; mais en lui
    déclarant que si les princes du sang
    les attaquent en quelque temps que
    ce soit, les pairs les attaqueront en
    même temps et à l'instant.   XI   381

— Le duc de Saint-Simon obtient parole
    de M. le duc d'[Orléans] que la pen-
    sion de Chamillart, de 60,000 livres,
    lui sera continuée en entier, et la per-
    mission de le lui mander.   XI   389

Simon (Le duc de Saint-). Tomes. Pages.

— Le duc de Noailles, seul d'abord, puis
aidé du procureur général Daguesseau, propose au duc de Saint-Simon
l'expulsion ridicule des jésuites hors
du royaume. . . . . XI 389

— Retour de la duchesse de Saint-Simon
des eaux de Forges à la cour. . . . . . XI 395

— Avis du duc de Saint-Simon à M. le duc
d'Orléans sur sa conduite à tenir à la
revue de la gendarmerie, que le Roi ne
put faire et dont il chargea le duc du
Maine, avec toute autorité, en sa place. XI 396

— Le duc de Saint-Simon se joue de Pontchartrain. . . . . XI 399

— Méprise Desmarets, qu'il fait chasser
aussitôt après la mort du Roi. . . . . . XI 401

— Abomination du duc de Noailles : il ose
proposer au duc de Saint-Simon de le
faire lui, Noailles, premier ministre. . XI 407

— Impute au duc de Saint-Simon la proposition inepte que lui-même fait et
soutient contre toutes les raisons que
le duc de Saint-Simon lui oppose. . . XI 415

— Continue de la lui imputer, quoique si
fortement et persévéramment combattue par le duc de Saint-Simon, et
soulève tout contre lui par ce noir artifice. . . . . XI 416

— Étrange embarras du duc de Noailles
avec la duchesse de Saint-Simon. . . XI 417

— Le duc de Saint-Simon apprend la scélératesse du duc de Noailles. . . . . . XI 418

— Son ingratitude monstrueuse; son affreux et profond projet. . . . . XI 419

— Saint-Simon éclate sans mesure contre
Noailles, qui plie les épaules, suit sa
pointe parmi la noblesse. Cabale des

Simon (Le duc de Saint-).

Tomes. Pages.

ducs contre Saint-Simon. . . . . XI 421

— Le duc de Saint-Simon se raccommode
avec le duc de Luxembourg. Caractère
de ce duc. . . . . XI 424

— Suite de l'éclat. Bassesse et désespoir
de Noailles; sa conduite avec le duc
de Saint-Simon et de celui-ci avec lui. XI 424

— Noailles, depuis la mort de M. le duc
d'Orléans, aussi infatigable qu'auparavant à adoucir le duc de Saint-Simon et avec aussi peu de succès. Le
desir extrême d'un raccommodement,
tel qu'il pût être, de lui et de tous les
siens fait enfin le mariage du fils aîné
du duc de Saint-Simon, en 1727, avec
ses très-légères suites. . . . . XI 429

— Le Roi mort, on fut le lendemain matin
au Parlement. Le duc de Saint-Simon
y fait, de concert avec M. le duc d'Orléans et avec les pairs, une protestation solennelle, en leur nom, sur le
bonnet, etc., et une sommation à M. le
duc d'Orléans de décider ces choses sitôt
que les affaires publiques seroient réglées, suivant les paroles réitérées qu'il
leur en avoit données. . . . . XII 191

— Forte et indécente dispute, sur le codicille du Roi, entre M. le duc d'Orléans
et le duc du Maine, en pleine séance;
ils passent en la 4ᵉ chambre des enquêtes pour l'y continuer; le duc de la
Force y va, sent M. le duc d'Orléans
mollir, en avertit le duc de Saint-Simon resté en séance; il y va, fait
rompre la conférence par M. le duc
d'Orléans, rentrer en séance, la lever
aussitôt et la remettre à l'après-dînée. XII 205

Simon (Le duc de Saint-).   Tomes. Pages

— Le duc de Saint-Simon va manger un
    morceau en particulier au Palais-
    Royal avec M. le duc d'Orléans où les
    mesures se prennent, qui réussissent.
    Ils retournent au Parlement, où le co-
    dicille du Roi est entièrement abrogé
    sans que le duc du Maine ose à peine
    dire quelques mots entre ses dents. .   XII   209
— Le duc de Saint-Simon fait déclarer le
    cardinal et le duc de Noailles, l'un
    chef du conseil de conscience avec la
    feuille des bénéfices, l'autre président
    du conseil des finances ; raisons de
    ce.   XII   226
— Le duc et la duchesse de Saint-Simon
    ne veulent point loger à Luxembourg,
    donné à Mᵐᵉ la duchesse de Berry. . .   XII   268
— Il obtient l'abbaye de Jumiéges pour
    l'abbé de Saint-Simon, depuis arche-
    vêque comte de Noyon, enfin de Metz,
    avec brevet de conservation de rang
    et honneurs de Noyon ; puis la survi-
    vance de ses deux gouvernements
    pour ses deux fils, voyant le Régent
    en donner à tout le monde.   XII   270
— Il se raccommode avec le maréchal de
    Villeroy, à l'issue du premier conseil
    de régence, où les rangs et séances
    avoient été réglées.   XII   272
— Le maréchal de Besons, trompé et lié à
    des fripons, s'éloigne de plus en plus
    du duc de Saint-Simon, et ce dernier
    de lui après sa vaine et ridicule ten-
    tative de se faire un petit ministère à
    part des placets.   XII   274
— Amelot, arrivant de Rome, conte au duc
    de Saint-Simon une rare et curieuse

Simon (Le duc de Saint-).   Tomes. Pages.

conversation entre le Pape et lui sur
la Constitution.. . . . . XII 275

— Suite et détail des finances, trop fort
pour le duc de Saint-Simon, et trop
vaste pour les raconter. . . . . XII 290

— Le premier écuyer parle au duc de
Saint-Simon en faveur de sa femme
et le presse de la vouloir bien recevoir. Caractère de Mme de Beringhen.
Saint-Simon reçoit enfin sa visite. . . XII 308

— Il se brouille pour toujours avec Sandricourt, sur l'indignité de ses procédés
et de son mariage. . . . . XII 314

— Il veut se retirer de tout à la mort du
Roi ; se laisse raccrocher, malgré lui,
par M. le duc d'Orléans. . . . . XII 321

— Il fait mettre la comtesse de Poitiers par
Mme la duchesse d'Orléans du nombre
des dames qu'elle s'attache. . . . . . XII 342

— Il fait chasser Pontchartrain et mettre
en sa place son fils Maurepas encore
tout jeune. . . . . XII 346

— Éclat entre le duc de Saint-Simon et le
comte et la comtesse de Roucy, qui
les brouille pour toujours. . . . . . . XII 356

— Le duc de Saint-Simon pare l'exil à Desmarets, consent à se raccommoder
avec lui ; rare, franche et curieuse conversation entre eux deux dans le parc
de la Ferté. . . . . XII 401

— Il est visité, sans cause ni prétexte, par
le duc du Maine. . . . . XII 405

— Il visite après le duc et Mme la duchesse
du Maine, qui lui tiennent des dis-
cours fort singuliers, mais fort polis. . XII 407

— Il refuse, puis félicite, l'abbé du Bois sur
une place de conseiller d'État d'Église. XII 410

Simon (Le duc de Saint-).   Tomes. Pages.

— Il fait donner voix à la Vrillière au conseil de régence.. . . . . XII 423
— Propose à M. et à Mme la duchesse d'Orléans le comte de Cheverny pour gouverneur de M. le duc de Chartres. . . XII 434
— Propose à M. le duc d'Orléans, sur l'utile
 exemple de la maison d'Autriche, l'in-
 dissoluble et perpétuelle union de la
 France avec l'Espagne, comme le solide et véritable intérêt de l'État, dont
 la maison d'Autriche et les Anglois
 sont les ennemis naturels. . . . . XII 459
— Le parti de la Constitution n'oublie rien
 pour gagner le duc de Saint-Simon
 jusqu'à lui proposer une tentation
 horrible.. . . . . XIII 30
— Conduite du duc de Noailles avec le duc
 de Saint-Simon et de celui-ci avec
 Noailles. . . . . XIII 32
— Le maréchal de Montrevel, outré de quitter le commandement de Guyenne
 pour celui d'Alsace, s'en prend au duc
 de Saint-Simon, qui ne s'en soucie
 guère, mais qui n'y avoit aucune
 part.. . . . . XIII 45
— Le duc de Saint-Simon se dégoûte de
 parler à M. le duc d'Orléans de la conduite et des appuis du Parlement, lui
 en prédit le triste succès et demeure
 depuis là-dessus dans un entier silence. . . . . XIII 48
— Il s'oppose fortement à la banque de
 Law tant en particulier avec M. le duc
 d'Orléans qu'en plein conseil de régence. Elle y passe et ensuite au Parlement. . . . . XIII 50
— M. le duc d'Orléans exige absolument

Simon (Le duc de Saint-).   Tomes. Pages .

    du duc de Saint-Simon, et malgré lui,
    un commerce réglé, chez ce duc, une
    fois la semaine, avec Law, qui dure
    jusqu'à sa chute. Vues de Law à l'é-
    gard du duc de Saint-Simon. XIII   52

— M. le duc d'Orléans, fortement tenté de
    rappeler les huguenots en France, en
    parle au duc de Saint-Simon, qui l'en
    détourne. XIII   85

— Conduite du duc de Saint-Simon avec
    le Régent à l'égard du Parlement. . . XIII   106

— Il raccommode Coigny avec le Régent et
    le fait entrer au conseil de guerre.
    Coigny ne l'oublie jamais. Il alloit
    vendre sa charge de colonel général
    des dragons, tout quitter et se retirer
    en Normandie. XIII   114

— Le duc de Brancas, trompé par Canillac
    pour être fait pair, vient au duc de
    Saint-Simon par bricole. Son fils, sur
    qui la pairie devoit être mise, donne,
    devant témoins, toute assurance, sa
    foi, sa parole, son honneur, d'une con-
    dition raisonnable sans laquelle Saint-
    Simon ne vouloit pas agir ; Brancas
    fils l'accepte ainsi ; Saint-Simon ob-
    tient avec peine qu'il soit fait pair.
    Longtemps après il manque infâme-
    ment de parole et en jouit. XIII   126

— Le duc de Saint-Simon se divertit à don-
    ner publiquement un grand dégoût à
    Noailles chez M. le duc d'Orléans. . . . XIII   133

— Il opine fortement, mais inutilement,
    contre l'abolition de Bonneval. XIII   199

— Il prédit, en plein conseil de régence,
    après un long et curieux colloque, là
    même, avec l'ancien évêque de Troyes,

Simon (Le duc de Saint-).   Tomes. Pages.

que la Constitution poussera sa fortune jusqu'à devenir règle et article
de foi. Troyes se récrie sur ce que cela
est impossible. Saint-Simon prie le
conseil de se souvenir de sa prédic-
tion...................................... XIII   246
— Dagnesseau, procureur général, lit au
cardinal de Noailles, et au duc de
Saint-Simon en tiers, un mémoire
transcendant, fait par lui, pour montrer que la Constitution ne pouvoit
être reçue.............................. XIII   248
— Le duc de Saint-Simon obtient l'abbaye
d'Andecy pour une de ses belles-
sœurs................................... XIII   250
— Et une dans Senlis pour l'abbé de Fou-
rilles.................................. XIII   251
— Conduite du duc de Saint-Simon avec le
Régent et avec Daguesseau, procu-
reur général, fait chancelier......... XIII   256
— Singulier entretien et convention encore
plus singulière entre le Régent et le
duc de Saint-Simon.................... XIII   268
— Saint-Simon, peu d'avis de la triple
alliance telle qu'alors, fait, en opi-
nant, une cruelle malice au maréchal
d'Huxelles et s'oppose de toute sa
force, dans le même conseil de régence, mais en vain, à la proscrip-
tion des jacobites en France.......... XIII   270
— Il empêche la destruction de Marly sur
le point d'être exécutée.............. XIII   279
— Il obtient les grandes entrées, tôt après
prodiguées, enfin supprimées. Explication des entrées.................... XIII   283
— Il exhorte en vain le cardinal de Noailles de publier son appel, qui n'étoit

Simon (Le duc de Saint-).   Tomes. Pages

plus ignoré, lui en prédit le succès et
les tristes suites du délai. XIII   344
— Entretien tête-à-tête de M. le duc d'Or-
léans et du duc de Saint-Simon, seuls
dans sa petite loge de l'Opéra où il
l'avoit entraîné malgré lui, sur les ap-
pels et la Constitution. XIII   346
— Objection du grand nombre. Le duc de
Noailles vend son oncle à sa fortune. . XIII   349
— Poids des personnes et des corps. XIII   354
— Conduite à tenir par le Régent. XIII   356
— Raisons personnelles. XIII   358
— Conduite du duc de Saint-Simon avec
le Régent sur l'affaire des princes du
sang et des bâtards, et sur les mouvements de la prétendue noblesse. . . . XIII   396
— Conduite du duc de Saint-Simon dans le
conseil de régence, où il fut défendu
à la prétendue noblesse de s'assembler, etc., conduite à l'instant suivie
par tous les ducs du conseil, et, un
moment après, par les princes du
sang et par les bâtards. XIII   400
— Conduite du duc de Saint-Simon à l'é-
gard des mouvements causés par le
jugement rendu contre la prétendue
noblesse et entre les princes du sang
et les bâtards. XIII   426
— Occasion de la pièce suivante faite et
donnée par le duc de Saint-Simon à
M. le duc d'Orléans, laquelle empêcha
la convocation des états généraux,
que le duc de Noailles avoit résolue.
Raison d'insérer ici cette pièce. XIII   428
— Mémoire à Son Altesse Royale Mgr le duc
d'Orléans, régent du royaume, sur une
tenue d'états généraux. Projets d'é-

Simon (Le duc de Saint-).   Tomes.   Pages.

tats généraux fréquents de Mᵍʳ le Dauphin, père du Roi. XIII   430
— Le duc de Saint-Simon vouloit les états
généraux à la mort du feu Roi. Embarras des finances, et subsidiaire-
ment de l'affaire des princes, motifs
alors de vouloir les états généraux.
Trait sur le duc de Noailles. XIII   430
— Introduction à l'égard des finances. . . XIII   432
— État de la question. XIII   433
— Grande différence d'assembler d'abord
les états généraux avant d'avoir tou-
ché à rien, ou après avoir tout en-
tamé et fait tant d'opérations. XIII   434
— Trait sur le duc de Noailles. XIII   434
— Chambre de justice, mauvais moyen. . . XIII   435
— Timidité, artifice et malice du duc de
Noailles à l'égard du duc de la Force
très-nuisible aux affaires. XIII   435
— Banque de Law. XIII   436
— Iʳᵉ partie. Inutilité des états. XIII   436
Malheur du dernier gouvernement. . XIII   437
Choc certain entre les fonciers et les
rentiers. XIII   439
Iᵉʳ ordre nécessairement divisé entre
les fonciers et les rentiers, quoique
bien plus favorable aux fonciers. . . . XIII   440
IIᵈ ordre tout entier contraire aux ren-
tiers. Éloge et triste état du IIᵈ ordre. . XIII   440
IIIᵉ ordre tout entier pour les rentiers. XIII   441
Choc entre les deux premiers ordres et
le troisième sur les rentes, certain et
dangereux. XIII   442
Pareil choc entre les provinces sur les
rentes auxquelles le plus grand nom-
bre sera contraire. XIII   444
Ce qu'il paroît de M. le duc d'Orléans. XIII   445

Simon (Le duc de Saint-).   Tomes. Pages.

Certitude du jugement par les états généraux sur l'affaire des princes. Ses motifs de la renvoyer aux états généraux, et de l'abus des vues de Son Altesse Royale à cet égard. . . . . XIII 445

États généraux parfaitement inutiles pour le point des finances et pour celui de l'affaire des princes. . . . . . . XIII 446

— II^{de} partie. Inconvénients des états généraux. . . . . XIII 447

1. Rangs et compétences. . . . . XIII 448

2. Autorité et prétentions. . . . . XIII 448

3. Difficulté de conduite pour le Régent. . . . . XIII 450

4. Danger et dégoût des promesses, sans succès effectif. . . . . XIII 451

5. Fermeté nécessaire. Demandes des états. . . . . XIII 453

6. Proposition des états. Nulle proportion de l'assemblée des états généraux à pas une autre . . . . XIII 455

7. Deux moyens de réfréner les états généraux, mais pernicieux l'un et l'autre. . . . . XIII 458

8. Refus. . . . . XIII 460

9. Danger de formations de troubles. XIII 461

10. Autorité royale à l'égard de l'affaire des princes. . . . . XIII 461

— IIIe partie. Ier ordre. La constitution *Unigenitus*. Juridiction ecclésiastique. . . XIII 465

II^d ordre voudra juger seul l'affaire des princes. Trait sur le mouvement de la prétendue noblesse et sur le rang de prince étranger. . . . . XIII 469

Partialités et leurs suites. . . . . XIII 472

Situation du II^d ordre, d'où naîtront des représentations et des propositions. . XIII 473

Simon (Le duc de Saint-).   Tomes.   Pages.

Choc entre le II^d et le IIIe ordre inévi-
table sur le soulagement du II^d ordre. XIII   473
Mécontentement du militaire XIII   473
IIIe ordre en ce qui le compose. . . . XIII   474
IIIe ordre en querelle, en division, en
confusion intérieure, en laquelle le
II^d ordre prendra parti, et commis
avec le Ier et avec le IIIe ordre. XIII   474
Grande et totale différence de la tenue
des états généraux à la mort du Roi,
d'avec leur tenue à présent. XIII   476
Tiers état peu docile et dangereux en
matière de finance. Péril de la ban-
que de Law.. XIII   477
Trait sur le duc de Noailles.. XIII   478
Exemples qui doivent dissuader les
états généraux. XIII   479
États généraux utiles, mais selon le
temps et les circonstances. XIII   480
— Courte récapitulation des inconvénients
d'assembler les états généraux. XIII   480
— Conclusion. Trait sur le duc de Noailles. XIII   481
— Fin du mémoire. XIII   482
— Vues personnelles du duc de Saint-Simon répandues dans ce mémoire. Il
empêche les états généraux. XIII   483
— M. le duc d'Orléans parle au duc de
Saint-Simon d'un mémoire sur les
finances annoncé par le duc de Noailles et d'un comité sur les finances ; il
le presse fortement, à deux reprises,
d'en être, dont Saint-Simon s'excuse
obstinément. XIV   3
— Il est bombardé au conseil de régence
pour être de ce comité. Le duc de
Saint-Simon allègue ses raisons, ses
excuses, passe jusqu'aux protestations,

Simon (Le duc de Saint-).   Tomes. Pages.

malgré lesquelles M. le duc d'Orléans
le lui ordonne. XIV   6
— Il fait acheter, pour le Roi, par le Régent, qui y résistoit fort, ce diamant,
unique en tout, qui fut nommé le Ré-
gent. XIV   12
— Il propose à M. le duc d'Orléans de mettre le maréchal de Tessé auprès du
Czar pendant son séjour à Paris. XIV   20
— Il va voir, chez d'Antin, le Czar tout à
son aise, sans vouloir en être connu. . XIV   31
— Il traite étrangement le duc de Noailles,
en plein conseil de régence, sur l'affaire de Courson, intendant de Bor-
deaux. XIV   88
— Il fait précéder le maréchal d'Estrées par
le maréchal de Tallart, entrant enfin au
conseil de régence, et, dans ce même
conseil, tire le même Tallart d'un grand
embarras. XIV   93
— Sa conduite dans le comité des finances. XIV 103
— Il propose en particulier au chancelier,
chez qui le comité se tenoit, la réforme de quelques troupes distinguées, avec les raisons et la manière
de la faire ; le chancelier l'approuve
fort, mais elle demeure entre eux deux
par la foiblesse du Régent. . . . . . . XIV 106
— Le duc de Saint-Simon achète, pour ses
deux fils, deux régiments de cavalerie. XIV 123
— Il est chargé, malgré lui, d'un commerce
avec Plénœuf, réfugié à Turin, sur le
mariage d'une fille de M. le duc d'Orléans avec le prince de Piémont, et
s'en décharge sur l'abbé du Bois aussitôt après son retour d'Angleterre. . . . XIV 187
— Il sert bien et adroitement le duc de

Simon (Le duc de Saint-).   Tomes. Pages.

   Boufflers dans l'affaire du pays de
   Lalleu. . . . . XIV 199

— Reconnoissance des députés du pays de
   Lalleu pour le duc de Saint-Simon. . XIV 206

— La marquise d'Alègre entre avec le duc
   de Saint-Simon en mystérieux commerce, qui dure plus d'un an. . . . . XIV 212

— Le duc de Noailles, agité de crainte sur
   sa place des finances, veut regagner le
   duc de Saint-Simon et se hasarde en
   un conseil de régence pour les finances de lui proposer de rétablir le temporel de la Trappe, ruiné, voulant rétablir celui de Septfonts. . . . . . . XIV 295

— On fait manquer, à deux différentes fois,
   au duc de Saint-Simon la suppression
   de la gabelle. Tout bien impossible en
   France. . . . . XIV 303

— Singulière colère et propos singuliers
   entre M. le duc d'Orléans et le duc de
   Saint-Simon sur les entreprises du
   Parlement dont ce prince lui parloit. . XIV 310

— Conduite du duc de Saint-Simon sur le
   trébuchement du duc de Noailles et
   du chancelier. . . . . XIV 313

— Raisons qui déterminent le duc de Saint-
   Simon pour Argenson, à qui il fait
   donner les sceaux et les finances; il
   l'en avertit la veille et tâche de le capter en faveur du cardinal de Noailles. XIV 316

— Politesse du nouveau garde des sceaux
   fort marquée pour le duc de Saint-
   Simon. . . . . XIV 317

— M. le duc d'Orléans tâche inutilement
   par lui-même de vaincre le duc de
   Saint-Simon les avantages qu'il
   voul on Champagne et en

SAINT 34

Simon (Le duc de Saint-).   Tomes. Pages.

traitement du Roi au duc de Lorraine,
et par Saint-Contesi, commissaire
nommé pour faire le traité. M. le duc
d'Orléans vient enfin à prier le duc de
Saint-Simon de s'absenter du conseil
de régence le jour que le traité de Lorraine y. seroit porté. Le duc de Saint-
Simon y consent. XIV   342
— Il lui en arrive de même lorsque le Régent accorda le traitement de *Majesté*
au roi de Danemark, et celui de *Hau-*
tes Puissances aux états généraux des
Provinces-Unies. XIV   345
— Bagatelles entre M. le duc d'Orléans et
le duc de Saint-Simon. XIV   348
— Conférence entre le cardinal de Noailles
et Argenson, garde des sceaux, chez
le duc de Saint-Simon, dont ce dernier
demeure peu content. XIV   357
— Sommes données par M. le duc d'Orléans
aux abbayes de la Trappe et de Septfonts. Conduite du duc de Saint-Simon
avec le duc de Noailles à cet égard, et
avec l'abbé de Septfonts, avec lequel il
lie une étroite amitié. XIV   357
— Le duc de Saint-Simon tire M. le duc
d'Orléans d'embarras en lui proposant
de donner sur-le-champ l'archevêché
de Cambray au cardinal de la Trémoille, et l'évêché de Bayeux, qu'avoit
ce cardinal, à l'abbé de Lorraine. . . XIV   361
— Il obtient un régiment d'infanterie pour
le marquis de Saint-Simon, qui meurt
trois mois après, et de le faire passer
à son frère encore presque enfant. . . XIV   362
— Le duc de Saint-Simon a pris tout ce
qu'il rapporte des affaires étrangères

Simon (Le duc de Saint).

Tomes. Pages.

de ce que Torcy lui a communiqué. . XV 296

— Indique, sur l'affaire de la Constitution, des matériaux très-curieux par eux-mêmes et par leur exacte vérité. . . . XV 297

— Religion du duc de Saint-Simon sur les choses qu'il rapporte. . . . . XV 298

— Sarcasme par lequel le duc de Saint-Simon fait enfin dédommager le chapitre de Denain de ce qu'il a souffert par le combat de Denain. . . . . XV 334

— M. le duc d'Orléans force le duc de Saint-Simon à lui parler sur le Parlement. . XV 352

— Il envoie le duc de la Force, Fagon et Law conférer chez le duc de Saint-Simon. . . . . XV 353

— Le duc de Saint-Simon conseille à Law, dans son extrême mais raisonnable frayeur, de se retirer au Palais-Royal. Raisons de ce conseil, que Law suit à l'heure même. . . . . XV 355

— Le duc de Saint-Simon propose un lit de justice aux Tuileries; pourquoi là plutôt qu'au Palais. Plan pris en cette conférence. . . . . XV 355

— Le Régent mande le duc de Saint-Simon, confère seul avec lui. Saint-Simon insiste à n'attaquer que le Parlement, et point tout à la fois le duc du Maine comme Monsieur le Duc le veut. . . . XV 359

— Conférence entre le Régent, le duc de Saint-Simon, le garde des sceaux, l'abbé du Bois et la Vrillière, à l'issue du long tête-à-tête entre M. le duc d'Orléans et le duc de Saint-Simon. . XV 360

— Monsieur le Duc survient; M. le duc d'Orléans va l'entretenir, appelle le duc de Saint-Simon en tiers, tandis

Simon (Le duc de Saint-).   Tomes. Pages.

que les autres vont se promener dans
la galerie des Coëpel.   XV   363
— Propos entre eux trois avant la confé-
rence recommencée et encore après
qu'elle fut finie.   XV   364
— Le duc de Saint-Simon, chargé de la mé-
canique, va chez Fontanieu, garde-
meuble de la couronne, pour la con-
struction très-secrète du lit de justice,
le duc d'Aumont plus que très-suspect
étant en année par qui il n'y avoit
pas moyen de passer. Contre-temps
chez Fontanieu, son effroi à la première ouverture, il fait après mer-
veilles et très-fidèlement.   XV   365
— Monsieur le Duc écrit le lendemain matin
au duc de Saint-Simon, lui demande
un entretien dans la matinée chez lui
ou à l'hôtel de Condé à son choix;
Saint-Simon va sur-le-champ à l'hôtel
de Condé.   XV   368
— Long entretien tête-à-tête. Raisons de
Monsieur le Duc pour ôter l'éducation
du Roi au duc du Maine; raisons du
duc de Saint-Simon pour ne la lui pas
ôter alors.   XV   369
— Monsieur le Duc propose au duc de
Saint-Simon le dépouillement du duc
du Maine; le duc de Saint-Simon s'y
oppose de toutes ses forces, mais il
vouloit pis à la mort du Roi; ses
raisons.   XV   371
— Dissertation entre eux sur le comte de
Toulouse. Monsieur le Duc propose au
duc de Saint-Simon la réduction des
bâtards, si l'on veut, au rang de leurs
pairies parmi les pairs.   XV   376

Simon (Le duc de Saint-).   Tomes. Pages.

— Il veut avoir l'éducation du Roi sans
faire semblant de s'en soucier; raisons que le duc de Saint-Simon lui
objecte. Discussion entre eux deux sur
l'absence hors du royaume de M. le
comte de Charolois.   XV   379

— Monsieur le Duc sonde le duc de Saint-
Simon sur la régence au cas que
M. le duc d'Orléans vînt à manquer et
sur les idées de Mme la duchesse d'Orléans de faire Monsieur son fils régent
et le comte de Toulouse lieutenant général du royaume. Le duc de Saint-
Simon rassure Monsieur le Duc sur ce
que, le cas arrivant, la régence lui ap-
partient. Monsieur le Duc lui déclare
que son attachement pour M. le duc
d'Orléans dépend de l'éducation du
Roi. Conclusion de la très-longue conversation.   XV   384

— Le duc de Saint-Simon donne chez lui,
à Fontanieu, un nouvel éclaircissement sur la mécanique dont il étoit
chargé.   XV   389

— Contre-temps au Palais-Royal. Le duc
de Saint-Simon rend compte à M. le
duc d'Orléans de sa longue conversa-
tion avec Monsieur le Duc.   XV   389

— Reproches de la part de Saint-Simon;
aveux de celle du Régent. Lit de justice
différé de trois jours. Le Régent
tourne la conversation sur le Parlement; le duc de Saint-Simon lui reproche fortement ses fautes; le Régent
en convient et avoue sa foiblesse et
qu'il a été assiégé.   XV   391

— Soupçons sur la tenue du lit de justice.

Simon (Le duc de Saint-).   Tomes.   Pages.

Contre-temps qui font manquer au duc
de Saint-Simon un rendez-vous avec
Monsieur le Duc dans le jardin des
Tuileries.   XV   396
— M. le duc d'Orléans rend au duc de
Saint-Simon sa conversation avec
Monsieur le Duc, qui veut pour lui l'é-
ducation du Roi et un établissement
pour M. le comte de Charolois.   XV   402
— Le duc de Saint-Simon renoue, pour le
soir, le rendez-vous aux Tuileries.
Dissertation dans ce jardin entre Monsieur le Duc et lui sur M. le comte
de Charolois, sur le point d'Espagne,
à l'égard de ce prince, et sur l'éducation du Roi qu'il veut avoir et l'ôter
sur-le-champ au duc du Maine. . . .   XV   405
— Monsieur le Duc charge obstinément le
duc de Saint-Simon de la plus forte déclaration à M. ie duc d'Orléans sur l'é-
ducation du Roi de sa part.   XV   406
— Monsieur le Duc convient, avec le duc
de Saint-Simon, de la réduction des
bâtards au rang de leurs pairies, au
prochain lit de justice. Ils se donnent
tous deux le même rendez-vous pour
le lendemain.   XV   409
— Le duc de Saint-Simon rend compte au
Régent de sa conversation avec Monsieur le Duc. Hoquet du Régent pour
le lit de justice sur l'élévation des hauts
siéges égale à celle de la grand'chambre
d'où naît un doute de la volonté d'un
prétexte frivole pour ne le pas tenir. .   XV   411
— Le Régent rend au duc de Saint-Simon
une conversation bien considérable
qu'il avoit eue avec le comte de Tou-

Simon (Le duc de Saint).

	Tomes.	Pages.

louse. Probité de celui-ci, scélératesse
de son frère. . . . . XV 413

— Le duc de Saint-Simon tâche à fortifier
M. le duc d'Orléans à ne pas toucher
au duc du Maine; propos entre eux
deux sur le rang; réflexions du duc
de Saint-Simon sur le rang. . . . . . XV 414

— Conférence chez le duc de la Force.
Sage prévoyance de Fagon et de
l'abbé du Bois. . . . . XV 417

— Entretien entre Monsieur le Duc et le
duc de Saint-Simon dans le jardin
des Tuileries. Il veut l'éducation du
Roi plus fortement que jamais; le duc
de Saint-Simon lui fait, pour différer,
une proposition qu'il refuse, sur quoi
le duc de Saint-Simon le presse avec
la dernière force. . . . . XV 418

— Outre l'honneur, suites funestes des
manquements de parole. . . . . XV 419

— Le duc de Saint-Simon essaye de dé-
ranger l'opiniâtreté de Monsieur le
Duc sur l'éducation actuelle, par les
réflexions sur les embarras de la mécanique. . . . . XV 419

— Il presse vivement Monsieur le Duc, qui
demeure inébranlable; ses raisons. . XV 426

— Le duc de Saint-Simon le fait expliquer
sur la réduction des bâtards au rang
de leurs pairies: Monsieur le Duc y
consent; le duc de Saint-Simon ne s'en
contente pas; il veut que Monsieur le
Duc en fasse son affaire, comme de
l'éducation même, et le pousse fortement. Monsieur le Duc lui avoue la
trahison de Lassay. XV

— Monsieur le Duc desire que le duc

Simon (Le duc de Saint-).   Tomes.   Pages.

    de Saint-Simon voie les trois divers
projets d'édit donnés par lui à M. le
duc d'Orléans.   XV   432

— Le duc de Saint-Simon lui déclare qu'il
sait du Régent que la réduction des
bâtards au rang de leurs pairies est
en ses mains de lui Monsieur le Duc,
et que le Régent la trouve juste. Le
duc de Saint-Simon presse vivement
Monsieur le Duc.   XV   433

— Monsieur le Duc donne sa parole au duc
de Saint-Simon de la réduction des
bâtards au rang de leurs pairies. . . .   XV   435

— Le duc de Saint-Simon propose à Monsieur le Duc de conserver le rang sans
changement au comte de Toulouse,
par un rétablissement uniquement
personnel; raisons du duc de Saint-
Simon.   XV   436

— Monsieur le Duc consent enfin avec
grand'peine à la proposition en faveur du comte de Toulouse et d'en
faire dresser la déclaration. Le duc de
Saint-Simon la veut dresser aussi, et
pourquoi.   XV   439

— Raisonnement encore entre Monsieur le
Duc et le duc de Saint-Simon sur la
mécanique.   XV   440

— Monsieur le Duc renouvelle au duc de
Saint-Simon sa parole de la réduction
des bâtards au rang de leurs pairies.
Dernier effort du duc de Saint-Simon
pour le détourner de l'éducation et
de toucher au duc du Maine.   XV   440

— Millain, secrétaire de Monsieur le Duc,
apporte au duc de Saint-Simon les
trois divers projets d'édits; lui con-

Simon (Le duc de Saint-).   Tomes. Pages.

firme la parole de Monsieur le Duc
sur le rang; lui promet de revenir le
lendemain matin. Satisfaction réci-
proque..   XV   442

— Le duc de Saint-Simon rend compte au
Régent de sa conversation avec Monsieur le Duc; Son Altesse Royale déterminée à lui donner l'éducation. Le
duc de Saint-Simon proteste avec
force contre la résolution de toucher
au duc du Maine quoique sa réduction au rang de ses pairies en dé-
pendît. Mais quoi qu'il eût pu dire et
faire dès le commencement de cette
affaire, le parti étoit pris. Alors le
duc de Saint-Simon demande très-vi-
vement la réduction des bâtards au
rang de leurs pairies; cavillations du
Régent; Saint-Simon le force dans
tous ses retranchements.   XV   443

— Il lui propose le rétablissement uniquement personnel du comte de Toulouse; il l'approuve. Reproches du
duc de Saint-Simon au Régent.. . . .   XV   447

— Il lui propose les inconvénients méca-
niques, les discute avec lui, l'exhorte
à la fermeté.   XV   449

— Avis peu apparent donné au duc de
Saint-Simon d'un projet de finir la
Régence; il le mande aussitôt à M. le
duc d'Orléans.   XV   450

— Monsieur le Duc vient chez le duc de
Saint-Simon lui dire qu'il a demandé
la réduction des bâtards au rang de
leurs pairies et de l'ancienneté d'icel-
les parmi les autres pairies; vient
aussi de la part du Régent pour s'é-

Simon (Le duc de Saint-).   Tomes.   Pages.

claircir sur l'avis susdit......... XV   450

— Le duc de Saint-Simon apprend. chez lui
au duc de la Force où en étoient les
bâtards à l'égard des pairs, et le prie
de dresser la déclaration en faveur du
comte de Toulouse............ XV   451

— Conférence de l'abbé du Bois et de Fagon avec le duc de Saint-Simon chez
lui sur les inconvénients possibles et
les remèdes, où Fagon s'avise sagement de remettre au samedi à arrêter
les membres du Parlement, qui le devoient être le vendredi......... XV   452

— Le duc de la Forcè et Millain chez le duc
de Saint-Simon dès le matin, avec chacun sa déclaration en faveur du comte
de Toulouse. Millain avertit le duc de
Saint-Simon, de la part de Monsieur
le Duc, que M. le duc d'Orléans en avoit
chargé, de se trouver à huit heures du
soir du même jour chez le Régent par
la petite porte pour achever d'y concerter tout entre le Régent, Monsieur
le Duc et le duc de Saint-Simon seuls
pour le lendemain et d'y mener Millain.................... XV   454

— Le duc de Saint-Simon parle avec force
à Millain sur la réduction des bâtards
au rang d'ancienneté de leurs pairies
et le charge de le dire à Monsieur le
Duc mot pour mot. Le duc de Saint-
Simon va au Palais-Royal le même
matin................... XV   454

— Contre-temps à la porte secrète de M. le
duc d'Orléans. Le duc de Saint-Simon
lui fait approuver le délai de 24 heures d'arrêter les membres du Parle-

Simon (Le duc de Saint-)

Tomes. Pages.

ment désignés. . . . . XV 456

— Discussion entre eux deux seuls sur plusieurs inconvénients possibles dans l'exécution du lendemain. . . . . XV 457

— Monsieur le Duc survient en tiers. Le duc de Saint-Simon les prend tous deux à témoins de son avis et de sa conduite dans cette affaire ; il les exhorte à l'union et à la confiance réciproque. . . . XV 458

— Il leur parle avec force de la réduction des bâtards à leur rang d'ancienneté de leurs pairies, mais comme n'en pouvant plus douter, et en ayant la parole de l'un et de l'autre ; ils l'avertissent de ne pas manquer au rendez-vous du même jour, à huit heures du soir, avec eux deux. . . . . XV 458

— Monsieur le Duc envoie, dans l'après-dînée, au duc de Saint-Simon, par Millain, la certitude de la réduction des bâtards au rang d'ancienneté de leurs pairies. Le duc de Saint-Simon engage Monsieur le Duc à s'en assurer de plus en plus. . . . . XV 460

— Conférence le même jour chez le duc de Saint-Simon entre lui, le duc de la Force, Fagon et l'abbé du Bois ; tout prévu et remédié autant que le possible. . . . . XV 461

— Conférence le même jour, à huit heures du soir, au Palais-Royal, entre M. le duc d'Orléans, Monsieur le Duc et le duc de Saint-Simon seuls, où, sur la fin, Millain fut appelé. Tout s'y résume pour le lendemain et les de▒▒▒▒ partis y sont pris. Le duc de ▒▒▒▒▒▒▒▒on, effrayé de trouver le ▒▒▒▒▒▒▒▒▒▒▒Ht

Simon (Le duc de Saint-).   Tomes. Pages.

avec un peu de fièvre, est rassuré par
lui, qui proteste qu'en quelque état qu'il
fût il ne manqueroit à rien le lendemain. Cette fièvre ne fut qu'une agita-
tion de rien.   XV   462

— Solutions au cas de refus obstiné du
Parlement à obéir.   XV   465

— Pairs de France de droit, officiers de la
couronne de grâce, mais d'usage, ont
seuls voix délibérative au lit de justice
en matière d'État, les magistrats voix
tout au plus consultative, le chancelier excepté comme officier de la couronne, et le garde des sceaux en son
absence, parce qu'il tient sa place. . .   XV   466

— Avec la permission du Régent, le duc de
Saint-Simon confie, le soir tout tard,
au duc de Chaulnes les événements si
prochains.   XV   469

— Discrétion de l'habit de Parlement du
duc de Saint-Simon. Il fait avertir le
matin le comte de Toulouse d'être
sage et qu'il ne perdra pas un cheveu.   XV   472

— Il arrive aux Tuileries le vendredi,
26 août 1718, à huit heures du matin,
heure indiquée pour le conseil de
régence précédant le lit de justice.
Ils y en trouvent tout l'appareil dressé
subitement, secrètement, exactement.   XVI   2

— Il entre, sans le savoir, dans la chambre
où étoient le garde des sceaux, la
Vrillière et tout ce qui leur falloit, puis
il entre dans le cabinet du conseil. . .   XVI   3

— Le Régent a envie de parler au comte
de Toulouse, qui arrive en manteau ;
le duc de Saint-Simon tâche de l'en
détourner.   XVI   7

Simon (Le duc de Saint-).   Tomes. Pages.

— Le Régent ne peut s'en empêcher, et
vient aussitôt après rendre au duc de
Saint-Simon ce qui vient de se passer
entre eux deux, et lui déclare qu'il a
tout dit au comte de Toulouse, dont
il est content et soulagé.   XVI   9

— Pendant la lecture au conseil de la déclaration du Roi qui réduit les bâtards
au rang de l'ancienneté de leurs pairies,
le duc de Saint-Simon met devant lui,
sur la table du conseil, la requête au
Roi des pairs contre les bâtards, ou-
verte à l'endroit des signatures. . . .   XVI   20

— On opine ce jour-là par la tête. Le duc
de Saint-Simon, l'ancien et le premier
des pairs de la régence, fait le remer-
ciement, au nom de tous les pairs, de
la justice qui leur est enfin rendue;
s'abstient d'opiner dans leur cause et
la sienne, sur quoi le Régent saute au
maréchal d'Estrées, qui n'étoit alors
ni duc ni pair, mais le premier du
conseil après eux.   XVI   24

— Le duc de Saint-Simon, le conseil levé,
parle au maréchal de Tallart sur le
maréchal de Villeroy.   XVI   36

— Il propose inutilement au Régent d'é-
crire un mot à Mme la duchesse d'Orléans, sur la table du conseil, qui
étoit levé.   XVI   38

— Il entre au lit de justice et, suivant qu'il
en étoit convenu avec le Régent, il
confie, allant en place, l'affaire des
bâtards à quelques pairs.   XVI   44

— Il refuse d'une façon très-marquée, tant
lui que les autres pairs, d'opiner sur
l'affaire des bâtards, comme y étant

Simon (Le duc de Saint-).   Tomes. Pages.

parties. XVI   54

— Il reçoit chez lui, arrivant du lit de
justice, un étrange message de M. le
duc d'Orléans, par le marquis de
Biron. XVI   59

— Il va au Palais-Royal; vive et longue
dispute entre M. le duc d'Orléans et lui,
qui le force d'aller de sa part à Saint-
Cloud annoncer à Mme la duchesse
d'Orléans la chute de son frère. L'abbé
du Bois l'interrompt par ses conjouissances et les nouvelles de l'abattement du Parlement; du Bois retiré, la
dispute se reprend fortement; enfin
raisonnements et ordres sur cet
étrange voyage. XVI   60

— Prudence du duc de Saint-Simon confondue par celle d'un page; folie de
Mme la duchesse d'Orléans sur sa bâ-
tardise. On ignore à Saint-Cloud ce
qui s'est passé au lit de justice. . . . XVI   64

— Le duc de Saint-Simon va chez Mme la
duchesse d'Orléans, puis chez Madame,
qui lui apprend la folle et impudente
menace de Mme la duchesse du Maine
à M. le duc d'Orléans. Mme la duchesse
d'Orléans l'envoie prier de revenir
chez elle; Madame le prie de retourner
chez elle après. XVI   66

— Mme la duchesse d'Orléans dicte au duc
de Saint-Simon la suite d'une lettre
commencée de sa main à M. le duc
d'Orléans, admirablement bien écrite;
il achève avec elle et retourne chez
Madame; Mme la duchesse d'Orléans
envoie prier Madame de descendre
chez elle; le duc de Saint-Simon des-

Simon (Le duc de Saint-).   Tomes. Pages.

cend avec elle et entretient la du-
chesse Sforze..   XVI   71

— Il rend compte à M. le duc d'Orléans de
son voyage de Saint-Cloud; conversation avec lui sur l'imminente arrivée de Mme la duchesse d'Orléans au
Palais-Royal; de là le duc de Saint-
Simon demeure brouillé avec Mme la
duchesse d'Orléans. Misère de M. le
duc d'Orléans.   XVI   73

— Le duc de Saint-Simon va à l'hôtel de
Condé, où tout lui rit. Mme de Laigle
le presse inutilement de lier avec
Madame la Duchesse.   XVI   77

— Conversation entre le duc de Saint-
Simon et Valincourt sur le comte de
Toulouse et les bâtards. Valincourt revient aussitôt chez le duc de Saint-
Simon lui faire les remerciements du
comte de Toulouse, et l'assurer qu'il
s'en tiendra à sa conservation.   XVI   81

— Le comte de Toulouse et la duchesse
Sforze blâment souvent et fortement
Mme la duchesse d'Orléans de ne point
voir le duc de Saint-Simon.   XVI   82

— Raisons qui détournèrent le duc de
Saint-Simon de penser lors à l'affaire
du bonnet.   XVI   87

— Le duc de Mortemart, premier gentilhomme de la chambre du Roi, piqué
d'une querelle de charge avec le maréchal de Villeroy, où il n'avoit pas eu
ce qu'il disputoit, envoie, pour la seconde fois, la démission de sa charge
à M. le duc d'Orléans : . . de Saint-
Simon arrive fortuit   . . dessus
et trouve M. le duc .   fort en

Simon (Le duc de Saint-).   Tomes.   Pages

     colère qui vouloit se servir de la dé-
mission et avoit envie de lui donner
la charge; le duc de Saint-Simon, avec
grand'peine, fait renvoyer la démission au duc de Mortemart, et, sans
en parler à personne dans la crainte
d'une nouvelle folie du duc de Mortemart, demande et obtient, deux jours
après, sa survivance pour son fils aîné
presque enfant, petit-fils du feu duc
de Beauvillier, ce qui occasionne
d'autres survivances. XVI   91

— Dédaigneuse franchise du duc de Saint-
Simon avec le duc de Mortemart, avec
qui il étoit mal depuis bien des
années, qui le vint remercier, et qu'il
n'a pas revu depuis. XVI   93

— Le duc de Saint-Simon, qui avoit fort
soutenu le duc de Saint-Aignan, ambassadeur en Espagne, et lui avoit
procuré plusieurs gratifications, le
voyant près de revenir sur l'affaire
de Cellamare, lui obtient, pour en
arrivant, une place dans le conseil de
régence; il étoit frère du feu duc de
Beauvillier. XVI   117

— Conversation forte entre M. le duc d'Orléans et le duc de Saint-Simon sur ses
subsides secrets contre l'Espagne, enfermés seuls dans sa petite loge à
l'Opéra. XVI   121

— Conversation très-forte entre M. le duc
d'Orléans et le duc de Saint-Simon,
dans son grand cabinet, tête-à-tête, sur
sa rupture avec l'Espagne. XVI   125

— Le duc de Saint-Simon, mal instruit de
la grande affaire de la conspiration du

Simon (Le duc de Saint-).
                                                      Tomes. Pages.

duc et de Mme la duchesse du Maine, etc.,
avec le prince de Cellamare, ambas-
sadeur d'Espagne. Cause étrange de
cette ignorance. . . . . XVI 132

— Il apprend de M. le duc d'Orléans plusieurs choses de la conspiration de
Cellamare, du duc et de la duchesse
du Maine, et vaguement du projet. . . XVI 141

— Conseil secret au Palais-Royal, qui se réduit après à Monsieur le Duc et au
duc de Saint-Simon ; le Régent leur
confie que le duc et la duchesse du
Maine sont des plus avant dans la
conspiration ; il délibère avec eux sur
ce qu'il doit faire ; tous trois concluent
à les faire arrêter, conduire le duc du
Maine en prison à Dourlens et la duchesse du Maine dans le château de
Dijon, tous deux bien gardés et resserrés ; Monsieur le Duc dispute un
peu sur Dijon et se rend. . . . . XVI 148

— Conseil secret entre M. le duc d'Orléans,
Monsieur le Duc, le duc de Saint-
Simon, l'abbé du Bois et le Blanc, où
tout est résolu pour le lendemain. . . XVI 153

— Le duc de Saint-Simon empêche le
grand prieur de Vendôme d'entrer au
conseil de régence, fort peu après son
retour. . . . . XVI 185

— Est forcé par le Régent de lui apporter
les Philippiques, que personne ne vouloit lui montrer. État de ce prince en
les lisant. . . . . XVI 199

— Le duc de Saint-Simon est instamment
prié par le maréchal de Villars de
passer chez lui, d'où il n'osoit sortir,
dans la frayeur d'être arrêté sur l'af-

Simon (Le duc de Saint-).   · Tomes. Pages

faire du duc du Maine et de Cellamare ;
il prie le duc de Saint-Simon d'en
parler au Régent ; il le fait et tâche de
rassurer le maréchal.   XVI   212
— Le duc de Saint-Simon représente fortement à M. le duc d'Orléans, l'énormité
de la conduite du duc du Maine à son
égard, lors de son affaire d'Espagne à
la mort du Dauphin et de la Dauphine,
le testament et le codicille du Roi, en
· un mot, dans tous les temps et sans
cesse, la grandeur de ses trois crimes
d'État, la conduite de ses croupiers,
le danger de la fausse politique de
Son Altesse Royale, celui d'une continuelle impunité, la conduite à tenir à
l'égard du duc et de la duchesse du
Maine, de leurs enfants, et de leurs
principaux complices. . . . . , ,   XVI   227
— Ne trouve dans le Régent que mollesse,
foiblesse, misère, ensorcellement par
l'abbé du Bois. Le duc de Saint-Simon
cesse de parler du duc du Maine, etc.,
au Régent.   XVI   230
— Conduite de la duchesse de Saint-Simon
parmi les scandales de Mme la duchesse
de Berry.   XVI   232
— Le duc de Saint-Simon représente inutilement à M. le duc d'Orléans la nécessité et la facilité de mettre le premier
guichet du Louvre vis-à-vis la rue
Saint-Nicaise, et de même largeur, et
les inconvénients, souvent dangereux,
de ne le pas faire. Le Régent est arrêté
tout court par la considération de
Launay, orfèvre du Roi, et de son
balancier qu'il auroit fallu changer de

Simon (Le duc de Saint-).   Tomes. Pages.

tenant général des armées navales lire à M. le duc d'Orléans un mémoire fait par d'Allemans sur la taille, qui fut trouvé fort bon, mais que messieurs des finances détournèrent. . . . . . . XVI 295

. — Il procure à Pezé le gouvernement de la Muette. . . . . XVI 299

— Il empêche M. le duc d'Orléans de rembourser le Parlement avec des papiers de Law, dont il étoit fort pressé et tenté. (*Voir* aux pièces[1] le mémoire du duc de Saint-Simon là-dessus.). . . XVI 305

— Raisons secrètes du duc de Saint-Simon contre le remboursement du Parlement. . . . . XVI 309

— Le Régent en est de nouveau fort pressé et tenté, et en est de nouveau empêché par le même. . . . . XVI 311

— Il propose au Régent de former un conseil étroit en laissant subsister celui de Régence; l'abbé du Bois l'en empêche. . . . . XVI 341

— Il obtient pour Pezé le régiment du Roi infanterie. . . . . XVI 359

— Situation du duc de Saint-Simon avec Fleury, évêque de Fréjus, avant et depuis qu'il fut précepteur du Roi. . . . XVI 362

— Il lui propose une manière singulière, aisée, agréable et utile d'instruction pour le Roi, et reconnoît aussitôt qu'il ne veut lui en donner aucune. . . . . XVI 364

— Il s'engage à travailler à le faire cardinal. . . . . XVI 367

— M. le duc d'Orléans envoie chercher le duc de Saint-Simon à qui il apprend,

1. Voyez tome I, p. 420, note 1.

Simon (Le duc de Saint-). | Tomes. Pages.

fort en colère, que le Pape a fait *motu proprio* Mailly, archevêque de Reims, cardinal; il discute cette affaire avec lui et le Blanc; la Vrillière, mari de la nièce de l'archevêque, y survient (*voir* le reste article de Mailly). . . . . XVI 387

— Conduite du duc de Saint-Simon là-dessus avec M. le duc d'Orléans. . . . . XVI 393

— Premier succès de l'archevêque par la double et mystérieuse friponnerie des abbés du Bois et de la Fare-Lopis, qui se trompent tous les deux au profit de l'archevêque, à l'insu du duc de Saint-Simon, qui est la dupe de leur manége. . . . . XVI 399

— Mailly, archevêque de Reims, obtient enfin la permission d'être cardinal. Le duc de Saint-Simon le conduit chez le Roi, qui lui met la calotte rouge sur la tête. . . . . XVI 400

— M. le duc d'Orléans veut chasser le maréchal de Villeroy et faire le duc de Saint-Simon gouverneur du Roi; il le lui confie; le duc refuse et lui persuade de laisser le maréchal en cette place. . . . . XVI 420

— Il obtient 12,000 livres d'augmentation d'appointements à son gouvernement de Senlis, qui n'en valoit que 3,000 livres. . . . . XVI 439

— Il fait inutilement les derniers efforts pour l'établissement d'un conseil étroit. . . . . XVI 440

— Il démasque, par le Régent, l'insigne et hardie friponnerie de l'abbé d'Auvergne à ses deux amis, le duc de Noirmonstiers et le cardinal de la Trémoille,

Simon (Le duc de Saint-). Tomes. Pages.

son frère, pour lui escamoter son archevêché de Cambray, et rend ainsi le
repos aux deux frères, qu'il ne connoissoit point, mais dont l'aîné s'étoit
adressé à lui. . . . . XVI 446

— Il tire parole du Régent, même avec re-
merciement, qu'il n'ira point au sacre
de l'abbé du Bois; la nuit change cette
résolution par une singulière aventure,
encore plus pitoyablement curieuse. . XVII 25

— Il représente au Régent les raisons pres-
santes par rapport à la maison d'Horn
de commuer la condamnation du
comte d'Horn à la roue en celle d'être
décapité, et l'en convainc tellement
qu'il le remercie et lui en donne parole.
Saint-Simon, qui s'en alloit le lendemain pour sept ou huit jours à la
Ferté, lui témoigne sa crainte qu'on
ne le fasse changer; le Régent lui
proteste que non et le rassure; dès
que le duc de Saint-Simon est parti,
du Bois et Law le changent, et incontinent après le comte d'Horn est roué. XVII 46

— M. le duc d'Orléans apprend au duc de
Saint-Simon que le premier président
de Mesmes lui avoit demandé son
agrément pour le mariage de sa fille
aînée avec le duc de Lorges, beau-
frère du duc de Saint-Simon, et fut témoin des premiers mouvements de
Saint-Simon, qu'il ne contraignit pas. XVII 58

— Le Régent confie au duc de Saint-Simon,
au maréchal d'Estrées et à un troisième, qu'il prit à part ensemble, l'arrêt qu'il donna quelques jours après,
le 22 mai 1720, qui fit tant de fracas et

Simon (Le duc de Saint-).   Tomes. Pages.

qui, à la fin, culbuta Law et sa banque;
le maréchal d'Estrées lui en remontra
le danger; le duc de Saint-Simon in-
sista plus fortement encore et plus
librement, lui remontra le péril des
suites et, pour lui-même, alla même
jusqu'à les lui prédire. On en vit le
triste succès, que le duc de Saint-
Simon apprit à la Ferté, où il étoit
[allé] passer quelques jours pendant
la courte vacance des conseils. . . . XVII   90

— A son retour, M. le duc d'Orléans, irrité
du succès d'un arrêt conseillé et poursuivi par Argenton pour perdre Law,
à qui il avoit persuadé que c'étoit son
salut, résolut de le chasser et de
donner les sceaux au duc de Saint-
Simon, qui les refusa avec tant de per-
sévérance que le Régent, ne sachant à
qui les donner, envoya le chevalier de
Conflans à Law essayer de ramener
le chancelier sur Law et ses idées; ils
réussirent auprès d'un homme excédé
de son exil à Fresnes; ils l'amenèrent à
Paris, et les sceaux lui furent rendus. XVII   92

— Le Régent confie au duc de Saint-Simon
sa résolution prise d'ôter à Trudaine
sa place de prévôt des marchands et
de la donner à Châteauneuf ci-devant ambassadeur en Hollande, et de
chasser le maréchal de Villeroy et de
faire le duc de Saint-Simon gouverneur du Roi. Saint-Simon le refuse et
s'oppose à ces deux changements avec
tant de raison et de force qu'il le persuade enfin   point faire; il
tint parole   hal de Villeroy

Simon (Le duc de Saint-).   Tomes. Pages.

ne pouvant gagner sur le duc de
Saint-Simon d'être gouverneur du Roi,
mais le soir même Law et du Bois em
portèrent le changement du prévôt
des marchands. XVII   105
— Trudaine, informé mot à mot, et le maréchal de Villeroy aussi, sans qu'on
puisse imaginer comment, de ce qui
s'étoit passé sur eux entre le Régent
et le duc de Saint-Simon, lui montrent
des sentiments bien différents. Le
chancelier de Pontchartrain, que le
duc de Saint-Simon visitoit souvent
dans sa retraite, le tance fortement de
ses refus d'être gouverneur du Roi et
ne se satisfait point de ses raisons. . XVII   109
— Conférence au Palais-Royal entre le
Régent et le duc de Saint-Simon seul,
outre leur tête-à-tête et travail ordinaire, sur les suites de ce triste arrêt
et les mesures à prendre. XVII   116
— Il assiste au Palais-Royal à un conseil particulier plus étendu, pour y conclure
ce qui avoit été résolu entre le Régent
et le duc de Saint-Simon, que le chancelier gagne pour n'envoyer le Parlement qu'à Pontoise, au lieu de Blois. XVII   119
— Le duc de Saint-Simon arrivant de
Meudon au Palais-Royal, trouve M. le
duc d'Orléans donnant divers messages pour les pairs et les officiers de
la couronne, qui lui dit qu'il l'attendoit
avec impatience pour lui dire qu'il
avoit été résolu de faire enregistrer le
lendemain la constitution *Unigenitus*
au grand conseil, lui, les princes du
sang, autres pairs, et les officiers de la

Simon (Le duc de Saint-).   Tomes.   Pages.

couronne y séants, au refus du Parlement, et le prioit lui de ne s'y pas trouver. Le duc de Saint-Simon l'en remercia
comme d'une grâce qui lui épargnoit
le déplaisir d'opiner publiquement de
toute sa force contre l'avis et la volonté de Son Altesse Royale, qui lui
répondit qu'il s'y attendoit bien, et que
c'étoit pour cela même qu'il le prioit
de ne s'y pas trouver. Le duc de Saint-
Simon lui représenta vainement l'in-
suffisance du grand conseil pour un
pareil enregistrement, qui ne pouvoit
être valable que fait au Parlement. . . XVII   130
— Il obtient l'abbaye de Saint-Étienne de
Caen pour le cardinal de Mailly, et la
survivance du gouvernement de Sain-
tonge, Angoumois, etc., du duc d'Uzès,
pour le comte de Crussol, son fils. . . XVII   149
— M. le duc d'Orléans veut, pour la troisième fois, chasser le maréchal de
Villeroy et faire le duc dê Saint-Simon gouverneur du Roi ; s'y associe
Monsieur le Duc qui le desire autant
que lui ; le combat dure plus d'un
mois ; le duc de Saint-Simon tient
ferme au refus et à ne pas ôter le maréchal ; leur propose le duc de Charost
pour gouverneur du Roi, si, malgré
ses raisons, le parti d'ôter le maréchal
étoit pris. Faute de savoir qui faire
gouverneur du Roi, le maréchal de
Villeroy l'échappa encore ; sa misère
là-dessus, car il le sut. XVII   181
— Longue et imposante conversation, prise
du fond des choses, entre le Régent et
le duc de Saint-Simon, qui ébranle

Simon (Le duc de Saint-).

                                              Tomes.   Pages.

fortement du Bois. XVII   192

— Foiblesse étrange du Régent, qui conte
    tout à du Bois, lequel l'irrite contre
    Saint-Simon. Conversation là-dessus
    entre M. le duc d'Orléans et le duc de
    Saint-Simon. M. le duc d'Orléans de-
    meure honteux, et défend à du Bois de
    lui jamais parler du duc de Saint-Si-
    mon, à qui du Bois ne le pardonne
    pas, non plus que son sacre. XVII   197

— Le Régent confie au duc de Saint-Simon
    seul, à l'insu de du Bois, dans le mois
    de juin 1721, le traité négocié par du
    Bois et fait des doubles mariages du
    Roi et du prince des Asturies plus de
    trois mois avant que personne s'en
    doutât; conversation importante et
    curieuse là-dessus entre le Régent et
    le duc de Saint-Simon. XVII   241

— Il y obtient l'ambassade d'Espagne pour
    faire son 2ᵈ fils grand d'Espagne, et
    l'abbaye de Saint-Amand de Rouen
    pour sa dernière belle-sœur. XVII   246

— Conduite réciproque entre le duc de
    Saint-Simon et du Bois fait cardinal. XVII   253

— Ce cardinal, informé enfin de l'ambas-
    sade du duc de Saint-Simon, le rap-
    proche par Belle-Isle pour le tromper
    et lui nuire. Le duc le sent bien et ne
    peut l'éviter. XVII   256

— Joie du duc de Saint-Simon de n'être
    pas gouverneur du Roi, le voyant as-
    sez malade. XVII   260

— La conduite du cardinal du Bois avec le
    duc de Saint-Simon affranchit celui-
    ci des conditions de leur raccommo-
    dement. XVII   266

Simon (Le duc de Saint-). Tomes. Pages.

— Familiarité, liberté, confiance conservée
depuis le lit de justice des Tuileries
entre Monsieur le Duc et le duc de
Saint-Simon. Conversation importante
et très-curieuse entre eux deux. . . . XVII 267

— Raison particulière du duc de Saint-Simon de desirer que l'ancien évêque
de Fréjus acceptât l'archevêché de
Reims. . . . . XVII 276

— Le Régent agite avec le duc de Saint-
Simon les mesures à prendre pour
apprendre au Roi son mariage et le
déclarer au conseil de régence. . . . . XVII 292

— Frauduleux procédé du cardinal du Bois
avec le duc de Saint-Simon, qui est
pour le ruiner et le faire échouer. . . XVII 307

— L'ambassade du duc de Saint-Simon déclarée; sa suite principale. . . . . . . XVII 309

— Il consulte utilement M. Amelot et les
ducs de Saint-Aignan et Berwick. Utilité qu'il tire des ducs de Liria et de
Veragua en Espagne; caractère de ces
deux beaux-frères, fort unis. . . . . . XVII 312

— Son instruction; remarques sur icelle. . XVII 314

— Son utile liaison avec Laullez, ambassadeur d'Espagne à Paris. . . . . XVII 319

— Sélératesse du cardinal du Bois et foiblesse inconcevable du Régent dans
les ordres nouveaux et verbaux que
[le] duc en reçoit, malgré ses plus fortes
représentations, sur les préséances
inouïes, et les premières visites, contre tout usage. . . . . XVII 320

— Le duc de Saint-Simon ne veut point
profiter de l'exemple du cordon bleu
destiné au duc d'Ossone et de cette
nouveauté en faveur de son ambas-

Simon (Le duc de Saint-).   Tomes. Pages.

sade pour le mariage du prince des
Asturies. Continuation de l'étrange
procédé du cardinal du Bois à l'égard
du duc de Saint-Simon (*voir* ORLÉANS,
même page). XVII   324

— Malice grossière du cardinal du Bois à
l'égard du duc de Saint-Simon, suivie
de la plus étrange impudence. XVII   327

— Le duc de Saint-Simon part de Paris le
[23 octobre 1721] pour Madrid. Il rencontre en chemin le duc d'Ossone et
confère avec lui; séjourne à Ruffec, à
Blaye, à Bordeaux ; y fait politesse aux
jurats, séjourne à Bayonne, y a audience de la reine douairière d'Espa-
gne, qui le fait traiter à dîner. XVII   330

— Va voir Loyola assez près de sa route. . XVII   338

— Impatience de Leurs Majestés Catholiques de son arrivée, qui la pressent
par divers courriers; il en arrive de
nouveau trois l'un sur l'autre. Le duc
de Saint-Simon laisse son fils aîné
malade à Burgos, et poursuit son
voyage sans s'arrêter. Cause rare de
l'impatience de Leurs Majestés Catholiques. Députation et présents de
vin de la province de Guipuscoa à Vit-
toria. XVII   340

— Basse et impertinente jalousie de Maulevrier, envoyé du Roi à Madrid, qui
n'auroit pas eu le caractère d'ambassadeur sans le consentement du duc
de Saint-Simon, qui le lui portoit. . . XVII   341

— Le duc de Saint-Simon arrive à Madrid le
[21 novembre]; y est aussitôt visité par
les plus grands, même par tous ceux
à qui il devoit la première visite. . . . XVII   341

Simon (Le duc de Saint-).   Tomes. Pages.

— Il fait sa première révérence à Leurs Ma-
    jestés Catholiques et à la famille
    royale. XVII   343

— Conduite très-singulière et toute opposée
    des ducs de Popoli et de Giovenazzo
    (c'est Cellamare) avec lui. XVII   347

— Visite au marquis Grimaldo particuliè-
    rement chargé des affaires étrangères.
    Succès de cette visite. Il connoît par-
    faitement le cardinal du Bois. XVII   347

— Le duc de Saint-Simon obtient, contre
    tout usage d'Espagne, que le roi et la
    reine consentent de signer eux-mê-
    mes le contrat de mariage du Roi et
    de l'infante. Ils y veulent des témoins ;
    le duc le conteste, s'y rend enfin avec
    des conditions. XVII   352

— Il signe les articles. Fait office à Laul-
    lez. XVII   358

— Son audience solennelle du roi d'Espa-
    gne pour la demande de l'infante. . . XVII   360

— De la reine d'Espagne et du prince des
    Asturies et des infants. XVII   366

— Conduite énorme de Maulevrier avec le
    duc de Saint-Simon, bien pourpensée,
    bien exécutée pour le jeter de guet-
    apens dans le plus fâcheux embarras
    sur les instruments du contrat de ma-
    riage, en pleine cérémonie de la signa-
    ture. XVII   373

— Conduite du duc de Saint-Simon pour
    y précéder, comme il fit suivant ses or-
    dres réitérés et précis, le nonce et le
    majordome major du roi, sans néan-
    moins les blesser. XVII   374

— Signature solennelle du contrat de ma-
    riage du Roi et de l'infante, où le duc

Simon (Le duc de Saint-). Tomes. Pages.

de Saint-Simon se maintient adroite-
ment dans la place qu'il avoit prise. . XVII 376

— Difficulté poliment agitée sur la nécessité ou non d'un instrument en françois. Maulevrier forcé de laisser voir
toute sa sélératesse, de laquelle le duc
de Saint-Simon se tire, avec tout avantage, sans montrer la sentir. . . . . . XVII 378

— Autre honte de Maulevrier chez Grimaldo. Politesse de ce ministre. Facilité du roi d'Espagne pleine de bonté.
Conduite du duc de Saint-Simon avec
Maulevrier, et sa raison pour cette
conduite. ., ... XVII 382

— Bontés de Leurs Majestés Catholiques
pour le duc de Saint-Simon. Conclusion de son désistement de l'instrument françois. Avis important de l'a-
mitié de Grimaldo au duc de Saint-
Simon sur la jalousie de la reine d'être
présente à toutes les audiences particulières. . . . . XVII 384 et 386

— Échappé avec tout avantage de tous les
piéges du cardinal du Bois, le duc de
Saint-Simon en aperçoit son dépit à
travers toutes ses louanges. . . . . . XVII 393

— Il a seul une audience particulière le
lendemain de la signature; manége
qu'y eut la reine. Service de Grimaldo.
Office à Laullez. . . . . XVII 394

— Compliment singulier de la reine et bonté
pour le duc de Saint-Simon; il consulte Grimaldo sur l'un et sur l'autre,
et en reçoit un bon conseil. Confiance
et amitié véritable entre ce ministre
et ce duc. . . . . XVII 396

— Leurs Majestés Catholiques donnent une .

Simon (Le duc de Saint-).   Tomes. Pages.

longue audience au duc de Saint-Simon et à Maulevrier, le matin, dans
leur lit ensemble, contre tout usage
d'y être vus ensemble par personne
que par Grimaldo pour y travailler le
matin, lequel n'y étoit pas. . . . . . . XVII 403
— Départ de Leurs Majestés Catholiques
pour Lerma. Ce même jour, le duc de
Saint-Simon présenta la lettre du Roi
à l'infante, que le cardinal du Bois
avoit eu la malice de [ne] lui envoyer
qu'alors, dont il se tira par la confidence qu'il en fit d'abord à Grimaldo.
Le duc de Saint-Simon reçoit chez lui
les compliments de la ville de Madrid.
Il reçoit une lettre curieuse sur l'emploi de l'échange des princesses qu'il
avoit fait, dès longtemps, donner au
prince de Rohan et déclarer. . . . . . XVII 406
— Le duc de Saint-Simon prend, à cet
égard, d'utiles précautions contre les
chimères avec le marquis de Santa-
Cruz, chargé de l'échange des princesses par le roi d'Espagne. . . . . XVII 409
— Conduite que le duc de Saint-Simon se
proposa de tenir en Espagne. . . . . . XVII 418
— Omission de plusieures affaires et choses
peu importantes. Étrange embarras où
la malice du cardinal du Bois jette le
duc de Saint-Simon. . . . . XVII 423
— Il va, par l'Escurial, joindre la cour à
Lerma. . . . . XVII 431
— Petite scène et plaisante entre lui et un
moine de l'Escurial, sur le genre de
mort du malheureux don Carlos, fils
de Philippe II. . . . . XVII 434
— Il tombe malade de la petite vérole en

Simon (Le duc de Saint-).   Tomes. Pages.

arrivant en son quartier de Villahalmanzo, à demi-lieue de Lerma. XVII   436
— Hyghens, premier médecin du roi d'Espagne ne quitta pas le duc de Saint-
. Simon, par ordre exprès de Leurs
Majestés Catholiques, pendant toute sa
maladie, et, fort attaché au roi Jacques
comme écossois qu'il étoit, engage le
duc de Saint-Simon à conférer secrètement avec le duc d'Ormond. . . . XVIII   147
— Le duc de Saint-Simon visita à Madrid
le marquis de Rivas, jadis Ubilla et secrétaire de la dépêche universelle
sous Charles II, qui eut une part principale à son testament, qu'il écrivit,
et que la princesse des Ursins avoit
jeté dans la disgrâce et le néant où il
est toujours depuis resté. XVIII   190
— Mesures du duc de Saint-Simon pour la
grandesse et la Toison. XVIII   229
— Lettre de M. le duc d'Orléans au roi
d'Espagne, faite par le cardinal du Bois,
et de ce cardinal au marquis de Grimaldo sur la grandesse pour le duc de
Saint-Simon, entortillée et d'une telle
foiblesse que ce ministre ne voulut
pas rendre celle de M. le duc d'Orléans
au roi d'Espagne, ni lui parler de celle
qu'il avoit reçue du cardinal du Bois
(voir ROHAN, t. XVIII, p. 238, sur
Santa-Cruz). XVIII   234
— Avances singulières que le cardinal de
Rohan fait de Rome au duc de Saint-
Simon; leur motif. XVIII   243
— Il procure à la reine douairière d'Espagne un payement sur ce qui lui
étoit dû. XVIII   246

Simon (Le duc de Saint-).-   Tomes. Pages.

— Il va faire la révérence à Leurs Majestés
Catholiques à Lerma; matière de cette
audience; conte singulièrement plaisant par où le roi d'Espagne la ter-
mina. XVIII 247

— Le duc de Saint-Simon va saluer Mlle de
Montpensier à Cogollos, puis se trouve,
le même jour, à son arrivée à Lerma.
Il précéde tranquillement le nonce à
la chapelle, au mariage du prince des
Asturies, le même jour, suivant ses
ordres si positifs, mais sans faire
semblant de rien. . . . . XVIII 251

Au premier instant de la célébration
achevée du mariage dans la chapelle,
le duc de Saint-Simon est fait grand
d'Espagne de la première classe, con-
jointement dès lors avec un de ses
deux fils, à son choix, et l'aîné déclaré
chevalier de l'ordre de la Toison d'or;
à l'instant le duc de Saint-Simon
choisit son second fils pour la grandesse, et reçoit les compliments de
toute la cour. . . . . XVIII 254

— Il se propose, sans aucun ordre et contre
tout exemple en Espagne, de rendre
public le coucher des noces du prince
et de la princesse des Asturies, et l'obtient. . . . . XVIII 256

— Bonté du roi d'Espagne pour le duc
de Saint-Simon, et distinction sans
exemple pour son fils aîné au bal; le
duc, son père, s'en excuse et le renvoie
comme convalescent, par ménagement pour les seigneurs espagnols et
d'autres nations. Mesures qu'il prend
pour éviter que le coucher public

Simon (Le duc de Saint.).   **Tomes. Pages.**

choque les espagnols. XVIII   260

— Il précède encore le nonce à la Vélation,
sans faire semblant de rien. XVIII   264

— Sa conduite en France sur les grâces
reçues en Espagne. Parrains de ses
fils. XVIII   271

— Princesse des Asturies fort incommodée
en arrivant à Madrid. Le roi et la
reine, fort en peine, commandent au
duc de Saint-Simon de la voir tous les
jours, contre tout usage d'Espagne. Ils
lui confient les causes secrètes de
leurs alarmes, sur lesquelles il les
rassure. XVIII   274

— Il prouve à M. le duc d'Orléans, qui
venoit de donner le cordon bleu au
duc d'Ossone, qu'il pouvoit et devoit
le faire chevalier de l'ordre. XVIII   279

— Il lui propose de donner sept ou huit
colliers en général à l'Espagne lorsqu'il
feroit la grande promotion, et un
seul nommément à Grimaldo. XVIII   282

— Fait office là-dessus au cardinal Gualterio, à qui le feu Roi avoit promis
l'ordre que le cardinal Albane venoit
de refuser (*voir* CHAVIGNY, t. XVIII,
p. 285 et suiv.). XVIII   284

— Embarras du duc de Saint-Simon sur le
silence obstiné du cardinal du Bois à
Chavigny sur le passage de l'infant
don Carlos en Italie. XVIII   307

— Mesures qu'il prend en France et en
Espagne pour empêcher ce passage;
il y réussit. XVIII   308

— Il mène Chavigny au marquis de Grimaldo et le présente après au roi et à
la reine d'Espagne, desquels il est

Simon (Le duc de Saint-).   Tomes.   Pages.

extrêmement mal reçu. XVIII   310

— Par ordres exprès et fort réitérés, il fait
    exclure le duc de Bournonville de
    l'ambassade de France à laquelle il
    avoit été publiquement nommé. . . XVIII   311

— Par ordres fort exprès, il tente vaine-
    ment d'obtenir du roi d'Espagne de
    rendre l'honneur de ses bonnes grâces
    au maréchal de Berwick. XVIII   316

— Il tente en vain, de lui-même, d'obtenir
    la grandesse pour le duc de Saint-
    Aignan. XVIII   318

— Leurs Majestés Catholiques font entrer le
    duc de Saint-Simon dans leurs justes
    mécontentements de la princesse des
    Asturies, à laquelle il parle inutilement.
    Il représente plus d'une fois au roi et
    à la reine qu'ils la gâteront par bonté
    pour elle et par égards pour le duc
    d'Orléans, duquel il étoit en pouvoir de
    leur répondre, et que Leurs Majestés
    Catholiques se repentiroient un jour
    de leurs tolérances, ainsi qu'il arriva. XVIII   322

— Raisons qui font abstenir le duc de Saint-
    Simon de se trouver à l'Atoche, où
    Leurs Majestés Catholiques vont en
    cérémonie rendre grâces à Dieu des
    deux mariages. XVIII   331

— Il va voir Tolède et Aranjuez; causes de
    sa curiosité. XVIII   341

— Y est complimenté par une députation
    du chapitre de l'église de Tolède. . . XVIII   348

— Il obtient une expédition en forme de la
    célébration du mariage du prince et de
    la princesse des Asturies, dont il n'y
    avoit rien par écrit. XVIII   376

— Reçoit un courrier sur l'entrée des car-

Simon (Le duc de Saint-).   Tomes. Pages.

dinaux de Rohan et du Bois au conseil
de régence, et la sortie des ducs, du
chancelier et des maréchaux de France
qui en étoient, avec une curieuse
lettre là-dessus du cardinal du Bois. XVIII 382
— Et, par une lettre à part, ordre d'en informer le roi d'Espagne, sur-le-champ,
quelque part qu'il soit. . . . . XVIII 383
— Artifice de la lettre du cardinal du Bois
au duc de Saint-Simon; sa crainte de
son retour; moyens qu'il tente pour le
retenir en Espagne. . . . . XVIII 384
— Autres pareils dans la lettre plus étendue
qu'il lui fait écrire, en même temps,
par Belle-Isle. . . . . XVIII 392
— Remarques sur la lettre de Belle-Isle au
duc de Saint-Simon. . . . . XVIII 394
— Il prend le parti d'aller à Balsaïm, où
étoient lors Leurs Majestés Catholiques
seules, de n'y dire que le fait et pas un
mot des inventions du cardinal du Bois
pour effrayer le Régent et l'irriter
contre ceux qui étoient sortis du conseil
de régence. Il a une conversation
avec Grimaldo à Madrid, va à Balsaïm,
y est froidement reçu d'abord, puis
tout se réchauffe. . . . . XVIII 398
— Y a aussitôt une audience. . . . . . . XVIII 401
— Couche à Ségovie; vient dîner à Balsaïm,
et suit Leurs Majestés Catholiques qui
l'avoient invité la veille, à la Granja,
tôt après nommé Saint-Ildephonse. . XVIII 404
— Répond aux lettres du cardinal du Bois
et de Belle-Isle, y approuve la sortie
du conseil. . . . . XVIII 413
— Bruit ridicule que fait courir son voyage
à Balsaïm. . . . . XVIII 414

Simon (Le duc de Saint-).   Tomes. Pages.

— Autres lettres curieuses du cardinal du Bois au duc de Saint-Simon. . . XVIII 415

— Il prend ses audiences de congé; singularité unique de celle de la princesse des Asturies. . . . . XVIII 418

— Il part de Madrid le [21 mars 1722]. Sa route. . . . . XVIII 422

— Réponses curieuses du cardinal du Bois et de Belle-Isle. Le cardinal dépêche trois courriers au duc de Saint-Simon pour presser son retour. . . . . XVIII 425

— Il se détourne pour aller à Marmande trouver le duc de Berwick, qui commandoit en Guyenne; il lui avoit demandé ce rendez-vous où il vint exprès de Montauban (*voir* BELLE-ISLE, t. XVIII, p. 428). . . . . XVIII 427

— Le duc de Saint-Simon au Palais-Royal; long entretien entre le Régent, le cardinal du Bois et lui. N'y tâte point de la friponnerie avec lequel le confessionnal du Roi est rendu aux jésuites; en avertit le cardinal de Noailles, le maréchal de Villeroy et l'évêque de Fréjus; se tait partout ailleurs; fait la révérence au Roi. . . . . XVIII 432

— Se démet de sa pairie à son fils aîné, et lui donne les beaux diamants dont le roi d'Espagne lui avoit fait présent, qui lui avoient coûté 140,000 livres. Visite exprès, pendant la première tenue du conseil de régence, tous les ducs et les maréchaux de France qui en étoient sortis, et va tout de suite voir le chancelier exilé à Fresnes. . . . . XVIII 434

— Marie sa fille au prince de Chimay, et au comte de Laval, longtemps depuis

Simon (Le duc de Saint-).   Tomes. Pages.

maréchal de France, la sœur de l'abbé
de Saint-Simon, depuis évêque comte
de Noyon, puis de Metz, conservant le
rang et les honneurs de son premier
siége. XVIII   447

— S'oppose auprès de M. le duc d'Orléans
à l'exil du duc de Noailles, inutilement
à la fin. XVIII   451

— Se trouve fortuitement chez le Régent
lorsque le cardinal du Bois y arrive
hors de soi de la scène qu'il venoit
d'essuyer du maréchal de Villeroy (voir
DU BOIS, t. XVIII, p. 458); le Régent
presse le duc de Saint-Simon de dire
son avis, il opine à l'exil du maréchal
de Villeroy. XVIII   462

— Conférence entre M. le duc d'Orléans,
Monsieur le Duc et le duc de Saint-Simon, où il est convenu d'arrêter le maréchal de Villeroy, et de faire le duc de
Charost gouverneur du Roi. XVIII   465

— Au sortir de la conférence, le Régent
envoie le duc de Saint-Simon chez le
cardinal du Bois concerter la mécanique pour arrêter le maréchal de
Villeroy; il est surpris de la compagnie
qu'il y trouve (voir BELLE-ISLE, t. XIX,
p. 15 et suivantes). XVIII   472

— Conversation fort singulière, sur faire
un premier ministre, entre M. le duc
d'Orléans et le duc de Saint-Simon,
qui n'en est pas d'avis.. XIX   19

— Ennui domestique porte le Régent, par li-
bertinage, à faire un premier ministre,
à quoi le duc de Saint-Simon s'oppose
fortement, combat cet ennui, lui propose l'exemple de feu M. le prince de

Simon (Le duc de Saint-).

	Tomes.	Pages.
Conti, gendre de feu Monsieur le Prince.	XIX	20
— Aveu sincère de M. le duc d'Orléans; le duc de Saint-Simon lui expose les considérations futures.	XIX	24
— Le cardinal du Bois bien connu de son maître; foiblesse incroyable de ce maître.	XIX	28
— Autre conversation entre M. le duc d'Orléans et le duc de Saint-Simon sur le même sujet, encore plus singulière et plus curieuse; le duc de Saint-Simon continue dans sa ferme opposition.	XIX	30
— Malheur des princes indiscrets et peu fidèles au secret. Le duc de Saint-Simon représente au Régent les exemples des premiers ministres en tout pays depuis Louis XI.	XIX	33
— Quel est nécessairement un premier ministre.	XIX	39
— Quel le prince qui en fait un.	XIX	42
— Le cardinal du Bois envoie à Meudon dire au duc de Saint-Simon qu'il vient d'être déclaré premier ministre, lui veut persuader qu'il lui en a l'obligation, et le faire accroire au public.	XIX	47
— Le duc de Saint-Simon va le lendemain à Versailles, où il voit le cardinal du Bois chez M. le duc d'Orléans.	XIX	48
— M. le duc d'Orléans presse un peu le duc de Saint-Simon, et le cardinal du Bois n'oublie rien pour l'engager d'aller au sacre du Roi, au moins de ne pas empêcher les ducs d'y assister, enfin de ne pas du moins refuser de se trouver à Villers-Cotterets aux fêtes que M. le duc d'Orléans y devoit donner au Roi		

Simon (Le duc de Saint-).   Tomes.   Pages.

revenant de Reims. Le duc de Saint-
Simon, qui savoit en partie ce qui devoit se passer d'étrange au sacre, et
qui n'avoit pu l'empêcher, se tint
roide sur le voyage de Reims et sur
celui de Villers-Cotterets, ne répondit
rien sur les ducs (*voir* les Ducs), leur
conseilla ce qu'ils firent et, pour lui,
s'en alla à la Ferté.   XIX   63
— Il y étoit lors de la mort du cardinal
du Bois, et y resta quelque peu après;
à son retour il retrouva M. le duc d'Orléans impatient de le voir et le même
pour lui; il le reçoit comme auparavant, dans les mêmes tête-à-tête et
la même confiance, comme avant
l'entière domination du cardinal du
Bois.   XIX   151
— Il parle vainement à M. le duc d'Orléans
sur sa santé.   XIX   159
— Il avertit l'évêque de Fréjus de l'état
menaçant de la santé de M. le duc
d'Orléans (*voir* FRÉJUS).   XIX   161
— Il apprend à Meudon la mort subite de
M. le duc d'Orléans, moins de deux
[heures] après l'avoir quitté à Versailles; il y va et apprend en arrivant que
Monsieur le Duc est déclaré premier
ministre; il prend avec lui, au lever
du Roi, un rendez-vous nécessaire
pour des papiers qui étoient dans le
sac de M. le duc d'Orléans pour porter
à son travail avec le Roi.   XIX   202
— Conduite du duc de Saint-Simon à l'é-
gard de Mme la duchesse d'Orléans et
de M. le duc de Chartres; réception
qu'il en reçoit.   XIX   204

Simon (Le duc de Saint-).   Tomes. Pages.

— Conversation tête-à-tête entre Monsieur
le Duc et le duc de Saint-Simon dans
son cabinet. . . . . XIX 205

— La duchesse de Saint-Simon va le lendemain à Versailles voir le Roi, Mme la
duchesse d'Orléans. etc,, sans y coucher; y reçoit une visite de l'évêque de
Fréjus, puis de la Vrillière. Elle entre-
voit que l'évêque de Fréjus ne desire
pas le duc de Saint-Simon à la cour,
et que l'autre l'y craint. Le duc de
Saint-Simon confirmé dans la résolution dès longtemps prise, s'en va, avec
la duchesse de Saint-Simon, se fixer à
Paris. . . . . XIX 206

Situation de la cour rappelée. IV   65

SOBIESKI (Jean), célèbre roi de Pologne. Sa
mort.   I   326

SOBIESKA, femme du fils aîné du roi de Pologne précédent, mère de l'épouse du
roi Jacques III d'Angleterre, retiré à
Rome. Sa mort. . . . . XVIII 457

— Princes Constantin et Alexandre fils
puînés du roi de Pologne J. Sobieski,
quoique incognito en France, baisent
la princesse, future duchesse de Bourgogne, laquelle dès lors en avoit le
rang.   I   384
S'en retournent sans avoir reçu le collier de l'ordre du Saint-Esprit, auquel
ils avoient été nommés.   I   429
Le reçoivent à Rome par les mains du
prince de Monaco, ambassadeur de
France. . . . .

— Mort à Rome du prince Alexandre Sobieski.   X   343

SOISSONS SAVOIE (Mlles de), sœurs, et sœurs du

Soissons Savole.   Tomes. Pages.

  comte de Soissons et du célèbre prince
  Eugène. Leur conduite à Paris. Ont
  défense de voir la princesse future
  duchesse de Bourgogne. . . . . I 376
— Sont exilées. . . . . I 396
— Enlevées et conduites à la Bastille. Le
  comte de Soissons, leur frère, errant ; II 24
  il est tué devant Landau dans l'armée
  impériale. Son caractère ; sa famille. . III 301
  Équipée de la comtesse sa veuve. Qui
  elle étoit. . . . . V 343
— Mort et abrégé de la comtesse de Sois-
  sons Mancini, leur mère. . . . . VI 184
SOLFERINO (Duc de). Sa fortune : *voir* aux
  GRANDS D'ESPAGNE. . . . . XVIII 45
SOLRE (Comte de). Branche de la maison de
  Croy. Origine de cette maison. . . . . X 75
— Branche de Solre sortie de celle de Chimay ; évêque de Cambray, fait duc par
  l'Empereur, ce qui ne donne ni rang
  ni honneurs en France aux archevêques de Cambray. . . . . X 75
— Chimère du fils aîné du comte de Solre.
  Branche d'Havrec sortie de celle de
  Solre. . . . . X 83
— Comte de Solre, chevalier de l'ordre
  parmi les gentilshommes en la grande
  promotion de 1688. Sa mort. Sans
  nulle prétention toute sa vie. Son fils
  depuis et sa belle-fille s'en figurent
  inutilement de toutes nouvelles. . . . XVI 161
Sommelier du Corps. Ce que c'est en Espagne. . . . . II 469
Sortilége curieux. (*Voir* les pièces [1].). . . . . I 459
SOUBISE (Mme de). Obtient la survivance de la

_____
1. Voyez tome I, p. 420, note 1.

Soubise (Mme de).   Tomes. Pages.

charge de gouvernante des enfants de
    France de la duchesse de Ventadour,
    grand'mère de son mari (*voir* ce qui
    regarde Soubise à Rohan). XVII   264
Soulagement du palais en Espagne.   IV   442.
Sourches, prévôt de l'hôtel du Roi, se disant
    grand prévôt de France, obtient
    300,000 livres de brevet de retenue
    sur sa charge. Heudicourt fait sur lui
    et sur sa famille une chanson facé-
    cieuse, qui fait grand bruit.   IV   371
  — Il cède sa charge à son fils.   X   246
Sourdis, chevalier de l'ordre et dernier Escou-
    bleau. Sa mort.   V   339
Sousternon. Quel. Perdu.   VI   197
  — Sa mort. XVII   88
Souvré. Quel. Épouse Mlle de Rebénac (*voir*
    t. VIII, p. 174).   II   36
Soyecourt. Quel. Rien moins que Soyecourt.
    Épouse Mlle de Fervaques [1]. XVI   442
Spaar, comte et depuis sénateur. Quel. Am-
    bassadeur de Suède en France. Son
    adresse à pomper Canillac et à en
    profiter. XIII   219
Spanheim. Quel. Sa mort. VIII   164
Spectacle singulier du siége de Compiègne.   II   112
  — Chez Mme la duchesse de Bourgogne con-
    valescente.   III   68
  — Spectacles recommencés [2]   après la
    mort du Roi.   XII   277
Spinola. Fait cardinal. XVI   369
Spire (Bataille de). Gagnée par le maréchal de
    Tallart.   IV   20
Stairs (Comte de), écossois, chevalier de l'or-

1. Dans le texte Soyecourt épouse Mlle de Feuquières.
2. Il y a un blanc dans le manuscrit.

Stairs.   Tomes.   Pages.

dre de Saint-André et du Chardon d'Écosse, ambassadeur d'Angleterre à Paris. Son caractère............ XI   119

— Assiste, dans une lanterne, aux deux séances de la déclaration de la régence.................... XII   202

— Son caractère et ses menées....... XII   367

— Sa négociation pour la mutuelle garantie des successions aux couronnes de France et d'Angleterre. Le Régent y veut engager la Hollande. Stairs presse le Régent de faire arrêter le Prétendant, qui de Bar passoit caché pour s'aller embarquer en Bretagne.. XII   375

— Impudence de Stairs et de ses assassins, qui le manquent à Nonancourt. ... XII   453

— Sa friponnerie. Haine des Anglois pour les François................ XIII   9

— Impostures de Stairs pour aigrir de plus en plus l'Angleterre contre la France. Soupçons réciproques des puissances principales................ XIII   14

— Étrange scélératesse de Stairs confondue par elle-même.............. XIII   20

— Ses nouvelles scélératesses. Intérêt du ministère anglois de toujours craindre la France pour tirer des subsides du Parlement.............. XIII   25

— Scélératesse de Stairs et du nonce Bentivoglio.................. XIII   29

— Hardiesse et scélératesse de Stairs.... XIII   65

— Ses confidences à Penterrieder, secrétaire impérial, passant à Paris en allant à Londres............. XIII   74

— Son infâme manége........... XIII   75

— Ses horreurs................ XIII   79

— Sa mauvaise foi.............. XIII   85

Stairs. Tomes. Pages.

— Sa scélératesse. . . . . XIII 163

— Il s'explique nettement sur l'escadre de
la Méditerranée. . . . . XV 25

— Sa scélératesse. Son insolente con-
duite. . . . . XV 139 et 181

— Sa fausse joie du succès du lit de justice
des Tuileries. . . . . XV 294

— Il fait enfin une brillante entrée. Ses
vaines entreprises chez le Roi, et autres aussi vaines chez les princes du
sang. . . . . XVI 201

STANHOPE. Stanhope, comte, secrétaire d'État
d'Angleterre. Stanhope, colonel, son
cousin, envoyé d'Angleterre à Madrid,
et autre. Stanhope pendant la guerre
de la succession d'Espagne, général
des troupes auxiliaires angloises et
hollandoises en Espagne.

— Le général emporte contre Staremberg
de marcher à Madrid après la bataille
de Saragosse. . . . . VIII 115

— Son insolence à l'égard de Staremberg,
qui se retire sous Tolède. . . . . VIII 119

— Il est emporté et pris dans Brighuéla ou
Brihuega. . . . . VIII 124

— Est perdu et dépouillé de tous ses emplois. . . . . VIII 131

— Adresses du comte secrétaire d'État pour
brouiller la France avec l'Espagne et
pour gagner le roi de Sicile à son
point. . . . . XIII 14

— Il propose nettement à Trivier, ministre
de Sicile à Londres, de céder à l'Empereur la Sicile pour la Sardaigne. . . XIII 23

— Sa souplesse. Il emploie jusqu'aux menaces pour engager la Savoie contre
la France. But et vues du comte. Sa

Stanhope.

	Tomes.	Pages.
souplesse..................	XIII	26
— Sa fausseté et sa friponnerie pour se défaire de Monteleon, ambassadeur d'Espagne à Londres, qu'il trouvoit trop clairvoyant................	XIII	69
— Son adresse pour se défaire de Monteleon en Angleterre et pour gagner Alberoni, qui lui passe tout, et qui, aveuglé par sa souplesse, donne la carte blanche aux Anglois pour signer avec eux une alliance défensive........	XIII	155
— Le comte avertit Alberoni d'envoyer quelqu'un de confiance à Hanovre, veiller à ce qui s'y traite avec l'abbé du Bois.................	XIII	174
— Singulière et confidente conversation du comte avec Monteleon.........	XIII	333
— Le colonel Stanhope, son cousin, choisi en Angleterre pour aller en Espagne.	XIV	154
— Objet de cet envoi, et de faire passer le colonel par Paris............	XIV	165
— Il arrive à Madrid (c'est le même que le duc de Saint-Simon y trouva et y laissa ambassadeur d'Angleterre) avec la qualité d'envoyé.............	XIV	179
— Sa première audience d'Alberoni peu satisfaisante.................	XIV	220
— Manéges et adresses du comte.......	XIV	449
— Son adresse pour amuser Monteleon...	XV	21
— Le colonel pense juste sur l'opiniâtreté d'Alberoni.................	XV	102
— Le comte emploie, en ses réponses aux menaces de Monteleon, les artifices les plus odieux; lui donne enfin une réponse par écrit, devenue nécessaire à Monteleon.................	XV	160
— Fourberie du comte à Monteleon.....	XV	163

Stanhope.   Tomes. Pages.

— Fort entretien du colonel avec Alberoni,
le colonel avertit tous les consuls anglois de retirer tous leurs effets et
leurs négociants.   XV   168

— Le comte à Paris, content du Régent,
mécontent des Hollandois.   XV   185

— Faux et odieux discours du colonel à Alberoni.   XV   189

— Conduite du comte avec Provane, minis-
tre de Sicile, à Paris.   XV   256

— Le comte arrive à Madrid, n'est pas un
moment la dupe des artificieux dis-
cours d'Alberoni.   XV   290

— Il part de Madrid et passe à Paris, retournant à Londres.   XV   295

— Il passe trois semaines à Paris avant de
repasser la mer.   XVI   101

— Le colonel à Paris. XVII   1

— Mort du comte à Londres. XVII   209

STANISLAS LECZINSKI, qui avoit été un moment
roi de Pologne contre le roi Auguste
électeur de Saxe, et qui, depuis la révolution arrivée par la bataille de Pultawa, n'avoit su se réfugier qu'aux
Deux-Ponts qui appartenoient au roi
de Suède, est tout près d'y être enlevé,
essaye de quelques autres retraites
dans les mêmes pays, est enfin reçu
en asile à Weissembourg, dans la basse
Alsace, appartenant au Roi.   XIV   98

STAREMBERG, comte. Célèbre par sa belle défense de Vienne assiégée par les
Turcs, délivrée enfin par le fameux
roi de Pologne J. Sobieski, qui les
défit. Mort de Staremberg.   III   18

STAREMBERG, comte, neveu du précédent. Donné
par l'Empereur à l'Archiduc, son fils,

Staremberg.   Tomes.   Pages.

pour conducteur en Espagne, chef de
son conseil et de sa maison et géné-
ral en chef de son armée, bat les quar-
tiers du roi d'Espagne, qui se retire à
Saragosse.   VIII   111
— Défait l'armée d'Espagne à la bataille de
Saragosse.   VIII   113
— Quitte Tolède, en brûle le beau palais. .   VIII   121
— Il tend un piége.   VIII   123
— Perd, contre l'armée d'Espagne, la ba-
taille de Villaviciosa. Se retire en Ca-
talogne.   VIII   125
— Demeure, avec l'archiduchesse, à Barce-
lone, après le départ de l'archiduc, élu
Empereur, pour l'Allemagne, par l'Ita-
lie.   IX   133
— Devenu ministre de conférence de l'Em-
pereur, est le plus opposé à la future
cession de la Toscane.   XIV   409
STEINBOK, comte, général de l'armée suédoise.
Bat celle de Danemark et brûle Altona.   IX   406
— Environné depuis par les Danois, se rend
à eux prisonnier de guerre, lui et ses
troupes.   X   17
Stérilité des récits de cette année 1723 ; sa
cause.   XIX   88
STREF. Quel. Tué à l'attaque de l'île du Marqui-
sat, près du fort Louis du Rhin.   V   13
STOPPA, communément appelé Stouh, colonel
du régiment des gardes suisses. Lui
et sa femme quels. Mort de Stoub. . .   II   427
Style. (Voir Roi, t. II, p. 196, et Secrétaires
d'État, t. V, p. 105.)
SUÈDE. Mort étrange de Charles XI, roi de
Suède. Sa tyrannie ; son palais brûlé.   I   428
— Charles XII, son fils et successeur, dé-
fait le roi Auguste de Pologne, élec-

Suède.   Tomes. Pages.

teur de Saxe, y perd le duc d'Holstein-
    Gottorp, son beau frère.   III   295
— Reconnoît Philippe V.   III   12
— Victoire des Suédois. Généraux des ar-
    mées.   IV   398
— Le roi de Suède victorieux en Saxe, y
    dicte la paix au roi Auguste. Sa glo-
    rieuse situation. Sa lourde faute. . . .   V   49
— Il humilie l'Empereur et passe en Rus-
    sie.   V   302
— Est défait à la bataille de Pultava par le
    Czar. Défait et fugitif, se sauve à Ben-
    der, etc. VII   117
— Il arrive de Turquie subitement à Stral-
    sund.   X   342
— Y est assiégé ; il s'en échappe en Suède,
    la place prise. XII   466
— Affaires de Suède. XIII   175
— Intrigue des ambassadeurs de Suède en
    France, en Angleterre, à la Haye, entre
    eux, pour une révolution en faveur du
    Prétendant. XIII   219
— Menées et mesures des ministres suédois
    avec les jacobites. XIII   302
— Offres à la Suède de quelques puissances
    de la ligue du Nord. XIV   227
— Charles XII est tué devant [Fridericshall].
    Prétendants à cette couronne. La sœur
    de Charles XII est élue à cette cou-
    ronne, rendue élective, avec peu de
    pouvoir. Elle obtient bientôt après
    l'association au trône de son mari, fils
    aîné du landgrave de Hesse, mais avec
    force mesures contre le pouvoir et l'hé-
    rédité. XVI   180
Suisse (Affaires de). En deux mots. Renouvelle-
    ment, très-mal à propos, de l'alliance de

Suisse.   Tomes. Pages.

France avec les seuls cantons catho-
  liques.   XI   108
SULLY. Mort de la duchesse de Sully Servien. .   III   202
— Mort du duc de Sully, son fils aîné. . . .   IX   394
— Mort de la duchesse de Sully Coislin,
    sans enfants, épouse du précédent. . . XVII   210
— Duc de Sully, son beau-frère, dit aupara-
    vant le chevalier de Sully, déclare son
    mariage avec la fille de la fameuse dé-
    vote, Mme Guyon, veuve, sans enfants,
    de Vaux, fils aîné du malheureux sur-
    intendant Foucquet. Leur caractère. . XVII   234
SULMONE (Prince de) : voir aux GRANDS D'ESPA-
    GNE. XVIII   59
SULPICE CRUSSOL (SAINT-). Épouse la fille du
    comte d'Estaing.   XI   425
SURCO (Del) et sa femme. Leur fortune; leur ca-
    ractère. XVIII   149
Surintendante de la maison de la Reine.
    Invention, occasion, époque, suite de
    cette charge.   IV   17
SURMIA (Prince de) : voir aux GRANDS D'ESPA-
    GNE. XVIII   59
SURVILLE (voir t. IV, p. 304 LA BARRE), à la Bas-
    tille.   IV   329
— Le Roi lui ôte son régiment d'infanterie
    et le donne à du Barail (voir LA BARRE,
    t. V, p. 53).   IV   352
— Remis à flot par le maréchal de Boufflers,
    qui obtient de le mener à Lille.   VI   120
— Mis après dans Tournay, avec dix-huit
    bataillons.   VII   1
— Se rend et demeure perdu pour tou-
    jours. . . . . VII 78 et 80
— Sa mort. XVII   49
SUTTON. Succède à Stairs à l'ambassade d'An-
    gleterre en France. XVII   113

Tomes. Pages.

Dans la lettre S { Noms propres. . . 91
                 { Autres. 22

En tout 113

Tabatière. Très-singulièrement perdue. (*voir*
    Dauphine). . . . . IX 191
Tableau (Ordre du). Invention et pernicieuse
    adresse de Louvois. . . . . XII 57
— Tableau de la cour intérieure d'Espa-
    gne. . . . . XVIII 295
Tables réformées à Marly, où le Roi ne nour-
    rit plus les dames. . . . . VII 398
Tabouret de la chancelière (*voir* SAINT-SIMON,
    père). . . . . II 238
Tailles. Embarras et projets sur les tailles. . XIV 302
Tailleurs au pharaon. Chassés de Paris. . . . IX 176
TALLART, ambassadeur en Angleterre pour le
    traité de partage de la future succes-
    sion d'Espagne. Vient faire un tour à
    Fontainebleau. . . . . II 366
— Sa rage singulière et sur quoi. . . . . . II 402
— Est fait chevalier de l'ordre. Perd sa
    femme. . . . . III 17
— Est fait maréchal de France avec neuf
    autres. Son caractère. . . . . III 390
— Commande l'armée du Rhin sous Mgr le
    duc de Bourgogne. . . . . III 411
— Gagne sur les Impériaux la bataille de
    Spire. . . . . IV 20
— Prend Landau et sépare son armée. . . IV 22
— Revient à la cour. . . . . IV 26
— Marie son fils aîné à la fille unique de
    Verdun, de même nom que lui. Com-
    mande l'armée du Rhin. . . . . IV 67
— Mène son armée en Bavière. . . . . . . IV 108
— Marche et disposition des armées. Est

Tallart.

                                                             Tomes. Pages.

battu à la bataille d'Hochstedt et prisonnier des anglois; y perd son fils aîné. . . . . IV 122

— Le Roi lui donne le gouvernement de Franche-Comté. Mot salé de M. le duc d'Orléans.. . . . . IV 187

— Passe avec le duc de Marlborough en Angleterre. Est envoyé en arrivant avec les principaux prisonniers à Nottingham . . . . IV 218

— Revient libre à la cour, à la paix d'Angleterre, sans s'y être mêlé de rien. . . . IX 128

— Est fait duc vérifié.. . . . . IX 276

— Son extraction abrégée. Marie son fils à une fille du prince de Rohan. . . . . . IX 445

— Le duc de Tallart, par la démission de son père, est fiancé avec la fille du prince de Rohan, dans le cabinet du Roi; cause de cet honneur. . . . . . . IX 446

— Le maréchal de Tallart signe partout devant le prince de Rohan et au-dessus de lui, et le duc de Tallart au-dessus de sa fiancée. Abus faux d'une galanterie du Roi, dont les Rohans tâchent de tromper le monde. . . . . IX 450

— Le maréchal de Tallart entraîne le cardinal de Rohan, malgré lui, au P. Tellier, sur la Constitution. . . . . . . X 32

— Son fils obtient la survivance de son gouvernement. . . . . XVII 85

— Est fait pair en la place de son père, que sa démission en exclut. . . . . XI 108

— Maréchal de Tallart quel à l'égard de M. le duc d'Orléans. . . . . XI 222

— Est du conseil de régence par le testament du Roi. . . . . XII 250

— Sa rage de n'en pas être, et sa conduite. XII 250

Tallart.   Tomes. Pages

— Il entre enfin au conseil de régence.
Question de préséance en ce conseil
entre le maréchal d'Estrées et lui;
Tallart la gagne; son aventure en ce
même conseil.   XIV   93

TALLEMANT. Quel. Sa mort.   IX   330

TALMONT (Prince de). Épouse une fille de Bullion.
Surprend un tabouret. Disgression sur
la chimère de Naples, sur les trois
maisons de Laval, sur l'origine et la
nature des distinctions dont jouissent
les ducs de la Trémoille.   V   349

TALON, avocat général célèbre, enfin président
à mortier. Sa mort et sa dépouille. . .   II   27

TAMBONNEAU (La mère). Quelle. Sa famille; sa
singularité; sa mort.   II   288

Tapis. Curiosités sur les tapis.   XVI   109

Tapisserie. Mensonge d'une tapisserie du
Roi réformé.   II   5

TARENTE (Prince de). Chimère de ce titre (*voir*
TALMONT, t. V, p. 349). Épouse M^ue de la
Fayette.   IV   397

TASTE (LA). Quel. Sa mort.   X   181

TAVARA (Marquis de) : *voir* aux GRANDS D'ES-
PAGNE.   XVIII   109

TOWNSEND. Fait secrétaire d'État d'Angleterre.
Son caractère.   XVII   209

Taxes d'Usuriers.   XI   339

— Autres proposées non contraires à la
convocation des états généraux, au
contraire favorables.   XI   339

Te Deum au pillage.   XIII   134

— Impudence de leur prostitution.   XVI   271

TÉKELI, le fameux comte. Sa mort.   IV   323

TELLIER (LE), archevêque duc de Reims. Écrit,
par ordre du Roi, une lettre à chacun
des pairs pour les prier, de la part de

Tellier (Le).   Tomes. Pages.

Sa Majesté, de se trouver au Parlement, à l'enregistrement et à l'exécution de sa déclaration du rang intermédiaire en faveur de ses deux bâtards.   I   166
— Éclat et raccommodement entre ce prélat
  et les jésuites (*voir* ROHAN)...........   II   1
— Mort de la chancelière, sa mère.   II   145
— Trésor inutilement cherché dans sa
  maison, fouillée partout par ordre
  du Roi.   II   175
— Même recherche et aussi exacte à
  Meudon et aussi inutile, où on avoit
  donné avis au Roi que Louvois avoit
  enfoui des trésors.   III   438
— L'archevêque préside à l'Assemblée du
  clergé tenue à Saint-Germain-en-Laye.
  Cède sa présidence à Noailles, archevêque de Paris, dès que ce dernier est
  fait cardinal.   II   340
— Sa disgrâce et son raccommodement lors
  de la prise des papiers du P. Quesnel.   III   420
— Il gagne le décanat du conseil contre la
  Reynie.   IV   41
— Sa mort; son testament; son caractère.   VII   281
TELLIER, jésuite. Sa rage de la condamnation
  faite à Rome des cérémonies chinoises
  soutenues par les jésuites, et de la disgrâce du P. le Comte en France pour
  le même sujet, qui étoit confesseur de
  Mme la duchesse de Bourgogne.   II   336
— Est confesseur du Roi à la mort du P.
  de la Chaise; manière dont ce choix
  fut fait.   VI   240
— Singulier et juste pronostic de lui par
  Fagon la première fois qu'il le vit
  dans le cabinet du Roi.   VI   243
— Beau jeu du P. Tellier.   VII   137

Tellier.   Tomes. Pages.

— Projet du P. Tellier.   VII   140
— Nœud intime de la liaison du P. Tellier
    avec les ducs de Chevreuse et de Beau-
    villier. Quel sur le mariage de M. le
    duc de Berry.   VII   393
— Son art et son manége à l'égard des bé-
    néfices.   VIII   98
— Il persuade au Roi que tous les biens de
    ses sujets sont à lui.   VIII   138
— Son énorme projet (voir Jésuites,
    t. IX, p. 161 : BOURGOGNE, t. IX, p. 163;
    ROHAN, t. X, p. 27).   X   21
— Rome et le nonce Bentivoglio.   XI   145
— PP. Tellier et Doucin, jésuites, chassés
    de Paris.   XII   392 .
— Exilé à la Flèche, où il meurt au bout de
    six mois. . . . . XVI 203 et 205
Témoins du contrat de mariage du Roi et de
    l'infante. XVII   380
Tempête fatale en Hollande.   V   304
TEMPLE. Mort de [ce] célèbre chevalier anglois. II   175
TENCIN, abbé, qui a fait depuis une si prodi-
    gieuse fortune. Disgression sur lui et
    sur sa sœur la religieuse; caractère de
    celle-ci ; elle devient maîtresse de l'abbé
    du Bois.   XVI   349
— Caractère de l'abbé Tencin. Il est admo-
    nesté en pleine audience de la grand'-
    chambre par le premier président de
    Mesmes. L'abbé du Bois le fait partir,
    le lendemain de cet affront public,
    pour aller solliciter son chapeau à
    Rome.   XVI   351
Tentative de la flotte ennemie sur Agde et
    sur le port de Cette, sans succès. . . . VIII   107
TÉRAT. Quel. Chancelier de M. le duc d'Orléans.
    Obtient le rapé de grand trésorier de

Térat.

Tomes. Pages.

l'ordre, que le financier Crosat, en
considération de ses grandes avances,
a la permission d'acheter de la succession de l'avocat général Chauvelin
qui l'avoit.   XII   222

— Sa mort; son caractère. XVI   209

TERMES. Quel. Sa naissance; ses bassesses; son
triste état à la cour; sa cruelle aventure. Sa mort.   IV   62

TESSÉ, chevalier de l'ordre, lieutenant général
et colonel général des dragons, servant
dans l'armée d'Italie sous le maréchal
Catinat, est proposé au Roi par ce
maréchal, et accepté, pour traiter secrètement la paix et le mariage de
Savoie; il les conclut et obtient la
charge de premier écuyer de la future
duchesse de Bourgogne.   I   327

— Marie ses deux filles à la Varenne, et à
Maulevrier, fils du frère de feu
M. Colbert, ministre secrétaire d'État,
contrôleur général des finances. . . .   I   491

— Va à Milan.   II   413

— Son dépit; ses vues; sa liaison avec
Vaudemont, gouverneur général du
Milanois.   III   8

— Ses vues; son ingratitude pour Catinat.
Obtient du Roi 50,000 livres de gratification.   III   73

— Est fait maréchal de France avec neuf
autres. Son caractère. . . . . . . III 371 et 387

— Va commander en Dauphiné.   IV   10

— Va à Chambéry. Est destiné à commander l'armée de Vaudemont. Propos
du Roi à lui sur le duc de Vendôme
bien remarquable.   IV   22

— Tessé en Italie. Sa bassesse. Vient en

Tessé.   Tomes. Pages.

Savoie.   IV   63

— Laisse, par basse complaisance, le duc de
la Feuillade seul en chef en Dauphiné
et en Savoie.   IV   104

— Est choisi pour succéder au maréchal
de Berwick en Espagne.   IV   149

— Il mène singulièrement Maulevrier, son
gendre, en Espagne. Ils passent à
Toulouse pour y voir la princesse des
Ursins exilée, mais dominante en Es-
pagne.   IV   175

— Il est fait grand d'Espagne en arrivant
à Madrid.   IV   177

— Échoue devant Gibraltar, et revient à
Paris.   IV   267

— Marie son fils à la fille de Bouchu, conseiller d'État, héritière.   IV   330

— La fait asseoir en dupant les deux rois.   IV   394

— Fait le siége de Barcelone sous le roi
d'Espagne.   IV   417

— Le lève ; revient à la cour.   IV   436

— Salue le Roi.   IV   440

— Va en Dauphiné, où il est malmené par
le parlement de Grenoble ; puis en Ita-
lie.   V   134

— Va en Provence et à Toulon, dont le duc
de Savoie veut faire le siége.   V   313

— Folie de Tessé et de Pontchartrain, qui
s'écrivent d'une affaire si sérieuse en
style de don Quichotte. Le fils de
Tessé apporte au Roi la nouvelle de
la retraite du duc de Savoie ; est fait
maréchal de camp.   V   319

— Obtient un brevet de retenue sur sa
charge, de 200,000 livres.   V   373

— Va plénipotentiaire en Italie et à Rome ;
sa commission ; son départ.   VI   115

Tessé.
                                          Tomes. Pages.

— Son embarras et sa conduite à Rome, où il ne peut réussir à rien. Son retour. .   VI   231

— Est demandé par l'Espagne pour faire le siége de Barcelone ; il n'y va pas. .   X   149

— Il vend sa charge de général des galères a[u] chevalier d'Orléans. XIII   43

— Vie que menoit le maréchal de Tessé. Il est mis auprès du Czar pour le faire servir, l'accompagner et lui faire les honneurs pendant son séjour à Paris, et se met fort bien avec lui. XIV   20

— Il commande tous les officiers et la maison du Roi servant le Czar. XIV   34

— Ses sourdes menées avec l'Espagne, et depuis avec la Russie ; le Régent les lui reproche. XV   229

— Il obtient la charge de premier écuyer de la future Reine, avec la survivance pour son fils, et va enfin ambassadeur en Espagne. XIX   215

Testament de Louis XIV. (*Voir* Louis XIV, t. X, p. 261.)

— Lieu et précautions pour le dépôt du testament du Roi ; édit remarquable sur ce testament.. X   264

Testu, abbé. Quel. Personnage singulier. Sa mort. Son caractère. IV   444

Thésut. Quel. Secrétaire des commandements de Monsieur, puis de M. le duc d'Orléans. Sa mort. L'abbé, son frère, obtient sa charge, puis une place de conseiller d'État d'Église, enfin la feuille des bénéfices. Extraction et caractère des deux frères. V   399

Thianges. Quel. Sa mort ; son caractère. Disgression sur sa mère. V   376

Thun (Comte de). Défend Turin, d'où Mᵐᵉ de

Thun.   Tomes. Pages.

      Savoie sortent et le duc de Savoie
      incontinent après.   V   2

Tiers État. Son époque. Voir toute cette
      page [du manuscrit] et la suivante. .   X   466

Tingry (Princesse de). Qui et quelle elle étoit.
      Sa singulière histoire et vie. Sa mort. IV   446

Titolados. Ce que c'est en Espagne. . . . . XVIII 153

Toison d'or. Prostitution inouïe de cet ordre
      en Espagne. . . . . XVIII 370

— Chevaliers de cet ordre existants en
      avril 1722. . . . . XVIII 132

— Rang, toujours quel, observé dans cet
      ordre. . . . . XVIII 133

— Séance du Chapitre pour conférer l'ordre
      à un nouveau chevalier. Plan de la
      séance. . . . . XVIII 356

— Indécence du défaut des habits de l'or-
      dre et de la manière confuse des che-
      valiers d'accompagner le roi d'Espa-
      gne les jours de collier, qui sont fré-
      quents. . . . . XVIII 358

— Manière dont le roi d'Espagne prend
      toujours son collier. Lui et tous ceux
      qui sont chevaliers de la Toison et du
      Saint-Esprit ne portent jamais un col-
      lier sans l'autre. . . . . XVIII 358

— Nulle marque de la Toison sur les grands
      officiers de cet ordre, en aucun temps,
      ni à leurs armes, quoique d'ailleurs pa-
      reils en tout à ceux du Saint-Esprit. XVIII 359

— Rang d'où se prend dans l'ordre de la
      Toison. Le prince des Asturies, fils de
      Philippe V et mort roi par l'abdi-
      cation de son père, est le premier in-
      fant qui ait obtenu la préséance.
                        XVIII 133 et 359

— Les chevaliers, grands d'Espagne et non

Toison d'or.   Tomes.   Pages.

grands également, couverts au chapitre, et les grands officiers de l'ordre
découverts. Différence très-marquée
de la séance des chevaliers et de la
leur. XVIII   359
— Préliminaires immédiats à la réception. XVIII   360
— Réception. XVIII   362
— Épée du grand capitaine devenue celle
de l'État; son usage dans les récep-
tions des chevaliers de la Toison;
respects singuliers rendus à cette
épée. XVIII   364
— Accolade; imposition du collier; révérences; embrassades. XVIII   366
— Cause du si petit nombre de chevaliers
de la Toison d'Espagne. XVIII   370
— Expédient nouveau qui rend enfin les ordres anciens et lucratifs d'Espagne
compatibles avec ceux de la Toison, du
Saint-Esprit, etc. XVIII   371
Toisy. Singularité, mort, héritage de cette
vieille et riche bourgeoise. III   401
Tolède. L'archevêché de Tolède dignement
donné à un simple curé devenu évêque d'un médiocre évêché. XI   85
— Ville, palais, église de Tolède. XVIII   350
Toulouse (Comte de). (*Voir* dans l'article du
duc du Maine, son frère, tout ce qui
regarde leur commune élévation en
tout genre.) Est reçu au Parlement
et installé à la table de marbre
en qualité d'amiral de France, par
le premier président d'Harlay. . . . I   218
— Il va à la mer. III   270
— Revient à la cour. III   277
— Va à Toulon. III   431
— Revient à la cour. IV   25

Toulouse (Comte de).   Tomes. Pages.

— S'embarque, à Brest, avec le maréchal
de Cœuvres.   IV   95

— Gagne, près de Malaga, une bataille na-
vale.   IV   146

— Faute fatale malgré lui et le maréchal
de Cœuvres.   IV   147

— Le roi d'Espagne envoie la Toison au
comte de Toulouse.   IV   177

— De retour à la cour et résolu de perdre
Pontchartrain, est fléchi par sa femme.
Caractère de Pontchartrain.   IV   195

— Suite de cette bonté funeste à l'État. . .   IV   214
(*Voir* ARMENONVILLE, t. IV, p. 308.)

— Le comte de Toulouse va à Toulon. . .   IV   393

— Revient à la cour et sa flotte à Toulon. .   IV   435

— Son caractère.   V   224

-- Il ne peut arriver à la distinction d'être
Monsieur le Comte tout court, quelque
desir que le Roi en montre.   VI   352

— Étrange contre-temps qui lui arrive à la
mort de Monsieur le Duc, son beau-
frère.   VII   285

— Est attaqué de la pierre.   IX   79

— Fort heureusement taillé par Maréchal ;
la galerie et le grand appartement de
Versailles, fermés jusqu'à son entière
guérison, au-dessous duquel étoit le
sien.   IX   129

— Il achète de la Vrillière sa maison à Pa-
ris.   IX   376

— Il achète du nouveau duc de la Rochefoucauld la charge de grand veneur.   X   128

— Son froid sur toutes ses élévations, etc.   X   217

— Sa conversation avec le Régent fort considérable. Sa probité. Scélératesse de
son frère.   XV   413

— Son entière conservation, mais unique-

TABLE ALPHABÉTIQUE. GÉNÉRALE

Toulouse (Comte de).   Tomes.   Pages.

ment personnelle, résolue. . . . . . XV 433 et 447

— Il arrive en manteau dans le cabinet du
conseil pour le conseil de régence et
le lit de justice qui se devoit tenir aux
Tuileries immédiatement après. . . . XVI   7

— Colloque entre lui et son frère, puis de
lui avec le Régent, où il apprend de lui
tout ce qui s'alloit faire ; après de lui
avec son frère ; puis tous deux sortant
du cabinet du conseil, comme le conseil s'alloit mettre en place, descen-
dent dans l'appartement du duc du
Maine et ne paroissent plus de toute
cette cé[lè]bre journée. XVI   9

— Le rétablissement, uniquement personnel, du comte de Toulouse est lu et approuvé au conseil de régence, puis lu
et enregistré au lit de justice. XVI   52

— Il est sagement détourné par ses principaux domestiques de suivre la for-
tune de son frère. XVI   79

— Voit le Régent, et vient au conseil de
régence. XVI   82

— Sa conduite excellente et nette lorsque
son frère est arrêté. . . . . XVI 158

— Netteté de ses discours et de son procédé. . . . . XVI 177

— Épouse secrètement la marquise de
Gondrin, sœur du duc de Noailles,
veuve, avec deux fils, du fils aîné
de d'Antin. XIX   95

— Déclare son mariage. . . . . XIX 216

TONNERRE, évêque comte de Noyon. Fait un
trait cruel à Saint-Germain à l'archevêque de Paris Harlay. Se fait visiter
par lui malgré lui. . . . . I 206

— Autre trait de lui chez Monsieur le Prince

Tonnerre (Comte de).   Tomes. Pages.

à l'archevêque d'Auch, de Suze. . . .

— Soutient, avec plaisant trait, le rang des
pairs ecclésiastiques, au lit de justice
et toujours au Parlement, contre les
cardinaux de Bouillon et Bonzi, d'où
les cardinaux ne sont jamais revenus.

— Fait, par ordre du Roi, de l'académie
françoise, où il est cruellement moqué
par l'abbé de Caumartin, qui en de-
meure perdu.   I   203

— Grande action de ce prélat à l'égard de
l'abbé de Caumartin.   I   208

— Trait étrange de ce prélat avec la chancelière de Pontchartrain et sa belle-
fille. . . . .

— Modestie de son neveu à Meudon,
nommé évêque duc de Langres. . . .   I   283

— Est fait commandeur de l'ordre.   I   287

— Mort, état, misère du comte de Ton-
nerre, frère de l'évêque de Langres.
Son bon mot sur Monsieur et Madame.
Sa mort.   IV   320

Son fils tue à la chasse, plus qu'équi-
voquement, le fils aîné d'Amelot, lors
ambassadeur en Espagne; conditions
que le Roi lui impose en lui accordant
sa grâce.   V   336

Épouse la fille du comte de Blansac,
quoique à peu près imbécile.   VI   190

— Mot hardi de bas courtisan de l'évêque
de Noyon au Roi, en plein dîner de Sa
Majesté à son petit couvert. . . . . .

— Trait bien plus ancien de lui chez le cardinal d'Estrées, au festin qu'il donna, à
la réception de son neveu au Parlement en qualité d'évêque duc de Laon,
dont le cardinal, son oncle, s'étoit dé-

Tonnerre (Évêque comte de Noyon). Tomes. Pages.

mis en sa faveur. . . . . X 351

— Divers autres traits de l'évêque de
Noyon. Sa mort. Son caractère. . . . . II 437

Torcy, fils de Croissy, ministre et secrétaire
d'État, ayant le département des affaires étrangères et président à mortier,
frère de Colbert, ministre, secrétaire
d'État et contrôleur général. Obtient la
survivance de secrétaire d'État de son
père en quittant l'un et l'autre la
charge de président à mortier et sa
survivance à Novion, petit-fils de Novion, premier président, expulsé de
cette place pour ses friponneries avé-
rées. . . . . I 331

— Torcy, par l'expresse volonté du Roi,
épouse la fille de Pompone, rappelé,
dans le conseil d'État, à la mort de
Louvois. Perd son père bientôt après.
Fait, sous Pompone, sa charge de secrétaire d'État, ayant le département
des affaires étrangères. . . . . I 332

— Bientôt après est fait ministre d'État. . II 183

— A les postes à la mort de son beau-père,
qui les avoit eues à la retraite de Pelletier, et celui-ci à la mort de Louvois. II 256

— Torcy dispute avec les ambassadeurs
pour la marche de leurs carrosses à
leurs entrées; enfin celui du secrétaire
d'État des affaires étrangères ferme la
marche de tous. . . . . II 280

— Vend à Saint-Pouange la charge de
grand trésorier de l'ordre, qu'il avoit
eue de son père, duquel ordre Saint-
Pouange étoit intendant, et obtient, à
la mort de Barbezieux, sa charge de
chancelier de l'ordre. . . . . II 421

Torcy.   Tomes. Pages.

— Colère du Roi contre sa femme à Marly.   V   328
   (*Voir* t. VI, p. 303.)
— Torcy à la Haye, pourquoi et comment.   VI   385
— Revient à la cour.   VI   409
— Quel à l'égard de la mort de Monseigneur. VIII 414
— Rendu suspect au Roi sur les affaires de
   la Constitution, qui ne passent plus
   par lui et dont Voysin s'empare. . . .   X   21
— Obtient une gratification de 150,000 li-
   vres[1] sur les postes, dont il étoit direc-
   teur.   X   105
— Et 150,000 livres[2] d'augmentation de
   brevet de retenue sur ses charges. . .   X   337
— Le secret de la poste le fait conserver
   par le Régent et mettre d'abord dans
   le conseil de régence.   XI   288
— Il le fait surintendant des postes. . . . XII   404
— Belle et véritable maxime bien propre à
   Torcy.   XV   262
— Il obtient, pour sa sœur, l'abbaye de Maubuisson.   XVI   368
— Forte imprudence de sa femme à l'égard
   de l'évêque de Fréjus, qu'il ne pardonne point.   XVII   254
— Bon traitement fait à Torcy en cédant la
   surintendance des postes au cardinal
   du Bois.   XVII   327
— Il obtient, pour son fils, la charge de capitaine des gardes de la porte du Roi.   XIX   164
— Torcy et le duc de Saint-Simon, qui n'a-
   voient jamais eu la moindre liaison et
   ne se connoissoient comme point, que
   le duc de Saint-Simon avoit même
   pressé M. le duc d'Orléans de ren-

1. Dans le texte cent mille écus.
2. Dans le texte cinquante mille.

Torcy.   Tomes.   Pages.

voyer, à la mort du Roi, comme mal
affectionné à Son Altesse Royale, se
prennent d'estime et d'amitié réciproque en se voyant dans les premiers
temps du conseil de régence, se lient
peu à peu. L'estime, l'amitié, la confiance devient entière et intime (*sic*)
entre eux, et durent telles jusqu'à la
mort de Torcy. . . . . . .   XII 246 et XVII 327

Torcy. Quel. Officier général et dans les chevaux légers de la garde. Sa mort. . . XVII   415

Torrecusa (Marquis de) (*voir* aux Grands d'Espagne). Caractère de son épouse. . . XVIII   78

Tortose. Pris par M. le duc d'Orléans, est
manqué par les ennemis.   IX   139

Toscane. Le grand-duc obtient de la cour de
Vienne, et non d'aucune autre, les
honneurs d'ambassadeurs de têtes
couronnées pour les siens.   II   197

— Il mène sa famille à Livourne; y a dans
le port une entrevue avec Philippe V
qui le traite d'Altesse, et la grande
princesse douairière sa tante, sœur
de la dauphine de Bavière, avec une
grande distinction.   III   266

— Madame la grande-duchesse en apoplexie
au Palais-Royal à Paris.   IX   324

— Point de la succession de Toscane. . . . XIV   151

— Le grand-duc et le duc de Parme envoient à Londres faire des représentations inutiles.   XV   20

— Demandes bien mesurées du grand-duc.   XV   26

— Desirs des Florentins de retourner en république, non sans quelque espérance.   XV   26

— Mort, famille et caractère de Madame la
grande-duchesse à Paris. XVII   264

— Mort du grand-duc, son mari, à Flo-

Toscane.   Tomes. Pages.

rence. Sa famille; son caractère. . . . XIX 165 .

TOULON. Manqué par le duc de Savoie. . . . . V 314

TOUR (LA). . . . . V 85

    (*Voir* t. X, p. 43, et les articles d'AU-
    VERGNE BOUILLON, LA MARCK, SEDAN,
    ÉVREUX, TURENNE, etc.)

TOURNAY (*voir* t. VI, p. 409 ; t. VII, p. 1, 78, 80,
    et les articles de MESGRIGNY et de SUR-
    VILLE ALBRET).

TOURNON, cardinal. Sa légation à la Chine; son
    succès. Sa mort; son corps rapporté
    à Rome. . . . . IX 92

TOUROUVRE (Chevalier de). Sa belle action en
    mer au voyage manqué d'Écosse. . . V 415

TOURS. Mlle de Tours chassée de chez Mme la
    princesse de Conti, fille de Monsieur le
    Prince, par un ordre du Roi obtenu
    par les jésuites. . . . . VI 338

TOURVILLE, grand homme de mer, maréchal de
    France avec six autres. Quelques-unes
    de ses actions. Sa mort. . . . . III . 17

— Mort de sa femme. . . . . V 344

TRACY. Quel. Sa catastrophe. . . . . IV 162

TRAHERBACH. Perdu. . . . . IV 190

Traité de paix à Ryswick. . . . . I 462

— De futur partage de la monarchie d'Es-
    pagne.. . . . . II 320

— Pour la liberté des troupes du Roi reve-
    nant d'Italie, après la bataille de Turin. V 208

— Traité entre la France et l'Angleterre.
    Traité de paix à Utrecht. . . . . . . X 3

— Traité entre la France, l'Empereur et l'Em-
    pire signé à Rastadt, puis à Baden. X 134 et 313

— De la Barrière, signé à Anvers entre
    l'Empereur et les états généraux;
    soupçons qu'il cause favorables au
    prétendant. . . . . XII 385

Traité.   Tomes. Pages

— Traité fort avantageux aux Anglois, par
      lequel l'Espagne se désiste des articles
      ajoutés au traité d'Utrecht.   XII   387
— Lenteurs de l'échange des ratifications
      du traité de Barrière, et du rétablisse-
      ment des électeurs de Cologne et de
      Bavière.   XIII   4
— Traité de Barrière conclu.   XIII   10
— Ligue défensive signée entre l'Empereur
      et l'Angleterre, qui veulent y attirer la
      Hollande. XIII   71
— Traité de l'*Assiento*, ou traité des nègres,
      signé à Madrid avec l'Angleterre. . . .   XIII   154
— Entre la France et l'Angleterre, signé à
      la Haye, qui effarouche les ministres
      de Suède. XIII   219
— Ce traité porté et passé au conseil de ré-
      gence. XIII   270
— La triple alliance approuvée au conseil
      de régence. XIII   271
— Elle est signée à la Haye, ce qui déplaît
      tant à l'Empereur qu'il refuse d'y
      entrer. XIII   297
— Motif du traité de l'Angleterre avec la
      France et du desir de l'Empereur de la
      paix du Nord. XIII   300
— Étranges impressions prises à Rome
      sur la triple alliance. XIII   313
— L'Angleterre et la Hollande commu-
      niquent la triple alliance au roi d'Es-
      pagne. Soupçons politiques, et feinte
      indifférence de ce monarque.   XIII   324
— Union et traité entre le Czar et le roi de
      Prusse. XIV   62
— Conditions fondamentales proposées à
      l'Espagne pour la paix.   XIV   233
— Traité entre la France et le duc de Lor-

Traité.   Tomes. Pages.

raine, beau-frère du Régent, qui y
obtient des énormités et tout ce qu'il
veut, passe au conseil du Régent et
s'enregistre au Parlement.   XIV   346
— État de la négociation à Londres pour
traiter la paix entre l'Empereur et le
roi d'Espagne.   XIV   407
— Deux difficultés principales.   XIV   409
— Point de la tranquillité de l'Italie pendant
la négociation.   XIV   412
— Points sensibles à Vienne sur le traité. . .   XV   22
— Partage de la peau du lion avant qu'il
soit tué.   XV   241
— Le traité entre la France, l'Angleterre et
l'Empereur, signé à Londres.   XV   269
— Trêve ou paix conclue entre l'Empereur
et la Porte.   XV   270
— Traité d'Angleterre, à son mot, avec
l'Espagne forcée par l'abbé du Bois. . XVII   241
Translations d'archevêchés et d'évêchés.
                                      XVIII 445 et XIX   155
TRAPPE (Abbés de la). Deviennent réguliers
pour la conservation de la vie pri-
mitive de Saint-Bernard et de ses religieuses que M. de Rancé, abbé réformateur, y a établie.   I   281
— Amitié intime entre les ducs de Saint-
Simon, père et fils et M. de la Trappe,
abbé réformateur.   I   121
— Il est peint de mémoire à son insu et
parfaitement ressemblant.   I   366
— Sa méprise au choix d'un abbé. Son insigne vertu.   II   122
— Changement d'abbé à la Trappe.   II   128
— Mort de l'abbé réformateur démis de-
puis longtemps (voir les pièces [1]). . . .   II   363

1. Voyez tome I, page 422, note 1.

	Tomes.	Pages.
Tremblement de terre peu perceptible. . .	IX	131
Trémoille (Duc de la). Origine des distinctions des ducs de la Trémoille.	IV	397
— Mort de la duchesse de la Trémoille Crequy; malheur des familles.	V	292
— Le duc de la Trémoille, premier gentilhomme de la chambre, servant le Roi à son petit couvert public, lui apprend une action, arrivée en Flandres, que le Roi seul ignoroit; suite de cette aventure.	VI	198
— Mort et caractère du duc de la Trémoille; sa charge est donnée à son fils.	VI	396
— Mort de la duchesse de la Trémoille la Fayette.	XIV	84
— Abbé de la Trémoille, auditeur de Rote.	IV	281
Chargé des affaires du Roi à Rome. .	IV	355
Fait cardinal.	IV	365
Dupé sur la constitution *Unigenitus*. .	X	93
Évêque de Bayeux.	XII	412
Et sur la promotion d'Alberoni.	XIII	215
Transféré à l'archevêché de Cambray.	XIV	361
— Mort du jeune duc de la Trémoille; sa charge donnée à son fils.	XVI	337
— Mort du cardinal de la Trémoille à Rome.	XVI	444
Tresnel. Quel. Épouse la fille du secrétaire d'État le Blanc. Curiosités sur les Jouvenel si plaisamment prétendus Ursins.	XIV	10
Tresmes (Duc de). (*Voir* t. IV, p. 234; *voir* Berry, t. X, p. 177; la Rochefoucauld, t, XI, p. 34; Breteuil, t. II, p. 145.)		
— Obtient 400,000 livres de brevet de retenue sur sa charge.	V	372
— Et un nouveau de cent mille écus. . . .	IX	140
— Quel à l'égard de M. le duc d'Orléans. .	XI	223
— A la dépouille de l'appartement du feu		

Tresmes.   Tomes. Pages.

Roi, comme étant, à sa mort, premier
gentilhomme de la chambre en année. XII   271
— Obtient 80,000 livres de gratification. . . XIV 195
— Obtient, pour son fils, la survivance de
sa charge et celle de son gouverne-
ment de Paris. XIX   80
— Obtient une pension de 20,000 livres, au
lieu du jeu qu'il faisoit tenir comme
gouverneur de Paris, qui est supprimé.
Le jeu est rétabli, et la pension lui demeure. XVI   206
Trésoriers de l'extraordinaire des guerres, la
Touane et [Saurion] font banqueroute. III   20
TRESSAN, évêque du Mans. Sa fortune; son caractère; sa mort; ses neveux. IX   181
— L'abbé son neveu, quel. Premier aumônier de M. le duc d'Orléans. Fait évêque de Nantes, et transféré à l'archevêché de Rouen. Obtient la direction
des économats. XIX   157
Trêve publiée entre la France et l'Angleterre. IX   323
TRÈVES perdu. IV   190
— Le frère du duc de Lorraine élu arche-
vêque électeur de Trèves. . . . . . . VIII 132
— Sa mort à Vienne. . . . . VIII 172
TROISVILLES, ordinairement dit Tréville. Sa vie;
son caractère. Refusé par le Roi pour
être de l'Académie françoise. IV   100
— Abrégé de lui. VI   163
Troupes. Augmentation de troupes. II   353
— Troupes françoises conduites dans le
même instant dans les places espagnoles des Pays-Bas, y arrêtent et désar-
ment les garnisons hollandoises que
le Roi fait rendre bien mal à propos
aux états généraux. II   432
— Sédition des garnisons françoises sur le

Troupes.   Tomes. Pages.

    pain. . . . . XI 157 .

— Forte augmentation de troupes. . . . . . XVI 299

— Approchées de Paris. . . . . XVII 116

— Renvoyées. . . . . XVII 127

TRUDAINE, conseiller d'État, prévôt des mar-
    chands. Son caractère. . . . . XVII 104

— Remercié avant sa prévôté finie. . . . . XVII 106

— Sa mort. . . . . XVII 263

TURENNE (Maréchal de), grand capitaine, plus
    grand factieux. Son art; sa feinte mo-
    destie; son manteau de probité parmi
    ses infidélités et ses félonies.   I   44

— Le même. . . . . : V   101

— Change adroitement donné sur le titre
    de maréchal et de vicomte de Turenne.
    Se fait conserver, et aux siens, le Mon-
    seigneur des secrétaires d'État. V   103

— Qualité de prince défendue par le Roi à
    Saint-Denis quand, par son ordre, le
    corps du maréchal de Turenne y fut
    porté; pourquoi sa famille, qui y a fait
    faire son tombeau, n'y a point voulu
    de nom ni d'épitaphe.   V   107

— Turenne, son père, dit le maréchal de
    Bouillon.   V   85

— Prince et princesse de Turenne. (*Voir*
    les articles d'ALBRET, AUVERGNE, BOUIL-
    LON, etc.)

TURGOT, évêque de Séez, premier aumônier de
    M. le duc de Berry. . . . . VIII 102

— Mort de Mme Turgot, fille de Pelletier
    Sousy. . . . . VIII 312

TURIN (Siége de). Projeté, publié, différé, exé-
    cuté, levé. (*Voir* LA FEUILLADE et OR-
    LÉANS, t. IV, p. 420; t. V, p. 2 et 19.)

TURMÉNIES. Quel. Son bon mot à Chantilly,
    puis à Monsieur le Duc sur ses ac-

Turménies.   Tomes. Pages.

tions. XVII   63
TURSIS (Duc de). Quel : *voir* aux GRANDS D'ESPA-
     GNE. XVIII   46
— Vient à Marly faire un marché de ga-
     lères. . . . .
THURY. Quel. Sa mort; son caractère. XVII   263
TYROL. Projet insensé du Tyrol; son triste suc-
     cès. . . . . III 433 et 436

Dans la lettre T $\left\{\begin{array}{l}\text{Noms propres. . .} \quad 58 \\ \text{Autres. . . . . . .} \quad 19\end{array}\right.$

En tout $\overline{77}$

· VACQUERIE (La), premier président du parle-
     ment de Paris. Aveu célèbre de ce pre-
     mier président, en pleine séance du
     Parlement, y présidant, de l'entière
     incompétence de cette compagnie de
     toute matière d'État et de gouverne-
     ment; il répondoit au duc d'Orléans,
     depuis roi Louis XII, qui se plaignoit
     au Parlement de la régence déférée, à
     son préjudice, à Mme de Beaujeu pen-
     dant la minorité de Charles VIII. . . . XI   319
VAILLAC (Comte de). Son extraction; ses aven-
     tures; sa mort. V   293
VAÏNI, prince soi-disant gentilhomme romain.
     Fait chevalier de l'ordre, et comment. II   13
— Vient de Rome recevoir le collier à Ver-
     sailles et s'en retourne avec un beau
     présent du Roi. II   204
— Son affaire à Rome. II   407
Vaisselles de tout le monde portées à la
     monnoie ou à l'orfévre du Roi, par
     quelle aventure et à quelle occasion. . VI   412
— Le Roi et la famille royale en vermeil et
     en argent, les princes du sang en

Vaisselles.   Tomes. Pages.

           faïence.   VI   414

VALBELLE. Quel. Sa mort.   XIII   41

VALÉE (La), écuyer de la grande écurie et le
           premier homme de cheval de son
           temps. Sa mort. . . . .

VALENTINOIS (Duchesse de). Quelle. Sa famille.
           Brouillée et retournée avec son mari.
           Son horrible calomnie pour se tirer de
           Monaco.   I   398

— Son gendre, duc de Valentinois par let-
           tres nouvelles, est arrêté par l'affaire
           des princes du sang et des bâtards. .   XII   399
           Ses lettres nouvelles sont enfin enre-
           gistrées.   XIII   121
           Il est reçu au Parlement, où le Régent
           empêche les princes du sang et les bâ-
           tards d'assister à cause de leur affaire. XIII   121

VALERO (Marquis de), vice-roi du Mexique. Sa
           fortune; son caractère. (Voir aux
           GRANDS D'ESPAGNE.).   XI   114

VALERO Y LOSA. Mort et détails de ce célèbre
           curé de campagne, devenu sans s'en
           douter, par son mérite et ses services,
           évêque de Badajos, et, sans y songer,
           archevêque de Tolède avec l'applau-
           dissement public.   XVII   72

VALERY (Mᵐᵉ de SAINT-). Quelle. Sa famille. . .   I   34

Valet de pied par qui le Roi écrit au duc de
     .   Montbazon, gouverneur de Paris, à sa
           campagne. Comment reçu.   IV   60

Valets de Louis XIV. Leur familiarité et leur
           crédit avec lui. Leur importance. . .   XII   76

VALLIER (SAINT-). Quel, et sa femme. Avoit été
           capitaine de la Porte. Sa mort.   II   213

VALLIÈRE (La), cousin germain de Mᵐᵉ la prin-
           cesse de Conti, fille du Roi, par sa mère,
           et menin de Monseigneur. Épouse une

Vallière (La).   Tomes. Pages.

   fille du maréchal de Noailles. . . . . . II 91

— Faite dame du palais de Mme la duchesse
  de Bourgogne à la mort de Mme de
  Montgon, qui l'étoit. . . . . V 119

— La Vallière obtient la charge de commissaire général de la cavalerie. . . . IV 144
  Et 150,000 livres de brevet de retenue
  sur son gouvernement de Bourbon-
  nois, qu'il avoit eu de son père. . . . VI 386

— Mort de la duchesse de la Vallière, carmélite dès 1664 et professe en 1665, au
  faubourg Saint-Jacques à Paris, sœur
  du père de la Vallière et mère de Mme la
  princesse de Conti, laquelle drape. . . VIII 43

— La Vallière, quelle à l'égard de la mort de
  Monseigneur. . . . . VIII 410

— Plaisant contraste de la Vallière. . . . . IX 187

— Caractère de la duchesse de la Vallière,
  maîtresse de Louis XIV, depuis carmélite. . . . . XII *

— La Vallière obtient la survivance de son
  gouvernement de Bourbonnois pour
  son fils. Il est fait duc et pair. . . . . XIX 94

Valincour, secrétaire de la marine. Choisi par
  le Roi pour travailler à son histoire
  en la place de feu Racine. . . . . II 195

— Quel. . . . . XV 472

Valladolid. . . . . VIII 114 et 117

Valouse. Quel. Sa fortune. . . . . III 471

— A Marly de la part du roi d'Espagne. . . V 192

— Est fait premier écuyer du roi d'Espagne. . . . . XI 112

— Son caractère et sa fortune. . . . . . . .XVII 318

Valsemé. Quel. Sa mort. . . . . V 364

Van Holl, riche financier. Ce qu'il devint et
  son fils. . . . . X 343

Vardes (Marquis de). Si connu par sa faveur

Vardes.

	Tomes.	Pages.
et sa profonde disgrâce. Sa mort. . .	I	76
VARANGEVILLE (Mme de). Sa famille. Singularité avantageuse et rare.	IV	39
VARENNE (LA). Extraction, fortune, mort singulière de la Varenne d'Henri IV. Sa postérité.	I	491
VARENNES, lieutenant général, commandant à Metz et pays Messin. Enlevé par un parti; rendu; déplacé de son emploi. Quel.	III	277
VARILLAS. Si connu par ses ouvrages. Sa mort.	I	326
VASSÉ (Abbé de). Son caractère. Refuse l'évêché du Mans.	IX	292
— Sa mort.	XIII	40
VASSOR (LE). Si connu d'ailleurs et par son histoire de Louis XIII.	II	350
VAUBAN, le premier ingénieur de son siècle, maréchal de France avec neuf autres. . .	III	379
— Sa générosité. Son amour de la patrie.	III	399
— Son livre de la dixme royale. Effet étrange de cet excellent livre. Sa mort. Origine de l'impôt du dixième.	V	149
— Mort de l'abbé, son frère.	XIII	370
VAUBECOURT, lieutenant général, tué en une échauffourée en Italie. Sa femme, quelle.	IV	271
VAUBOURG (Mme de), sœur du chancelier Voysin, femme du frère de Desmarets, contrôleur général. Sa mort.	VIII	312
VAUBRUN, abbé. Quel. Sa famille. Exilé pourquoi. Son caractère. . . . , ...	II	331
VAUDEMONT (Prince de). Échappe, avec son armée, au plus grand danger, et comment.	I	261
— Sa fortune.	I	492
— Sa position.	III	61
— Sa conduite. . . . . III 436 et IV		22

Vaudemont. Tomes. Pages.

— Son artificieuse flatterie. Son fils unique feld-maréchal des armées de l'Empereur servant en Italie . . . . IV 64

Mort de ce fils sans alliance . . . . . . IV 103

— Vaudemont arrive à Paris et à la cour. Chambre de la ligue. Vaudemont et ses nièces, leur union, leur intérêt, leur cabale, leurs félonies, leur caractère, leur conduite . . . . V 210

(*Voir* Espinoy, t. V, p. 213.)

— État, santé, famille, fortune, caractère de Vaudemont. Ses prétentions; ses artifices . . . . V 227

— Il obtient, en arrivant, pour lui et pour sa femme, 180,000 livres de pensions de France et d'Espagne . . . . V 231

— État de la seigneurie de Commercy . . . V 232

— Vaudemont obstinément refusé de l'ordre du Saint-Esprit; cause de ce refus . . . . V 233

— Sa femme à Paris; à Marly et comment. Ses prétentions; son embarras; son caractère; sa prompte éclipse. Artifices et adroites entreprises de Vaudemont déconcertées. Sa conduite; ses ressources . . . . V 237

— Raisons de s'être étendu sur ces tentatives. Souplesse de Vaudemont. Il obtient Commercy en souveraineté à vie, reversible, après lui, au duc de Lorraine, lequel lui donne en Lorraine la préséance, après ses enfants, sur toute la maison de Lorraine. L'un et l'autre demeure inutile en France, à Vaudemont . . . . V 239

— Il abandonne enfin ses chimères. Demeure brouillé avec toute la maison

Vaudemont.   Tomes. Pages.

    de Lorraine pour sa préséance sur elle
    en Lorraine. Scandale de la brillante
    figure de Vaudemont en France. Tra-
    hisons continuées de Vaudemont et
    de ses nièces.   V   243
— Vaudemont souverain à vie de Com-
    mercy.   V   376
— Sa ruse au secours de Vendôme.   VI   115
— Voyage, plus que suspect, de Vaudemont
    et de Mlle de Lislebonne, sa nièce.
    Courte réflexion sur la conduite de
    nos rois avec la maison de Lorraine. .   VII   92
    (*Voir* t. VII, p. 87.)
— Vaudemont et ses nièces, quels à l'égard
    de la mort de Monseigneur. VIII   403
— Mort de Mme de Vaudemont. Son carac-
    tère.   X   245
— Vaudemont et ses nièces. Quels à l'égard
    de M. le duc d'Orléans.   XI   222
— Vaudemont tombe malade à Paris de dé-
    pit de voir échouer l'érection de Nancy
    en évêché, sur quoi il étoit venu intri-
    guer.   XVI   304
— Se retire à Commercy. Sa mort.   XIX   90
    (*Voir* aux GRANDS D'ESPAGNE.)
VAUGUYON (LA). Son extraction; sa fortune; son
    caractère; sa catastrophe.   I   108
VAURÉAL, abbé. Son extraction. Quel. Achète la
    charge de maître de l'Oratoire du Roi
    de Valbelle, évêque de Saint-Omer. . .   XVI   95
VAUVINEUX (Mme de). Sa famille. Sa mort.   IV   274
UBILLA, secrétaire de la dépêche universelle qui
    eut grand'part au testament de Char-
    les II. Philippe V le fait asseoir, contre
    la coutume, au conseil où il étoit et
    écrivoit à genoux.   III   355
— Fait marquis de Rivas.   III   355

Ubilla. Tomes. Pages.

— Chassé par la princesse des Ursins. (*Voir*
    RIVAS.) . . . . XVIII 190
Vélation, Ce que c'est en Espagne. . . . . XVIII 264
VELLERON. (*Voir* MAILLY.). . . . . XVI 386
VENDÔME (Duc de). A propos du procès de pré-
    séance du maréchal duc de Luxem-
    bourg, défendu par le duc de Ven-
    dôme avec les seize pairs opposants,
    il forme la prétention de la première
    ancienneté de Vendôme, désistée par
    ordre du Roi aussitôt que formée,
    d'où naît le rang intermédiaire des
    bâtards. . . . . I 162
— Duc de Vendôme mené par le duc du
    Maine chez tous les pairs et chez tous
    les principaux du Parlement; y est
    reçu comme le duc du Maine venoit
    de l'être, mais sans presque aucun
    pair séant. . . . . I 168
— Précède le duc d'Elbœuf à l'adoration de
    la croix. Sage adresse du duc de Beau-
    villier. . . . . I 235
— Parvient singulièrement au commande-
    ment de l'armée de Catalogne. . . . . I 248
— Bat la cavalerie ennemie. . . . .
— Prend Barcelone; est fait vice-roi de Ca-
    talogne. . . . . I 433
— Il ôte l'administration de ses affaires au
    grand prieur son frère, la donne à
    Crosat, que le Roi lui nomme. Va pu-
    bliquement suer la vérole. . . . . II 198
— Revient à la cour défiguré et marqué; y
    reçoit grand accueil; complaisance du
    Roi singulière. . . . . II 430
— Succède au maréchal de Villeroy, pris à
    Crémone, au commandement de l'ar-
    mée d'Italie; le roi d'Espagne y vient;

Vendôme (Duc de).   Tomes. Pages.

ils donnent le combat de Luzzara. . .   III   288

— Le roi d'Espagne lui donne la Toison
    d'or.   III   292

— Il court, par son imprudence, fortune
    imminente d'être enlevé dans son lo-
    gis dans son camp.   III   344

— Le Roi amusé par lui.   III   434

— Il est refusé du bâton de maréchal de
    France, et tente en vain de comman-
    der les maréchaux de France moins
    anciens lieutenants généraux que lui.
    (*Voir* TESSÉ.).   IV   23

— Sa conduite. Deux petites actions en
    Italie.   IV   63

— Ses manéges.   IV   102

— Prend Verceil.   IV   111

— Fait étrangement le siége de Vérue, qu'il
    prend à la fin.   IV   188

— Fascination du Roi pour lui. Il donne le
    combat de Cassan.   IV   293

— Vendôme grand courtisan.   IV   321

— Ses mœurs; son caractère; sa conduite.   IV   385

— Son voyage triomphant à la cour. . . .   IV   389

— Il refuse la patente de maréchal général
    des camps et armées de France telle
    que le maréchal de Turenne l'avoit
    eue.   IV   391

— Le Roi donne au duc de Vendôme un
    billet de sa main, par lequel il s'en-
    gage, mais pour l'Italie seulement, à
    le faire obéir par un maréchal de
    France, et à lui faire prendre l'ordre
    de lui.   IV   412

— Il est choisi pour commander l'armée de
    Flandres, au lieu du maréchal de Vil-
    leroy, qui venoit de perdre la bataille
    de Ramillies.   IV   432

Vendôme (Duc de).

                                                        Tomes. Pages.

— Arrive à Versailles après n'avoir pu ou su rien dire du tout à M. le duc d'Orléans en Italie, qui y prenoit, en sa place, le commandement de l'armée.   V   7

— Part pour la Flandre, avec une lettre du Roi, pour commander tous les maréchaux de France, et pour leur donner l'ordre.   V   8

— Traitement entre lui et l'électeur de Bavière généralissime. . . . .   V 10

— Revient à la cour. . . . .   V 58

— Retourne en Flandres. . . . .   V 135

— Sa dangereuse paresse à l'armée. . . . .   V 299

— Son ignorance et son opiniâtreté surprenante avec Bergheyck devant le Roi.   V 407

— Secrète destination, puis déclarée, de Mᵍʳ le duc de Bourgogne pour commander l'armée de Flandres avec le duc de Vendôme sous lui, et le maréchal de Matignon sous Vendôme. . . .   V 449

— Éclat et réflexions sur la nouveauté d'un maréchal de France sous le duc de Vendôme. . . . .   V 452

— Vendôme à Clichy. Le Roi lui envoie Bergheyck et Puységur; étrange réception qu'il leur fait. . . . .   V 455

— Sa paresse et sa funeste opiniâtreté. . .   VI 52

— Son insolence à Mᵍʳ le duc de Bourgogne.   VI 57

— Paroles énormes et publiques de Vendôme à Mᵍʳ le duc de Bourgogne. . . .   VI 57

— Conduite de la cabale de Vendôme. . . .   VI 66

— Vigueur de la cabale de Vendôme. . . .   VI 95

— Singulière adresse de Vendôme auprès de Mᵐᵉ la duchesse de Bourgogne. . .   VI 98
    (*Voir* VAUDEMONT, t. VI, p. 115.)

— Conduite de Vendôme. . . . .   VI 115

Vendôme (Duc de).   Tomes.   Pages.

— Sa sécurité; son opiniâtre lenteur à s'é-
    branler.   VI   123
    (*Voir* BERWICK et MATIGNON, t. VI, p. 124.)

— Son artificieuse et fatale opiniâtreté. . .   VI   132
    (*Voir* pages suivantes jusqu'à 150.)

— Fautes sur fautes de Vendôme.   VI   149

— Il assiége Leffinghem pour fermer les
    convois aux assiégeants Lille.   VI   160
    (*Voir* BOUFFLERS, t. VI, p. 161.)

— Audace de Vendôme; son incroyable
    hardiesse; son mensonge prodigieux.   VI   194

— Il reçoit ordre du Roi de séparer l'ar-
    mée, et de revenir, malgré toutes ses
    instances et ses adresses pour demeu-
    rer en Flandres.   VI   200

— Son retour à la cour et sa réception. . .   VI   210

— Il est exclu de servir. (*Voir* t. VI, p. 362.)   VI   228

— Disgrâce du duc de Vendôme.   VI   366

— Éclat entre lui et Puységur, qui achève
    de le perdre.   VI   368

— Il s'expose et reçoit à Meudon[1] un affront
    public de Mme la duchesse de Bourgo-
    gne; il est exclu de Meudon, et l'étoit
    déjà de Marly. . . . .   VI 371 et 374

— Retiré à Anet et fort seul, il se fait de-
    mander par l'Espagne, et il est refusé.   VI   377

— Contre-temps de Vendôme à Versailles.   VII   160

— Est de nouveau demandé par l'Espagne.
    Il épouse fort tristement, à Sceaux
    chez le duc et la duchesse du Maine,
    Mlle d'Enghien, sa sœur.   VII   324

— Est encore demandé par l'Espagne. . . .   VIII   109

— Il va enfin en Espagne; prend congé,
    très-froidement reçu à la cour; n'ose
    aller seul chez Mme la duchesse de

---

1. À *Marly* dans les *Mémoires*.

Vendôme (Duc de).   Tomes. Pages.

Bourgogne; s'y fait mener par le duc
du Maine, et en est très-mal reçu publiquement. VIII   111

— Il s'arrête à Bayonne avec le duc de
Noailles; vont ensemble trouver le
roi d'Espagne à Valladolid, où il s'é-
toit retiré après la perte de la bataille
de Saragosse. VIII   114

— Vendôme l'accompagne à son armée. . . VIII   120

— Prend Brihuega; bat Staremberg à Villaviciosa. VIII   124

— Réflexions sur ces deux actions, et sur
l'étrange conduite du duc de Ven-
dôme. VIII   128

— Vains efforts de sa cabale. VIII   131

— Vendôme quel à l'égard de la mort de
Monseigneur. VIII   403

— Obtient l'Altesse en Espagne et le traitement qu'y avoient les don Juans; explication de ce traitement, et de l'éclat
qu'il fit. IX   290

— Mort du duc de Vendôme. IX   317

— Éclaircissement sur sa sépulture. IX   320

VENDÔME, grand prieur, frère du précédent.
Querelle M. le prince de Conti; est mis
à la Bastille; n'en sort que pour aller,
conduit par le duc, son frère, chez M. le
prince de Conti lui demander pardon
en propres termes. II   95

— Il est refusé de servir, puis se raccro-
che. III   241

— Va servir sous Catinat en Italie. Veut
remettre ses bénéfices; obtient du Roi
une pension de 20,000 livres. III   279

— Sert en Italie sous son frère. III   400

— Il y commande en chef une armée sé-
parée. IV   64

Vendôme (grand prieur).

	Tomes.	Pages.
— Sa conduite au combat de Cassan. . . .	IV	294
— Sa disgrâce sans retour.	IV	296
— Ses mœurs et son caractère.	IV	392
— Retourne en Italie; va à Rome.	IV	413
— Il va à Gênes.	V	58
— Revient en France, avec défense d'approcher de la cour et de Paris plus près que quarante lieues.	V	451
— Est enlevé au retour par une espèce de partisan impérial, sans que le Roi s'en mette en peine.	VIII	158
— Est à Soleure.	VIII	444
— Vient demeurer à Lyon jusqu'à la mort du Roi.	IX	132
— Rappelé d'exil par M. le duc d'Orléans. .	XII	277
— Quelque temps après son retour (hors de place par oubli et mis après) il voulut entrer au conseil de régence. Le foible étrange que M. le duc d'Orléans avoit pour lui étoit tout près de céder à ses instances lorsque le duc de Saint-Simon découvrit cette menée et parla si fortement à M. le duc d'Orléans qu'il l'empêcha pour toujours.	XVI	185
— Assiste hardiment en prince du sang, dont son frère et lui n'ont jamais eu le rang, aux cérémonies des jeudi et vendredi saints chez le Roi.	XIII	291
— Ses menées et celle de l'ambassadeur de Malte, frère de Mesmes premier président, pour exciter tous les chevaliers de Malte avec la prétendue noblesse. Les chevaliers de Malte reçoivent défenses de s'assembler, excepté uniquement pour les affaires de leur ordre. .	XIII	379
— Le grand prieur se hasarde encore, mais pour la dernière fois, de servir à la		

Vendôme (grand prieur).   Tomes. Pages.

Cène, et s'absente le lendemain de l'adoration de la croix.   XIV   384

— Ses bassesses à Law; sommes incroyables qu'il tire de lui et de M. le duc d'Orléans à plusieures fois. . .   XVI 185 et 207

— Il vend le grand prieuré de France à M. le duc d'Orléans, qui le paye fort cher pour le chevalier d'Orléans, son bâtard reconnu, et tente après inutilement de se marier.   XVI   314

Vendôme (Duchesse de). Quelle. Sa mort. Adresses et ruses pour l'obscure garde de son corps sur même exemple de Mlle de Condé, sa sœur, ce qui n'a plus été tenté depuis.   XIV   382

Vendôme (César, duc de), bâtard d'Henri IV, grand-père de ces deux derniers. Adresse de sa réception au Parlement.

Venise. Obtient du Roi, pour ses ambassadeurs, le traitement entier de ceux des têtes couronnées.   II   143
(*Voir* Ottoboni, t. VII, p. 272; Espagne, t. II, p. 401; Emo, t. IX, p. 324.)

— Demeure neutre.   III   7

— Se déclare pour l'Empereur; est fort mal avec la France et l'Espagne. . .   XIV 53 et   167

Ventadour (Duchesse de). Quitte Madame. Ses vues.   III   411

— Est gouvernante des enfants de France, en survivance de la maréchale de la Mothe, sa mère.   IV   70

— Obtient des pensions du Roi, outre celles qu'elle avoit déjà.   VI   229

— Quelle à l'égard de M. le duc d'Orléans.   XI   223

— Elle reçoit de ce prince un présent de 180,000 livres en pierreries, en mettant le Roi entre les mains des hommes. .   XIII   274

Ventadour (Duchesse de).   Tomes. Pages.

— Mort du duc de Ventadour, son mari.
   Quel il étoit. Extinction de son duché
   pairie.   XIV   122

Verac (M. de). Sa fortune.   IV   115

Veragua (Duc de), des cadets de Ferreira ou
   Cadaval.   II   376
   (*Voir* aux Grands d'Espagne.)

— Emprisonné par Alberoni jusqu'à sa
   chute, puis chef du conseil de marine
   et de commerce pendant quelque
   temps.   XI   109

Vère (Marquis de la), frère du prince de
   Chimay. Quitte le service d'Espagne.
   Pourquoi. Vient en France, où il est
   fait d'abord lieutenant général.   XIII   13

Vérité étonnante.   V   290

Vergagne. Bien singulièrement grand d'Espagne, très-singulièrement fait depuis
   duc et pair de Nevers.   XII   343

Versailles. Son origine.   XII   68

Verneuil (Duchesse de). Quelle. Sa famille.
   Conviée aux noces faites par le Roi,
   en espère [le rang] de princesse du
   sang. Ses carrosses toutefois exclus
   des entrées des ambassadeurs.   II   94

— Sa mort.   IV   99

Vertamont, premier président du grand conseil, plus que mortifié à l'occasion
   de l'arrêt sur la coadjutorerie de
   Cluny. . . . . III 403 et IV   272

— Obtient un rapé de l'ordre.   XII   421

— Et une pension du Roi, de 8,000 livres.   XVI   119

Verteuil, frère du feu duc de la Rochefoucauld.
   Sa mort.   XVIII   439

Verue assiégée étrangement par le duc de
   Vendôme.   IV   188

— Action devant Verue.   IV   217

Verue.

Tomes. Pages.

— Communication de Verue à Crescentin enfin coupée. . . . . IV 261

— Verue rendu (*sic*) à discrétion. . . . . . IV 261

VERUE (Comtesse de). Sa famille; ses singuliers malheurs. Maîtresse enfin du duc de Savoie et mère de la princesse de Carignan. Sa fuite enfin de Turin en France. Quelle. . . . . II 355

— Son mari : son malheur; sa famille; attaché au service de France; commissaire général de la cavalerie. . . . . . III 401

Sa mort. . . . . IV 144

VERVINS. Assassiné et manqué. Son extraction; son caractère; singularité de sa fin. . IV 166

Vesugo. Poisson de mer excellent, le seul qui se mange à Madrid dans sa saison; vient de Bilbao. . . . . XVIII 345

Vétérans de l'ordre du Saint-Esprit. Ce que c'est. Leur nombre étrange et des rapés; excès de cet abus . . . . XII 421

Vice-rois. Changés. . . . . III 193

VICTOIRE (Abbé de la). Quel. Bon mot de lui sur les distractions du cardinal d'Estrées. X 350

VICTOIRE LAISNET (Abbé de la), neveu de Laisnet, dont on a les mémoires. Cet abbé employé en Espagne par Monsieur le Prince. . . . .

— Quel. Ami du premier duc de Saint-Simon. Singularité étrange qu'il lui rapporta de Verrillon, écuyer de Monsieur le Prince à Chantilly et de M. le prince de Conti qui y étoit exilé, présageant la mort de Monsieur le Prince, lors en pleine santé, qui mourut, six semaines après, à Fontainebleau, où il alla sur la petite vérole de Madame la Duchesse. . . . .

Villacerf.   Tomes. Pages.

— Mort de sa femme.   IX   298

— Son fils est premier maître d'hôtel de
   Mme la duchesse de Bourgogne. Épouse
   la sœur de Saint-Nectaire, laquelle
   est, à la fin, étrangement admise à la
   table et dans les carrosses de Mme la duchesse de Bourgogne.   II   343

   Sa mort.   XIII   56

VILLADARIAS. Commande l'armée du roi d'Espagne, sous lui, en Aragon.   VIII   109

VILLAFRANCA, marquis : *voir* aux GRANDS D'ESPA-
   GNE.   XVIII   110

VILLAFRANCA, introducteur des ambassadeurs,
   tout différent du précédent.   XVIII   144

VILLAGARCIAS, un des quatre majordomes de
   semaine du roi d'Espagne, mort depuis vice-roi du Pérou [1]. Son caractère. XVIII   144

VILLAHALMANZO. Sa courte description.   XVII   425

VILLAROËL et MANRIQUEZ, lieutenants généraux
   arrêtés en Espagne pour l'affaire de
   M. le duc d'Orléans.   VII   36

VILLARS, père du maréchal. Son extraction;
   sa fortune.   I   24

— Pourquoi dit Orondat. Son caractère; sa
   mort.   II   28

— Famille, mort et caractère de sa femme.   IV   446

VILLARS, leur fils aîné. Épouse la 2de fille de
   Mme de Varangeville, sœur de la femme
   du président de Maisons.   III   206

— Détaché par le maréchal Catinat pour
   passer le Rhin, il fait ses dispositions,
   et gagne la bataille de Friedlingue. . .   III   317

— Est aussitôt après fait seul maréchal de
   France.   III   321

1. Dans le texte il y a *Mexique.*

Villars.

		Tomes.	Pages.
—	Son caractère.	III	322
—	Il commande l'armée du Rhin et se donne force ridicules sur sa femme. .	III	398
—	Prend le fort de Kehl.	III	399
—	Ses honteux et dommageables délais de passer en Bavière; il est jaloux; il veut y mener sa femme; le Roi ne le lui permet pas. Il joint enfin l'électeur de Bavière.	III	406
—	Il fait d'abord demander par l'électeur de Bavière d'être fait duc et est refusé.	III	431
—	Il demande que sa femme aille le trouver et y échoue encore. Sa brouille avec l'électeur de Bavière. Vues et conduite pernicieuse de Villars, d'où naît le projet insensé et fatal du Tyrol. . .	III	432
—	Brouillé ouvertement avec l'électeur de Bavière.	IV	11
—	Il revient en France, bien muni.	IV	14
—	Son retour à la cour.	IV	26
—	Va commander en Languedoc contre les fanatiques. (*Voir* CAVALIER, t. IV, p. 101.).	IV	72
—	Rappelé de Languedoc.	IV	205
—	Est fait duc vérifié. Sa naissance.	IV	210
—	Commande l'armée de la Moselle.	IV	259
—	Son retour.	IV	329
—	Commande l'armée d'Alsace.	IV	399
—	Se rend maître de la Mutter et de la Lauter, prend Haguenau, délivre le fort Louis du Rhin.	IV	417
—	Refuse d'aller commander l'armée d'Italie sous M. le duc d'Orléans.	V	1
—	Quoique affoibli, prend l'île du Marquisat près du fort Louis du Rhin.	V	13
—	Revient à la cour.	V	53
—	Fait une belle campagne en Allemagne;		

Villars.   Tomes. Pages.

son pillage et son audace........   V   300

— Va commander en Dauphiné. . . .   V 438 et   450

— Revient à la cour. Son dépit et sa morale..   VI   30

— Commande l'armée tantôt du Rhin, tantôt de la Moselle..   VI   151

— Revient à la cour..   VI   176

— Ses fanfaronnades..   VI   400

— Est fait pair de France pour avoir perdu
la bataille de Malplaquet, et y avoir été
fort blessé..   VII   108
(*Voir* MALPLAQUET, t. VII, p. 95 et 97;
BOUFFLERS, t. VII, p. 83, 105, 261 et
263.)

— Maréchale de Villars. Son caractère; son
accortise. Visite du Roi au maréchal
de Villars, qui ne pouvoit sortir, pour
travailler seul avec lui, puis à la maréchale de Villars dans son appartement
à Versailles..   VII   158

—. Villars, à l'occasion du procès de préséance entre les ducs de Saint-Simon
et de la Rochefoucauld, fait défendre
par le Roi au maréchal d'Harcourt,
fait pair depuis lui, de se faire rece-
voir au Parlement avant lui..   VII   264

— Villars se perd auprès du Roi, et s'y relève incontinent. (*Voir* MONTESQUIOU,
t. VIII, p. 35.).   VIII   33

— Obtient le gouvernement de Metz, et
commande l'armée de Flandres. . . .   VIII   46

— Sa ridicule aventure avec Heudicourt. .   VIII   49

— Veut aller aux eaux pour sa blessure, et
quitte l'armée de Flandres, dont Harcourt, mandé de celle du Rhin, qu'il
commandoit, vient prendre le commandement..   VIII   52

Villars.   Tomes. Pages.

— Campagne de Villars en Flandres.   IX   108
— Ses fautes énormes; son impudence. Il
    donne un démenti public au maréchal
    de Montesquiou, qui l'avale.   IX   109
— Fin de la campagne de Flandres. Villars
    assez bien reçu à la cour, et pourquoi.   IX   113
— Il commande l'armée de Flandres; ga-
    gne le combat de Denain, qu'il ne
    vouloit pas donner.   IX   325
— Prend Douai et divers avantages.   IX   327
— Il perd son frère, qui étoit devenu, de
    chef d'escadre, lieutenant général des
    armées de terre. Son caractère.   IX   330
— Obtient le gouvernement de Provence. .   IX   375
— Et mille écus de pension à sa sœur de
    Vaugué.   IX   416
— S'excuse de servir, puis va commander
    l'armée du Rhin.   X   17
— Est fait chevalier de la Toison d'or. Passe
    le Rhin après avoir pris Landau; in-
    vestit Fribourg.   X   73
— Le prend.   X   106
— Confère, à deux reprises, avec le prince
    Eugène à Rastadt; y traitent et y
    concluent la paix.   X   107
    (Voir les pièces [1]; voir précédemment
    aussi les pièces de la négociation du
    même Villars, avant sa fortune envoyé
    du Roi à Vienne sur le traité de partage,
    communiquées en original par Torcy
    au duc de Saint-Simon, qui les a fait
    copier.)
— Conférences de Rastadt barbouillées.
    Étrange malhabileté de Villars; néan-
    moins il y signe, avec le prince Eugène,

1. Voyez tome I, p. 420, note 1.

Villars.   Tomes.   Pages.

la paix avec l'Empereur et l'Empire,
duquel l'Empereur se fit fort.   X   133

— Retour de Villars à la cour; le Roi lui
donne les grandes entrées des premiers gentilshommes de la chambre
et la survivance de son gouvernement
de Provence pour son fils, encore enfant, enfin mille écus de pension au
comte de Choiseul, son beau-frère. Il est
reçu chevalier de la Toison d'or par
M. le duc de Berry, et va premier ambassadeur plénipotentiaire à Baden
signer la paix avec l'Empire, telle
qu'elle avoit été arrêtée à Rastadt. . .   X   143

— Revient ensuite à la cour.   X   314

— Fait, à la mort du Roi, chef du conseil
de guerre.   XII   234

— Obtient 6,000 livres de pension. XIV   11

— Rapporte très-bien, contre son ordinaire,
une affaire du conseil de guerre à la fin
du conseil de régence qui précéda immédiatement le lit de justice des Tui-
leries.   XVI   32

— Tombe dans une inquiétude et une
frayeur extrême à la découverte de la
conspiration du duc et de la duchesse
du Maine; n'ose sortir de chez lui de
peur d'être arrêté, et se se (*sic*) tient si
peu assuré chez lui qu'il en tombe malade; emploie le duc de Saint-Simon
auprès du Régent.   XVI   210

— Sa sœur, abbesse de Chelles, se démet
de son abbaye à Mme d'Orléans, sa nouvelle religieuse, qui vouloit avoir cette
abbaye. Mme de Villars se retire à Paris
dans le couvent du Cherche-Midi avec
12,000 livres de pension du Roi. Son

Villars.   Tomes.   Pages.

caractère.. XVI   250

— Il est cruellement hué dans la place de
     Vendôme.. XVII   126

— Son fils épouse une fille du duc de
     Noailles. XVII   251

— Il est fait grand d'Espagne, sans qu'on
     sache pourquoi ni comment. XIX   130

— A la majorité au retour du Roi à Ver-
     sailles, il entre dans le nouveau con-
     seil d'État avec le cardinal du Bois. . XIX   213

VILLENA, marquis, duc d'Escalona (*voir* aux
     GRANDS D'ESPAGNE), vice-roi de Cata-
     logne, puis de Naples, où il reçut Phi-
     lippe V. XVIII   79 et 114

— Fait une belle action à Gaëte. Est traité
     indignement par les Impériaux. . . . V   322

— Est enfin échangé avec Stanhope, général
     en chef des Hollandois, et le duc de
     Bisaccia [1] avec le général Carpenter. . IX   329

— Sa naissance; ses emplois; ses actions;
     son caractère. Il donne impunément
     des coups de bâton au cardinal Albe-
     roni, dans la chambre du roi d'Es-
     pagne, en présence du roi et de la
     reine. Son éloge. Sa famille.. XVIII   80

VILLERAS. Quel. Sa mort. VII   60

VILLEROY (Maréchal duc de). Fait maréchal de
     France avec six autres. I   37

— Commande l'armée de Flandres sous le
     maréchal duc de Luxembourg. I   83

— Qui lui fait faire les siéges d'Huy et de
     Charleroy, qu'il prend. . . . . I 86 et 100

— Il marie le duc de Villeroy, son fils aîné,
     à une sœur de Barbezieux et de la du-
     chesse de la Rocheguyon. I   178

1. *Prince de Cellamare*, dans les *Mémoires*.

Villeroy.   Tomes. Pages.

— Obtient, à la mort du maréchal duc de
Luxembourg, sa charge de capitaine
des gardes du corps, et le commande-
ment en chef de l'armée de Flandres.   I   223

— Vaudemont et son armée lui échappent,
malgré lui, par la faute et pis du duc du
Maine. Est habile et heureux courtisan.   I   261

— On lui fait une opération qui le guérit
de deux descentes.   II   143

— Obtient cent mille écus sur Lyon, où il
est le maître.   II   211

— Perd le chevalier de Villeroy son dernier
fils, péri en faisant ses caravanes. . .   II   294

— Est mandé de son armée de Flandres,
pour aller commander celle d'Italie
sous le duc de Savoie. Bon mot et cruel
qu'il essuie du maréchal de Duras
derrière le Roi à son souper.   III   65

— Il arrive en Italie. III   73

— Il s'attire et essuie une étrange et pu-
blique mortification du duc de Savoie.
Se trouve avec lui au combat de
Chiari.   III   75

— Se brouille extrêmement avec Phélypeaux, ambassadeur du Roi auprès du
duc de Savoie et lieutenant général
servant dans l'armée.   III   76

— Duc de Villeroy arrive à la cour appor-
tant la nouvelle et le détail de l'affaire
de Crémone.   III   230

— Maréchal de Villeroy pris dans Crémone. III   233

— Est hautement protégé par le Roi, et
traité en favori.   III   237

— Devient libre et sans rançon par le crédit
du duc de Modène à Vienne et de la
reine d'Angleterre, sa sœur, auprès
de lui. III   293 et 315

Villeroy.   Tomes. Pages.

— Revient brillant à la cour, après une
  dure captivité. Sa vaine et lourde mé-
  prise en dédaignant le salutaire conseil
  du chevalier de Lorraine. Il est dé-
  claré général de l'armée de Flandres.   III   352
— Le Roi lui donne cent mille francs. . . . III   399
— Origine de la première fortune solide
  des Villeroys. III   447
— Maréchal de Villeroy demeure l'hiver à
  Bruxelles.   IV   15
— Fait des tours à la cour, retourne en
  Flandres. IV   65
— Faute du maréchal de Villeroy.   IV   121
— Vient à la cour; retourne à Bruxelles. .   IV   168
— Commande l'armée de Flandres sous l'é-
  lecteur de Bavière.   IV   259
— Sa fatuité. IV   271
— Son retour à la cour. IV   329
— Obtient encore du Roi cent mille écus
  sur Lyon; son pouvoir dans cette ville.   IV   370
— Il part pour la Flandre avec ordre de
  combattre, non avant, mais dès que
  Marsin, venant de vers le Rhin, l'aura
  joint; se pique; n'attend point Marsin; choisit mal son terrain; ses dispositions; n'avertit point à temps l'é-
  lecteur de Bavière. Perd la bataille de
  Ramillies, et la tête entièrement pour
  ses suites. IV   422
— Bontés du Roi pour Villeroy excessives;
  folie de Villeroy encore plus exces-
  sive. IV   430
— Est rappelé et tombe en disgrâce. . . .   IV   434
— Arrive à Paris, puis à Versailles, sans
  avoir vu le duc de Vendôme, son successeur. Ne voit point Chamillart; ap-
  profondit sa disgrâce.   V   d

Villeroy.   Tomes. Pages.

— Duc de Villeroy exclu de servir; curieuse
anecdote.   V   136

— Rage du maréchal de Villeroy; ses artifices.   V   136

— Foiblesse du Roi pour lui, et pour ses
ministres.   V   141

— Cause intime de l'extrême haine du maréchal de Villeroy pour Chamillart.
Peu de sens du maréchal.   V   142

— Il obtient aisément du Roi de céder au
duc de Villeroy sa charge de capitaine
des gardes du corps.   V   374

— Mouvements sourds du maréchal de
Villeroy.   VI   101

— Duchesse de Villeroy intime de Mme la
duchesse d'Orléans et fort avant dans
la faveur de Mme la duchesse de Bourgogne.   VI   107

— Caractère de la duchesse de Villeroy et
ses chemins.   VI   108

— Mort et caractère de la maréchale de
Villeroy.   VI   169

— Mort et caractère de la duchesse de
Villeroy. . . . .   VIII 310

— Maréchal et duc de Villeroy, quels à
l'égard de la mort de Monseigneur. .   VIII 410

— Duc de Villeroy obtient du Roi 9,000 livres
de pension.   IX   89

— Maréchal de Villeroy tout à coup raccommodé avec le Roi et tout à coup
favori. Comment.   IX   248

— Se déchaîne, entre autres principaux,
contre M. le duc d'Orléans.   IX   264

— Obtient, pour le duc de Villeroy, la survivance de son gouvernement de
Lyon, etc. et les lieutenances générales
et de Roi pour ses petits-fils.   IX   375

Villeroy.   Tomes.   Pages.

— Est admis aux musiques et aux particuliers chez Mme de Maintenon, où le
Roi n'admet personne. Vues sur lui. .   IX   398

— Va à Lyon, à l'occasion d'une légère sédition dans la ville.   X   187

— Est fait chef du conseil royal des finances par la mort du duc de Beauvillier; et l'abbé son fils, archevêque
de Lyon et commandant en chef dans
la ville et dans tout le gouvernement
comme l'étoit l'archevêque, son grand-
oncle.   X   304

— Le maréchal de Villeroy arrive de Lyon
à Fontainebleau; est aussitôt fait ministre d'État.   X   313

— Est de tout avec le Roi, jusqu'à sa mort,
avec Mme de Maintenon, le duc du
Maine et le chancelier Voysin ; nommé
du conseil de régence par le testament
du Roi et gouverneur du Roi, son successeur, sous la surintendance de l'é-
ducation donnée au duc du Maine. .

— Caractère du maréchal de Villeroy. . . .   XI   218

— Lui et le duc, son fils, quels à l'égard de
M. le duc d'Orléans.   XI   221, 223

— Nécessité néanmoins de conserver le
maréchal.   XI   287

— Sa courte joie de la séance du matin au
Parlement sur la régence.   XII   210

— Il rompt avec éclat le mariage de son
petit-fils aîné avec une fille du prince
de Rohan, et le marie avec la fille aînée
du duc de Luxembourg.   XII   421

— Prétend, comme gouverneur du Roi,
ôter le service aux grands officiers, et
le perd.   XIII   199

— Entre en pleine fonction de gouverneur

Villeroy.   Tomes.   Pages.

du Roi, qui est mis entre les mains
des hommes. XIII   274

— Est en querelle avec le duc de Mortemart, premier gentilhomme de la
chambre en année, sur leurs fonctions ; éclats du duc de Mortemart, qui
est condamné sur deux disputes l'une
après l'autre. XIV   190

— M. le duc d'Orléans prodigue vainement
les plus grands égards et les grâces au
maréchal de Villeroy, qui se met en
tête de lui faire contre en tout, et
d'être le duc de Beaufort de cette minorité. XV   349

— Il refuse la prolongation du don expiré
de 50,000 livres de rente sur Lyon, et
en fait parade ; son motif ; sa conduite ; explication de ce qu'il n'y perd
rien. XIV   192

— Il donne un grand dîner au duc de
Lorraine. XIV   334

— Sa fureur et ses menées, en unisson du
duc et de la duchesse du Maine et du
Parlement. XV   347

— Découverte fortuite d'assemblées secrètes chez le maréchal de Villeroy. . . . XV   404

— Ses frayeurs et ses misères ; nécessité
pourtant de ne lui pas toucher. . . . XV   415

— Il se plaint, en deux mots, mais pleins
d'action, au conseil de régence qui précéda immédiatement le lit de justice
des Tuileries, du renversement des des
(sic) dispositions du feu Roi, et du malheur du duc du Maine ; le maréchal reçoit un coup de tonnerre pour réponse,
et demeure muet et fort épouvanté. . XVI   29

— Son inquiétude à la découverte de la

Villeroy.   Tomes. Pages.

conspiration du duc et de la duchesse
du Maine. XVI   211

— Ses fatuités auprès du Roi à la fête de
l'hôtel de ville. XVI   273

— Il hait sans cause l'abbé du Bois, qui
l'accable de respects et de prévenance,
et hait aussi fort ingratement M. le
duc d'Orléans. XVI   415

— Son étrange conduite. Il est visité par
les harangères dans une attaque de
goutte. XVII   110

— Fait au duc de Saint-Simon et à Torcy
une noire perfidie. XVII   226

— Sa conduite plus qu'étrange. XVII   229

— Son abominable et publique instruction
au Roi. XVII   261

— Sa singulière fatuité. XVIII   455

— Il fait au cardinal du Bois une énorme
et folle sortie. XVIII   461

— Résolution enfin arrêtée de le chasser. XVIII   465

— Il se prend au piége qui lui est tendu. XIX   1

— Est arrêté, et tout de suite conduit à
Villeroy. XIX   4

— Ses fureurs ; ses désespoirs. Il dévoile la
cause de la courte fuite de l'évêque de
Fréjus ; se déchaîne contre lui et contre
le duc de Charost, gouverneur du Roi
en sa place. XIX   9

— Est exilé à Lyon, mais avec toutes les
fonctions de gouverneur de la ville et
de la province. Crayon léger du maréchal de Villeroy. XIX   12

VILLETANEUSE (Mme de). Quelle. Sa mort. VI   221

VILLETTE, lieutenant général des armées navales, cousin germain de Mme de Maintenon. Quel. Sa mort. V   369

Vins. Détestablement faits en Espagne ; ex-

Vins.   Tomes. Pages

cellemment bien chez les seigneurs. XVIII   263

Virville (M. de). Sa famille. Son caractère. Ses
emplois. Sa mort.   IV   307

Visconti (Comte, marquis) : *voir* les deux aux
Grands d'Espagne. . . . . XVIII 82 et 105

Visites du Roi, de la Reine, des filles de
France, etc. Époque de leur cessation.   IV   56
(*Voir* Maintenon, t. III, p. 37; Angleterre, t. III, p. 191; Princes du
sang, t. V, p. 366; t. VI, p. 342; t. VII,
p. 205; Bâtards, t. VIII, p. 304;
Bourgogne, t. VIII, p. 307; Chamillart, t. V, p. 115.)

Vittement, recteur de l'Université. Fait une
admirable harangue au Roi sur la
paix; son effet très-singulier.   X   36

— En est choisi, par le Roi, pour être sous-
précepteur du Roi, son successeur. . .   XIII   42

— Refuse une abbaye. Sa sainte retraite
un peu avant la fin de l'éducation du
Roi. Sa curieuse mais inintelligible
déclaration sur le règne, sans bornes
et sans épines, de l'ancien évêque de
Fréjus.   XVI   257

Vivonne (Maréchale duchesse de). Sa famille;
ses singularités; son caractère; sa
mort.   VI   268

Voysin, intendant de Hainaut, conseiller
d'État. Candidat pour la place de
chancelier.   II   222

— Sa femme; quelle. Leur fortune; leur
caractère. Secrétaire d'État à la place
de Chamillart.   VI   441

— Fait ministre d'État. Est rudement ré-
primandé par le Roi.   VI   450

— Quel lui et sa femme à l'égard de la mort
de Monseigneur.   VIII   414

Voysin.   Tomes. Pages.

— Est substitué à Torcy pour les affaires
     de la Constitution et du cardinal de
     Noailles. Se dévoue au P. Tellier et
     consorts.   X   21
— Mort et caractère de sa femme.   X   163
— Est fait chancelier et garde des sceaux
     à la retraite très-volontaire du chan-
     celier de Pontchartrain, et conserve sa
     charge de secrétaire d'État.   X   203
— Est le grand confident et artisan des der-
     niers prodiges d'élévation des bâtards,
     et du testament et du codicille du Roi.   X   256
— Va prendre sa place de chancelier au
     Parlement.   XI   107
— Obtient, sur le non-complet des troupes,
     une gratification du Roi de 600,000 li-
     vres.   XI   154
— Il pare la résolution prise de le chasser
     à la mort du Roi, par le maréchal de
     Villeroy, qui tire parole de la foiblesse
     de M. le duc d'Orléans de le conserver
     dans ses fonctions, moyennant pro-
     messe de lui de se démettre de sa
     charge de secrétaire d'État, quelques
     mois après; ce qu'il exécute avec
     peine, en recevant 400,000 livres d'Ar-
     menonville, conseiller d'État, pour
     cette charge.   XII   222 et 425
— A le rapé de greffier de l'ordre à la vente
     que la Vrillière, secrétaire d'État, fait
     de cette charge à Lamoignon, prési-
     dent à mortier.   XII   421
— Mort subite du chancelier Voysin. . . .   XIII   253
Vols. Deux fort étranges faits au Roi.   II   202
Voyages des généraux d'armée.   VIII   439
VRILLIÈRE (LA), secrétaire d'État. Obtient, à la
     mort de son père Châteauneuf, ses

Vrillière (La).   Tomes. Pages.

    charges de secrétaire d'État et de gref-
    fier de l'ordre, en épousant la fille aînée
    de la comtesse de Mailly.   II   328
— Leurs fiançailles et leur mariage.   II   343
— Obtient un brevet de retenue de 400,000 li-
    vres sur sa charge de secrétaire d'État.   IV   100
— M™ de la Vrillière. Quelle.   IV   171
— La Vrillière. Quel à la mort de Monsei-
    gneur.   VIII   414
— Comment conservé et augmenté à la
    mort du Roi. Son caractère; ses fonc-
    tions; il est au conseil de régence
    sans voix. . . . . XI 290 et XII. 248
— Obtient voix au conseil de régence. . .   XII   423
— Est bien courtisan.   XVI   37
— Usurpe, en l'absence du duc du Maine,
    gouverneur de Languedoc, lors en
    prison et son fils aîné et survivancier
    en exil à Eu, de présenter au Roi les
    députés des États de Languedoc, en
    présence de Maillebois, lieutenant gé-
    néral de la province.   XVI   300
— Obtient la survivance de secrétaire d'État
    pour son fils.   XIX   95
— Ose travailler vainement à se faire duc
    et pair par une singulière intrigue. .   XIX   120
— Son ingratitude.   XIX   206
Ursins (Princesse des). Ses premières aventu-
    res. Ses voyages. Quitte, à la mort de
    son second mari, le nom de duchesse
    de Bracciano. Pourquoi prend celui
    de princesse des Ursins.   II   31
— Sa maison; sa famille; son caractère; le
    Roi la choisit pour être camerera-
    mayor de la reine d'Espagne.   III   78
— Part de Rome pour la joindre en che-
    min; elle évite de passer à Turin;

Ursins (Princesse des).   Tomes. Pages.

    pourquoi.   III   81
— Elle s'empare de la reine d'Espagne. . .   III   458
— Et gagne les deux rois.   III   460
— Artifice de retraite en Italie demandée
    par elle-même.   III   466
— Elle s'empare du gouvernement. . . III 461 et 467
— Et règne pleinement. . . . . 'III   471
— Avança préférablement les étrangers,
    surtout se défit de tous ceux qui
    avoient eu part au testament de Char-
    les II et se rendit seule maîtresse de
    toutes les affaires et les grâces.   III   471
— Sa disgrâce en France. Ordre à elle de
    partir aussitôt et de se retirer en Ita-
    lie. Détail raccourci de son gouverne-
    ment. . . . /   IV   76
— Son étrange joug sur l'abbé d'Estrées,
    ambassadeur de France, et son plus
    que surprenant abus.   IV   81
— Elle intercepte et apostille de sa main
    une lettre de l'abbé d'Estrées au Roi. .   IV   81
— Est chassée. Son courage; ses mesures.   IV   86
— Son départ vers Bayonne.   IV   88
— Refusée d'aller à Versailles, obtient d'al-
    ler à Toulouse au lieu d'aller droit en
    Italie.   IV   92
— Voit en chemin le duc de Gramont allant
    en Espagne ambassadeur au lieu de
    l'abbé d'Estrées.   IV   107
— Visitée à Toulouse par le maréchal dé
    Tessé et par Maulevrier, son gendre,
    allants en Espagne; est par eux fort
    informée, les instruit à son tour, lie
    étroitement avec eux.   IV   176
— Adresse étrange, en sa faveur, de la reine
    d'Espagne, du duc d'Harcourt, de
    Mme de Maintenon.   IV   222

Ursins (Princesse des).   Tomes. Pages.

— Princesse des Ursins obtient permission
de venir à la cour; se réunit par Harcourt au chancelier et à Pontchartrain,
son fils; attente à la cour de la prin-
cesse des Ursins. Sa politique.   IV   224

— Arrive à Paris, puis à Versailles.   IV   227

— Triomphe éclatant de la princesse des
Ursins, assurée de retourner en Espa-
gne.   IV   240

— Elle est tentée de demeurer en France;
se résoud enfin de retourner en Espa-
gne.   IV   261

— Prend congé; diffère encore un mois.
Fait son frère aîné aveugle duc vérifié,
l'autre cardinal, malgré Rome et le
Pape; obtient encore d'autres grâces.   IV   277

— Sa prétention à Rome de draper de son
mari en violet la brouille pour tou-
jours avec le cardinal de Bouillon. . .   IV   282

— Époque et cause de sa haine implacable
et de celle de Mme de Maintenon pour
M. le duc d'Orléans.   IV   44

— Princesse des Ursins, régnant plus absolument et plus à découvert que jamais
en Espagne depuis son retour, fait un
léger semblant de quitter. . . . .   VIII 108

— Elle forme et avance le projet d'une souveraineté pour elle, et de l'usage
qu'elle en fera. Se fait bâtir, sans y
paroître, une demeure superbe près
d'Amboise; sort de cette demeure, qui
se nomma Chanteloup, et de la sou-
veraineté.   IX   116

— Elle se fait donner l'Altesse, et en même
temps au duc de Vendôme, avec les
traitements qu'avoient eus les deux
bâtards don Juans. Explication de

Ursins (Princesse des).   Tomes. Pages.

ces traitements, et de l'éclat qu'ils
firent.   IX   188
— Elle va en pompe aux eaux de Bagnères.   IX   375
   (*Voir* les pièces [1] sur la souveraineté
   avortée de la princesse des Ursins, et
   sur les bassesses de son ambassadeur
   Bournonville.).   X   2
— Décadence de la princesse des Ursins
   dans l'esprit du Roi et de Mme de Maintenon.   X   149
— Se conserve, après la mort de la reine
   d'Espagne, plus puissante que jamais.   X   151
— Elle se fait déclarer gouvernante des infants. Ses mesures pour se glisser en
   la place de la feue reine; se hâte de
   faire le mariage du roi d'Espagne avec
   la princesse de Parme; ses raisons
   pour cela.   X   152
— Alarme qu'elle prend du voyage subit du
   marquis de Brancas en France; elle y
   dépêche brusquement le cardinal del
   Giudice.   X   155
— Il échappe au Roi un mot inintelligible
   sur la princesse des Ursins. Il résoud
   entièrement sa perte; il force l'Espagne
   à signer la paix sans plus parler de
   souveraineté pour la princesse des
   Ursins.   X   188
— Inutile repentir de la princesse des
   Ursins du mariage de Parme.   X   311
— Chute de la princesse des Ursins. . . .   XI   75
— Arrive à Paris; essuie toutes sortes de
   dégoûts.   XI   114
— Son court et triste voyage à Versailles.
   Obtient 40,000 livres de rentes via-

1. Voyez tome I, p. 420, note 1.

Ursins (Princesse des).   Tomes.   Pages.

gères, au lieu de sa pension de
   20,000 livres.   XI   117
— Prend congé du Roi à Marly, sans y
   arrêter.   XI   159
— Son incertitude où fixer sa demeure ; se
   hâte de gagner Lyon puis Chambéry
   sur l'extrémité du Roi. S'établit à
   Gènes, enfin à Rome. Sa vie à Rome
   jusqu'à sa mort.   XI   161
— S'attache à Rome, faute de mieux, à gouverner la petite cour du roi et de la
   reine d'Angleterre.   XI   162
— Elle y est [peu] considérée, et payée exactement de l'Espagne.   XI   163
— Extinction par elle des conseils où le
   roi d'Espagne se trouvoit, des éti-
   quettes et de toutes fonctions au palais
   des charges principales, renferme le
   roi et la reine sans tenir aucune cour,
   sans se quitter, sans être accessibles, ce
   qui a toujours duré depuis après elle. XVIII   218
— Sa mort.   XIX   81
WALPOLE, ministre du cabinet du roi Georges
   d'Angleterre. Sa perfidie ; son adresse.   XV   324
— Est fait premier commissaire de la tré-
   sorerie d'Angleterre. XVII   226
WALSTEIN, ambassadeur de l'Empereur en Portugal. Pris en mer, retournant en
   Allemagne, amené en France.   III   424
— Mis et renvoyé en liberté.   IV   71
WARTIGNY. Quel, etc. (Voir BOULIGNEUX, t. IV,
   p. 200 ; cardinal de BOUILLON, t. X,
   p. 43.)
WELEZ, ministre de l'Empereur. Il lui donne
   des avis envenimés et faux contre la
   France. Sa scélératesse.   XIV   161
WEISSEMBOURG. Les ennemis y canonnent inu-

Weissembourg.   Tomes.   Pages.

tilement nos lignes.   IX   329

Wismar rendu. XIII   64

Wolckra, ministre de l'Empereur à Londres,
     rappelé à Vienne.   XIV   155

Uzeda (Duc d'), beau-frère du duc de Medina
     Cœli, ambassadeur d'Espagne à Rome
     à la mort de Charles II. Fait chevalier
     du Saint-Esprit à la chute de son beau-
     frère, qui est arrêté et conduit à
     Bayonne, quitte de soi-même le ca-
     ractère d'ambassadeur, renvoie le col-
     lier du Saint-Esprit, passe dans le parti
     de l'Empereur, en reçoit la Toison ; vit
     et meurt obscur, méprisé, misérable :
     voir aux Grands d'Espagne. XVIII   49

Dans les lettres U, V $\begin{cases} \text{Noms propres. . .} & 83 \\ \text{Autres. . . . . .} & 12 \end{cases}$

En tout   95

Yolet. Comment fait maréchal de camp treize
     ou quatorze ans après avoir vendu son
     régiment et quitté le service pour n'a-
     voir pas été fait brigadier. Quel. . . .   XIV   402

Dans la lettre Y. Nom propre. . .   1

Zell Desmiers Olbreuse. Françoise, duchesse
     douairière de Zell. Sa fortune. Sa
     mort. XVIII   441

Zinzendorf (Comte de), envoyé de l'empereur
     Léopold en France, longtemps depuis
     chancelier de la cour et ministre de
     conférence. Contre-temps fort étrange
     pour lui, qui retarde son audience
     d'une heure.   II   217

Zinzendorf.   Tomes. Pages.

— Il mange une fois à Meudon, avec Monseigneur, où les seigneurs qu'il y menoit avoient l'honneur de manger à sa
  table.   II   354
ZONDODARI, grand maître de Malte. Sa mort.
  Frère du cardinal Zondodari. . . . . XVIII 457
ZUNIGA, frère du duc de Bejar. Apporte au Roi,
  de la part du roi d'Espagne, le détail de
  la bataille de Villaviciosa. . . . . VIII 130
ZURBECK, lieutenant général suisse. Quel. Sa
  mort.   X   164
ZURLAUBEN, lieutenant général. Suisse. Quel. Sa
  mort.   IV   129

Dans la lettre Z { Noms propres. . .   7
                  { Autres. . . . . . .   »
                                       ———
                        En tout   7

Total.. . . . . { Noms propres. . .   1,964
                { Autres.   1,513
                                     ———————
                        En tout   3,477

FIN DE LA TABLE DES MÉMOIRES DE SAINT-SIMON.

3457. Paris. — Imprimerie Arnous de Rivière, rue Racine, 26.

Lightning Source UK Ltd.
Milton Keynes UK
UKHW011229061118
331795UK00010B/1342/P